Serena Sutcliffe

Burgund 2003/04

Vorwort von Hugh Johnson
Produzenten, Lagen, Jahrgänge

Hallwag

Serena Sutcliffe begann ihre Karriere als Französisch-Dolmetscherin. In Frankreich entdeckte sie ihre Leidenschaft für gute Weine. Sie trat in eine große Londoner Weinhandelsfirma ein und bestand 1976 die Aufnahmeprüfung beim Institute of Masters of Wine.
Heute leitet sie das Wine Department des Londoner Auktionshauses Sotheby's und ist Vorsitzende des Institute of Masters of Wine. Sie ist Mitglied der Académie Internationale du Vin und wurde von der französischen Regierung zum Chevalier dans l'Ordre des Arts et des Lettres ernannt. Serena Sutcliffe ist Autorin mehrerer Weinbücher. Sie ist verheiratet mit David Peppercorn, dem Autor des Hallwag-Taschenführers »Bordeaux«.

Die englische Originalausgabe ist 1986 unter dem Titel POCKET GUIDE TO THE WINES OF BURGUNDY bei Mitchell Beazley, einem Imprint der Octopus Publishing Group Ltd., 2-4 Heron Quays, London E14 4JP, erschienen.

Aktualisiert und überarbeitet von Patrick Matthews.

7., vollständig überarbeitete und aktualisierte Ausgabe 2003
Hallwag ist ein Unternehmen des Gräfe und Unzer Verlags, München, Ganske Verlagsgruppe
www.hallwag-leserservice@graefe-und-unzer.de

Projektleitung: Marc Strittmatter
Übersetzung: Britta Nord, Wolfgang Kissel, Cédric Dumont
Redaktion: Jon Smale, Werkstatt München
Satz: Anja Dengler, Werkstatt München
Herstellung: Maike Harmeier
Umschlaggestaltung: KMS Team GmbH, München
Umschlagfoto: gettyimages, F. Schussler

Druck und Bindung: Rotolito Lombarda S.p.a., Italy

ISBN 3-7742-0977-4

GRÄFE UND UNZER

Hallwag

Ein Unternehmen der
GANSKE VERLAGSGRUPPE

Inhalt

Vorwort

Einblick in die Notizen eines Spitzenprofis zu erhalten ist sicher das Höchste, was sich ein ernsthafter Weinliebhaber erträumen kann. Die jüngste Generation von Weinbüchern, die von Serena Sutcliffes Führer durch die Weine von Burgund würdig vertreten wird, kommt nahezu einem solchen privilegierten Blick über die Schulter gleich.

Lageberichte und kritische Beurteilungen, die den Kaufentscheidungen der Profis zugrunde liegen, sind meist vertraulicher Art. Doch hat sich die Weinliteratur erstaunlich schnell aus dem Stadium enthusiastischer Schilderungen heraus und hin zur exakten Kommentierung der einzelnen Weine entwickelt. In diesem Buch fällt zumindest der sechste, wenn nicht gar der siebente Schleier. Wir dürfen jetzt an den Kenntnissen und Erkenntnissen der erfahrensten Profis teilhaben.

Serena Sutcliffe hat sich durch Autorität und Entschlusskraft international einen großen Ruf als Weinverkosterin geschaffen. Heute ist sie als Direktorin des Wine Department für Sotheby's in London tätig. Von dort aus bereist sie ständig die Welt des Weins, doch Burgund hat sie immer besonders fasziniert – zum Teil wohl deshalb, weil Burgund ein so kontroverses und flüchtiges, stets Rätsel aufgebendes Thema ist. Bekanntlich können sowohl die roten als auch die weißen Burgunder ja sublim sein, aber dennoch enttäuschen sie so oft. Was könnte eine großartigere Aufgabe für eine vorurteilsfreie Weinverkosterin und Autorin sein, als das Authentische und Empfehlenswerte aufzuspüren und vor dem Unguten zu warnen?

Serena Sutcliffe lernte ihr untadeliges Französisch als Übersetzerin bei der UNESCO in Paris, ihre Weinkenntnis erwarb sie sich im Londoner Weinhandel – als erste Frau bestand sie das strenge Examen und erlangte den Grad eines Master of Wine. Als Schriftstellerin ist sie ein Naturtalent, wie sie der Welt 1981 bewies, als sie für eine völlig neue Ausgabe von André Simons *Wines of the World* verantwortlich zeichnete.

Alles zusammen macht sie zur bestens qualifizierten Führerin durch Burgund. Die tagtägliche Berührung mit Land und Leuten vermittelt ihr aktuelle Einblicke, wie sie vor ihr noch niemand in einen handlichen Taschenführer zu packen versucht hat. Es ist schon ein großes Privileg, über ihre Schulter einen Blick auf die faszinierende Vielfalt der rätselhaftesten aller großen Weinregionen werfen zu dürfen.

Hugh Johnson

Einführung

Seit der zweiten Hälfte der 1990er-Jahre werden auf dem Markt mehr wirklich gute Burgunderweine angeboten als jemals zuvor. Auf die allgemein vorzüglichen Jahrgänge der 80er-Jahre folgten die beachtlichen Weine der 90er. Der Fairness halber sollte man anmerken, dass sich dieses Jahrzehnt dem Burgunder von einer viel freundlicheren Seite zeigte als dem Bordeaux. Die ersten zwei Jahrgänge des neuen Jahrtausends waren schwierig; die Weine sind gut bis sehr gut, aber nicht überragend. 1995 und 1996 entstanden ausgezeichnete Rot- und Weißweine, doch die 97er, 98er und 99er waren nicht so durchgehend erfolgreich.

Ohnehin ist die richtige Auswahl das A und O beim Burgunder. Dieses Buch ist auch in der Hoffnung entstanden, Ihnen bei Ihrer Auswahl zur Seite stehen zu können. Es sind mehr Erzeuger verzeichnet als in den vorhergehenden Ausgaben, und die Kommentare sind womöglich noch etwas scharfzüngiger geworden. Ich versuche, einen Erzeuger eher an seinen Leistungen über die letzten Jahre hinweg zu beurteilen, als lediglich einzelne Weine herauszugreifen. Ein Winzer, der sein Metier beherrscht und in seinen Methoden wirklich integer ist, wird im Rahmen der Bedingungen, die das Wetter Jahr für Jahr setzt, stets guten Wein hervorbringen.

Das alte System der Handelshäuser stirbt langsam aus; immer mehr kleine Winzer betreiben ihre eigenen Güter. Viele Weinbauern der neuen Generation in Burgund hatten nach dem Ende eines *métayage*-Vertrags oder durch die Aufteilung eines Erbes plötzlich weniger eigene Rebflächen als vorher und halfen diesem Problem dadurch ab, dass sie selbst in geringem Umfang in den Handel einstiegen. Dies führte zu einer wachsenden Anzahl von »Mini-Négociants«, die Weine guter Qualität erzeugen. Die traditionellen Handelshäuser machten dicht oder schlossen sich mit anderen zusammen.

Trotzdem stößt man immer wieder auf Weine, die eine Beleidigung für ihre Appellation sind. Dies geschieht auf einigen Märkten häufiger als auf anderen, was für mich ein Beleg dafür ist, wie zweit- und drittklassige Häuser versuchen, ihre Ware bei weniger kundigen Käufern abzusetzen. Schlechte Weine gibt es überall, aber ein enttäuschender Burgunder regt mich besonders auf, zumal ich das Glück habe zu ermessen, wie gut der Wein dieser Gegend sein kann.

Eines möchte ich Ihnen, die oder der Sie dieses Buch lesen und Burgunder trinken, gerne ans Herz legen: Seien Sie ruhig ein bisschen wagemutig, was Jahrgänge angeht. Auch in weniger bedeutenden Jahren werden gute Weine produziert, und man bekommt sie im Allgemeinen zu einem interessanten Preis. In Burgund trägt man dem Unterschied zwischen einem großen und einem gewöhnlichen Jahrgang inzwischen nämlich durchaus Rechnung.

Viel Spaß nun bei der Suche – und noch mehr beim Trinken! Und sagen Sie es Ihrem Winzer oder Händler, wenn Sie einen seiner Burgunder großartig finden – Sie ermuntern ihn damit, so weiterzumachen. Sagen Sie ihm aber gleichermaßen die Meinung, wenn Sie an einen schlechten Burgunder geraten – es ist einfach unverzeihlich!

Serena Sutcliffe

Zum Gebrauch dieses Buchs

Das Buch gliedert sich in drei Hauptabschnitte: eine Einführung »Die Region und ihre Weine«, einen Teil über Weine und Weinorte und ein alphabetisches Verzeichnis der Winzerbetriebe Burgunds.

Die Region und ihre Weine

Diese Einführung vermittelt ein allgemeines Bild von Burgund und seinen Weinen, sie ist deshalb der ideale Ausgangspunkt, sich mit dieser Landschaft vertraut zu machen.

Weine und Weinorte

Ein Führer durch die einzelnen Weinbereiche Burgunds und ihre Appellationen (Boden und Gelände einbezogen) zusammen mit der Beschreibung einzelner Domaines und ihrer Weine.

Die fünf Weinbereiche Burgunds – Chablis, Côte d'Or, Côte Chalonnaise, Mâconnais, Beaujolais – und ihre Appellationen sind geographisch von Norden nach Süden gruppiert. Sucht man eine bestimmte Ortschaft (Village) oder Appellation, schlage man zuerst unter dem betreffenden Bereich nach und wähle dann darin den Ort oder die Appellation (z.B. Beaujolais-Fleurie).

In den Bereichskarten zu Beginn des jeweiligen Abschnitts sind die wichtigsten Appellationen eingetragen. Bei Chablis, Côte Chalonnaise, Mâconnais und Beaujolais folgt nach jeder Appellation eine Zusammenstellung der wichtigsten Produzenten mit Angaben über Besitzverhältnisse (wenn verfügbar), Weinbereitungsmethoden und die erzeugten Weine. Die Weine sind in folgender Reihenfolge aufgeführt: Grands crus, Premiers crus, Villages und Regionalweine.

Bei der Côte d'Or, dem bei weitem größten und vielförmigsten Weingebiet Burgunds, wird nur eine persönliche Auswahl von Erzeugern samt ihren besten Weinen angeführt. Für eine vollständigere Übersicht mit Einzelheiten über Besitz und Methoden konsultiere man das A-bis-Z-Verzeichnis.

Weinerzeuger von A bis Z

Eine alphabetische Anordnung von rund 600 Weinerzeugern und zugleich Register aller im Buch erwähnten Weingüter und Weinhändler. Hier findet man die einzelnen Produzenten unter ihrem eigenen Namen oder dem ihrer Firma. Zur Platzersparnis werden bestimmte Abkürzungen verwendet. Die Rebflächen werden in Hektar (ha) und die Erträge in Hektoliter (hl) oder Hektoliter pro Hektar (hl/ha) angegeben. Durch Symbole wird vor den Bereichen/Villages/Appellationen angezeigt, ob dort Rotwein (●), Weißwein (○) oder Roséwein (◐) erzeugt wird.

Verwendete Abkürzungen:

AC, AOC	*Appellation (d'Origine) contrôlée* (kontrollierte Herkunftsbezeichnung)
GAEC	*Groupement Agricole d'Exploitation en Commun* (Landwirtschaftliche Betriebsgemeinschaft)
SA	*Société Anonyme* (Aktiengesellschaft)
SARL	*Société à Responsabilité Limitée* (Gesellschaft mit beschränkter Haftung)

Die Region und ihre Weine

Für viele – ob Franzosen oder Ausländer – ist der Name Burgund gleichbedeutend mit Wein und Lebensgenuss. Er beschwört Visionen von gutem Essen und Trinken, gemütlichen Menschen und rosigen Wangen, Baskenmützen, Weinkellern und ausgebeulten Hosen herauf. Früher hätte man hinzufügen mögen: Und Beschämung über den Wein. Denn trotz der sagenhaften Weinberge war der Burgunder vor 25 Jahren allzu oft trist, dünn und enttäuschend.

Zu Beginn des dritten Jahrtausends, das Burgund als Weinregion erlebt, hat sich dieser Ruf gewandelt. Für viele Weinliebhaber und Weinerzeuger in aller Welt ist der Burgunder nun der Inbegriff dessen, was ein Wein sein sollte: sinnlich, fein, unendlich vielfältig und zum Großteil von kleinen Betrieben bereitet, in denen Gefühl und Erfahrung genauso wichtig sind wie moderne Technologien und Laborwerte.

Die geschmackliche Vielfalt, die einem aus einem Glas dieses Weins entgegenströmt, spiegelt die Verschiedenartigkeit der Landschaft wider. Einheitlichkeit ist ein Begriff, der auf Burgund nicht zutrifft. Das Gebiet nimmt einen bedeutenden Teil des östlichen Frankreich ein, und viele, die hier leben, gelangen kaum je über seine Grenzen hinaus. Es erstreckt sich von Chablis südwärts bis Lyon über schöne hügelige Landschaften, die zwar den Weinliebhaber nicht unmittelbar interessieren mögen, wer aber je ein gutes Glas Burgunder an die Lippen geführt hat, fühlt sich unwiderstehlich durch den Geschmacksreichtum angezogen, den diese so vielgestaltige Landschaft hervorbringt.

Für den Weinbau besteht Burgund aus der Gegend an der Yonne, die am meisten durch den Chablis bekannt geworden ist, sowie aus der Côte d'Or, der Côte Chalonnaise, dem Mâconnais und dem Beaujolais. Chablis ist wie eine Insel von den übrigen Weinbaubereichen getrennt und eigentlich mehr ein Teil der Champagne als von Burgund. Die anderen vier Bereiche aber bilden einen Korridor, der bis ins Rhône-Tal in Richtung zum Mittelmeer führt.

Historisches

Camille Rodier goss, von sicherem Grund in Nuits-Saint-Georges aus schreibend, im Jahr 1920 milden Spott über die Theorien von Plinius und Plutarch zu den Ursprüngen der Rebe im heutigen Burgund. Die Alten behaupteten nämlich, die Gallier seien des Weines wegen in Italien eingefallen (eine recht chauvinistische Ansicht) und hätten, als sie zurückgeschlagen wurden und sich wieder über die Alpen davonmachten, die italienische Weinseligkeit mit sich genommen. In unseren Tagen haben die Burgunder übrigens versucht, die einstige galloromanische Lebensweise zu veranschaulichen, indem sie nahe der Raststätte Beaune an der *autoroute du sud* ein Dorf aus der Römerzeit wieder entstehen ließen. Wahrscheinlich ist die Rebe bei der Besiedelung von Marseille durch die Griechen etwa 600 v. Chr. nach Burgund gelangt, also lange bevor die Römer kamen und Trauben für ihren Wein brauchten. In späteren Jahrhunderten blühte und gedieh die Rebe hier trotz der protektionistischen Politik der Römer zur Sicherung des heimischen Weinbaus und trotz der Barbareneinfälle im 5. Jahrhundert so gut, dass bereits im 6. Jahrhundert Gregor von Tours das Lob der Weine sang, die um Dijon wuchsen.

Die Geschichte der Weinrebe in Burgund ist unlösbar mit der Kirche verknüpft. Ab dem Ende des 5. Jahrhunderts entstanden überall in Burgund Klöster, und der Aufstieg der großen heutigen Appellationen dieser Weinlandschaft begann damals mit Landgeschenken der Könige und Adeligen an die Abteien. Das mächtige Kloster Cluny im Mâconnais wurde im Jahr 910 und Cîteaux in der Ebene bei Nuits im Jahr 1098 gegründet. Der strenge Zisterzienserorden tat viel für einen geregelten Weinbau und für den Ruhm der dortigen Weine und begründete natürlich auch den Clos de Vougeot. Es macht schon nachdenklich, wenn man heute mit den Chevaliers du Tastevin in Vougeot aufs bacchantischste tafelt und sich dabei an die karge, enthaltsame Lebensweise der Zisterziensermönche erinnert.

Ab dem 14. Jahrhundert lag die weltliche Herrschaft in Burgund über 100 Jahre lang in den Händen der Herzöge von Valois. Auf dem Gipfel ihrer Macht umfasste ihr Reich und ihr Einflussgebiet große Teile von Frankreich und Flandern, und da es damals keinen fähigen König gab, war Herzog Philipp der Kühne von Burgund der vielleicht mächtigste Mann in ganz Frankreich. Vier Herzöge, nämlich Philipp der Kühne, Johann Ohnefurcht, Philipp der Gute und Karl der Kühne, führten das Land zu militärischer Macht, materiellem Wohlstand und zu hohem Glanz in allen Künsten. Unter solchen Voraussetzungen kam auch der Weinbau zu schönster Blüte. Um dieselbe Zeit entwickelten sich die Niederlande zu den besten Kunden der burgundischen Weinbauern, und diese Tradition hat sich bis auf den heutigen Tag gehalten. Eine bedeutende Gestalt jener Zeit war Nicolas Rolin, der Kanzler Philipps des Guten, der in dieser Stellung ein beträchtliches Vermögen ansammelte. Im Jahr 1443 tat er Buße für seinen schlimmen Lebenswandel, indem er das Hôtel-Dieu in Beaune gründete, eine wohltätige Stiftung, die sich heute noch durch ihren Weinbergbesitz selbst erhält.

Am Ende wurde dann dem burgundischen Reich seine eigene geographische Zersplitterung zum Verhängnis, und nachdem Karl der Kühne 1477 auf dem Schlachtfeld gefallen war, wurde Burgund unter Ludwig XI. endgültig zu einer französischen Provinz.

Der erste große Herzog von Valois, Philipp der Kühne, nahm 1395 den Kampf gegen die Gamay-Rebe auf und befahl, dass sie gerodet und durch die edlere Pinot-Rebe ersetzt werden sollte. Durch die ganze burgundische Geschichte wogte nun dieser Kampf zwischen Qualität und Quantität, der damit eingeleitet worden war, hin und her. Immer wieder schwang das Pendel zurück zum »generösen« Gamay. 1855 waren von 26 500 ha Rebfläche an der Côte d'Or 23 000 ha mit Gamay bepflanzt, und hierzu erübrigt sich jeder Kommentar. Allerdings muss dabei berücksichtigt werden, dass der Ertrag etwa zwischen 15 und 20 hl/ha lag und es mit der Quantität also nicht so weit her war; auch muss daran erinnert werden, dass Burgund in der Selektion der Rebsorten damals Bordeaux weit voraus war.

Es ist durchaus interessant, einmal am Beispiel der Côte d'Or die Schwankungen der Anbaufläche zu betrachten:

1816	24 000 ha	**1955**	8825 ha	**1999**	9443 ha
1875	33 745 ha	**1982**	8600 ha	**2000**	9317 ha
1929	12 112 ha	**1998**	9225 ha	**2001**	9446 ha

1929 waren 1723 ha Rebfläche mit Hybridreben bepflanzt, während im Jahr 1955 bereits 5048 ha mit für die AC anerkannten Reben besetzt waren. In der Zahl für 1982 sind 7621 ha enthalten, auf denen AC-Wein wuchs, während nur 979 ha auf Vin de table entfielen. 1990 war der Vin-de-table-Anteil absolut unbedeutend.

Einer der Schlüssel zu dem Rätsel Burgund liegt in den vielfach verschlungenen Besitzverhältnissen an den Weinbergen. Sie gehen zurück auf die Französische Revolution 1789; damals wurden die kirchlichen Besitztümer mit demselben wütenden Eifer zerschlagen, wie ihn seinerzeit Heinrich VIII. in England an den Tag gelegt hatte. Auch die Domaines der Adeligen wurden auseinander gerissen und fanden selten wieder zusammen, während doch in Bordeaux die aristokratischen Emigranten nach ihrer Rückkehr wieder dort anfangen konnten, wo sie einst aufhören mussten. Diese Zersplitterung der Weinbergfläche wurde durch die französischen Erbgesetze, denen zufolge alle Kinder gleichmäßig und nicht nur die Erstgeborenen erbberechtigt sind, noch verschlimmert.

Burgund blieb von den beiden Naturkatastrophen, die im 19. Jahrhundert den ganzen Weinbau Frankreichs trafen, nicht verschont. Zuerst trat Oidium-Befall, der echte Mehltau, auf und beeinträchtigte die Erträge, bis durch das Bestäuben der Reben mit Schwefel ein Gegenmittel entdeckt wurde. Diese Methode wird in der einen oder anderen Form bis heute angewandt.

Die zweite Katastrophe, der Reblausbefall, sollte sich viel verheerender auswirken, wie es auch der drastische Rückgang der Rebanbaufläche zwischen 1875 und 1929 zeigt. Die Reblaus war aus Amerika herübergekommen und ließ die Rebstöcke einfach absterben. Da die Wissenschaft zunächst keine Gegenmittel bieten konnte, nahmen die Winzer oft zu abergläubisch anmutenden Hausmitteln Zuflucht, und so wurde viel Zeit und Geld auf unfruchtbare Überlegungen und Experimente verschwendet. Das Überfluten der Weinberge, das als Heilmittel vorgeschlagen wurde, kam auf Steilhängen kaum in Betracht, und das Einspritzen von Schwefelkohlenstoff in den Boden half nicht dauerhaft gegen den Befall. Nur das Aufpfropfen von Edelreben auf die Wurzelstöcke der gegen den Schädling immunen amerikanischen Reben bot vollständige Sicherheit, und so wurde um die Jahrhundertwende diese Technik allmählich eingeführt. Doch die wirtschaftlichen Auswirkungen waren ungeheuer. Viele Winzer konnten die hohen Kosten nicht mehr tragen und gaben entweder den Weinbau auf oder gingen außer Landes, und die Rebanbaufläche schwand unwiederbringlich dahin. Nur die besseren Lagen auf den Hängen blieben erhalten, und als die Erträge wieder anzusteigen begannen, ergab sich schließlich in mancher Hinsicht ein sehr viel besseres und gesünderes Bild als vor der Reblauskatastrophe. Inzwischen traten ertragreichere Pinot-Sorten in Erscheinung. Freilich gibt es ein schiefes Bild, wenn man die Ertragssteigerungen allein auf die neuen Klone zurückführt. Auch bessere und intelligentere Bewirtschaftungsmethoden haben ihren Teil dazu beigetragen. Die vergleichsweise winzigen Erträge in früheren Zeiten waren oft genug nicht nur die Folge von Krankheiten und Schädlingen.

Das Terroir

Burgund liegt im Osten Frankreichs. Weit entfernt von allen maritimen Einflüssen, erfreut es sich eines kontinentalen Klimas (allerdings dürfte »erfreut« kaum immer das rechte Wort sein, denn mancher burgundische Januar tut sich mit sibirischer Kälte hervor). Was es an Wasserläufen gibt, ist durchaus nicht imstande, dem Mikroklima in bedeutender Weise ein besonderes Gepräge zu geben: Der Serein in Chablis ist viel zu klein dafür, und die Saône an der Côte Chalonnaise ist von den Weinbergen viel zu weit weg; nur im Mâconnais kommen Fluss und Weinberge nahe zueinander – dort tritt die Saône recht gern einmal über die Ufer, aber den meisten Nutzen davon haben andere Kulturpflanzen und nicht die Rebe.

Chablis liegt 136 km nordwestlich von Dijon auf halbem Weg nach Paris und nur 70 km südlich der Aube, die den südlichsten Teil des klassischen Gebiets der Champagne bildet. Chablis selbst gehört zum Auxerrois, wo im Yonne-Tal westlich von Chablis in den Gemarkungen von Saint-Bris-le-Vineux, Chitry, Irancy und Coulanges-la-Vineuse recht erdige Weine wachsen. Der große Ruhm von Chablis gründet in den tieferen Bodenschichten aus kimmerischem Ton/Kalk, auf dem der Chardonnay so großartig gedeiht. Inzwischen hat auch der Portland-Kalkboden, der in einigen Orten um Chablis herum vorkommt, bei den Autoritäten ebenso große Anerkennung gefunden. Leider erlebt diese Weininsel immer wieder besonders harte Winter und im Frühjahr kann es bis Ende Mai noch Frost geben. Der großartige Berg bei Chablis, der die Grands crus trägt, ist besonders frostgefährdet und über das Plateau von Chablis wirbelt im Winter oft genug Schnee.

Die Côte d'Or (hier wird sie einfach la Côte genannt) erstreckt sich von Dijon 50 km bis Dezize-lès-Maranges im Departement Saône-et-Loire, und zwar zunächst in südlicher Richtung bis Beaune, von wo ab sie mehr nach Südwesten schwenkt. Die Côte ist eigentlich der östliche Rand eines Kalkstein-Hochplateaus, das mit der Saône-Ebene abschließt. Der »Goldene Hang« hat seinen Namen von der feurigen Herbstfärbung des Weinlaubs. Wenn man vor dieser Pracht und Herrlichkeit steht, vergisst man leicht, dass nur 2 % der gesamten landwirtschaftlichen Nutzfläche des Departements Côte d'Or mit Reben bepflanzt sind. Davon aber leben 2300 Weinerzeuger und 30 % aller landwirtschaftlichen Arbeitnehmer.

Die Weinbaufläche der Côte d'Or lässt sich in drei eindeutig voneinander unterschiedene Bereiche unterteilen: die Côte, bestehend aus der Côte de Nuits und der Côte de Beaune, die Hautes Côtes und die Ebene von Beaune. Die größten Weine kommen von der Côte, wo ja auch die Herrschaft der Rebe ungebrochen ist. Die Domaines sind sehr klein, im Durchschnitt 5 ha; sie sind meistens in Familienbesitz, ihr Grundeigentum ist oft über mehrere Dörfer verstreut.

Die Hautes Côtes hatten früher weitgehend unter Missachtung zu leiden, werden heute aber wieder mehr gewürdigt. Sie liegen im Hinterland, ihre Weinberge befinden sich auf den Hängen kleiner Täler, die hier *combes* heißen. Andere Obstpflanzungen sind mit dem Weinanbau gemischt, es werden vor allem Himbeeren und Schwarze Johannisbeeren gezogen, aber nach und nach finden die Landwirte auch bei der Rebe zu wirtschaftlicheren Methoden, und das Zutrauen in den Weinbau wächst. Die Größe der Familienbesitzungen in den Hautes Côtes liegt meist zwischen 10 und 15 ha. Aus ökonomischen Gründen werden die Rebstöcke hier in weiten Abständen gepflanzt

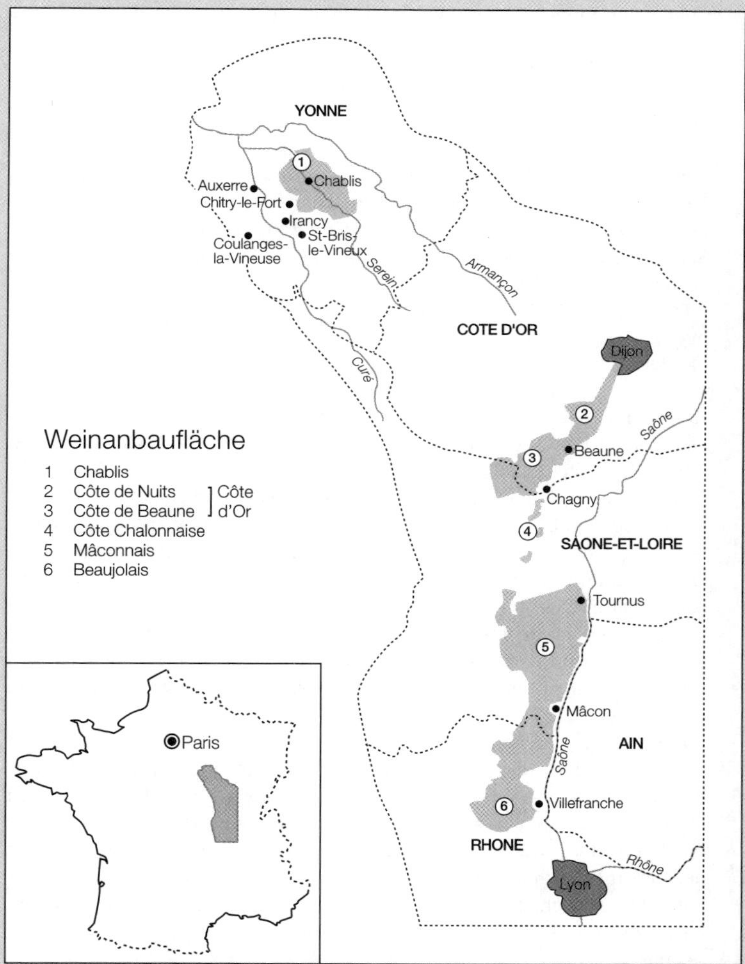

und hoch erzogen. So günstig wie an der Côte selbst sind die Hänge der Hautes Côtes nicht immer gelegen, daher kommt es nur bei gutem Wetter zu optimaler Reife. Auch die Ebene um Beaune ist nicht in erster Linie Weinbaugebiet, doch gibt es hier schon recht viel edle Reben – Pinot noir, Chardonnay, Aligoté und Gamay – auf der gemischt genutzten landwirtschaftlichen Fläche.

Die Côte Chalonnaise ist kein so eindeutiger Steilabbruch, sie besteht vielmehr aus einer Reihe von Hügeln, die sich von Chagny aus südwärts erstrecken und schöne Hanglagen für den Weinbau bieten. Hier wachsen die Reben zumeist in einer Höhe von 300 bis 335 m, d.h. höher als an der Côte d'Or, und deshalb ist die Lese auch meist drei bis vier Tage später. Die Weinberge von Rully und Mercurey liegen dicht beisammen, Givry dagegen ist südlich davon deutlich abgesetzt. Aus Montagny und Buxy südwestlich von

Châlon-sur-Saône kommen feine Weißweine. Hier zeigen sich die Weinberge zwischen Feldern und Wäldern eingebettet und nicht so vorwiegend nach Osten geneigt wie an der Côte d'Or.

Das Weinbaugebiet Mâconnais liegt zum großen Teil nordwestlich der Stadt Mâcon, jedoch befindet sich der beste Bereich der Pouilly-Satelliten südwestlich der Stadt. Im Norden, wo die Masse der Mâcon-Weine wächst, gibt es viele sanfte, wellige Hügel, auf denen an allen für den Weinbau günstigen Stellen Weinberge angelegt sind, während überall dort, wo die Rebe nicht so gut gedeihen kann, weiße Rinder auf saftigen Weiden grasen. Nach Süden hin gibt es ausgeprägtere Hügel und Steilhänge, und hier wachsen auch die besseren Weine.

Das Mâconnais leitet über zum Beaujolais – genauer gesagt zu den Granithügeln der zehn Crus des Beaujolais, d. h. zu seinen besten Weinen. Hier hat die Rebe alle anderen Kulturpflanzen praktisch verdrängt. Die Anbaufläche des Beaujolais macht etwa die Hälfte der gesamten AC-Weinbaufläche von Burgund aus. Die steilen Hänge und Gipfel des nördlichen Beaujolais weichen südlich von Villefranche einem ganz andersartigen Boden auf flacherem Grund. Er besteht aus Lehm und Kalkstein und nicht mehr aus Sand über Granit – hier ist Beaujolais und nicht mehr Beaujolais-Villages.

Der Boden in Burgund ist der Traum eines jeden Geologen – und ein Alptraum für den Laien. Die Weinberge von Burgund bilden den Saum des Massif Central und des Morvan. An der Côte d'Or findet man einen Kalksteinsockel, der mit Mergel (einem kalkhaltigen Schlammton) oder mit Lehm und Kalkkarbonat mit Beimischungen von Ton, Sand und Kies durchsetzt ist. Der Kalkstein ist nun in der Konsistenz auch wieder recht unterschiedlich, von überaus hartem Comblanchien-»Marmor« bis hin zu sehr viel weicheren, brüchigeren Arten.

Das oben an den Bergwänden abbröckelnde Kalksteingeröll wird im Lauf der Jahre fein verteilt über die Hangflächen nach unten gespült und vermischt sich mit dem Mergel. Das ist auch nur gut so, denn Mergel für sich allein ist zu gehaltvoll, selbst für die mächtigsten Rotweine, aber es kann gar nicht bezweifelt werden, dass ohne diesen Mergel in einem so weit nördlich gelegenen Bereich kein großer Rotwein entstehen könnte (denn wer außer den allerfanatischsten Anhängern möchte wohl einen Pinot noir aus dem Elsass oder einen deutschen Spätburgunder als einen »großen« Wein bezeichnen?).

Als Grundregel gilt, dass immer dort, wo der Kalkstein vorherrscht und der Boden kreidehaltig ist, die Chardonnay-Rebe für Weißwein angepflanzt wird. Wird zu nahe am oberen Ende des Hangs, wo der Boden bedeutend stärker kreidehaltig ist, Pinot noir angepflanzt, dann entsteht ein dünner Rotwein. Im Lauf der letzten 20 Jahre ist an der Côte d'Or viel Land an den oberen Hängen, das mit Buschwerk und Wald bewachsen war, für den Weinbau nutzbar gemacht worden. Niemand aber kann behaupten, dass der Wein, der so hoch oben wächst, auch in der Qualität weit oben stünde.

Die Côte de Nuits ist schmaler und fällt schärfer ab als der größte Teil der Côte de Beaune. Hier sind auch die meisten Weinberge vorwiegend nach Osten gerichtet, wobei Varianten von Ostsüdost bis Ostnordost vorkommen. An den unteren Hängen der Côte de Nuits finden sich mehr fruchtbare Schwemmland-Ablagerungen als an der Côte de Beaune und die besseren Weine wachsen dementsprechend auch weiter unten. Schwemmlandboden findet sich auch in Falten auf den Hängen oder in den *combes,* und daraus erklärt sich, dass sich immer wieder in kleinen Nischen unerwartet Spitzenlagen auftun.

Die breitere Côte de Beaune neigt sich gegen Osten bis Südosten, je nachdem, wie die Seitentäler verlaufen. Die Hügel sind sanfter und runder und die Reben wachsen bis sehr viel höher zu ihren Gipfeln hinauf. Der Mergelstreifen ist hier breiter als an der Côte de Nuits und liegt auch höher auf dem Hang. Dieser Boden wird nun schon seit Jahrhunderten bearbeitet und leidet dementsprechend unter Erosion, der ab und zu durch Auffahren von Erde vom Fuß der Hänge oder aus anderen Gegenden entgegengewirkt wird. Bei einem Vergleich von Weinen aus der so genannten Neuen Welt mit solchen aus der Alten muss man stets daran denken, wie mager und karg oft der Boden der historischen Weinberge ist und wie tief die Rebe nach alledem suchen muss, was sie an Gutem hervorbringt, während der Boden vieler neuer Anpflanzungen in Amerika und Australien so fruchtbar und jungfräulich ist.

Wer möchte behaupten, dass eine gewisse Erschöpfung des Bodens nicht zur Finesse im Wein beiträgt? Anderseits wird in Europa heutzutage wirklich müdem Boden mit vorsichtigen Düngergaben oder durch Anreicherung mit Mineralien wieder aufgeholfen. Wasserabzug ist bei Hanglagen natürlich kein Problem, und die Durchlässigkeit des Bodens wird durch Kies und Gesteinstrümmer, die ja in Weinbergen der Spitzenqualität stets eine große Rolle spielen, noch verbessert.

Unter dem Gesichtspunkt des Klimas ist der September der wichtigste Monat des Jahres. In Burgund kann der Wetterverlauf in diesem alles entscheidenden Monat den ganzen Jahrgang zum Erfolg oder zum Misserfolg werden lassen. Zwar wird die Ertragsmenge schon viel früher im Jahr bestimmt, zum Beispiel dadurch, ob es Spätfröste gibt oder nicht und ob die Blüte gut durchkommt – später im Jahr hat nur noch die Regenmenge einen gewissen Einfluss auf den Ertrag –, die Qualität der Ernte aber entscheidet sich erst im September. Katastrophale Regenfälle im September ruinierten an der Côte d'Or den Jahrgang 1975; dagegen rettete ein schöner September 1978 alles und sorgte dafür, dass große Weine entstanden.

Selbstverständlich ist der Rotweinanbau in einer so weit nördlich gelegenen Gegend von vornherein eine riskante Sache. Die burgundischen Weißweine haben stets mehr Gleichmäßigkeit aufzuweisen, oder – um es genauer auszudrücken – sie loten die Tiefen nicht so oft aus wie die Rotweine. Die Temperaturunterschiede zwischen Nord und Süd sind schon beträchtlich, Chablis ist viel kühler als das Mâconnais, vor allem in den Sommermonaten. Allerdings sind in dieser Zeit die Temperaturen an der Côte Chalonnaise niedriger als an der Côte de Nuits; andererseits sind an der Côte de Beaune die Temperaturextreme weniger stark ausgeprägt als an der Côte de Nuits – ein Schema, an das man sich halten könnte, gibt es also nicht.

Juli und August sind die heißesten Monate. Am kältesten wird es im Dezember, Januar und Februar, wobei im Januar und Februar die strengsten Fröste vorkommen; viel gefürchteter jedoch sind die Fröste im März und April, weil die Vegetation dann schon weiter fortgeschritten ist. Eine Schneedecke gewährt Schutz gegen Frostschäden, aber das Unglück wollte es, dass zum Beispiel zur Zeit der strengen Fröste im Februar 1985 kein Schnee lag.

Die Lage eines Weinbergs hat großen Einfluss auf die Frostgefährdung; deshalb wählt man im Beaujolais und Mâconnais sowie an der Côte Chalonnaise gern Ost- bis Südlagen, an der Côte d'Or vorwiegend Ostsüdostlagen und in Chablis Südost- und Südwestlagen. Ein warmer Juni ist für die

Blüte günstig. Der August und der September sind in Bordeaux stets wärmer als in Burgund, und dadurch erklärt sich auch zum großen Teil, weshalb der Bordeaux über die Jahrgänge hinweg gleichmäßiger ausfällt als der Burgunder.

Sonnenlicht und -wärme sind natürlich für den Weinbau von größter Bedeutung, und Burgund – um den 47. Breitengrad gelegen – kommt während der Wachstumsperiode in den Genuss langer Tage. In der Zahl der Sonnenscheinstunden liegt Burgund mit seinem kontinentalen Klima nicht weit hinter Bordeaux zurück. Den meisten Sonnenschein gibt es im Juli, es folgen der August, der Juni und der Mai. Die Luftfeuchtigkeit ist merkwürdigerweise in beiden Gegenden während der Entwicklungszeit der Rebe ziemlich gleich.

Regenfälle sind häufig der Grund für Misserfolg in Burgund. Dabei kommt es gar nicht so sehr darauf an, wie viel Regen fällt, sondern vielmehr, wann. Regelmäßige leichte Regenfälle sind natürlich erwünschter als stürmische Niederschläge, und wenn zwischendurch immer wieder die Sonne scheint, dann erwärmt sich auch die Erde ziemlich rasch. Sommerlicher Dauerregen bringt die Gefahr der Graufäule mit sich, der Alptraum aller burgundischen Winzer. Aber selbst wenn der August einmal anscheinend unrettbar verregnet war, so kann doch ein trockener September und Oktoberanfang alles wieder ins Lot bringen.

Die Côte d'Or ist trockener als die Gegenden weiter südlich, vor allem hat sie weniger Niederschlag als die Hautes Côtes, denn einerseits wird das Klima nach Dijon zu immer kontinentaler, und andererseits bietet die Hangrichtung der Côte ihr von sich aus einen gewissen Schutz gegen die feuchten Westwinde.

Freilich können bei so vielen Vorzügen auch die Nachteile nicht fehlen: Das nördliche Burgund hat viel mehr unter Hagel zu leiden als andere Gegenden. Die Côte de Nuits scheint besonders anfällig dafür zu sein, denn hier entstanden 1983, 1981, 1979 und 1971 (in diesem Jahr wurde die Côte de Beaune sogar noch stärker mitgenommen) ganz beträchtliche Schäden. Hagel tritt aber immer nur stellenweise auf, manchmal wird ein Teil einer Gemarkung davon betroffen, während ein anderer unberührt bleibt.

Wie in allen Weinbaugebieten interessiert den Winzer natürlich das Mikroklima der eigenen Gegend oder der eigenen Weinberge (die in Burgund ja meist weit verstreut sind) viel mehr als das allgemeine Bild. Faktoren wie eine bestimmte Lage auf einem Hang, die Nähe von Wäldern und auch die Topographie der Umgebung – etwa eine leichte Mulde, in der sich ein Luftzug bildet – tragen allesamt dazu bei, eine bestehende Tendenz abzuschwächen oder zu verstärken, und können einerseits erstaunlichste Erfolge und andererseits mäßige Ergebnisse verursachen.

Die Appellationen

Zunächst einmal ist es gut, sich die Weinproduktion von Burgund zu vergegenwärtigen, soweit sie unter die Bestimmungen der Appellations contrôlées fällt. Für 2001 verteilen sich die AC-Ziffern wie folgt auf die einzelnen Bereiche:

Erntemengen 2001 in Burgund

Bereich	**Weißwein (hl)**	**Rotwein und Rosé (hl)**
Regionale Appellationen	252 820	276 921
Chablis	254 891	—
Côte de Nuits	2565	70 181
Côte de Beaune	59 777	118 405
Côte Chalonnaise	32 955	40 237
Mâconnais	308 842	46 229
Beaujolais crus	—	360 261
Côte d'Or Grands crus	4016	14 274
Insgesamt 1 842 374	**915 866**	**926 508**

Der erste bekannt gewordene Versuch, den Burgunder in bestimmten Grenzen festzulegen und seinen Ursprung zu schützen, wurde 1416 von König Karl VI. unternommen. Er legte die Gebiete für den »Vin François«, womit Wein aus der Region um Paris gemeint war, und für die »Vins de Bourgogne« fest, die für die Weine von jenseits der Brücke in Sens galten, also aus dem Auxerrois und dem Beaunois, und die auf der Yonne befördert wurden. Seit jener Zeit ist die Sache allerdings etwas komplizierter geworden. Von allem Anfang an muss jedoch immer wieder darauf hingewiesen werden, dass das AC-System in Frankreich (also nicht nur in Burgund, auch wenn diese Region anscheinend die meiste Kritik abbekommt) keine Qualitätsgarantie darstellt, so gern der Verbraucher es auch sehen würde. Dafür wären noch viel strengere Kontrollen erforderlich, und zumal in Burgund müssten die organisatorischen Maßnahmen für Geschmacksprüfungen ganz neu gefasst werden. Das wäre utopisch. Realistisch zu erhoffen wäre, dass die Regeln und Vorschriften von Menschen ausgearbeitet werden, die sich nicht nur durch persönliche Integrität, sondern auch durch praktische Erfahrung im Weinbau und in der Weinbereitung in einem so kapriziösen Weinbaugebiet auszeichnen – und nicht an den Schreibtischen der Bürokraten, so ehrenwert deren Motive auch sein mögen.

Worum sich die AC-Bestimmungen bemühen, ist eine Garantie der Herkunft der Weine sowie die Festsetzung bestimmter Weinbau- und Weinbereitungskonzeptionen, die eine bessere Qualität ermöglichen können. Die Bestimmungen erstrecken sich auf:

- das Erzeugungsgebiet
- die zugelassenen Rebsorten
- den Mindestalkoholgehalt vor der Zuckerzugabe (siehe Seite 20)
- den Höchstertrag pro Hektar

- die Methoden der Anpflanzung, des Rebschnitts und der Rebenbehandlung
- die Weinbereitung
- den Ausbau, d.h. die *élevage*

In Bezug auf die Qualitätskontrolle und den Absatz des französischen Weins teilen sich auf nationaler Ebene vier Organisationen in die Arbeit:

- INAO *(Institut National des Appellations d'Origine)*
- ONIVIT *(Office National Interprofessionnel des Vins de Table)*
- SRFCQ *(Service de la Répression des Fraudes et du Contrôle de la Qualité)*
- DGI *(Direction Générale des Impôts)*

Die Grundlagen für das heutige Weingesetz wurden im Laufe dieses Jahrhunderts gelegt; es wurden immer wieder Verfeinerungen und Verbesserungen vorgenommen, die schließlich in der Neufassung von 1974 ihren Höhepunkt fanden und wirkliche Aussichten auf Fortschritt boten. Mit den beiden Erlassen aus dem Jahr 1974 wurde das »Cascade«-Bewertungssystem unterbunden und die Einführung von Analysen und Geschmacksprüfungen für alle AC-Weine vorgeschrieben.

Bis 1974 konnte ein Weinbauer weit mehr als den zulässigen Ertrag aus einer Grand-cru-Lage herausholen, die Grand-cru-AC aber nur für bis zu 30 hl/ha seines Gesamtertrags in Anspruch nehmen; alles, was darüber hinausging, taufte er dann auf bescheidenere Namen (Premier cru, Villages-Wein und so weiter bis zum Bourgogne Rouge und zum Vin de table) in absteigender Reihenfolge, eben *en cascade*. Der Wein war immer derselbe, nur der Preis war jedes Mal anders. War das nicht *génial?*

Nunmehr muss sich der Weinbauer für eine Klassifizierung für den gesamten Ertrag zum Zeitpunkt der *déclaration de récolte* entscheiden. Das System geht von dem *rendement de base* (Grundertrag) aus, der jedes Jahr durch Festsetzung eines *rendement annuel* (Jahresertrag) für den betreffenden Herbst berichtigt werden kann, um klima- oder witterungsbedingte Veränderungen zu berücksichtigen. Nach 1974 wurde auch der so genannte *plafond limite de classement* (PLC), die Klassifizierungsobergrenze, eingeführt, wobei eine weitere Abweichung um eine bestimmte Menge (meist 20 %) beantragt werden kann. Für den hervorragenden und ertragreichen Jahrgang 1999 wurden zwei solcher Anträge nacheinander gestellt, wodurch die Obergrenze teilweise um bis zu 40 % angehoben wurde. Da dies jedoch mit einer obligatorischen Geschmacksprüfung verbunden ist und die gesamte Produktion destilliert werden muss, sofern der PLC-Antrag abgelehnt wird, verzichten viele Winzer (vor allem im Beaujolais) darauf, schon weil sie eine tiefe Abneigung gegen »Schnüffler« in ihren Kellern hegen.

Bei der Unbeständigkeit des burgundischen Klimas kommen wirklich hohe Erträge – außer in einem Ausnahmejahr wie 1999 – allerdings ohnehin selten zustande. Viele Domaines, vor allem solche mit größeren Beständen an alten Reben, bringen es oft nicht einmal auf den für ihre Grands crus zugelassenen Ertrag. Daher ist die Forderung durchaus berechtigt, dass der Abstand zwischen diesen so besonderen Weinen und den Premier-cru- und Villages-Weinen vergrößert werden könnte.

Bei ihnen wäre eine Erhöhung des zulässigen Höchstertrags in guten Jahren angebracht; die Grands crus dagegen brauchen keine so großzügige Behandlung und sollten sie auch nicht erfahren. In einem Erlass wurde kurz vor dem ertragreichen Jahr 1982 ein erster Schritt getan, um die Zügel zu lockern, allerdings offenbar am verkehrten Ende der Qualitätsskala, denn der Grundertrag der roten Grands crus, zum Beispiel des Corton, wurde von 30 auf 35 hl/ha angehoben, und die Anhebung bei weißen Grands crus fiel sogar noch großzügiger aus: beim Chablis von 35 auf 45 hl/ha und beim Montrachet von 30 auf 40 hl/ha.

Beim Montrachet wurde das *rendement annuel* auf 60 hl/ha festgesetzt, sodass mit weiteren 20 % PLC eine zulässige Ertragsmenge von insgesamt 72 hl/ha infrage kam. 1983 lauteten die vergleichbaren Zahlen 50 hl/ha plus 20 % = 60 hl/ha. Nun beeinträchtigen große Ertragsmengen die Qualität bei Weißwein sehr viel weniger als bei Rotwein, besonders bei dem empfindlichen Pinot noir, doch derart großzügige Ertragsmengen für Grands crus müssen sich auf Konzentration und Extraktgehalt ungünstig auswirken. Aber es war zu erfahren, dass viele Winzer diese zulässigen Ertragswerte nicht erreichten, was nur für sie spricht.

Wie das jeweils festgesetzte *rendement annuel* sich auf das grundlegende *rendement de base* im Einzelnen auswirkt, ist auf den Tabellen auf den Seiten 18 und 19 mit den Zahlen für 1983 und 2001 zu erkennen. 1983 wurde bei bestimmten Grands crus, zum Beispiel Echézeaux, La Tâche und Romanée-Conti, und Weinorten wie Vosne-Romanée der Grundertrag durch die Berichtigung um das *rendement annuel* effektiv verringert – in diesem besonderen Fall aufgrund von Hagelschäden. Dafür wurde der PLC, d. h. also der zweite Berichtigungsfaktor, wieder sehr hoch angesetzt, sodass nach der vorgeschriebenen Geschmacksprüfung doch beträchtliche Mengen an AC-Wein herauskamen. 2001 folgten die erlaubten Erträge eher dem normalen Lauf, während das Beispiel von 1983 zeigt, wie flexibel das System auf klimatische Extremfälle eingehen kann, was übrigens auch 1999 wieder der Fall war.

Obwohl manch einer die bürokratische Gängelung der französischen Winzer, etwa im Vergleich zu ihren Kollegen in der Neuen Welt, als übertrieben empfindet, werden die Zügel nicht gelockert, sondern tendenziell eher noch straffer gezogen. 2001 rief das burgundische Pendant zum *Office National Interprofessionnel des Vins de Table*, das *Bureau Interprofessionnel des Vins de Bourgogne* (BIVB), das »Projekt Burgund« ins Leben. Im Rahmen der mit einem Etat von 4,6 Mio. Euro ausgestatteten Initiative werden in Geschäften angebotene Weine stichprobenartig auf ihre Qualität hin überprüft. Das Ziel ist, so Pierre Meurgey, den Kauf von Burgunder zu einer sicheren Sache zu machen. »Noch kann das nämlich ein reines Glücksspiel sein«, gibt er zu.

Diese Maßnahmen ergänzen die seit 1979 durchgeführte Geschmacksprüfung in den Kellern der Erzeuger. Meiner Ansicht nach funktionieren sie an der Côte Chalonnaise (bei einem gewissen Umfang an Selbstbestimmung) sehr gut, an der Côte d'Or dagegen gar nicht. Es hat sich einfach als unmöglich herausgestellt, in diesem überaus komplexen und stark aufgesplitterten Bereich alle Weine in den Kellern aller Weinbauern jedes Jahr auf ihren Geschmack zu prüfen. Die Weinbauern lassen sich darüber natürlich keine grauen Haare wachsen, verwaltungstechnisch aber wirft die ganze Angelegenheit Probleme auf. Es war jedenfalls beabsichtigt, die Geschmacksprüfung in den Kellern der Winzer und nicht in denen der Händler durchzuführen, und so hätten enorme Mengen Wein in den wenigen Monaten zwischen der Lese und dem Verschwinden in Verschnitten probiert werden müssen.

In jüngerer Zeit haben einige Skandale gezeigt, dass es dabei durchaus Spielraum für Betrügereien gibt, wenn es jemand darauf anlegen wollte.

1983: Zulässige Hektarerträge in Burgund

Côte d'Or Appellations

Grands crus Côte de Nuits	**Rendement de base**	**Rendement annuel – 1983**	**Plafond limite de classement**
Rotweine: Bonnes Mares, Chambertin, Chambertin-Clos de Bèze, Clos de la Roche, Clos St-Denis, Clos des Lambrays, Clos de Tart, Clos de Vougeot, Musigny Rouge	35 hl/ha	35 hl/ha	+20 %
Chapelle-Chambertin, Charmes-Chambertin, Griotte-Chambertin, Latricières-Chambertin, Mazis-Chambertin, Mazoyères-Chambertin, Ruchottes-Chambertin	37 hl/ha	37 hl/ha	+20 %
Echézeaux, Grands Echézeaux	35 hl/ha	26 hl/ha	+60 %
La Tâche, Richebourg, La Romanée, Romanée-Conti, Romanée-St-Vivant	35 hl/ha	15 hl/ha	+100 %
Weißweine: Musigny Blanc	40 hl/ha	37 hl/ha	+20 %
1er cru Côte de Nuits Gleiche Zahlen wie bei AC Communales unten			
AC Communales Côte de Nuits			
Rotweine: Chambolle-Musigny, Côte de Nuits-Villages, Fixin, Gevrey-Chambertin, Morey-St-Denis, Nuits-St-Georges, Vougeot	40 hl/ha	40 hl/ha	+100 %
Vosne-Romanée	40 hl/ha	24 hl/ha	+100 %
Grands crus Côte de Beaune			
Weißweine: Corton Blanc, Corton-Charlemagne, Charlemagne, Bâtard-Montrachet, Bienvenues-Bâtard-Montrachet, Chevalier-Montrachet, Criots-Bâtard-Montrachet, Le Montrachet	40 hl/ha	50 hl/ha	+20 %
Rotweine: Corton Rouge	35 hl/ha	35 hl/ha	+20 %
1er cru Côte de Beaune Gleiche Zahlen wie für Côte de Beaune-Villages			
Côte de Beaune-Villages			
Rotweine: Aloxe-Corton, Auxey-Duresses, Beaune, Blagny, Chassagne-Montrachet, Cheilly-lès-Maranges, Chorey, Côte de Beaune, -Villages, Dezize-lès-Maranges, Ladoix, Meursault, Monthelie, Pernand-Vergelesses, Pommard, Puligny-Montrachet, St-Aubin, St-Romain, Sampigny-lès-Maranges, Santenay, Savigny, Volnay	40 hl/ha	40 hl/ha	+20 %
Weißweine: Aloxe-Corton, Auxey-Duresses, Beaune, Chassagne-Montrachet	45 hl/ha	45 hl/ha	+20 %
Cheilly-lès-Maranges, Chorey, Côte de Beaune, Dezize-lès-Maranges, Ladoix, Meursault, Monthelie, Pernand-Vergelesses, Puligny-Montrachet, St-Aubin, St-Romain, Sampigny-lès-Maranges, Santenay, Savigny	45 hl/ha	55 hl/ha	+20 %

2001: Zulässige Hektarerträge in Burgund

Côte d'Or Appellations

Grands crus Côte de Nuits	**Rendement de base**	**Rendement annuel – 2001**	**Plafond limite de classement**
Rotweine: Bonnes Mares, Chambertin, Chambertin Clos de Bèze, Clos de la Roche, Clos St-Denis, Clos des Lambrays, Clos de Tart, Musigny Rouge, Echézeaux, Grands Echézeaux, La Tâche, Romanée-Conti	35 hl/ha	42 hl/ha	+20 %
La Romanée, Richebourg, Romanée St-Vivant, Clos de Vougeot	35 hl/ha	41 hl/ha	+15 %
Chapelle-Chambertin, Charmes-Chambertin, Griotte-Chambertin, Latricières-Chambertin, Mazis-Chambertin, Mazoyères-Chambertin, Ruchottes-Chambertin	37 hl/ha	45 hl/ha	+20 %
Weißweine: Musigny Blanc	40 hl/ha	48 hl/ha	+20 %
Echézeaux	35 hl/ha	39 hl/ha	+10 %
1er cru Côte de Nuits Gleiche Zahlen wie bei AC Communales unten			
AC Communales Côte de Nuits			
Rotweine: Chambolle-Musigny, Fixin, Gevrey-Chambertin, Morey-St-Denis, Nuits-St-Georges, Vosne-Romanée, Vougeot, Cote de Nuits-Villages, Marsannay	40 hl/ha	48 hl/ha	+20 %
Marsannay Rosé	45 hl/ha	60 hl/ha	+33 %
Weißweine: Morey-St-Denis, Nuits-St-Georges, Vougeot, Côte de Nuits-Villages, Marsannay	45 hl/ha	54 hl/ha	+20 %
Grands crus Côte de Beaune			
Weißweine: Corton Blanc, Corton-Charlemagne, Charlemagne, Bâtard-Montrachet, Bienvenues-Bâtard-Montrachet, Chevalier-Montrachet, Criots-Bâtard-Montrachet, Le Montrachet	40 hl/ha	48 hl/ha	+20 %
Rotweine: Corton Rouge	35 hl/ha	42 hl/ha	+20 %
1er cru Côte de Beaune: Gleiche Zahlen wie für Côte de Beaune-Villages			
Côte de Beaune-Villages			
Rotweine: Aloxe-Corton, Auxey-Duresses, Beaune, Blagny, Chassagne-Montrachet, Cheilly-lès-Maranges, Chorey, Côte de Beaune, -Villages, Dezize-lès-Maranges, Ladoix, Meursault, Monthelie, Pernand-Vergelesses, Pommard, -Puligny Montrachet, St-Aubin, St-Romain, Sampigny-lès-Maranges, Santenay, Savigny	40 hl/ha	48 hl/ha	+20 %
Volnay	40 hl/ha	40 hl/ha	+ 0 %
Weißweine: Aloxe-Corton, Auxey-Duresses, Beaune, Chassagne-Montrachet, Cheilly-lès-Maranges, Chorey, Côte de Beaune, Dezize-lès-Maranges, Ladoix, Meursault, Monthelie, Pernand-Vergelesses, Puligny-Montrachet, St-Aubin, St-Romain, Sampigny-lès-Maranges, Santenay, Savigny	45 hl/ha	54 hl/ha	+20 %

Das INAO übt eine Kontrolle darüber aus, wie viel Burgunder verkauft wird, und zieht Vergleiche zu den Erzeugungsziffern, aber auch hierbei lässt sich nicht alles lückenlos erfassen. Beaune, die Weinhauptstadt Burgunds, ist schon immer ein Umschlagplatz für Weine gewesen, die durchaus nicht alle aus der Region selbst, sondern auch aus Südfrankreich und Nordafrika stammten. Viele davon wurden als Burgunder verkauft. Dieser Etikettenschwindel wird auch heute noch betrieben, das brachte ein Skandal ans Licht, in den das altehrwürdige Handelshaus Chanson verwickelt war. Der *Service de la Répression des Fraudes* veranlasste 2000 und 2001 mehrere Festnahmen, die sich auch auf die ehemaligen Inhaber von Chanson Père et Fils ausdehnten. Ihnen wurde vorgeworfen, große Bestände der Jahrgänge 1996, 1997 und 1999 falsch etikettiert zu haben.

Aber auch korrekt etikettierte Weine, bei deren Herstellung alle Vorschriften eingehalten wurden, können richtig mies sein. Das französische System garantiert Echtheit, nicht Qualität. Ob das »Projekt Burgund«, wie die entsprechende Initiative in Bordeaux, tatsächlich mehr Wirkung zeigt, als sich lediglich auf Integrität, Können und Ruf des Erzeugers sowie auf die Ansprüche eines kundigen Publikums zu verlassen, muss sich erst noch herausstellen.

Das AC-System lässt jedenfalls sehr zu wünschen übrig, wenn es um die geradezu heuchlerischen Bestimmungen hinsichtlich der Chaptalisation, d. h. der Zugabe von Zucker zum Most zur Steigerung des Alkoholgehalts, geht. Der Alkoholgehalt darf durch Aufzuckern laut Gesetz um maximal 2 % erhöht werden: 1,7 kg Zucker auf 100 l Most ergeben 1 % Alkohol mehr im Wein. Es ist nicht zulässig, mehr als 9 kg Zucker auf 3 hl Most bzw. 200 kg pro ha zuzugeben. Vor allem muss der Mindestalkoholgehalt für die betreffende AC durch natürlichen Zuckergehalt gesichert sein, bevor eine Aufzuckerung vorgenommen werden darf. In der Vergangenheit hat man sich um diese Vorschriften herzlich wenig geschert. Es ist weithin bekannt, dass beispielsweise 1984 und 1987 viele Weine (v. a. rote) den vorgeschriebenen Mindestalkoholgehalt nicht erreichten und daher kräftiger als erlaubt aufgezuckert werden mussten, um schließlich doch wieder die üblichen 12,8–13 % zu erreichen.

Ein weiterer erlaubter Zusatz ist Weinsäure. Auf den ersten Blick mag es absurd erscheinen, dass in einer nördlichen Region, deren Weine eher zu viel als zu wenig Säure besitzen, Weinsäure zugesetzt werden kann und soll. Doch die vor allem in den 1970er- und 1980er-Jahren weit verbreitete Kaliumdüngung führte zu flachen Erzeugnissen mit niedrigem natürlichem Säuregehalt, die dann chemisch aufgebessert werden mussten. Einem Fass Wein dürfen nicht gleichzeitig Zucker und Säure zugegeben werden. Viele Winzer umgehen diese Vorschrift, indem sie ein Fass aufzuckern, einem anderen Säure zusetzen und beide vor der Abfüllung vermischen. Doch gesunde Böden, vernünftige Methoden bei der Bearbeitung und niedrige Erträge ergeben von ganz allein ausgewogenere Weine, als sie durch Aufzuckerung und automatische Säurezugabe je erreicht werden. Und wer braucht überhaupt Weine mit einem Alkoholgehalt von 13 %? Außerdem ist Burgund, wie wir später noch sehen werden (siehe Seite 24f.), inzwischen die Hochburg des organischen und biodynamischen Weinbaus in Frankreich und verzichtet weitgehend auf (chemische) Zusätze, die das natürliche Gleichgewicht des Bodens gefährden.

Die Hierarchie innerhalb der Appellations contrôlées baut sich in Burgund wie folgt auf:

- Grand cru
- Premier cru
- Villages-Wein (AOC Communale)
- Regionalwein (AOC Régionale)

Zur letztgenannten Kategorie gehören Bourgogne und Bourgogne Grand Ordinaire, Bourgogne Marsannay Rosé, Bourgogne Passe-tout-grains, Bourgogne Aligoté, Bourgogne Hautes Côtes de Beaune und Bourgogne Hautes Côtes de Nuits.

Die Rebsorten

Um die Rebsorten steht es in Burgund recht einfach. Allerdings wird in Anbetracht der schwierigen klimatischen Voraussetzungen eine ständige Suche nach Klonen betrieben, die bessere Widerstandsfähigkeit gegen allerlei Misshelligkeiten, u.a. die Graufäule, bieten. In der Regel werden an der Côte d'Or 10 000 und in Chablis 6000 Rebstöcke pro Hektar angepflanzt. Die wichtigsten Rebsorten sind:

TRAUBEN FÜR ROTWEIN

Pinot noir

Der Pinot noir ist die launischste aller roten Edelreben dieser Welt. Er ist an der Côte d'Or und an der Côte Chalonnaise die Hauptsorte für Rotwein, wird aber im Mâconnais nur wenig angebaut. In Burgund kann er sich zu unerreichbaren Höhen aufschwingen, an anderen Orten aber hat er seine Tücken. Die feinsten Pinot-noir-Weine, die außerhalb Burgunds entstehen, kommen aus Oregon und Australien (Victoria und Westaustralien), manchmal auch aus Kalifornien (insbesondere Carneros) und Neuseeland (Martinborough und Canterbury). Es kann sich um Einzelfälle und um die Erzeugnisse brillanter Kellermeister handeln. Der Pinot noir wird auch im Elsass, im Jura, in Deutschland (dort heißt er Spätburgunder), in der Schweiz (als Blauburgunder), in Nordostitalien und Osteuropa angebaut und ist vor allem als klassische Rebe in der Champagne unverzichtbar.

Er treibt früh aus und reift auch früh, er ist frost- und kälteanfällig und reagiert auf kühles Wetter während der Blüte sehr empfindlich. Der Pinot noir liebt kalkhaltigen, mergeligen Boden und gedeiht in übermäßig heißem Klima nicht gut. Daraus erklärt sich auch der Misserfolg dieser Rebe im kalifornischen Napa Valley, wo es ihrem Wein ganz einfach an Finesse fehlt. Die Blätter der Pflanze sind dunkelgrün und mittelgroß, die Fruchtstände klein und walzenförmig mit eng beieinander stehenden Beeren. Bei feuchtem Wetter sind sie deshalb für Schimmel und Fäulnis anfällig. Die Beeren sind blauschwarz, schwach oval und relativ dickschalig. Allerdings hat die konsequente Klonselektion im Lauf des 20. Jahrhunderts dazu geführt, dass die heute üblichen Typen dünnere Schalen haben. Die Farbe des Weins stammt nur aus der Schale, denn Fruchtfleisch und Saft sind farblos. Es ist erfreulich zu sehen, dass es vielen Erzeugern auch 1984, als die Traubenschalen nicht so dick wurden, sehr wohl gelang, Wein mit guter Farbe hervorzubringen – ein Anzeichen dafür, dass die Weinbereitungstechnik große Verbesserungen erfahren hat.

Experimente mit Pinot-noir-Klonen wurden in großem Umfang vor allem in Echevronne in den Hautes Côtes de Beaune durchgeführt. Diese Arbeit geht unter der Schirmherrschaft der Regionalverwaltung der *Association Nationale Technique pour l'Amélioration de la Viticulture* (ANTAV) vor sich, die sich aus Vertretern des INAO, der *Syndicats et Associations Viticoles*, der *Coopératives*, der *Chambres d'Agriculture* und der Rebschulen zusammensetzt. Eine große Menge von Pinot-noir-Reben wächst hier unter genau kontrollierten und völlig gleichen Bedingungen, und der von ihnen gewonnene Wein wird in Geschmacksprüfungen ständig verglichen. Es befinden sich darunter Pinot-Arten von der Côte Chalonnaise, aus dem Jura, der Champagne und der Schweiz sowie Pinot fin, moyen und gros und der sehr ertragreiche Pinot droit. Einige Arten tragen den Namen von Weinorten der Côte, andere sind nach Winzern benannt.

Die Forschungsarbeiten erstrecken sich auf die Resistenz gegen Graufäule und Viruserkrankungen wie die Blattroll- und Reisigkrankheit sowie auf das Verhältnis zwischen Ertrag, Alkoholstärke und Qualität. Es hat sich als kaum möglich herausgestellt, dass bei einem Ertrag von über 35 hl/ha wirklich großer Rotwein entstehen kann; in einem Jahr mit gesundem Ertrag können aber auch bei 40 hl/ha ohne weiteres gute Weine hervorgebracht werden. Aber schließlich braucht auch nicht jeder einfache Burgunder für lange Lebensdauer bestimmt zu sein – ebenso wenig wie jeder Bordeaux die Rolle eines Cru classé spielen kann. Dennoch ist es notwendig, die Winzer davon zu überzeugen, dass sie die Klone wählen sollten, die die beste Qualität versprechen, auch wenn dabei gewisse Ertragseinbußen hingenommen werden müssen. Bei den Preisen, die für Burgunder heutzutage erzielt werden, besteht kein Anlass, anders zu verfahren. An der Côte d'Or sind mit den zwei Pinot-fin-Klonen Nummer 114 und 115 gute Erfahrungen gemacht worden, sofern sie nicht auf allzu wuchskräftige Unterlagen veredelt werden. Seit kurzem favorisiert man die Klone 777, 667 und 828.

Inzwischen propagiert der führende französische Fachautor Michel Bettane, der für die *Revue du Vin de France* schreibt, mit einigem Erfolg eine Abkehr von den Klonen und eine Rückbesinnung auf das traditionelle Verfahren der *selection massale* (Massenselektion), das als *field selection* auch in Kalifornien und Australien zum Einsatz kommt. Als Argument führt er an, dass eine größere genetische Vielfalt im Weinberg die Komplexität der Weine fördert.

Gamay

Die heutige Rebe *par excellence* des Beaujolais trägt den gleichen Namen wie der Ort unmittelbar neben Saint-Aubin an der Côte d'Or. Auf dem sandig-schieferigen Boden über Granitgestein im nördlichen Beaujolais, wo die zehn Spitzengewächse des Landes herstammen, erreicht sie ihren Höhepunkt. Aber auch auf dem kräftigeren Lehm- und Kalksteinboden des südlichen Beaujolais ist sie außerordentlich erfolgreich (doch müssen die Weine aus dieser Gegend sehr jung getrunken werden). Bei übergroßen Erträgen entsteht hier gelegentlich ein Wein, der nur noch eine blasse Imitation des echten Beaujolais ist, während er bei einem Ertrag von 50 bis 60 hl/ha in sehr guter Qualität hervorgebracht werden kann. Empfohlen werden die Klone 509, 358, 222, 282 und 656, wobei man derzeit stark auf den neuesten Klon 787 setzt.

Die Gamay-Rebe nimmt etwa ein Drittel der Anbaufläche des Mâconnais ein, wo sie auf Lehm- und Kalksteinböden – ähnlich wie im südlichen Beaujolais – so ausgezeichnete Ergebnisse liefert, dass manchen Burgunderfans ein guter Mâcon Rouge lieber ist als ein Beaujolais-Cru. Sie hat auch an der Côte Chalonnaise große Bedeutung, wo der Bourgogne Passe-tout-grains zu zwei Dritteln aus Gamay und einem Drittel aus Pinot noir gekeltert wird. An der Côte d'Or spielt sie dagegen eine sehr geringe Rolle. Auch in anderen Gegenden Frankreichs, zum Beispiel in Savoyen, der Ardèche und an der Loire, findet man den Gamay, und in Kalifornien ist er ebenfalls zu Hause.

Der Gamay noir à jus blanc oder Gamay Beaujolais bringt auch nach Spätfrösten gute Erträge. Sein Saft ist weiß – wie der Name erkennen lässt –, die Farbe stammt also aus den Schalen. Die kompakten Beeren sitzen in walzenförmigen Fruchtständen eng beieinander, wodurch bei feuchtem Wetter die Ausbreitung der Graufäule begünstigt wird. Die Trauben reifen früh, doch muss der Lesezeitpunkt mit größter Sorgfalt gewählt werden, damit insbesondere bei hohen Erträgen ein guter natürlicher Zuckergehalt gewährleistet ist. Schwellen die Trauben durch Regen kurz vor oder während der Lese stark auf, dann ist es schwer, einen Wein mit guter Farbe und kräftigem Extrakt zustande zu bringen.

Zwei weitere Traubensorten namens César (oder Romain) und Tressot sind an der Yonne für den Bourgogne, Bourgogne Ordinaire und Bourgogne Grand Ordinaire zugelassen. Sie sind im Geschmack erdig, ja sogar ein wenig »fuchsig«. Die Sorte César (oder Romain) hat mehr Qualität als der Tressot, jedoch sind beide sowieso selten und unweigerlich immer mit Pinot gemischt.

TRAUBEN FÜR WEISSWEIN

Chardonnay

Mit der Chardonnay-Traube hat Burgund der Welt gezeigt, wie trockener Weißwein schmecken muss. Der Name Chardonnay könnte von einem Ort gleichen Namens im Mâconnais abgeleitet sein – oder ist doch eher der Ort nach der Traube benannt? Die Chardonnay-Traube liefert alle Spitzenweißweine vom Chablis bis zum Mâconnais. Sie ist eine der klassischen Champagner-Trauben und wurde auch weiter im Süden heimisch gemacht, was vor allem der Pionierarbeit von Louis Latour im Dept. Ardèche zu verdanken ist. Bekanntlich wird sie überdies mit Erfolg in Kalifornien, Australien, Neuseeland und vielen anderen Ländern angebaut.

Die Chardonnay-Rebe liebt Kalkboden; die Blätter der Pflanze sind groß und dünn, die Beeren stehen in den Fruchtständen nicht so dicht beieinander wie bei anderen Sorten, sodass die Luft gut hindurchstreichen kann und die Gefahr der Fäulnisbildung daher geringer ist. Des frühen Austriebs wegen ist Spätfrost eine Gefahr, dafür eignet sich die Sorte ihrer frühen Reife wegen recht gut für Gegenden mit kurzer Wachstumsperiode. Ihr Ertrag ist reichlich, aber sie ist anfällig für *court noué,* die Reisigkrankheit. Sie gehört nicht, wie ursprünglich angenommen, zur Pinot-Familie – der Irrtum ist übrigens im Namen einer burgundischen AC, Pinot-Chardonnay-Mâcon, für alle Zeiten festgehalten. An der Côte d'Or haben sich die Chardonnay-moyen-Klone 76, 95 und 548 besonders gut bewährt, auch die 96, 124 und 131, wenn man sie nicht zur Überproduktion anregt.

Aligoté

Die zweitwichtigste weiße Traubensorte in Burgund hat nicht die Klasse des Chardonnay. Es ist jedoch eine ertragreiche, früh reifende Sorte, die in sonnenreichen Jahren einen höchst schmackhaften Wein liefert. In Jahren, in denen sie nicht voll zur Reife gelangt, fällt der Wein allzu säurereich aus. Im Gegensatz zum Chardonnay lässt sich der Aligoté nicht lange in der Flasche aufbewahren, er muss immer jung getrunken werden. Die besten Aligoté-Weine entstehen meist im nördlichen Teil der Côte Chalonnaise, insbesondere in dem Ort Bouzeron, der eine eigene Appellation contrôlée für Aligoté sein Eigen nennt. In Orten ein wenig abseits des Hauptgebiets der Côte d'Or wurde traditionell ein guter Aligoté-Wein erzeugt, doch er wird immer seltener.

Pinot blanc

Diese Sorte wurde lange Zeit mit dem Chardonnay verwechselt, und zwar nicht nur in Burgund, sondern vor allem auch in Nordostitalien. Es erscheint als reine Platzverschwendung, diese Sorte in Burgund anstelle von Chardonnay anzubauen, denn der Pinot blanc entwickelt hier lange nicht so viel Saft und Kraft wie im Elsass. Sein Wein fällt oft recht schwer und flach aus. Wahrscheinlich handelt es sich bei dieser Sorte um eine Mutation des Pinot noir. Von der Côte de Nuits kommen einige gute Exemplare, doch sie sind selten.

Pinot Beurot

Bekannter ist diese Sorte unter dem Namen Pinot gris oder Tokay d'Alsace oder Ruländer. Obwohl sie mit dem Pinot blanc eng verwandt ist, bringt sie in Burgund doch viel stilvolleren Wein hervor, macht sich aber im Verschnitt mit anderen Rebsorten oft am besten. Sie ist zwar selten, doch an manchen Stellen der Hautes Côtes de Beaune findet man sie gelegentlich, genauso wie in Savigny.

Neben den genannten weißen Sorten ist Melon de Bourgogne für den Bourgogne Grand Ordinaire zugelassen, ich kann mich aber nicht erinnern, je so einen Wein in dieser Form getrunken zu haben. Dieselbe Rebsorte trägt an der Loire den Namen Muscadet – das aber ist eine Sache für sich. Der Melon wird jetzt an der Yonne in den neuen Vézelay-Weingärten angebaut. Die Sorte Sacy wird (immer weniger) im Auxerrois angebaut und meist zu Schaumwein verarbeitet, denn durch hohen Säure- und niedrigen Alkoholgehalt ist sie dafür geradezu prädestiniert. Auch Sauvignon blanc tritt hier in Erscheinung, und zwar im VDQS Sauvignon de Saint-Bris.

Der Weinanbau

TERROIR UND BODEN

»Retour à la nature« war in den letzten zwanzig Jahren das Motto in Burgund. Die Weinbauern kehrten – vermutlich entschlossener und geschlossener als in irgendeinem anderen Anbaugebiet der Welt – Herbiziden und chemischem Dünger den Rücken; kleine und große Betriebe traten zum organisch-biologischen Glauben über und eine nicht unerhebliche Anzahl, darunter einige der namhaftesten Erzeuger, praktiziert biodynamischen Anbau. Dieses Prinzip der Landwirtschaft wurde von Anhängern Rudolf Steiners (1861–1925), des Begründers der Anthroposophie, entwickelt.

Warum Burgund? Ein Grund ist sicherlich in der geringen Ausdehnung der Rebflächen zu sehen und in dem relativ hohen Preis der Weine, der sie rentabel macht. Wenn man eine Hand voll Rebzeilen in verschiedenen Weinbergen bewirtschaftet, kann man jeder einzelnen Pflanze die nötige Sorgfalt und Pflege angedeihen lassen, ohne sie ihn Chemikalien ertränken zu müssen. Außerdem blieben die Weinberge von der Landflucht, der *désertification*, verschont, die andere ländliche Gegenden in Frankreich ihrer Bevölkerung beraubte. Die Burgunder wissen genau, dass sie in einer Märchenlandschaft leben, und sehen es als eine heilige Pflicht an, diese für ihre Nachkommen zu bewahren.

Die Menschen hier waren schon immer vom *terroir* beseelt – von der Überzeugung, dass es die höchste Weihe für einen Wein ist, die Besonderheiten des Stückes Land, auf dem er entstanden ist, widerzuspiegeln. Neu ist die von einem Bodenbiologen mit dem passenden Namen Claude Bourguignon vertretene Theorie, dass nur ein »lebendiger«, von Mikroorganismen bevölkerter Boden feine Geschmacksnuancen hervorbringen kann. Seine Forschungen haben ergeben, dass die chemische Bearbeitung seit den 1960er-Jahren – vor allem die Tatsache, dass man Herbizide einsetzte, anstatt den Boden zwischen den Rebstöcken umzupflügen – verheerende Auswirkungen auf das Leben im Boden hatte. Berühmt wurde Bourguignon durch die Behauptung, einige Böden der Côte d'Or seien mikrobiell weniger lebendig als die Böden der Sahara.

Die Pionierrolle übernahm Jean-Claude Rateau, der sein 1979 gegründetes kleines Gut im Umland von Beaune einige Jahre später auf organischen Anbau umstellte. Rateau und Bourguignon waren Vorbild und Berater für Anne-Claude Leflaive von der berühmten Domaine Leflaive in Puligny-Montrachet. Anne-Claude erbte das Gut 1990 und verabschiedete sich bald danach von der Hightech-Philosophie ihres Vaters. Ab 1997 wurden die Weinberge ausnahmslos nach biodynamischen Grundsätzen bewirtschaftet und seitdem haben die Weine neue Qualitätsstandards erreicht. Inzwischen findet man kaum noch erstklassige Weingüter, die keinen organischen Anbau betreiben oder nicht zumindest den Einsatz von Unkrautvernichtungsmitteln im Rahmen des Systems *La Lutte Raisonée* auf ein Mindestmaß reduziert haben. Die Domaine Leroy arbeitet seit 1989 biodynamisch; bei der Domaine de La Romanée-Conti ist nach langjährigem organischen Anbau die Einführung des biodynamischen Systems nur noch eine Frage der Zeit; zu nennen ist außerdem die Domaine des Comtes Lafon in Meursault und nun auch im Mâconnais. Selbst der aufgeblasene Wein-Großmogul J.-C. Boisset produziert organisch, und zwar auf den 37 ha seines Vorzeigeguts, der Domaine de la Vougeraie.

Nach einem Hinweis auf den organischen oder biodynamischen Anbau sucht man bei den meisten Flaschenetiketten allerdings vergeblich. Viele Winzer sehen ihren Verzicht auf Chemie als ihre eigene Sache an und nicht als Verkaufsargument. Die Bezeichnung »organischer Wein« spricht allzu häufig mehr für ideologische Lauterkeit als für natürliche Qualität, und daher machen die meisten Erzeuger einen Bogen darum. Eine große Anzahl von Weinbauern sucht Spritzmittel so weit wie möglich zu vermeiden, greift jedoch im Notfall lieber auf chemische Behandlungsmethoden zurück, als eine Ernte zu verlieren oder sich mit Mehltau herumschlagen zu müssen.

Nicht wenige sind jedoch dem von Anne-Claude Leflaive Ende 1999 ins Leben gerufenen lockeren Verbund *Terre et Vin* (Land und Wein) beigetreten: neben den »üblichen Verdächtigen« auch die Handelsunternehmen Bouchard Père et Fils, Drouhin, Jadot und Rodin. Die erste Initiative von *Terre et Vin* richtete sich gegen den Einsatz von genetisch veränderten Erzeugnissen, d. h. in erster Linie Hefen, seit kurzem jedoch auch Rebpflanzen, bei der Weinbereitung. Beim *Institut National des Appellations d'Origine* wurde durchgesetzt, dass eine Appellation nur dann anerkannt wird, wenn keine solchen Produkte verwendet wurden. Mittlerweile gibt es auch Ableger von *Terre et Vin* an der Rhône und in Bordeaux.

REBBAU

Es gibt keine Mysterien im Weinanbau – er ist nichts weiter als ein Zweig des Obstanbaus. Es werden lediglich gesunde Trauben gebraucht, wenn feiner Wein entstehen soll. Sie sind die *matière de base*. Erreicht wird gesundes Lesegut durch ständige Wachsamkeit des Winzers in seinem Weinberg – wenn er Arbeitskräfte beschäftigt vor allem darüber, dass seine Anordnungen ausgeführt werden.

Die Anpflanzung eines neuen Weinbergs ist wahrhaft kostspielig. Die alten Rebstöcke werden herausgerissen, der Boden wird umgepflügt, Erde wird weggeschafft und durch neue ersetzt (die übrigens aus dem Bereich der eigenen Appellation stammen soll), der Boden wird desinfiziert (das ist wichtig zur Verhütung der Reisigkrankheit), und es wird ein organisch-mineralisches Gleichgewicht im Boden hergestellt. Dann werden Jungpflanzen gebraucht, neue Pfähle, Pfosten und Spanndrähte, je nach der Pflanzdichte, meist 8000 bis 10 000 Rebstöcke pro Hektar. Auch gehen nicht alle Jungreben an, besonders nach einem strengen Winter wie zum Beispiel 1985, und deshalb müssen im zweiten Jahr eventuell kostspielige Ersatzpflanzungen vorgenommen werden. Erst nach dem vierten Austrieb, also im vierten Jahr, kann aus dem neuen Weinberg AC-Wein gewonnen werden.

Immer mehr Winzer stellen fest, wie teuer sie die künstliche Düngung zu stehen kommt. Stickstoff und Kali steigern den Ertrag, aber zu viel Kalium führt zu den unerwünschten hohen Erträgen mit wenig Säure. Mit Stickstoffgaben treiben die Rebstöcke sehr stark, die Feuchtigkeit um die Pflanze herum wird vermehrt, und damit steigt das Fäulnisrisiko. Viel verwendet wird getrockneter Stalldung. Als große Neuerung ersetzte man ab den 1960er- und 1970er-Jahren das Umpflügen des Bodens zwischen den Rebstöcken durch den Einsatz von Herbiziden, um dem Unkraut den Garaus zu machen. Viele Weinbauern sehen das heute als katastrophale Entscheidung an. Das Pflügen hatte nämlich den Nebeneffekt, dass die flachen Wurzeln gekappt wurden und die Reben, um an Wasser und Nährstoffe heranzukommen, sehr tief wurzelten. Als man nicht mehr pflügte, wuchsen die Wurzeln wieder näher an der Oberfläche, was zur Folge hatte, dass die Pflanzen bei nasser Witterung übersättigt waren und in Trockenperioden verdorrten. Die Weinberge begannen zu veröden und die speziellen Hochtraktoren, die *tracteurs-enjambeurs*, walzten den Boden gnadenlos fest. Eine der wichtigsten neueren Änderungen war daher, dass zumindest die besten Erzeuger nun wieder dreimal im Jahr pflügen, teilweise sogar mit dem Pferd.

Die durch einen Virus hervorgerufene Reisigkrankheit *(court noué)* ist in Burgund ein großes Problem. Das einzige Heilmittel besteht darin, einen Weinberg zu roden, den Boden tiefgründig umzugraben und zu desinfizieren und dann resistente Klone neu anzupflanzen. Manche Winzer sprechen mit Stolz von ihren kleinen Erträgen, doch verräterisch gelb verfärbte und deformierte Blätter lassen gleich merken, woher das kommt. Nicht jeder kleine Ertrag ist auch gesund!

Der Schrecken von Burgund ist die Graufäule, und sie ist noch längst nicht gebannt. Es mutet wie Ironie an, dass eben diese Pilzkrankheit unter ganz bestimmten Voraussetzungen in Sauternes und Barsac, aber auch in Deutschland, hoch erwünscht ist, denn es handelt sich um nichts anderes als *Botrytis cinerea,* die berühmte Edelfäule. Wenn sie sich aber auf den Pinot-noir- oder Gamay-Trauben breit macht, dann ist das eine Katastrophe, weil sie die Erträge reduziert, Pigmentzellen zerstört und dem Wein, der aus befallenen Trauben entsteht, einen unangenehmen Geschmack verleiht. Nach den vernichtenden Erfahrungen des Jahres 1975 suchten die burgundischen Weinbauern ihr Heil im regelmäßigen Spritzen gegen die Graufäule und einige Jahre lang sah es so aus, als sei der Kampf gegen die Krankheit gewonnen. 1983 aber zeigte sich an manchen Stellen der Côte de Nuits, dass das nicht stimmte. Es schien darauf anzukommen, dass die chemische Zusammensetzung des Spritzmittels alle zwei Jahre geändert wurde, und auf jeden Fall musste der Winzer genau zum richtigen Zeitpunkt mit der Spritze im Weinberg sein. Hatten die Regenmengen im September im Vergleich zu früher zugenommen oder war das Problem darauf zurückzuführen, dass ertragreiche, überdüngte Klone mit dünneren Traubenschalen und größeren, dichter zusammengepackten Beeren günstigere Voraussetzungen für die Graufäule schufen? Das ausgezeichnete Wetter in den Jahren 1988, 1989 und 1990 ließ dann wieder hoffen. Beim konventionellen Anbau wird der Mehltau, der falsche (Peronospora) ebenso wie der echte (Oidium), mit industriell hergestellten Fungiziden behandelt; Biobauern sind hingegen auf altmodische Kupfersulfat- und Kalkspritzmittel, die so genannte Bordelaiser Brühe, angewiesen, mit der gegen den falschen Mehltau gute Erfolge erzielt wurden. Gleichzeitig wurden dadurch die Traubenschalen gefestigt und wahrscheinlich auch weniger anfällig gegen die Graufäule. Vielleicht ist es von Bedeutung, dass im Beaujolais, wo die Bordelaiser Brühe noch verbreitet in Gebrauch ist, viel weniger Graufäule auftritt als an der Côte d'Or – allerdings ist im Beaujolais im Sommer auch die Luftfeuchtigkeit geringer, sodass ein Vergleich nicht ohne weiteres möglich ist.

Die Rote und die Gelbe Spinne sowie eine Vielzahl von Motten und Milben erfordern ebenfalls sorgfältige und eingehende Behandlung zum jeweils richtigen Zeitpunkt. Auch der Einsatz von natürlichen Feinden des Schädlings kann helfen, was sicher besser ist, als sich nur auf die Chemie zu verlassen. Ein Schädling, der den Burgundern in den letzten Jahren offensichtlich am meisten zu schaffen macht, ist der *ver de la grappe,* auch *tordeuse de la grappe* genannt – *Cochylis* oder *Eudemis,* der einbindige Traubenwickler, dessen Raupen vor allem um Mitte Juli großen Schaden anrichten.

DAS WEINBAUJAHR IN BURGUND

Januar

Meist ist es noch zu kalt und der Boden zu hart gefroren, als dass man schon viel im Weinberg tun könnte, auch ist es oft nicht ratsam, zu früh mit dem Rebschnitt zu beginnen. Wer vorsorglich schon frühzeitig beginnen wollte, wurde zum Beispiel 1985 von extremer Kälte überrascht. Eine Schneedecke wirkt im Weinberg bei sehr tiefen Temperaturen als Schutz.

Februar

Im Februar und März findet in der Hauptsache der Rebschnitt statt. Damit wird die wesentliche Vorbereitung für die spätere Qualität des Weins getroffen, denn der Rebschnitt entscheidet darüber, ob der Ertrag groß oder auf ein vernünftiges Maß beschränkt sein wird. Jedenfalls erfordert der Rebschnitt Sachkenntnis und Geschick, und wer sich darauf gut versteht, ist hoch geachtet. Jeder Weinstock muss dabei individuell behandelt, sein bisheriger Ertrag, sein Wachstumszustand, seine eventuelle Beeinträchtigung durch Hagel oder Frost berücksichtigt werden. Ein erfahrener Fachmann im Rebschneiden hat das rechte Gefühl für den Rebstock, so etwas wie einen Instinkt, der seine Rebschere leitet.

In der Region Burgund sind verschiedene Methoden des Rebschnitts gebräuchlich:

Guyot-Schnitt. Diese Art ist in der Variante Double-Guyot an der Côte d'Or, der Côte Chalonnaise und in Chablis die verbreitetste Form. Der Frucht tragende Haupttrieb wird auf sechs Augen zurückgeschnitten und am untersten von drei Drähten angebunden, welche die Schösslinge und das Laub tragen. Auch ein kurzer Trieb wird mit zwei Augen stehen gelassen; er soll ebenfalls Frucht tragen, vor allem aber die Jungtriebe hervorbringen, die dann im nächsten Jahr Fruchttriebe werden. Ein falscher Rebschnitt kann also nicht nur den Ertrag des laufenden, sondern auch des nächsten Jahres beeinträchtigen.

In Burgund werden die Reben im Allgemeinen flach erzogen, etwa 30 cm über dem Boden, sodass die im Boden gespeicherte Sonnenwärme während der Nacht den Reifevorgang in den Trauben weiterführen kann. In den Hautes Côtes wird dagegen hoch erzogen; dadurch kann die Bodenfläche besser ausgenutzt und das Spätfrostrisiko verringert werden.

Gobelet-Schnitt. Dies ist die klassische Form des Rebschnitts im Beaujolais. Der Rebstock ist hier ein frei stehender Busch mit drei bis vier Ästen, jeder mit einem auf zwei Augen zurückgeschnittenen Fruchttrieb. Das üppige Laubwerk wird um einen Pfosten herum aufgebunden oder an Drähten entlanggezogen, wodurch dann eine nicht mehr so buschige Gestalt entsteht.

Cordon-de-Royat-Schnitt. Diese Schnittform ist am Südende der Côte de Beaune, vor allem in Santenay und Chassagne-Montrachet, gebräuchlich. Der Rebstock wird horizontal erzogen, aus den Zweigen treten Fruchttriebe hervor, die auf ein bis zwei Augen zurückgeschnitten werden. Die horizontale Erziehung erfordert am Anfang viel Geschick, doch wenn die richtige Gestalt einmal erzielt ist, dann lässt sich die Vegetation gut über flach gespannte Drähte verteilen.

Taille-à-queue-Schnitt. Diese Schnittform ist im Mâconnais verbreitet zu sehen. Hierbei wird der tragende Zweig halbkreisförmig heruntergebogen.

Ein typisches Bild in burgundischen Weinbergen im Winter ist der Rauch aus kleinen Öfen auf Schubkarren, in denen die Winzer das abgeschnittene Rebholz verbrennen, das sie zwischen den Rebzeilen aufgesammelt haben. Der Rauch vermischt sich mit dem frostigen Nebel zu einem blauen Dunst. An den Öfen kann man sich freilich auch die kalten Finger wärmen, und die Asche reichert den Boden des Weinbergs an.

März

Der Rebschnitt wird beendet. Erfahrene Winzer warten damit oft bis zu diesem Monat und berufen sich auf die alte Bauernweisheit *taille tôt, taille tard, rien ne vaut la taille de mars* (»schneide früh oder schneide spät, doch nichts ist besser als der Schnitt im März«). Der Vorteil des späten Rebschnitts ist, dass um diese Zeit schon der Saft steigt, d.h. das Infektionsrisiko an den Schnittstellen ist geringer; außerdem verhindert man dadurch, dass die Pflanze zu stark austreibt. Nach dem Schnitt werden die Fruchttriebe unter die unteren Drähte gebogen, wobei darauf geachtet wird, dass den Augen kein Schaden geschieht. Als Winterschutz um den Fuß der Rebe aufgehäufelte Erde wird gelockert und auseinander gezogen. Dadurch wird der Boden gelüftet und der Dünger besser verteilt, der idealerweise aus Stallmist mit kompostiertem *marc* (gepressten Schalen und Kernen) besteht. Biodynamisch arbeitende Winzer geben außerdem von Anhängern dieser Methode entwickelte homöopathische Mittel bei. Auch für das Veredeln, d.h. Pfropfen, ist jetzt die richtige Zeit. Verwendet wird die *greffe anglaise*, ein Z-förmiger Schnitt in der Unterlage, der das französische Edelreis aufnimmt. In diesen nördlichen Breiten kann natürlich nicht auf dem freien Feld veredelt werden, sondern die »angegangenen« Veredelungen werden im darauf folgenden Jahr in den Weinberg ausgepflanzt.

April

Das Pfropfen geht noch zwei bis drei Wochen weiter und braucht zum »Angehen« Temperaturen von 20 °C in Sand oder Sägemehl. Der Winzer bangt nun vor Spätfrösten, denn inzwischen ist die Rebe wahrhaft verwundbar; eben aus Furcht vor Spätfrösten wird der Rebschnitt übrigens großzügig gehandhabt. Um diese Zeit kann die Rote Spinne erstmals in Erscheinung treten. Der Haupttrieb wird nun am unteren Draht festgebunden, und da der Saft inzwischen ja wieder steigt, ist das Holz auch biegsam. Neue Weinberge werden im April angepflanzt. Den ersten Ertrag bringen sie nach drei Jahren, den ersten AC-Wein aber erst im vierten Jahr.

Mai

In der ersten Maiwoche drohen noch immer Fröste. Dem Unkraut wird jetzt mit Herbiziden oder durch Unterpflügen zu Leibe gegangen, und es wird gegen Spinnen, Wickler, falschen und echten Mehltau gespritzt – oft mit einem kombinierten Spritzmittel. Der Zeitpunkt dieser Behandlung ist sehr wichtig, deshalb gibt die *station d'avertissements agricoles* in Abstimmung auf die Wetterlage entsprechende Ratschläge heraus. Ein fürchterlicher Gedanke ist, dass Mehltaupilze jahrelang in Sporenform irgendwo ruhen können; zum Beispiel überlebten jene aus dem Jahr 1975 die Trockenheit von 1976 und traten 1977 wieder in Erscheinung. In den Rebschulen werden die »angegangenen« Veredelungen nun für das Jahr ausgepflanzt. Im Weinberg werden unerwünschte nichttragende Schösslinge herausgeschnitten.

Juni

Das ist der Monat der Rebenblüte. Am schönsten ist es, wenn die Sonne recht warm scheint, wenig Wind geht und kein Regen fällt. Eine gute, rasche und gleichmäßige Blüte schafft gute Voraussetzungen für einen gesunden Ertrag, sofern nicht spätere Misshelligkeiten wie Hagel und Gewitter dazwischenkommen. Ist das Wetter jedoch schlecht, dann kommt *coulure* vor, d.h. die Blüten werden unbefruchtet abgestoßen, was den Ertrag von vornherein stark mindert. Lose herabhängende Zweige werden zwischen den Drähten in der Mitte befestigt und Jungtriebe am oberen Draht mit einer Draht- oder

Plastikklemme festgesteckt. Auch das Spritzen wird fortgesetzt, allerdings, wenn es sich irgend einrichten lässt, nicht während der Blüte.

Juli

Das Spritzen geht weiter, wenn auch die Kosten dem konventionellen Winzer bereits Kopfschmerzen bereiten. In den Rebzeilen wird öfters umgepflügt, und allzu üppiges Laubwerk an den Triebenden wird zurückgeschnitten, weil es der Frucht nur die Nährstoffe wegnimmt. Besonders gewissenhafte Winzer schneiden um diese Zeit auch überzählige Fruchtstände heraus, um die Qualität der anderen zu steigern. Immerhin lässt sich eine Erhöhung des natürlichen Alkoholgehalts um 2 % erzielen, wenn der Ertrag um ein Drittel gemindert wird. Verständlicherweise aber gehen die Winzer nicht gern an diese Arbeit heran, denn schließlich bedeutet jeder Liter Wein mehr Geld (wenn auch nicht gerade mehr Ruhm); in Jahren wie 1982 und 1986 kann es aber notwendig sein. Wird jedoch regelmäßig davon Gebrauch gemacht, gewöhnt sich die Rebe an die Behandlung und es entsteht ein Teufelskreis aus Zurückschneiden und immer höheren Erträgen.

Der Hagel bedeutet im Juli eine große Gefahr. Es wurde schon mit Flugzeugen und mit Raketen versucht, ihn zu zerstreuen oder ihn doch wenigstens in Regen zu verwandeln, ehe er niederprasselt. Hagel fällt oft in der Nacht und Katastrophen sind kaum zu vermeiden: Ein Teil der Côte de Nuits musste 1983 als Beweis dienen, dass die Natur nicht gezähmt werden kann.

August

Der Grünschnitt *(rognage)* geht weiter, hinzu kommen Wartungsarbeiten wie Reparaturen an Mauern und allgemeines Säubern und Aufräumen um den Weinberg herum. Nun ist auch der Zeitpunkt für die *véraison* gekommen, d. h. die Trauben werden allmählich weicher und wechseln die Farbe. In der Rebschule werden Wildtriebe an den Jungreben weggeschnitten. Alles, was für die Lese gebraucht wird, muss gereinigt werden, alle Holzfässer und -bottiche werden mit Wasser gefüllt, damit sie dicht werden. In Gerätschaften, die ein Jahr lang ungebraucht herumliegen, können sich natürlich Bakterien gut einnisten, und so kann es gar keine Frage sein, dass diese Arbeiten seit der Einführung von Edelstahltanks oder emaillierten Fässern viel leichter geworden sind.

September

Die allgemeinen Instandsetzungs- und Vorbereitungsarbeiten für die Weinlese gehen weiter, aber dabei ist ein Auge immer auf den Himmel gerichtet. Der Reifegrad der Trauben hängt von so vielem ab – vom Wetter, vom Alter des Rebstocks, von der Stelle, wo er wächst, davon, zu welchem Ertrag er angeregt und wie er gepflegt wurde. Der optimale Zeitpunkt für die Lese ist gekommen, wenn das bestmögliche Gleichgewicht zwischen Zucker- und Säuregehalt eingetreten ist. Freilich fehlt es in Burgund gewöhnlich eher am Zuckergehalt, daher besteht ja auch die Notwendigkeit des Aufzuckerns. Allerdings ist ganz allgemein über die letzten 20 Jahre hinweg auch der Säuregehalt recht niedrig gewesen, ein Phänomen, das sich übrigens auch in Bordeaux gezeigt hat und das man zum Teil dem exzessiven Gebrauch von chemischen Düngemitteln zuschreibt. Bei früher Lese geht man dem Wetterrisiko aus dem Weg, aber es muss auch mehr aufgezuckert werden. Bei später Lese kann der Säuregehalt zu stark ins Hintertreffen geraten, dann fehlt es dem Wein an Gleichgewicht und an klar hervortretender Frucht.

An der Côte Chalonnaise findet die Weinlese meist ein paar Tage später statt als an der Côte d'Or, wahrscheinlich, weil die Weinberge etwas höher liegen. Im Mâconnais beginnt sie dagegen früher, zur gleichen Zeit wie im Beaujolais. Um zu veranschaulichen, wie weit der Lesebeginn von einem Jahr zum anderen schwanken kann, werden hier die Daten gegeben, zu denen der *ban de vendanges* an der Côte de Beaune in den letzten Jahren aufgehoben wurde:

1978	7. Oktober	1990	17. September
1979	25. September	1991	25. September
1980	6. Oktober	1992	12. September
1981	23. September	1993	15. September
1982	16. September	1994	16. September
1983	22. September	1995	26. September
1984	29. September	1996	18. September
1985	24. September	1997	11. September
1986	27. September	1998	17. September
1987	28. September	1999	15. September
1988	21. September	2000	11. September
1989	13. September	2001	17. September

Auf den ersten Blick ist zu erkennen, dass zwischen Lesebeginn und Qualität kein direkter Zusammenhang besteht, denn in dem guten Jahr 1978 wurde spät gelesen, im ebenfalls guten Jahr 1989 dagegen früh. Es ist sicher nicht verkehrt, wenn die einzelnen Domaines den Zeitpunkt des Lesebeginns selbst bestimmen können und sich nicht strikt an die offiziellen, für jede Zone bestimmten Anfangszeiten halten müssen.

Die Lese selbst geschieht in Burgund, ganz anders als in Bordeaux, noch immer größtenteils von Hand. 1983 hielt die maschinelle Lese im großen Stil an der Gironde, im Anbaugebiet Bordeaux, Einzug, wo sage und schreibe 1050 Vollerntemaschinen im Einsatz waren. Im gleichen Jahr gab es in Burgund – Chablis und Beaujolais eingeschlossen – nur deren 49. Seitdem hat die Mechanisierung in Chablis, an der Côte Chalonnaise und im Mâconnais massiv Land gewonnen. Angesichts der Krise im Beaujolais überlegt man in diesem Zusammenhang auch, ob man die Gamay-Rebe für normalen Beaujolais nicht wieder am Spalier erziehen soll. Wegen ihres Gobelet-Schnitts kann sie momentan nur von Hand abgeerntet werden, was aufgrund der niedrigen Preise, die diese Weine erzielen, zunehmend unwirtschaftlich ist. Anspruchsvolle Winzer bleiben jedoch dabei, dass die Maschinenernte sich nicht mit Spitzenweinen verträgt: Statt unversehrter Beeren erhält man eine breiige Masse, aus der man unmöglich die besten Trauben auslesen kann. Außerdem beginnt dadurch der Most zu oxidieren und die Schalen geben bereits Geschmacksstoffe ab. Bei klassischem weißen Burgunder wird der Kontakt zwischen Schalen und Most auf ein Minimum beschränkt.

Oktober

Die Lese geht zu Ende und der Winzer macht sich an die Weinbereitung – falls er nicht seine Trauben an einen Négociant verkauft oder bei der Genossenschaft abliefert. Jetzt ist auch der Zeitpunkt für das Roden überalterter Weinberge mittels tiefem Umpflügen, Düngen und Desinfizieren gekommen.

November

Beim Pflügen für den Winter wird zugleich auch Erde wieder herbeigeschafft, die zum Fuß des Hangs gespült wurde. Der erste Rebschnitt wird vorgenommen, wobei der tragende Haupttrieb bis auf zwei Seitentriebe zurückgeschnitten wird. Der eigentliche Rebschnitt folgt dann im zeitigen Frühjahr. Manche Winzer pflügen Erde als Winterschutz an den Fuß der Reben heran, andere wieder meinen, das sei für die Wurzeln schädlich.

Dezember

Das Umpflügen und provisorische Schneiden geht weiter, neues Land für Weinberge wird vorbereitet, und Erde wird herbeigeschafft. Der provisorische Rebschnitt wird eingestellt, sobald es Frost gibt.

VEREDELUNGSUNTERLAGEN

Seit dem Reblauseinfall müssen die europäischen Rebsorten auf amerikanische oder französisch-amerikanische Unterlagen veredelt werden. Unterlage und Edelreis müssen aber gut aufeinander abgestimmt sein. So wie durch Forschungen und Experimente die Kenntnisse über die Klone der Rebsorten erweitert und verbessert wurden, so geschah es auch mit den Veredelungsunterlagen. Auf ungeeignetem Boden kann eine Veredelungsunterlage der Grund dafür sein, dass der Weinstock übermäßig treibt, unreife Trauben mit geringem Zuckergehalt hervorbringt oder Blütenprobleme *(coulure)* hat.

Gut bewährt haben sich zum Beispiel Kombinationen der Pinot-noir-Klone 115 und 114 mit den Unterlagen Fercal und 161–49C. Manche Erzeuger haben die Erfahrung gemacht, dass sich 161–49C auf kalkhaltigem Boden gut eignet und voll ausreifende Trauben liefert, während SO4 an der Côte de Nuits oft zu stark treibt und Trauben mit geringem Zuckergehalt hervorbringt. Eine französisch-amerikanische Hybridrebe, 41B, bewährt sich gut in stark kalkhaltigen Böden und an hoch gelegenen Stellen. Die Chardonnay-Klone B95 und B96 gedeihen in kieshaltigen Böden gut auf der Unterlage 161–49C.

Dieselben Unterlagen werden zumeist auch im Beaujolais benutzt, doch findet man dort auf Granitböden noch die Vialla, die wahrscheinlich aus der Zeit vor der Reblaus stammt; und die rein amerikanische 420A gedeiht in größeren Höhen und liefert Weine wie den Chiroubles. Im stark kalkhaltigen Boden von Chablis, wo die Gefahr der Chlorose (Entfärbung der Blätter infolge Eisenmangels in Kalkböden) sehr groß ist, waren die gebräuchlichsten Veredelungsunterlagen SO4 und 41B, die Tendenz geht jetzt aber eher in Richtung 161–49C.

Die Weinbereitung

Die Weinbereitung ist in Burgund so unterschiedlich, wie man es in einem Land voller Individualisten wohl auch nicht anders erwartet. Besucht man eine Reihe von Winzern oder Kellermeistern, dann hört man gewiss von jedem eine andere Ansicht oder Theorie darüber, wie roter oder weißer Wein am besten bereitet wird. So gibt es auch die verschiedensten Techniken, vor allem beim Einmaischen und bei der Gärung, ein absolut gültiges Schema besteht nicht. Die Hauptpunkte freilich sind klar. Und noch eines ist bemerkenswert:

Ein ganz besonders brillanter Weißweinerzeuger und ein ebenso hervorragender Rotweinerzeuger haben mir übereinstimmend erklärt, dass die wichtigste Voraussetzung für die Weinbereitung Sauberkeit sei.

Sieht man sich die Traube einmal genauer an, dann bekommt man gleich einen guten Eindruck davon, wie das Rohmaterial für den Wein beschaffen ist. Auf die Stiele entfallen 3 bis 5 % des Gesamtvolumens, auf die Schalen 10 bis 20 %, auf das Fruchtfleisch 70 bis 80 % und auf die Kerne 2 bis 4 %. Im Übrigen besteht die Traube aus Wasser, Zellulose, Mineralien wie Sulfaten, Kaliphosphaten, Kalk und Natriumhydroxid, Zucker (Glukose und Fruktose), Säuren (Wein-, Apfel- und Zitronensäure) und Tannin. Die Stiele enthalten Tannin, das einen bitteren Geschmack verursacht, wenn zu viel davon in den Wein gelangt, sowie Wasser, das den Wein verdünnt. Allerdings verleiht eine gewisse Menge Stiele, wenn sie mitgekeltert wird, dem Wein ein festes Rückgrat. Die Kerne enthalten sogar noch mehr Tannin, also Gerbstoff, und deshalb muss beim Mahlen und Pressen mit größter Vorsicht vorgegangen werden, sonst wird der Wein »pelzig«.

Fruchtfleisch und Schalen ergeben die Grundmasse des Mosts (des noch unvergorenen Traubensafts) sowie auch des Weins. Der aus dem Fruchtfleisch austretende farblose Saft enthält den Zucker und die Säuren, während die Farbstoffe in den Schalen der Pinot-noir- und Gamay-Trauben erst bei der Gärung durch den Alkohol herausgelöst und im Most fein verteilt werden.

ROTWEIN

Die Pinot-noir-Trauben (die Gamay-Trauben werden im Beaujolais nach einer anderen Methode verarbeitet) werden in den *cuvier* gebracht, sehr gute Domaines entfernen unreife und verfaulte Früchte, anschließend werden die Trauben in einer Traubenmühle gemahlen und »entrappt«, d. h. die Stiele werden entfernt. Eine Reihe von Winzern gibt anschließend einen bestimmten Teil Stiele wieder in den Most (10 bis 20 %), um den künftigen Wein zu festigen. Viele Erzeuger bevorzugen außerdem eine fünf- bis siebentägige Vorfermentierung durch kühle Mazeration, die das Aroma und die Farbe des Weins verbessert. Gärbehälter gibt es in allen Größen und Arten. Die traditionellen offenen Holzbottiche sind in vielen Kellern noch zu finden. Mit solchen Bottichen gibt es zwar in Bordeaux oft Schwierigkeiten, im kühlen Oktober von Burgund aber entstehen kaum zu hohe Temperaturen. Zu Beginn des Gärprozesses steigt u. U. die Temperatur kurz über 30 °C, aber das ist meist nicht weiter gefährlich, und nachts fällt sie dann so weit ab, dass sich alles wieder ausgleicht. Es kommt dagegen viel öfter vor, dass der Most wenigstens zum Teil angewärmt werden muss (das geschieht in dampfbeheizten doppelwandigen Kupfergefäßen), damit die Gärung richtig in Gang kommt, denn eine »stecken gebliebene« Gärung ist unangenehm; sie bringt nämlich die Gefahr der Oxidation (trotz vorsichtiger Schwefelung) oder der bakteriellen Infektion mit sich. Manchmal wird das Anwärmen des Mosts auch übertrieben, und dann schmeckt der Wein etwas »eingekocht«.

In Burgund sind auch Gärbehälter aus Beton und Stahl in Gebrauch; manche sind emailliert oder mit Glas ausgekleidet; auch rostfreien Edelstahl findet man hier und dort, vor allem in den größeren Betrieben. Fast alle Gärbehälter, ganz gleich aus welchem Material, sind jedoch offen – geschlossene Gärtanks haben nur wenig Befürworter. In vielen Fällen wird der »Hut« aus Schalen, der ja mit dem Most ständig in Berührung bleiben muss, damit er

Farbe abgeben kann, mit Holzstangen – den so genannten *piges* – immer wieder untergetaucht. Sogar das Stampfen mit den Füßen wird in geringem Umfang noch betrieben. Demselben Zweck dient die *remontage*, das Hochpumpen des Mosts vom Grund des Behälters oben auf den »Hut«. Die Traubenschalen enthalten ziemlich viel Tannin und vor allem Aromastoffe, und deshalb ist dieser Vorgang von großer Bedeutung für die Qualität des Weins. Außerdem werden auf diese Weise die Hefen gut verteilt, was einfach unerlässlich ist, wenn man den Gärprozess natürlichen Hefen überlassen will. Viele Spitzenerzeuger verwenden nur Hefen, die von Natur aus auf den Trauben oder im Keller vorkommen, obwohl mittlerweile gute Reinzuchthefen für die verschiedenen Rebsorten entwickelt wurden. Selbst in Behältern, in denen der »Hut« ständig mit Hilfe eines siebartigen Deckels in den Most eingetaucht wird, ist die *remontage* erforderlich.

Die Aufzuckerung (Chaptalisation) kann mit der *remontage* verbunden werden. Manche Winzer geben Zucker zu Beginn des Gärprozesses zu, andere zuckern in kleineren Dosierungen während des Gärvorgangs; auf jeden Fall muss aber mit größter Sorgfalt darauf geachtet werden, dass am Ende kein Zuckerrest mehr vorhanden ist. Bei Rotwein darf Rohr- oder Rübenzucker zugegeben werden, bei Weißwein nur Rohrzucker. Durch die Zugabe von Zucker zum gärenden Most wird natürlich der Alkoholgehalt gesteigert, zugleich aber auch der Säurespiegel im Wein geringfügig herabgesetzt. Das Verhältnis von Alkohol zu Extrakt ist bei aufgezuckerten Weinen höher, und wenn das Aufzuckern übertrieben wird, dann leiden darunter Frucht und Aroma. Deshalb bleibt es in Burgund immer eine knifflige Frage, was man tun soll, wenn nach einem Jahr mit zu wenig Sonne der natürliche Alkoholgehalt im Wein niedrig ist.

Neben der Chaptalisation gibt es noch zwei weitere Möglichkeiten. Eine ist die so genannte *saignée* (»Aderlass«), bei der frisch gepresster Most aus dem Gärbehälter entnommen wird, bevor er richtig Farbe angenommen hat, wodurch die Konzentration der übrigen Menge erhöht wird. Der helle Most kann dann zu Rosé vergoren werden. Die andere besteht im Einsatz eines Hightech-Verfahrens zur Mostkonzentration. Anders als bei der *saignée* wird bei der Vakuumverdampfung *(evaporation sous vide)* und bei der Hyperfiltration *(osmose inverse)* nur Wasser entzogen; Alkohol und Geschmacksstoffe verbleiben im Most. Dieser Vorteil hat aber auch seine Kehrseite: In schlechten Erntejahren werden unreife, mostige oder faulige Geschmacksnoten genauso verstärkt. Manche halten diese Verfahren für unredlich und finden es völlig natürlich, wenn Weine in heißeren Jahren anders ausfallen als in kälteren. In Bordeaux sind diese Techniken weit verbreitet, während sie in Burgund bisher relativ wenig Anwendung finden: Hier lautet das Motto immer noch *respecter la nature*. Ich neige weiterhin zu der Auffassung, dass man sich mit weniger Alkoholstärke im Wein zufrieden geben, den Wein lieber jung trinken und die Grands crus und Premiers crus unerbittlich auf die Stufe von Villages-Weinen heruntersetzen sollte, wenn die Natur nun einmal solche Bescheidenheit auferlegt. In schlechten Jahren kommt bei den großartig klingenden Burgundernamen oft der Charakter der Spitzengewächse nicht recht zur Geltung. Warum also nicht einfach zugeben, dass Spitzenleistungen in manchen Jahren nun einmal nicht möglich sind? Ist es denn eine Schande, wenn die Natur nicht immer mitspielt? Schließlich gab es ja auch im Jahr 1972 in Bordeaux kaum einen Cru classé, der dieses Namens würdig gewesen wäre!

Die Gär- oder Maischdauer ist von einem Winzer zum anderen, allerdings auch von einem Jahr zum anderen verschieden. In einem Jahr mit übermäßig viel Gerbstoff im Most wie etwa 1976 (das kommt freilich selten vor, ist aber trotzdem ein gutes Beispiel) ließen manche besonders gewissenhafte Winzer ihren Wein kürzere Zeit im Gärbehälter, um Unausgewogenheit zu vermeiden. Manche favorisieren auch eine kürzere Gärdauer, wenn die Trauben nicht ganz einwandfrei gesund sind. Andererseits kann den Weinen aus Jahren mit besonders hohen Erträgen oder besonders wenig Sonnenschein eine lange Gärzeit nur gut tun.

Allerdings ist zu beachten, dass ein Höchstmaß an Farbe schon in den ersten drei bis vier Tagen Gärzeit erreicht wird, Gerbstoff aber so lange extrahiert wird, wie der Wein eingemaischt bleibt. Körper und Extrakt können in einem vielleicht durch besonders hohen Ertrag (z. B. 1982) leicht ausfallenden Wein durch die oben beschriebene *saignée* verstärkt werden. Im Idealfall sollten die Erträge allerdings vor diesem Stadium kontrolliert werden. Die Maisch- bzw. Gärzeiten schwanken an der Côte d'Or zwischen acht und 15 Tagen. Bestimmte Regeln, die von sich aus vollendet gute Ergebnisse garantieren könnten, gibt es hierzu nicht.

Ist dann der Wein von den Trubstoffen abgezogen, werden die zurückgebliebenen Schalen und Kerne gepresst, und der Wein aus der ersten Pressung wird fast immer dem Vorlaufwein beigemischt. Heutzutage verwendet man meist Horizontalpressen der Fabrikate Vaslin, Mabille und Willmes, obwohl die alten Vertikalpressen eigentlich immer noch unschlagbar sind.

Ist ein Jahrgang völlig gesund, dann kann auch noch weiterer Presswein mit beigemischt werden. Die ausgepressten Trester werden später zu einem Tresterschnaps namens *marc* gebrannt.

Die sekundäre, malolaktische Gärung erfolgt dann entweder wieder im Gärbehälter oder aber im Fass. Dabei wird die Apfelsäure in Milchsäure umgewandelt, und die bei diesem Vorgang entstehende Kohlensäure mildert den Wein und verhindert eine spätere Nachgärung in der Flasche, die früher beim Burgunder leider manchmal vorkam. Oft muss der Keller auf etwa 17 °C geheizt werden, damit die malolaktische Gärung einsetzt – sehr kalte Keller in Burgund machen hierbei Schwierigkeiten. Ich möchte sogar behaupten, dass viele Winzer ihre Weine zu spät, d. h. lange nach dem optimalen Zeitpunkt, auf Flaschen ziehen, nur weil sie so lange warten müssen, bis die malolaktische Gärung abgeschlossen ist.

Nun wird der Rotwein endgültig vom Bodensatz abgezogen und in Eichenholzfässern mit etwa 228 l für die Dauer von ein bis zwei Jahren ausgereift – je nach der Art des Weins und des Jahrgangs und nach Lust und Laune des Winzers; man kann sich auch höflicher ausdrücken und von Einsicht und Urteil sprechen. An Eichenholz scheint jede nur erdenkliche Art in Gebrauch zu sein, bei Rotwein wird Holz aus Allier und den Vogesen gern verwendet, aber auch solches aus dem Jura und dem Limousin. Freilich findet man auch Eichenholz aus dem Tronçais und dem Châtillonnais, also vom Plateau der Côte d'Or nördlich von Dijon bei Châtillon-sur-Seine. Wie viele Fässer jedes Jahr erneuert werden, hängt von der finanziellen Leistungskraft eines Winzers und von den Erfordernissen des jeweiligen Jahrgangs ab, wenn sich das freilich auch nur schwer beurteilen lässt, denn die neuen Fässer müssen ja schon lange vor der Ernte bestellt werden. 2002 kostete ein neues Eichenholzfass, eine *pièce*, 485 Euro. Der Pinot noir kann allzu viel frisches Eichenholz mit seinem überstarken Tannin- und Vanillearoma nicht vertragen, deshalb muss auf das richtige Gleichgewicht zwischen neuen und alten Eichenholzfässern geachtet werden. Grands crus sind beispielsweise besser für den Ausbau in neuen Fässern geeignet als Villages-Weine. Ebenso kann man neue Fässer mit Wasser zunächst einmal so vorweichen, dass der Überschuss an Gerbstoff herausgezogen wird. Auch die Körnung des Eichenholzes, die Art der Trocknung der Fassdauben und die Anröstung der Fässer haben letztlich einen Einfluss auf den Geschmack des Weines.

Das Abstechen, d. h. das Umfüllen des Weins aus einem Fass in ein anderes, um ihn von Fest- und Trubstoffen zu scheiden, die sich am Boden abgesetzt haben können, geschieht meist dreimal vor dem Abfüllen in Flaschen – im Frühjahr nach der Lese, kurz vor der neuen Lese und schließlich noch einmal vor dem Abfüllen. Allerdings wird möglichst wenig abgestochen, denn allzu häufiges Abstechen macht den Wein müde und flach. Die Keller in Burgund sind meist kalt und feucht, deshalb verdunstet hier auch nicht so viel Wein wie andernorts in Frankreich. Nichtsdestoweniger muss immer wieder aufgefüllt werden, vor allem weil in Burgund das Spundloch immer oben ist, und so eröffnen sich gewisse Möglichkeiten für persönliche Abwandlungen. Der zum Auffüllen verwendete Wein soll natürlich dem im Fass entsprechen, oft aber wird man den Verdacht nicht los, dass er vielleicht nicht so gut ist. Wird beim Auffüllen zu großzügig verfahren, dann könnte das den »Stil des Hauses« gewisser Négociants erklären, im Allgemeinen aber darf man denn doch wohl davon ausgehen, dass der gewissenhafte Winzer auf ehrliche Weise sein Bestes tut.

Vor dem Abziehen auf Flaschen wird meist eine Schönung vorgenommen, um den Wein zu klären. Dafür wird Eiweiß, Gelatine, Kasein (Milcheiweiß), Fischblase oder Bentonit verwendet. Bei Rotwein wird anscheinend das Eiweiß von Hühnereiern bevorzugt, doch nimmt Gelatine auch das überschüssige Tannin mit weg (wie es 1976 nötig war). Diese Substanzen gerinnen im Wein und sinken dann zum Boden des Fasses oder Tanks und nehmen auf ihrem Weg alle Schwebeteilchen mit sich, sodass schließlich der geklärte Wein abgezogen werden kann. Vor dem Abfüllen werden die Weine dann meist noch leicht gefiltert. In machen Domaines aber ist man der Meinung, dass darunter die Qualität leiden könne (da vielleicht Geschmack, Körper oder Extraktgehalt vermindert würden), und filtriert deshalb nicht, was oft auf einem streifenförmigen Etikett mitgeteilt wird, um den Käufer darauf vorzubereiten, dass sich im Wein eine leichte Trübung oder ein Bodensatz vorfinden könne. Ich selbst meine, dass zwar allzu viel Klärung dem Charakter eines Weins abträglich sein kann, wenn aber andererseits ein Wein um die ganze Welt herum verschickt werden soll, dann wirkt ein Bodensatz eben doch störend. Es ist jedoch eigentümlich, dass ein Bodensatz in einem Bordeaux stets eher akzeptiert wird als in einem Burgunder, und zwar ohne jeden ersichtlichen Grund, es sei denn, dass beim Burgunder das Sediment weicher ist als beim Bordeaux und sich deshalb eher als Trübung bemerkbar macht. Ein gewissenhafter Winzer wird jeden Jahrgang individuell behandeln, aber insgesamt so wenig wie möglich eingreifen.

Das Abfüllen in Flaschen ist ein sehr wichtiger Vorgang; denn ist es nicht geradezu tragisch, wenn ein Winzer sozusagen über die letzte Hürde stolpert? In Burgund werden noch immer einige Fehler beim Abfüllen gemacht. Die beiden Hauptsünden heißen Oxidation und Mangel an Sauberkeit. Heutzutage werden die Weine vor dem Abfüllen in Tanks zusammengestellt, um mehr Einheitlichkeit zu sichern, d. h. die früher oft aufgetretenen Unterschiede von einem Fass zum anderen zu vermeiden. Burgunder wird fast immer kalt abgefüllt, nur wenige Firmen arbeiten mit Pasteurisierung. Mir scheint, dass absolute Hygiene, viel frisches Wasser im Keller und vernünftiger Gebrauch von Schwefel so ziemlich alles ist, was ein sorgfältiger Kellermeister an Vorsichtsmaßregeln zu beachten hat.

WEISSWEIN

Beim Weißwein läuft der ganze Vorgang in einer anderen Reihenfolge ab: Die Trauben werden vor der Gärung gepresst. Die Stiele werden nicht entfernt, weil sie das Auspressen des Safts in den pneumatischen oder mit Spindeln und Schnecken arbeitenden Horizontalkeltern erleichtern. Der große Feind des Weißweins ist die Oxidation, deshalb muss auf zügiges, sanftes Pressen bei vernünftigem Gebrauch von Schwefel höchster Wert gelegt werden. Der trübe Saft läuft unmittelbar in Behälter ab, wo er zunächst zum Abklären stehen bleibt *(débourbage)*. In Großbetrieben werden manchmal Zentrifugen benutzt, um einen möglichst klaren Most zu bekommen.

Die Gärung geht dann entweder im Fass oder im Tank vor sich. Fast alle feinen Weißweine von der Côte d'Or werden in Eichenholzfässern vergoren, oft in neuen, wobei sich vor allem Limousin-Eiche bewährt. Die ideale Gärtemperatur liegt zwischen 15 und 20 °C, und die Gärdauer sollte möglichst lang sein, damit so viel Geschmacks- und Geruchsstoffe wie nur möglich in den Wein gelangen können. Dabei wird der Bodensatz aus Trub und Hefen von Zeit zu Zeit aufgerührt, um den Vorgang gleichmäßig in Gang zu halten. Das Aufrühren des Boden- bzw. Hefesatzes *(bâtonnage)* ist ein traditionelles Verfahren, das auch in Bordeaux und in allen anderen Anbaugebieten, die etwas auf sich halten, praktiziert wird. Es trägt unter anderem dazu bei, die Entfaltung des Weins im Mund und seine Struktur zu verbessern. Es gibt aber auch Stimmen, die davor warnen, zu übertreiben, weil man sonst einen recht standardisierten Weißwein erhält. Auch muss das Fass bis zur richtigen Höhe aufgefüllt sein, sodass die Hefen wohl etwas Luft zum Leben bekommen, trotzdem aber nicht zu viel Luftsauerstoff an den Wein herangelangen und Oxidation herbeiführen kann. Der Wein bleibt bis zur Beendigung der malolaktischen Gärung, die meist im späten Frühjahr stattfindet, auf dem Bodensatz und wird dann für den Rest der Ausbauzeit in saubere Fässer abgestochen. Auch hierbei wird oft Limousin-Eiche bevorzugt. In einigen Fällen lassen sich durch das teilweise Beibehalten der Apfelsäure Weine mit interessantem und komplexem Aroma erzielen.

Die Chaptalisation (Aufzuckerung) findet meist zu Beginn der Gärung statt. Zum Schönen von Weißwein werden gewöhnlich Kasein, Fischblase und manchmal auch Bentonit (bei zu viel Protein) verwendet. Da die Reifung in Barriques den Wein von selbst verfeinert und ihm nach langer *élevage* im Holz natürliche Helle verleiht, dürfte ein leichtes Filtrieren meist genügen. Manche Spitzenweine werden nach 18 Monaten Reifezeit auf Flaschen gezogen, die anderen im Allgemeinen früher. Einige Weine von der Côte Chalonnaise füllt man schon im Frühjahr nach der Lese ab. Im Mâconnais bleiben die einfacheren Weine im Tank und werden erst abgefüllt, wenn sie verkauft werden sollen. Das ist meist einige Monate nach der Lese der Fall, und durch Kühlung werden Weinsteinablagerungen verhindert. An der Côte d'Or geschieht dies auf natürlichem Wege, indem man Kaltluft in den Keller lässt. Es wäre ja auch seltsam, wenn an besonders feinen Weinen allzu viel herumhantiert würde. Ein wenig Weinstein ist ein Anzeichen dafür, dass ein Wein mit Vernunft behandelt wurde, und das dürfte denn wohl das Herz eines jeden Burgunderliebhabers erfreuen.

ROSEWEIN

Roséwein ist in Burgund nicht von großer Bedeutung, mit Ausnahme des Rosé von Marsannay. Bei der *vin-gris*-Methode werden die roten Trauben gepresst, damit der Wein etwas Farbe bekommt, im Übrigen aber wird der Most wie bei Weißwein vergoren. Bei einer anderen, gebräuchlicheren Technik werden die Trauben ein bis zwei Tage lang eingemaischt, und der Most wird durch eine *saignée* abgezogen, wenn die gewünschte Farbe erreicht ist – anschließend wird er wie bei Weißwein vergoren.

SCHAUMWEIN

Seit 1822 werden in Burgund Schaumweine nach der Champagner-Methode hergestellt. 1975 wurde für bessere Qualitäten die Bezeichnung »Crémant de Bourgogne« geschaffen. Hierzu werden Pinot-noir- oder Pinot-blanc-, Pinot-gris-, Chardonnay- und Aligoté-Trauben verwendet. Auch Gamay-, Sacy- und Melon-Trauben können dabei sein. Sie werden sehr sanft gepresst, und nur die jeweils erste Pressung wird zur Herstellung des Crémant de Bourgogne herangezogen. Nach der ursprünglichen Gärung wird eine Cuvée zusammengestellt, die vor dem Abfüllen in Flaschen von einer durch das INAO eingesetzten Kommission genehmigt werden muss. Dann wird die *prise de mousse*, die Zweitgärung in der Flasche, durch Zugabe einer Dosis Zucker und Hefe eingeleitet. Der Schaumwein muss neun Monate lang reifen und wird durch Rütteln *(remuage)* und anschließendes Degorgieren von den abgestorbenen Hefezellen befreit.

Heute wird das durch Einfrieren des Flaschenhalses bewerkstelligt, wobei der Pfropfen mit dem Satz fest wird und ohne weiteres herausgenommen werden kann. Dann wird die Flasche aufgefüllt, der Süßegehalt auf den gewünschten Grad (Brut oder Demi-Sec) gebracht, schließlich wird die Flasche wieder verkorkt und verkaufsfertig gemacht. Es gibt Crémant als Blanc, Blanc de Blancs (ausschließlich aus weißen Trauben) oder Rosé.

Es ist wirklich schade, dass der Crémant de Bourgogne so unbekannt ist, denn er ist fruchtig und fein und entspricht im Allgemeinen hohen Qualitätsansprüchen. Drei Viertel der Produktion entfallen auf Frankreich, aber beim Import liegt Großbritannien an der Spitze.

Der Bourgogne Mousseux unterliegt nicht so strengen Bedingungen wie der Crémant, was den Grundwein anlangt (als Rebsorten sind Pinot, Gamay, César und Tressot von der Yonne zugelassen, der Reifegrad bei der Ernte, der Höchstertrag, die Transportmethoden, das Kelter- und Bereitungsverfahren sind nicht genau vorgeschrieben). Diese Appellation gibt es derzeit nur in Rot.

Winzer und Weinhändler

Bis vor gar nicht allzu langer Zeit wurden die burgundischen Erzeuger in der Literatur einhellig in zwei Gruppen geschieden: Die Winzer waren die Guten und die Weinhändler die Bösen. Diese Schwarzweißmalerei geht auf die 1930er-Jahre zurück, als Winzer gegen die unlauteren Praktiken von Weinhändlern vorgingen, die Weine ohne Rücksicht auf ihre tatsächliche Herkunft unter so klangvollen Namen wie »Clos de Vougeot« oder »Montrachet« anboten. Um die Echtheit ihrer Erzeugnisse garantieren zu können, füllten die Winzer den Wein in der Domaine ab, anstatt ihn in Fässern auszuliefern, deren Inhalt die Weinhändler dann nach eigenem Gutdünken mischen konnten. Doch Burgund wäre nicht Burgund, wenn die Dinge so einfach lägen. Gute und Böse gibt es in beiden Lagern und mancher Weinhändler (Négociant) ist gleichzeitig Eigentümer einer bedeutenden Domaine. In den letzten Jahren hat sich außerdem ein neuer Erzeugertyp herausgebildet, den man vielleicht »Mini-Négociant« nennen könnte: Winzer, die auch von kleinen Gütern in benachbarten Appellationen erworbene Trauben verkeltern.

Die traditionelle Rolle der Weinhändler bestand darin, viele kleinere Posten Wein aufzukaufen, sie miteinander zu mischen, gemeinsam auszubauen *(élevage)* und schließlich auf Flaschen zu ziehen. Heute ist auch das im Wandel, denn viele große Handelshäuser kaufen inzwischen Trauben auf und übernehmen die Weinbereitung selbst – ein entscheidender Fortschritt. Für die wundersame Wandlung des Winzers zum Weinhändler gibt es zwei Gründe: Erstens wollen viele Erzeuger sich vergrößern, scheitern jedoch daran, dass viel zu wenig Anbauflächen für viel zu hohe Preise angeboten werden. Zweitens zahlen Négociants in Frankreich weniger Steuern als Winzer, d. h. es kann vorteilhaft sein, wenn man die Trauben der eigenen plus die fremder Güter aufkauft.

Winzer, die ihren gesamten Wein selbst abfüllen und in eigener Regie vertreiben, waren von jeher rar gesät. Oft verkaufen sie einen Teil an die Händler, damit Bargeld ins Haus kommt, und füllen nur den Rest selbst ab – denn das ist ja an der Côte d'Or mit einer Lagerzeit von 18 Monaten bis zu zwei Jahren verbunden. Die Domaine-Abfüllung geschieht entweder auf einer eigenen oder einer fahrbaren Abfüllanlage, zum Beispiel der von Ninot in Beaune. In Burgund ist auch noch ein recht feudal anmutendes System in Gebrauch, das sich aber teilweise ganz gut bewährt – es nennt sich *métayage:* Ein Grundbesitzer, der nicht selbst seinen Weinberg bestellen und seinen Wein bereiten will, überlässt diese Arbeiten einem *métayer,* einem Pächter, der sich dann mit dem Grundbesitzer die Ernte teilt. Das System kann sich wie gesagt bewähren, es bringt aber freilich noch mehr Unklarheit in die Herkunft der einzelnen Weine in Burgund, weil ja zwei Weine mit ganz verschiedenen Namen doch aus demselben Ursprung stammen können. Manchmal ist es auch eine harte Sache für einen guten Winzer und Kellermeister, wenn er wegen eines langfristigen *métayage*-Vertrags einen Teil seines eigenen Weinbergbesitzes nicht selbst bewirtschaften darf. *Fermage* hingegen bedeutet, dass ein Weinberg einem Winzer verpachtet wird, der hierfür einen Pachtzins zahlt, ohne den Ertrag teilen zu müssen.

Die große Blüte der Handelshäuser begann in der ersten Hälfte des 18. Jahrhunderts und manche Häuser aus der damaligen Zeit sind heute noch bekannt und angesehen. 2001 bestanden in Burgund 144 Négociants-Eleveurs; sie gehören der *Fédération des Syndicats de Négociants-Eleveurs de Grande*

Bourgogne an. 74 haben ihren Sitz an der Côte d'Or, 43 im Dept. Saône-et-Loire, 22 im Dept. Rhône (Beaujolais) und fünf im Dept. Yonne. Ihre Produktion ging zu 47 % in den Export, 53 % wurden in Frankreich abgesetzt. Die Négociants-Eleveurs spielen auch in Bordeaux und in der Champagne eine ebenso bedeutende Rolle und tätigen dort ungefähr gleich große Umsätze in Höhe mehrerer Millionen Euro. Sie sind auch für die gesunde Entwicklung der burgundischen Wirtschaft und für die Bereitstellung der in aller Welt verlangten Mengen guten Weins äußerst wichtig. Der kleine Winzer, der jedes Jahr nur ein paar Fass Wein zu verkaufen hat, kann schließlich nicht Hotel- oder Ladenketten mit den erforderlichen Mengen Wein beliefern und so dem

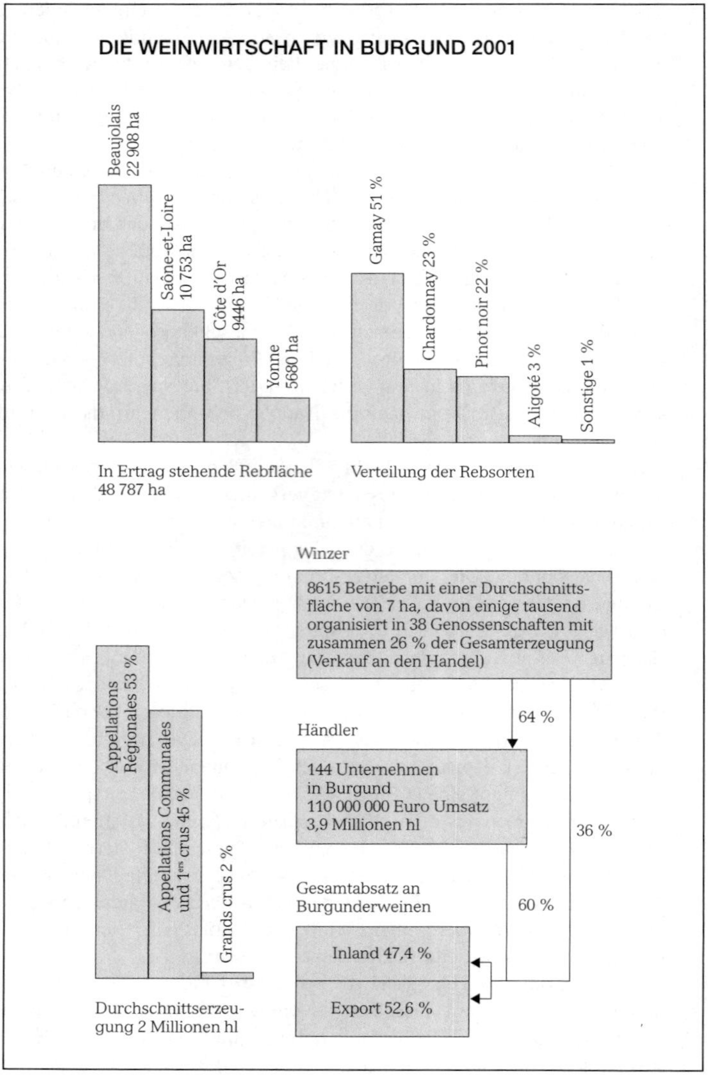

Burgunder Freunde und neue Anhänger gewinnen. Im Mosaik der internationalen Weinwirtschaft hat der Winzer mit seinen hausgemachten Weinen ebenso seinen Platz wie das Handelshaus mit seinen großen Beständen.

2001 setzten die burgundischen Négociants-Eleveurs 2 900 000 hl ab (das sind 386 Millionen Flaschen), davon 45 % AC-Weine aus Burgund, 12 % aus anderen AC-Bereichen (meist Côtes du Rhône) und 43 % Weine mit VDQS-, Vin-de-pays- oder Vin-de-table-Status. Man nimmt an, dass der Anteil Vin de table inzwischen bei 27 % liegt, eine große und höchst wünschenswerte Verbesserung gegenüber den 40 %, die ich in der ersten Ausgabe dieses Buchs genannt hatte. Trotzdem ist es immer noch ein Jammer, dass Négociants in Beaune oder Nuits einen so großen Anteil einfacher Tafelweine verkaufen. Ist es denn wirklich unmöglich, dass sie den ordinären und den AC-Wein einmal durcheinander bringen? Natürlich haben die beiden verschiedenen Weinkategorien heutzutage auch verschiedene *acquits* (Ursprungsbescheinigungen), wie sie vom INAO vorgeschrieben sind – doch nur ein großer Heuchler würde nicht wahrhaben wollen, dass der Name eines bekannten Burgunder Handelshauses einem Vin de table sehr wohl einen Hauch von Qualität verleihen kann. Dem Verbraucher bleibt demgegenüber nur die Möglichkeit, sich mit besseren Kenntnissen in der Sprache des Etiketts zu rüsten, denn wenn auf dem Etikett keine burgundische Appellation contrôlée vermerkt ist, dann ist eben auch kein Burgunder in der Flasche. Natürlich würde es den Puristen besser gefallen, wenn ein burgundisches Weinhandelshaus nur Burgunder und nicht nebenbei auch noch Vin de table verkaufen dürfte, und manche angesehene Handelshäuser (z. B. Joseph Drouhin, Louis Jadot und Louis Latour) haben sich auch nie mit dem Tafelwein-Markt befasst. Andererseits lässt sich aber auch nicht leugnen, dass ein kräftiger Umsatz von Vins de table dazu beitragen kann, das kostspielige Geschäft des Ankaufs und Ausbaus feiner Burgunder zu stützen.

1979 wurden 74 % der burgundischen Ernte über den *commerce bourguignon*, d. h. über die Handelshäuser, und 26 % von den Domaines oder Weingütern direkt abgesetzt. 1997 stieg der von den Domaines abgefüllte Anteil auf 40 %. Manche Weingüter bauen ihre eigenen Weine erst seit neuestem aus und füllen sie selbst ab, andere wieder (z. B. Gouges, d'Angerville und Rousseau) haben darin schon seit mehr als 60 Jahren Erfahrung. Natürlich verkaufen auch Weingüter, die schon lange selbst abfüllen und an Privatkunden direkt liefern, einen Teil ihrer Erzeugung aus steuerlichen oder finanziellen Gründen an Weinhändler, und manchmal – in besonders dürftigen Jahren – entschließen sie sich sogar dazu, überhaupt nicht selbst abzufüllen. In solchen Jahren hat der Négociant mit seinen Möglichkeiten, verschiedenartige Weine miteinander zu mischen, eine viel bessere Chance, einen zumindest anständigen Wein zustande zu bringen, als der einzelne Winzer, dem ja nur der eigene Ertrag zur Verfügung steht und der beispielsweise durch Hagel oder Fäule ganz besonders schwer betroffen sein kann.

Ganz ohne Zweifel kann ein feiner Domaine-Wein, ob er nun von einem Winzer oder einem Handelshaus stammt, all die Individualität, die Vielfalt und den Charakter aufweisen, wie es sich ein Liebhaber nur wünschen mag – und sicherlich gehören die Spitzenburgunder in diese Kategorie. Ebenso wenig kann aber auch bezweifelt werden, dass es neben langweiligen und glanzlosen Händlerweinen wahrhaft abschreckende Domaine-Erzeugnisse gibt, deren Individualität lediglich aus krassen Fehlern besteht. Wir, die Käufer und Verbraucher, müssen es uns zur Aufgabe machen, das Gute herauszupicken und das Schlechte entschieden abzulehnen, bis es uns gelingt, den allgemeinen Standard zu heben und auch beim achtloseren Zugreifen gut wegzukommen. Dank gebührt denen, die wie Frank Schoonmaker und Alexis Lichine als Erste die Domaine-Abfüllung förderten und allen in Burgund Unterstützung angedeihen ließen, die sich gewissenhaft damit befassten.

Da nun zwischen Winzern und Händlern in Burgund so viel Wein den Besitzer wechselt, spielen Makler eine sehr wichtige Rolle. Sie bringen den Négociants Proben und Muster – reihenweise kleine Flaschen auf den Laboratoriumstischen der Handelshäuser zeugen von ihrer Tätigkeit. Man fragt sich, wie lange es wohl dauern mag, bis alle diese Proben verkostet sind, aber natürlich muss ein Négociant, der aus einem Jahrgang das Beste herausholen will, ziemlich schnell entschlossen sein. Der Makler – der *courtier* – bekommt vom Käufer 2 bis 3 % und vom Verkäufer 3 % Provision. Er selbst hält keine Lagerbestände, aber er ist verantwortlich dafür, dass der schließlich gelieferte Wein auch der eingereichten Probe entspricht.

Es gibt auch einige Makler in Burgund, deren Spezialität es ist, gute Domaines aufzuspüren, deren Weine zusammenzustellen und dann ausländischen Kunden eine Auswahl anzubieten. Das ist besonders praktisch für alle Weinfreunde, die sich nicht gern mit Preislisten in französischer Sprache herumschlagen, und die besten dieser Makler bewähren sich auch gewissermaßen als Filter, in denen Weine dubioser Qualität hängen bleiben. Nur wenige Makler verfallen dem Irrtum, Domaine-Weine seien von vornherein besser als Händlerweine, und tragen damit noch zum reichlich angeschwollenen Selbstbewusstsein mancher Winzer bei; die meisten sind vielmehr verantwortungsbewusst und erbringen eine wertvolle Leistung.

Es gibt in Burgund noch eine weitere, für die Region eigentümliche Einrichtung, den *commissionnaire en vins*. Er ist ein Zwischending zwischen Händler und Makler, denn einerseits vermittelt er wohl Weingeschäfte zwischen Domaines und ihren Kunden, andererseits unterhält er aber auch selbst Lagerbestände. Er kann die Brücke zwischen dem manchmal in einsamer Höhe thronenden, auf jeden Fall aber einzelnen Winzer und den vielschichtigen Exportkundschaften schlagen, ohne unter dem Gewicht ausgewachsener Exportmitarbeiterstäbe niedergedrückt zu werden, wie es den großen Handelsfirmen manchmal ergeht. Deshalb sind seine Preise gelegentlich für die Qualitäten, die er zu bieten hat, äußerst günstig – die Franzosen nennen so etwas einen guten *rapport qualité-prix*.

An der Côte d'Or gibt es, abgesehen von der sehr gut geführten »Coopérative des Hautes Côtes de Beaune et de Nuits«, sehr wenige Winzergenossenschaften. Darüber hinaus gibt es eine gute in Buxy an der Côte Chalonnaise, eine mächtige und renommierte in Chablis, weitere ebenso einflussreiche im Mâconnais sowie einige sehr angesehene im Beaujolais, insbesondere im Norden.

WEINAUKTIONEN

Da der Auktionsmarkt ganz auf Bordeaux-Weine ausgerichtet ist, kann sich auf einer Weinversteigerung eine Gelegenheit ergeben, guten Burgunder günstig in die Hände zu bekommen. Nun gilt ein Auktionshaus nicht unbedingt als Quelle für guten Burgunder, doch gehen hier tatsächlich nicht selten größere Mengen exzellenten Weins zu geringeren Preisen über den Tisch als bei so manchem Händler. Zwar haben sich mit rühmlicher Ausnahme der

Domaine de La Romanée-Conti, der Domaine Henri Jayer und der Domaine Leflaive bisher wenige Erzeuger auf Auktionen hervorgetan. Doch immer wieder werden Partien von hochklassigen Domaines versteigert, was Burgunderliebhabern eine gute Chance gibt, ihren Lieblingswein zu einem vernünftigen Preis zu erwerben. Weine von Leroy werden teuer bezahlt, vor allem in den USA; hoch im Kurs stehen auch de Vogüé, Dujac, Armand Rousseau und Ponsot.

DER WEINEXPORT

Burgund war im Lauf der Geschichte gegenüber Bordeaux benachteiligt, was den Absatz seines Weins im Ausland betrifft, denn es besaß keinen Hafen und keinen direkten Wasserweg zum Meer. Die Yonne diente wohl in gewissem Umfang als Wasserstraße und auch auf der Seine wurde Wein nach Paris und Rouen befördert und von dort aus weitertransportiert. Heute fahren Tanklastwagen und Sattelschlepper von Burgund aus in alle Welt, und das gut ausgebaute System der französischen *autoroutes* ermöglicht schnellen Transport. Zwar können an den Grenzen und noch viel mehr in den Kanalhäfen Aufenthalte entstehen, aber das ist die Schuld der Bürokratie und nicht des Verkehrswesens. Der Kanaltunnel hat den Transport zwischen Frankreich und Großbritannien vereinfacht. Für die USA bestimmter Wein wird meist nach Le Havre befördert, während Exportlieferungen nach dem Fernen Osten und Australien gewöhnlich über Marseille gehen. Beim Weintransport in ferne Länder sollte auf gut isolierte Container nicht verzichtet werden.

2001 exportierte Burgund 703 500 hl Wein im Wert von 567,5 Millionen Euro. Die wichtigsten Abnehmerländer sind wie folgt:

Weinexport aus Burgund 2001

Weißer Burgunder	**Roter Burgunder**	**Beaujolais**
Großbritannien 45,9%	Großbritannien 20,0%	Deutschland 23,5%
USA 15,6%	USA 15,4%	Schweiz 13,7 %
Deutschland 12,2%	Schweiz 11,9%	USA 13,6%
Belgien und Luxemburg 8,5%	Japan 11,3 %	Großbritannien 11,5 %
Japan 8,0%	Belgien und Luxemburg 7,1%	Japan 11,0%
Niederlande 5,2%	Niederlande 7,1%	Niederlande 6,0%
Sonstige 4,6%	Deutschland 6,4%	Belgien und Luxemburg 3,7%
	Sonstige 20,8%	Sonstige 17,0%

Großbritannien und die USA stehen noch immer weit oben auf der Liste, doch auch Deutschland hat sich zu einem wichtigen Handelspartner gemausert, der insbesondere das krisengeschüttelte Beaujolais auf den Beinen hält.

Wer trinkt eigentlich Burgunder? Sowohl in Frankreich als auch auf den Exportmärkten werden die Weine zum großen Teil in Hotels und Restaurants abgesetzt, zumindest die sehr teuren Spitzenweine. Hier wird der ursprüngliche Preis des Weins allerdings durch die großen Gewinnspannen verschleiert, und wenn die Gastfreundschaft unter dem Motto Unterhaltung läuft, dann schlucken sich auch die hohen Preise leichter. Ein gewisser Widerstand gegen die hohen Preise vieler Burgunder macht sich dagegen bemerkbar, wo es um die Flasche geht, die der Kunde mit nach Hause nimmt. So wird man feststellen, dass Spitzenburgunder eher im Weinfachhandel verkauft werden als im Supermarkt.

Die Aufwärtsentwicklung des Exports zeigt einen stetig wachsenden Trend, der sich aber wohl nur halten wird, wenn unakzeptable Preissteigerungen vermieden werden. Vor allem die Amerikaner können ebenso schnell in Ablehnung einer Region verfallen, wie sie sich in sie verliebt haben. Die Erzeuger in Burgund sind im Allgemeinen weniger habgierig als ihre Kollegen in Bordeaux. Das mag daran liegen, dass die Güter in Bordeaux von ihren Eigentümern aus der Ferne gnadenlos gemolken werden, während die Gutsbesitzer in Burgund normalerweise selbst für den Anbau, die Weinbereitung und die Vermarktung zuständig sind und daher die Beziehungen zu ihren Stammkunden etwas besser pflegen.

Solange Burgund die Qualität liefert, die sein Ruf verspricht, und die Preise nicht exorbitant in die Höhe schnellen, wird es seine alten Freunde behalten und neue hinzugewinnen.

Vom rechten Genuss am Burgunder

Wer immer auch nur kurze Zeit in Burgund weilt oder ein Buch über Burgund liest, dem fallen sehr bald die vielen Bindestriche in den Orts- und Lagennamen auf. Das lässt sich leicht dadurch erklären, dass die gewitzten Einwohner Burgunds im 19. Jahrhundert den Namen ihres Dorfs mit dem Namen der besten örtlichen Weinlage kombinierten: So entstanden Gevrey-Chambertin, Morey-Saint-Denis, Chambolle-Musigny und so weiter, die ganze Côte entlang.

Mit guten Französischkenntnissen kann man aus dem Namen der Weinlage auf dem Etikett einiges ablesen. Diese Namen – hier heißen sie *climats* – weisen oft auf die Bodenbeschaffenheit hin: Les Chaillots (Quarzkiesel), Les Crais (Kreide), Les Grèves (Kiessand); oder auf die frühere Vegetation: Les Charmes (Hainbuchen), Les Genevrières (Wacholder), Les Chênes (Eichen); oder auch auf hier lebende Wildtiere: Les Cailles (Wachteln), Les Perdrix (Rebhühner), La Combe aux Alouettes (Lerchental). Selbst die Mauern aus den im Weinberg zusammengelesenen Steinen kommen in den Namen vor: Aux Murgers. Sie sehen, die Lagennamen in Burgund sind wirklich ausdrucksvoll, ja geradezu unwiderstehlich.

Die Schreibweise ist in Burgund oft – wie die Franzosen das nennen – *facultative*, d. h. man kann es halten, wie man will. So begegnet man Dominode ebenso wie Dominaude, Véroilles wie Varoilles und so fort. Auch scheint Unsicherheit darüber zu bestehen, ob nun ein »s« hinten an Passe-tout-grains gehört oder nicht, und in Chablis scheinen alle Regeln der Orthographie auf dem Kopf zu stehen. Ähnlich verhält es sich mit dem bestimmten Artikel: Beaune Les Grèves wird oft zu Beaune-Grève. Zum guten Glück wirkt sich das alles auf den Geschmack des Weins nicht aus. Eine Eigentümlichkeit der burgundischen Aussprache ist es, dass »x« wie »ss« gesprochen wird, d. h. »Fissin« für Fixin und »Aussey-Duresses« für Auxey-Duresses.

FLASCHEN, GLÄSER, ETIKETTEN

Burgunder wird stets in Flaschen abgefüllt, deren Hals in sanfter Rundung in den Körper übergeht, und niemals wie der Bordeaux in geradschultrige Flaschen. Die traditionelle Flaschenfarbe ist Gelbgrün – die Franzosen nennen es *feuilles mortes*. Das sieht besonders bei Weißwein hübsch aus, der zudem noch eine gelbe Kapsel trägt; beim Rotwein sind die Kapseln rot. Magnumflaschen findet man in Burgund nur selten, obwohl diese Flaschengröße eigentlich für längere Lagerung geradezu ideal ist; man sollte die Verwendung dieser Großflaschen wenigstens in guten Jahren in Burgund fördern. Anfang der 80er-Jahre wurde ein Experiment mit einer Burgunderflasche für AC-Weine unternommen, bei der die Inschrift »AOC de Bourgogne« am Flaschenhals in das Glas eingeprägt war. Sie war eine ästhetische Katastrophe und verschwand zum Glück bald wieder von der Bildfläche. Was die Etiketten angeht, so gibt es durchaus einige in modernem Design, doch die meisten Spitzenerzeuger machen mit Frakturschrift und Pergamentimitaten weiterhin auf alt.

Joseph Drouhin
PULIGNY-MONTRACHET
Appellation Contrôlée
Mis en bouteille par
JOSEPH DROUHIN
Négociant à Beaune, Côte d'Or
13.5% 75cl

Wein von einem Négociant

Name des Händlers
Name des Weins
Hinweis auf den AC-Status
Abfüller: Joseph Drouhin
Adresse des Händlers
13.5%, Alkoholgehalt des Weins
75cl, Standardweinflasche für EU und die USA

Der Jahrgang ist hier auf einem kleinen Etikett am Hals angegeben.

Mis en bouteille au Domaine
GEVREY-CHAMBERTIN
1er Cru Aux Combottes
Appellation Gevrey-Chambertin
1er Cru Contrôlée
1982 DOMAINE DUJAC
Morey-St-Denis (Côte d'Or)
13% 75cl

Wein von einem Weingut

Erzeugerabfüllung
Name des Weins
Nennung der 1er cru-Lage
Hinweis auf den AC-Status
Jahrgang und Weingut
Adresse des Weingutbesitzers
13%, Alkoholgehalt des Weins
75cl, Standardweinflasche für EU und die USA

Alle Volks- und Trinklieder aus Burgund scheinen zu der Annahme verleiten zu wollen, der *tastevin* sei das einzige Gefäß, aus dem man einen Burgunder trinken könne! In Wirklichkeit ist der gehämmerte silberne Becher (eigentlich hat er eher die Form einer kleinen Untertasse) lediglich dazu nützlich, um zu sehen, ob ein Wein, der noch im Fass liegt, trüb oder klar ist. Auf der breiten Oberfläche des *tastevin* verliert sich das Bukett sofort, und der Geschmack lässt sich nur schwer ergründen, wenn man aus Metall trinkt. Für ernsthaftes Probieren und Beurteilen ist ein Glas deshalb besser.

Das klassische tulpenförmige Glas eignet sich für alle Weine, ob rot oder weiß, und das ist auch die Form des vom INAO genehmigten Probierglases. In Burgund gibt es aber noch eine Reihe von Formen, die sehr verbreitet sind und anscheinend der besonderen Art des Burgunders entgegenkommen. Fast könnte man meinen, ein Burgunder brauche mehr Platz im Glas zum Atmen und zur Entfaltung als ein Bordeaux; ein großer Burgunder hat etwas

Hemmungsloses an sich und er braucht deshalb viel Raum zur Selbstdarstellung.

Gläser

(a) (b) (c)

(a) Die von den Burgundern selbst für Rot- und Weißwein am meisten bevorzugte Form ist der *ballon*, ein niedriges Glas, ähnlich einem Cognac-Schwenker, mit kurzem Stiel und großem, am oberen Rand zusammenlaufendem Kelch, in dem das Bukett schön beisammenbleibt. Es ist ein wundervoll befriedigendes Gefühl, wenn man einen solchen *ballon* in die Hand nimmt, den Inhalt leicht herumschwenkt, den Duft tief einzieht und schließlich einen guten Mund voll nimmt, der sich dann über Zunge und Gaumen allmählich verteilt. Man muss dem Burgunder Gelegenheit geben, sich im Mund ganz zu entfalten und all die erregenden Nuancen abzugeben, die er in seiner Geschmacksvielfalt bereithält.
(b) In Restaurants, vor allem in Burgund, bekommt man oft eine Art von elegantem Goldfischglas auf einem langen Stil. Vorausgesetzt, dass es nicht allzu übertrieben groß ausgefallen ist, kann ein solches Glas tatsächlich die Qualität eines roten Burgunders besonders schön zur Geltung bringen. Es wirkt auch bei großen, vollen Weißweinen.
(c) Auch diese Form habe ich anderswo noch nicht angetroffen, ein großes Glas mit langem Stil und einem reichlich bemessenen Kelch, der sich am oberen Rand hin leicht verjüngt. Dieses traditionsreiche Glas ermöglicht es einem Rotwein, sich zu dehnen und zu öffnen.

Auf jeden Fall soll das Glas so fein wie nur irgend möglich sein, weil dadurch der Genuss am Wein noch gesteigert wird. Die österreichische Firma Riedel bietet wunderschöne Gläser in vollendeten Burgunderformen an. Für alle roten Burgunder passt Riedels Vinum 416/7 ausgezeichnet, für die reifen ist Sommelier 400/16 unübertroffen. Für alle weißen Burgunder empfiehlt sich Vinum 416/5 und für die reifen Sommelier 400/0.

BURGUNDER IM EIGENEN KELLER

Zwei nicht zu unterschätzende Vorteile hat es, wenn man sich feine Burgunder in den eigenen Keller legt: Man kann sie trinken, wenn sie wirklich auf dem Höhepunkt sind, und man kann sie einkaufen, wenn sie erstmals angeboten werden, d. h. zum günstigsten Preis. Es ist leider so, dass manche Weine vom Markt verschwunden sind, noch bevor sie wirklich ihre Genussreife erlangt haben. Deshalb ist vorausschauender Einkauf zum frühestmöglichen Termin stets zu empfehlen. Nur Grands crus aus wirklich erstklassigen Jahrgängen sollte man über längere Zeit aufheben. Premiers crus halten sich ausgezeichnet auf mittlere Sicht.

Sowohl Pinot noir als auch Chardonnay ergeben ausgesprochen »fragile« Weine, die äußerst empfindlich auf Temperaturschwankungen reagieren. Man sollte sich deshalb nur dann dazu entschließen, feine Burgunder einzulagern, wenn man einen kühlen Keller – 10 bis 15 °C sind ideal – zur Verfügung hat.

WIE MAN EINEN BURGUNDER AM BESTEN SERVIERT

Die Burgunder dekantieren ihren Wein fast nie. Ihre Einstellung ist von größter Einfachheit gekennzeichnet: Herauf mit der Flasche aus dem Keller, den Korken heraus und ins Glas mit dem Wein. Da die Keller in Burgund sehr kühl sind, wird für Weißwein kein Kühlschrank gebraucht, und der Rotwein kann sich ja im Glas allmählich erwärmen.

Es spricht vieles für diese unbefangene Art. Das Dekantieren ist sowieso eine kontroverse Angelegenheit und alle Experimente haben bisher nicht schlüssig beweisen können, ob diese Prozedur sich nun günstig oder ungünstig auswirkt. Ich habe es schon erlebt, dass junger Burgunder, in eine Glaskaraffe umgegossen und bald darauf serviert, ganz besonders köstlich war – seinen Duft schien er noch freigebiger zu verströmen als sonst. Bei alten Weinen kann es wohl sinnvoll sein, den Inhalt der Flasche vom Depot abzugießen, aber die im Wein schwebenden Trubteilchen haben oft ihre Tücken, und so braucht man beim Dekantieren in solchen Fällen eine ruhige Hand und ein scharfes Auge.

Außerhalb von Burgund stößt man oft auf zwei Fehler, die beim Servieren von Burgunder begangen werden, nämlich dass Rotwein zu warm und Weißwein zu kalt auf den Tisch kommt. Zu warme Rotweine können wie Suppe erscheinen und so recht enttäuschen, und ein weißer Burgunder kann, wenn er zu stark oder zu lange gekühlt wird, ganz und gar auseinander fallen und flach, ja dürftig schmecken. Roter Burgunder ist mit 15 bis 16 °C am besten – junger Beaujolais darf kühler sein, etwa 13 °C. Weißer Burgunder verträgt breitere Schwankungen. Die allerfeinsten Spitzenweine können, vor allem wenn sie längere Zeit in der Flasche gelegen haben, mit etwa 13 °C serviert werden, ein einfacher Mâcon-Villages dagegen darf sehr viel kühler sein, um etwa 9 bis 10 °C. Aber auch ihn soll man nicht unterkühlen, sonst verpasst man viel.

DER GESCHMACK DES BURGUNDERS

Wenn sich einem die Düfte und Aromen eines feinen Burgunders offenbaren, wähnt man sich in einem hedonistischen Nirwana. Probiert man dagegen einen schlechten Burgunder, dann ist das eine erschreckende Erfahrung, denn keine saubere Frucht erfreut den Gaumen, es ist, als ob eine dunkle alkoholische Maske einen daran hindert, ein echtes und wahrhaftiges Bild zu gewinnen.

Sowohl der rote als auch der weiße Burgunder verfügen über vielfältige Duft- und Geschmacksfeinheiten, und je mehr man davon entdecken kann, desto besser ist wahrscheinlich auch der Wein. Bescheidenere Weine sollten ansprechend, fruchtig und unkompliziert sein; Weine aus guten Lagen jedoch, die von begabten Kellermeistern bereitet wurden, lassen den Genießenden nach beschreibenden Adjektiven tasten und suchen, bis der letzte Tropfen aus dem Glas geleert ist.

Was ist dem Geschmack und dem Bukett besonders feiner Burgunder nicht schon alles an Eigentümlichkeiten zugeschrieben worden! Die nachfolgende Liste spiegelt nicht etwa reine Fantasie wider, sondern den Versuch, die hervorströmenden Duft- und Geschmacksnuancen, die sich beim Schlürfen eines solchen Tropfens darbieten, genauer herauszuarbeiten:

Kirschen, Himbeeren, Erdbeeren, Rote Johannisbeeren, Schwarze Johannisbeeren, Aprikosen, Pfirsiche, Feigen, Zwetschgen, Pflaumen, Reineclauden, Quitten, Äpfel, Loganbeeren, Brombeeren, Haselnüsse, Vanille, Zimt, Akazien, Maiglöckchen, Weißdorn, Schwarzdorn, Honig, Lakritze, Lorbeerblätter, Trüffeln, Schokolade, Teer, gebrannte Mandeln, Rosen, Veilchen, Heu, Toast, nasses Fell, nasses Laub, Bauernhof, Leder, Kakao, Geißblatt, Wildbret, Haferflocken

Die Liste ist durchaus nicht vollständig, und je länger und öfter man den Geschmack auf sich wirken lässt, desto umfangreicher werden Erfahrung und Vokabular.

Darüber hinaus erleben verschiedene Menschen beim Weinkosten einzelne Geschmacksempfindungen durchaus unterschiedlich stark, auch wenn sie einander ähnlich sind. Andere Duftnoten trifft man oft flüchtig im Burgunder an, die meiner Ansicht nach jedoch im Bordeaux häufiger vorzufinden sind – Tabak und Minze zum Beispiel (liegt das am Cabernet Sauvignon im Unterschied zum Pinot noir, oder sollte da Komplizierteres im Spiel sein?).

Manche Beschreibungen tauchen viel öfter im Zusammenhang mit Weißwein als mit Rotwein auf. Maiglöckchen, Akazien und Haselnüsse werden sehr viel öfter genannt, wenn von Meursault die Rede ist, als zum Beispiel vom Pommard, während die Begriffe Kirschen, Bauernhof und Himbeeren eindeutig ins Rotweinlager gehören. Dennoch wäre es irreführend, wollte man die Begriffe fest in bestimmte Spalten für Weißwein und andere für Rotwein einordnen, denn sie gelten vielfach für beide, und Überraschungen haben die erfreuliche Gewohnheit, sich selbst an den erfahrensten Weinkoster unvermutet anzuschleichen – darin liegt gerade eine der Freuden des Weins.

Wenn man zum ersten Mal einen Burgunder auszukosten versucht, dann spart man sich sehr viel Verwirrung, wenn man zunächst seinen Sinnen und seinem Gemüt nur den grundlegenden Geschmack des Chardonnay oder Pinot noir einprägt. Diesen Grundgeschmack kann man dann als eine Leinwand ansehen, auf die man alle die anderen sich darbietenden Sinneseindrücke wie Farbtupfer aufträgt. Hoffen wir, dass die meisten davon positiv, erfreulich und appetitlich sind, denn es wird nicht ausbleiben, dass auch manche weniger ansprechende Geruchs- und Geschmacksnoten auftauchen – etwa faules Holz, Essig oder Nagellack. Solche Weine soll man wegschütten – freilich nicht ohne sich beim Lieferanten zu beschweren – und sich lieber darauf konzentrieren, solche Burgunder zu finden, die einen mit ihrer Vielfalt in Bukett und Geschmack in Staunen versetzen. Sie sind leicht zu erkennen und schwer wieder zu vergessen!

BURGUNDER UND SPEISEN

Es gibt praktisch für jede Art von Speisen einen passenden Burgunder, nur nicht fürs Dessert. Jean Thévenet steht in der Region allein auf weiter Flur mit seinem süßen Chardonnay aus edelfaulen Trauben, der nach der Art eines Sauternes bereitet wird. Allerdings endet so manches wirklich gute Essen mit Käse oder Nüssen und da eröffnen sich vielfältige Möglichkeiten.

Roter Burgunder, vor allem die großen Gewächse von der Côte de Nuits, passen ganz herrlich zu Wild. Eine der herrlichsten gastronomischen Zusammenstellungen durfte ich einmal in der Gesellschaft des hoch geachteten Burgunderexperten Harry Yoxall genießen – es sollte übrigens unser letztes gemeinsames Diner sein. Wir hatten gebratenes Birkhuhn, im besten Alter und gut abgehangen, mit einer Flasche 1952er Grands Echézeaux von der Domaine de La Romanée-Conti. Es ist unglaublich, aber der Grands Echézeaux hatte tatsächlich genau den satten Wildgeruch des Birkhuhns in sich! Auch Hirsch, Hase und Wildschwein schmecken hervorragend mit einem reifen Burgunder aus einem guten Jahr.

Es gibt freilich Kombinationsmöglichkeiten in unbegrenzter Zahl – gemischte *charcuteries* mit Beaujolais, Chablis mit *andouillettes* (Kuttelwürstchen), Meursault zu *jambon persillé*, jenem wundervollen grün gesprenkelten Burgunder Schinken in Aspik. In Burgund wurde schließlich auch das Märchen, dass »Eier und Wein nicht zusammenpassen«, endgültig zu Grabe getragen – was könnte besser sein als ein junger Côte de Beaune zu *œufs en meurette* (leicht pochierte Eier in einer Rotweinsauce)! Zu den mit Knoblauch bereiteten Weinbergschnecken der Region passt ein Aligoté ganz ideal, während eine Seezunge oder ein Steinbutt schon einen Chevalier-Montrachet oder Corton-Charlemagne verdienen.

Kräftige Gerichte wie *bœuf bourguignon* oder *coq au vin* sind nach vormittäglichen Weinproben in kalten Kellern oder nach dem Rebschneiden an einem Februartag mehr als hochwillkommen und zu ihnen ist ein lebendiger oder auch erdiger Burgunder, etwa ein Santenay oder ein Mercurey, durchaus angebracht.

Manche der regionalen Gerichte, die lange Zubereitungszeiten erfordern, bekommt man in Restaurants leider nicht angeboten. Hierunter fallen *potée bourguignonne* (Schinken, Schweinefleisch und Würste, zusammen mit verschiedenen Gemüsen gekocht) oder *pochouse* (frische Fische aus der Saône, in Weißwein gedünstet – dünstet man sie in Rotwein statt in Weißwein, dann heißt das Gericht *matelote*, und man trinkt dann dazu auch Rotwein).

Zwei Spezialitäten, die man oft im Mâconnais findet, haben sich eigentlich aus dem Ain jenseits der Saône hierher geflüchtet. *Quenelles de brochet* – das sind Hechtklößchen – sollte man nur in Restaurants mit untadeligem Ruf bestellen, es könnte einem sonst passieren, dass man eine pappige Ersatzversion mit viel Mehl vorgesetzt bekommt; dagegen ist *poularde de Bresse* eine ganz subtile Angelegenheit, zu der ein weißer Burgunder ebenso gut passt wie ein roter.

Endlich ist nun die Menschheit doch noch darauf gekommen, dass nicht jeder Käse wundersame Wirkungen auf Wein ausübt. Zwar ist der weiche, cremige Ziegenkäse aus dem Mâconnais und in Sahne schwimmender *Fromage blanc* mit kühlem Beaujolais eine Köstlichkeit, doch scheinen die Epoisses oder gar *Cîteaux* oft zu stark und aufdringlich für feine Weine von der Côte d'Or. Mir sind der *Comté,* ein Verwandter des Gruyère, und der Savoyer *Beaufort,* einer der ganz großen Käse, viel lieber.

In jedem Fall – seien Sie lieber ein wenig zu waghalsig als zu vorsichtig. Der Burgunder ist kein zartes Pflänzchen, das vor allen anderen Geschmackseinflüssen geschützt werden muss. Im Gegenteil, er braucht die Herausforderung! Versuchen Sie es auch mit der Küche anderer Länder. Warum nicht Serrano-Schinken zu einem großen Chablis, Kanton-Ente zu einem reifen roten Burgunder oder Hummer mit Nudeln zu einem der Montrachet-Satelliten? Machen Sie Ihre eigenen Erfahrungen. Ich persönlich mag keinen Kaviar zu weißem Burgunder, aber vielleicht finden Sie das ja eine passende Kombination.

Die Jahrgänge

Wie in allen Weinbaugebieten besteht auch in Burgund für jeden Jahrgang ein allgemein gültiges Bild, in das einzelne Erzeuger ihre individuelle Zeichnung einfügen. Ein ungeschickter Kellermeister bringt auch in einem besonders guten Jahr nicht urplötzlich Wunder an Wein zustande, ein geschickter Kellermeister aber kann überraschend ansprechende Weine auch dann bereiten, wenn die Voraussetzungen nicht die allergünstigsten sind. Bei den älteren Jahrgängen gelten die Beurteilungen eigentlich nur für Grands crus und die besten Premiers crus.

2001 Ein gemischter Jahrgang, der trotz des kühlen Septembers und der regelmäßigen – in Chablis nahezu unaufhörlichen – Regenfälle teilweise überraschend gute Ergebnisse lieferte. Während des ganzen Jahres wechselte feuchtes, kühles Wetter mit sehr heißen Phasen, was zu verdorrten Beeren führte. Der Côte de Nuits erging es etwas besser als der Côte de Beaune, die trotzdem ein paar gelungene Weißweine hervorbrachte. Obwohl manche Winzer erstaunlich erfolgreich waren, ist der Jahrgang insgesamt nicht herausragend. Sowohl in Chablis als auch im Mâconnais gab es Probleme mit der Reifung, doch wer im Mâconnais spät erntete, bekam immerhin Trauben mit ordentlichem Zuckergehalt. Im Beaujolais war die Lese ebenfalls verregnet, aber die Weine sind fruchtig und haben mehr Säure als 2000.

2000 Ein guter bis ausgezeichneter Jahrgang für weißen Burgunder im Allgemeinen und Chablis im Besonderen. Die Trauben hatten während des ganzen Jahres mit Mehltau zu kämpfen, der allerdings der fäuleresistenteren Chardonnay-Rebe weniger zusetzte als dem Pinot noir. Das Jahr begann warm und trocken; die Blüte kam früh, doch im Juli wurde es feucht. Das Mâconnais erlebte den kältesten und feuchtesten Juli seit 50 Jahren. Der heiße, trockene August sorgte dennoch für eine gute Reife. Die Ernte begann am 6. September im Mâconnais und vier Tage später an der Côte de Beaune, wo die Lese wegen starker Stürme unterbrochen werden musste. In Chablis ging es erst am 23. September los. Die Côte-de-Nuits-Rotweine sind insgesamt besser als die von der Côte de Beaune. Geringe Säure und große Erträge führten zu Weinen, die relativ jung getrunken werden sollten. Winzer, die auf Ertragsbeschränkung achteten, erzeugten Weine guter Qualität. Das Beaujolais profitierte von hohen Temperaturen im Mai, Juni, August und September sowie von wenig Regen im Juli. Die Weine hier sind voll und nachhaltig, besser sogar als die 99er, und besitzen ein gutes Reifepotenzial.

1999 Ein großartiger Jahrgang, vor allem für roten Burgunder, der mit einer Kombination aus gesunden Trauben und exzellenter Qualität den Winzern Freude machte. Die Septemberhitze brach alle Rekorde und sorgte für eine ausgezeichnete Reife und hohe Alkoholgrade. Nach einem kühlen Juni und einem feuchtwarmen Juli waren die Temperaturen Mitte August in die Höhe geschnellt und hatten die Reife beschleunigt. Die Ernte begann am 6. September; der leichte Regen beeinträchtigte die Qualität des Leseguts kaum. Im Beaujolais führten überdurchschnittliche Temperaturen im Sommer zu gut strukturierten Weinen mit viel Farbe und Frucht, die lange halten werden.

1998 Der Sommer war nicht sehr sonnig, aber warm und trocken. Im Mâconnais und in Chablis schädigte Hagel die Ernte und verringerte die Erträge. Anfang September regnete es, doch während der zehn Tage nach dem 16. September war es meist schön. Trotzdem waren am 16. September noch nicht alle Trauben voll ausgereift und Domaines, die die Lese hinauszögerten, hatten mit Mehltau und Fäule zu kämpfen. Die Qualität ist unterschiedlich. Die Côte de Beaune zeichnet sich durch mehr Beständigkeit aus, doch die besten Weine hat die Côte de Nuits zu bieten. Den Weißweinen fehlt es oft an Säure und daher insgesamt an Struktur. Im Beaujolais richtete der starke Frost im April großen Schaden an und dezimierte die Ernte beträchtlich. Die Weine sind dennoch von schöner Farbe und Frucht und haben eine bessere Struktur als die 97er.

1997 Der dritte wunderbare Jahrgang für Burgund in Folge. Die Pinot-noir-Blüte setzte vor der des Chardonnay ein, und so reiften diese beiden Rebsorten auch in derselben Reihenfolge. Das Wetter im Juni und Juli präsentierte sich durchwachsen, der August war heiß und feucht; aber während der hervorragenden, wenn auch ausgedehnten Lese fiel praktisch kein Regen. Spätere Lese hat zu fantastischen Ergebnissen geführt, insbesondere bei roten Côte-de-Nuits-Spitzenweinen, und unter dem Strich ist 1997 ein sehr gutes Jahr sowohl für Rot- wie auch für Weißweine. Die Weine des Chablis sind wunderbar konzentriert ausgefallen, während im Beaujolais die sehr frühe Ernte deliziöse Tropfen hervorgebracht hat, die mit einem geringeren Säureanteil als 1996 dem Gaumen schmeicheln, wobei die Crus immer noch kraftvoll genug sind.

1996 Mit zwei so großartigen Jahrgängen wie 1995 und 1996 gesegnet zu sein ist ein seltenes Glück. Manch einer bevorzugt die 95er Weißweine und die Roten von 1996, ich hüte mich aber lieber vor Verallgemeinerungen. 1996 verlief die Blüte rasch und erfolgreich, der Sommer war schön und der September zeigte sich sonnig und trocken. Die Ernte verlief im Großen und Ganzen gut, und überall dort, wo zu hohe Erträge vermieden wurden, werden sich die Rot- und Weißweine aus den Spitzenlagen lange halten. Bei diesem Jahrgang lohnt es sich, dem individuellen Terroir der Weine Aufmerksamkeit zu schenken. Spitzentipp: 96er Chablis.

1995 Ein aufregender Jahrgang, aber ... Sie müssen auch das nötige Kleingeld dafür haben. Die Rotweine sind von schöner Farbe, haben angenehme Säure, den richtigen Alkoholgehalt und dürften wirkliche Persönlichkeit besitzen. Es gibt nicht viel davon und unter den Spitzenweinen findet man tiefe, fruchtige und extraktreiche Exemplare. Weißer Burgunder ist exzellent – die heißen Sommermonate Juli und August haben kleine, konzentrierte Trauben gefördert. Reicher Most mit viel natürlichem Zucker, dazu ideale Säurewerte ergeben echte Qualität und lagerfähige Weine. Der Beaujolais ist 1995 fantastisch und das Preis-Leistungs-Verhältnis verlockend.

1994 Nach einem sehr heißen August folgte im September Regen (vor allem am 20.), der die Hoffnungen auf einen Spitzenjahrgang zerstörte. Die Rotweine sind gut, was Frucht, Farbe und Säuregehalt betrifft; sie werden sich vor den 93ern entwickeln. Kaufen Sie diesen Jahrgang auf, wenn Sie Gelegenheit dazu haben – die besten Domaines und ihre besten Lagen – es ist ein Jahr, in dem sich alte Reben, späte Lese und Selektion im Weinberg und -keller fürstlich bezahlt gemacht haben. Der Côte de Nuits wird vermutlich besser gefallen als der Côte de Beaune. Die Weißweine sollten jung bis mittelalt getrunken werden, sie halten sich nicht zu lange. Es gibt besonders gute Meursault und Corton-Charlemagne. Beaujolais wurde früh geerntet und ist gut.

1993 Mit Hagel, Regen und Stürmen, aber auch mit schöner Sonne und Wärme von Mitte Juli bis August ein recht vertracktes Jahr. Die Blüte war früh und beständig. Deshalb bestand Anfang September sehr große Hoffnung auf eine gute Reife, aber wiederholter Regen während der Lese erforderte eine sorgfältige Zeitplanung. Wie immer entschied auch hier fachgerechter Ausbau der selektionierten, kontrollierten Erträge über das Resultat. Die besten Roten sind majestätisch, und ihre Struktur und ihr Charakter beeindrucken mich mehr und mehr. Viele sind wirklich außergewöhnlich. Die Weißen fallen insgesamt eher bescheiden aus, viele sind aber dennoch attraktiv.

1992 Von Mai bis August, Juni ausgenommen, lagen die Temperaturen jeden Monat höher als normal. Die Blüte im Juni war früh und gut. In der ersten Julihälfte fielen 80 bis 90 % der üblichen Regenmenge für den ganzen Monat, aber die zweite Hälfte profitierte wieder von hohen Temperaturen. Der August war abermals sehr warm und sonnig, was eine ausgezeichnete *véraison* erlaubte, aber im September gab es etwas Regen. Die Weißen sind in allen Regionen zweifellos vortrefflich – ich glaube, sie sind eher mittel- als langlebig. Bei den Roten muss man eine sorgfältige Wahl treffen, sie sind zumeist weich und schon weit gediehen.

1991 Gutes Wetter bis zur Lese – Burgund wurde vom Frost, der am 22. April große Teile Frankreichs heimsuchte, wenig berührt. Einige Teile der Côte de Nuits waren im Juni von Hagel betroffen, aber das Hauptproblem war, dass am Tag des *ban de vendanges*, dem 25. September, der Himmel seine Schleusen öffnete. Die Rotweine sind sehr unterschiedlich, doch habe ich ausgezeichnete, konzentrierte Exemplare getroffen, die günstig zu haben und gut lagerfähig sind. Die Weißweine zeigen sich weniger ausgeprägt, aber viele trinken sich jetzt sehr gut. Das Mâconnais und das Beaujolais scheinen erfolgreicher gewesen zu sein, weil hier die Lese vor dem großen Regen zu Ende war.

1990 Nach einem langen, heißen, trockenen Sommer ideale Bedingungen für eine gute Lese. Der Ertrag war für Rote wie Weiße groß und der Säuregehalt besser als 1989. Chablis brachte das zweite Jahr in Folge ausgezeichnete Weine hervor, und die Weißen von der Côte de Beaune waren ausgeglichener als die 89er, wenn auch nicht so aufregend wie die Spitzenweine des Vorjahres. Obwohl einige Winzer behaupten, 1989 bessere Weine hergestellt zu haben, sind die 90er Rotweine in jeder Hinsicht konzentrierter. Sie sind wunderbar fruchtig und aromatisch, ähnlich den 85ern. Der Ernte entsprechend kann man sie vermutlich jung trinken, aber sie haben genug Struktur, um länger zu halten. Wieder einmal köstliche Weine aus dem Beaujolais und dem Mâconnais, obschon die Letzteren verwirrend alkoholhaltig sein können.

1989 Eine guten Erfolg versprechende frühe Lese wurde durch Regen 14 Tage vorher beeinträchtigt. Überall geringer Säuregehalt und – im Gegensatz zu 1988 – für die Roten höherer Ertrag als für die Weißen. Als Folge davon sind Erstere etwas dünner, dennoch handelt es sich um reife Weine von beträchtlichem Charme, die sich relativ jung trinken lassen. Die Spitzenweine haben einen sehr attraktiven Touch – etwas für wahre Genießer. Die besten Chablis sind ebenso außergewöhnlich wie die besten Weißen von der Côte de Beaune; Letztere können allerdings sehr alkoholreich sein, während es ihnen an Säure ausgesprochen mangelt. Ausgezeichnete Qualitäten im Mâconnais, an der Côte Chalonnaise und vor allem im Beaujolais.

1988 Nach einem milden Winter, einem nassen Frühling und einem heißen, trockenen Sommer fand die Lese unter idealen Bedingungen statt. Großer Ertrag, überraschenderweise besonders bei den Weißweinen, weshalb es einigen Chablis und Côte de Beaune etwas an Tiefe fehlt; andere wiederum sind Paradebeispiele. Die besten Roten sind hervorragend: konzentriert, fest und tanninhaltig – Weine, die nicht so viel üppige, reife Frucht aufweisen wie der 85er, 89er und 90er, aber wuchtiger sind. Besonders Pouilly-Fuissé brachte einige sehr gute Weißweine hervor, die von der Lagerung profitieren.

1987 Eines jener seltenen Jahre, in dem der natürliche Zuckergehalt der Roten jenen der Weißen übertraf, je nachdem, ob vor oder nach dem Regen geerntet wurde. Die Lese fand spät statt, und es gab da und dort etwas Fäule; die guten Domaines lasen aber die befallenen Trauben aus. Den meisten Weinen mangelt es an Konzentration, trotzdem gibt es sanft ansprechende Rotweine, die sich schon in der ersten Hälfte der 90er-Jahre gut trinken ließen; die Weißweine sind frisch und geradeaus, wenn auch ohne allzu viel Charakter.

1986 Gute Aussichten durch schöne, späte Blüte, aber Gewitter im Spätsommer brachten viel Fäule. Zur Lese herrschte dann meist schönstes Wetter, und der Ertrag fiel fast so reichlich aus wie 1982. Vielen Rotweinen fehlt es an Konzentration und ausgeprägtem Charakter – andere haben Charme, aber die Schönheit und gleichmäßige Güte der 85er wird nicht erreicht. Die Weißweine zeichnen sich durch Stil und Eleganz aus. Sehr gut auch die Côte Chalonnaise, das Mâconnais, die Beaujolais-Crus und Chablis.

1985 Der überaus strenge Winter machte Schlagzeilen: Im Januar gab es minus 25 °C Frost, im Februar waren es minus 15 bis minus 20 °C. Die schlimmsten Schäden entstanden in Chablis und an den unteren Hängen der Côte de Nuits, wo viele Neuanpflanzungen nötig wurden. In den drei wichtigen Monaten zwischen der Blüte und der Lese gab es dann viel Sonnenschein, überdurchschnittliche Temperaturen und nur wenig Regen. Der September und Oktober waren herrlich und die Trauben dank der Trockenheit äußerst gesund. So entstanden wunderschön saubere, brillant fruchtige und attraktive Weine mit der Fülle und Harmonie eines vollreifen, üppigen Jahrgangs, der jung eine Köstlichkeit war, aber nicht überall gleichmäßig gereift ist. Die besten Rotweine sind jedoch ein pures Vergnügen. Auch die Spitzenweißweine sind großartig geworden und haben genug Ausgewogenheit für ein langes Leben.

1984 Ein kühler September verhinderte die Ausbreitung von Fäule, leider aber auch das volle Ausreifen der Trauben, und die Weine hatten demzufolge einen niedrigen natürlichen Alkoholgehalt. Es wurde viel aufgezuckert, und unausgewogene Weine waren die unvermeidliche Folge. Manche Weine jedoch bilden mit sauberen, fruchtigen Qualitäten angenehme Überraschungen; es fehlt ihnen aber an Tiefe und viele haben ihren Höhepunkt überschritten.

1983 An den besten Weinen erweist sich, dass dieser Jahrgang der hervorragendste seit 1978 war. Doch es hat auch Fäule gegeben, und in Teilen der Côte de Nuits hat Hagel ziemlich vielen Weinen geschadet. Wo diese beiden Plagen nicht auftraten, entstanden wuchtige, konzentrierte Tropfen mit kräftigem Gerbstoffgehalt einer durchdringenderen Art als 1976. Ein Jahrgang mit langer Lebenserwartung, etwas für Leute, die behaupten, moderne Burgunder seien zu leicht. Immerhin hatten alle diese Rotweine Mitte der 90er-Jahre eine kräftige Farbe, und viele schmecken zuerst eher trocken. Die Weißweine zeichnen sich durch festen Körper und Wucht aus, manche aber lassen im Duft zu viel (natürlichen) Alkohol erkennen. Spitzenweine sind jetzt in hervorragendem Zustand.

1982 Ein Rekordertrag, als Nebeneffekt kam bei Pinot noir leider sogar Überertrag vor. Infolgedessen erinnerten manche Rotweine nur entfernt an bessere Zeiten, und bei anderen musste zu viel nachgeholfen werden, oder es gab Unannehmlichkeiten durch Erwärmen, um bessere Farbe zu erzielen. Viele fruchtige, süffige, jung zu trinkende Weine sind entstanden; Kellermeister, die während der Einmaischzeit überschüssigen Most abzogen, konnten die Struktur festigen. Die Weißweine sind schon (fast zu) weit gediehen, aber die besten sind immer noch köstlich und angenehm.

1981 Es gab viel Hagel in diesem Jahr, und nur allzu viele Weine wurden dadurch in Mitleidenschaft gezogen, während andere lediglich einen trockenen Abgang aufwiesen. Einige wenige fielen wie durch ein Wunder gut und konzentriert aus, vielleicht dank des geringen Ertrags. Die Weißweine zeichnen sich durch feste Säure aus, und die besseren haben sich bewährt.

1980 Ein Jahr der Widersprüche, die leider den Realitäten als Schleier dienten. Wo die Winzer klug gegen Fäule spritzten, entstanden recht anständige Weine, vor allem in Weingütern mit einigem Ruf und insbesondere an der Côte de Nuits. Manche Rotweine hatten Stil und Feinheit im Geschmack, sie sollten inzwischen aber schon ausgetrunken sein. Die Weißweine hatten nicht viel Charakter.

1979 Ein reichlicher und unvermeidlicherweise unterschiedlicher Jahrgang. Viele Weine zeigten in schönster Weise Frucht und Charme mit unendlich verlockendem Geschmack. Sie sind heute großartig, was auch für die weißen Grands crus und Premiers crus gilt.

1978 Ein ausnehmend guter – und später – Jahrgang mit konzentrierten, komplexen, überaus interessanten Rot- und Weißweinen. Sie weisen schöne Frucht mit einem kräftigen Gefüge auf, Kandidaten also für ein langes Leben im Keller. Sehr eindrucksvoll kommen Geschmackseigenart und Individualität der einzelnen Crus und *climats* zur Geltung.

Gute ältere Jahrgänge

1971, 1966, 1962, 1959 (besonders Rote), 1957, 1955, 1953, 1952 und 1950 (in beiden Jahren Weißwein besser als Rotwein), 1949, 1948, 1945, 1943, 1937, 1935, 1934, 1933, 1929, 1928, 1926, 1923, 1920, 1919, 1915, 1911, 1906, 1904

Die Stars des letzten Jahrzehnts

1990 In diesem Jahrgang konnte man kaum etwas falsch machen und alle Spitzenerzeuger brillierten; besondere Erwähnung verdienen Jean Chauvenet, René Engel, Anne Gros, Domaine Leroy, Méo-Camuzet, Domaine de La Romanée-Conti, Emmanuel Rouget.

1991 Kein gutes Jahr für Weißweine; zu den besten Erzeugern für Rotwein zählen Maison Faiveley, Henri Gouges, Domaine des Comtes-Lafon, Domaine de la Pousse d'Or, Tollot-Beau.

1992 Domaine Bonneau du Martray (Weißweine), Lucien Camus-Bruchon, Philippe Engel, Armand Rousseau, Lafon (Rot- und Weißweine).

1993 Denis Bachelet, Ghislaine Barthod, Michel Lafarge, Clos des Lambrays, Frédéric Mugnier.

1994 Comte Armand/Domaine-des-Epeneaux, Domaine Chandon de Brialles (Rotweine), Domaine Jean et Etienne Rivot, Denis Mortet.

1995 Domaine Dujac, Lafon, Domaine Leflaive, Pierre Morey, Mortet, Guy Roulot, Georges Roumier, Rouget, Tollot-Beaut.

1996 Comte Armand, Bachelet, Grivot; hervorragende Weißweine im zweiten Jahr in Folge von vielen Erzeugern, vor allem in Chablis, eine besondere Erwähnung verdient aber Marc Morey in Chassagne.

1997 Alain Coche, Claude Dugat, Domaine Robert Groffier, Maison Jadot, Bonneau du Martray, Bernard Morey, de Vogüé.

1998 Ghislaine Barthod, Gouges, Frédéric Mugnier, Annick Parent, Rémi Rollin, Armand Rousseau, de Vogüé.

1999 Allgemein ein großer Jahrgang für Rotweine, von der Domaine de La Romanée-Conti bis Guillot-Broux im bescheidenen Mâconnais. Außerdem: Comte Armand, Bachelet, Maison Champy (für Rotweine), Dujac, René Engel, Michel Lafarge, Domaine des Lambrays, Mugnier und Emmanuel Rouget (wieder in Form nach einem weniger guten 1998).

2000 D'Angerville, Jean Chauvenet, Bruno Clair, Michel Esmonin et Fille, Gros Frère et Sœur, Denis Mortet, Clos de Tart; einige herausragende Weißweine, vor allem von Erzeugern aus Chassagne, zum Beispiel Blain-Gagnard, und in Chablis, zum Beispiel Raveneau.

Weine und Weinorte

Die Weine von der Yonne

CHABLIS ○

Chablis hat herrliche Weine und streitlustige Einwohner. Sie können sich nie darüber einig werden, welche Orte und Lagen in die Appellation gehören sollen und welche nicht, ob Portland-Kalkstein ebenso gut ist wie kimmerischer, ob die *élevage* der Weine in Fässern geschehen soll oder nicht, ob die Ernte maschinell oder von Hand erfolgt (obwohl heute in 90 % der Fälle maschinell geerntet wird) und ob das Besprühen der Reben mit Wasser, wodurch ein Eismantel entsteht, wirklich gut gegen Frost ist – der Mann, der meiner Meinung nach heutzutage den besten Chablis hervorbringt, hat jedenfalls ernste Bedenken gegenüber dieser Methode.

Einen Aspekt jedoch gibt es in Chablis, der noch nie umstritten war, und das ist der Status der Grands crus, der seit der Entstehung der AC im Jahr 1938 in Kraft ist. Die sieben Grands crus befinden sich sämtlich auf den Hängen des großen Hügels, der dem Ort Chablis über das Flüsschen Serein hinweg gegenüberliegt. Ihre Namen sind auf der Karte auf Seite 57 verzeichnet.

Der Name La Moutonne gilt für Wein von einer 2,35 ha großen Parzelle von Les Preuses und Vaudésir, der deshalb ebenfalls als Grand cru angesehen wird. Im März 2000 wurde die *Union des Grands Crus de Chablis* gegründet; im Januar 2001 unterzeichneten 18 Chablis-Erzeuger die Qualitätscharta. Die Charta zielt darauf ab, die Qualität der Chablis Grands crus zu verbessern, und zwar durch eine dichtere Bepflanzung der Weinberge, ein erhöhtes Umweltbewusstsein, regelmäßige Inspektionen der Weinberge, die Kontrolle der Ertragsmengen, das Verbot maschineller Ernte in den betreffenden Lagen und die Verpflichtung, den Wein frühestens 15 Monate nach der Ernte auf den Markt zu bringen.

In der Klassifikation der Lagen kommen nach den Grands crus die 40 Premiers crus. Ihre Benennung war schon immer recht kompliziert, weil es von jedem Namen unzählige Varianten gibt. In der Liste auf Seite 58 sind die wichtigsten Premiers crus aufgeführt; darunter stehen die Lagen, die den bekannteren Namen führen dürfen. Man sollte stets daran denken, dass man es mit der Schreibweise in Chablis nicht so genau nimmt. Heutzutage werden die meisten Weine unter den wichtigsten Premier-cru-Bezeichnungen zusammengefasst, was zumindest für den Vertrieb von Vorteil ist.

Es versteht sich von selbst, dass die Ungleichheit in der Qualität zwischen den Premiers crus größer sein muss als bei den Grands crus, die im Hinblick auf Fülle und Konzentration sowieso eine Klasse für sich bilden. Die Premiers crus sind über eine ganze Reihe von zum Teil recht abgelegenen Ortschaften verstreut. Neben Chablis selbst sind dies: Fyé, Fleys, La Chapelle-Vaupelteigne, Poinchy, Fontenay, Maligny, Milly, Chichée und Feines. Vau de Vey in der Gemeinde Beines ist ein neuer Premier cru.

Von der kürzlich erfolgten Erweiterung des Anbaugebiets profitieren am meisten die Ortschaften Maligny, Lignorelles und Villy; in Maligny sind große Bereiche, die bisher als Petit Chablis eingestuft waren, zu Chablis befördert worden, wodurch der Niedergang des Namens Petit Chablis noch beschleu-

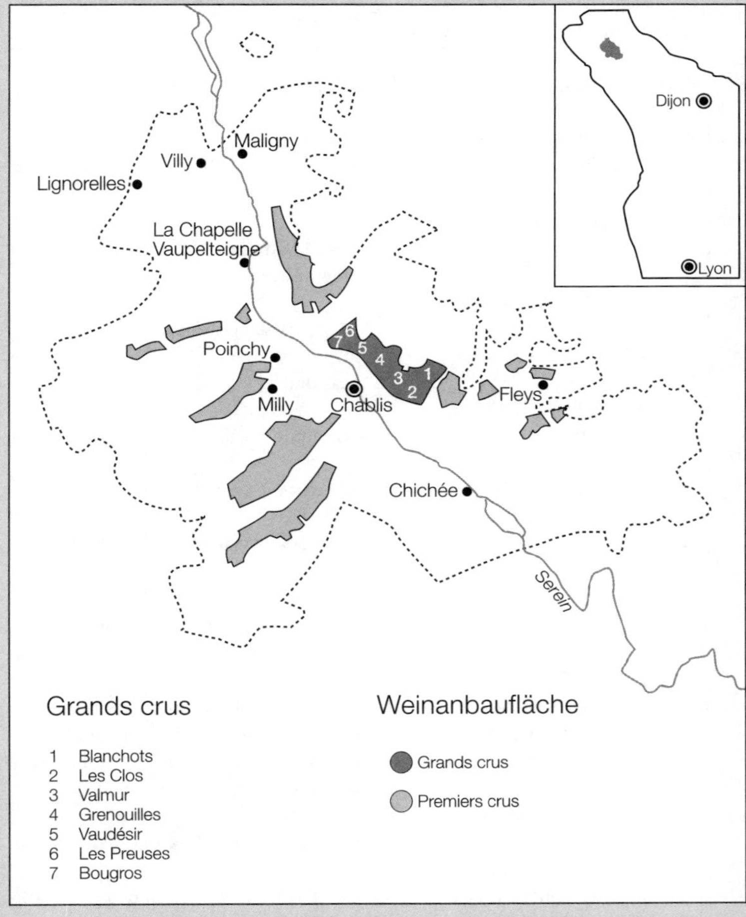

nigt wird. Zuvor war die Chablis-Appellation auf kimmerische Kalksteinböden beschränkt; Anbauflächen mit Portland-Kalkstein, der weniger Lehm enthält, wurden als Petit Chablis klassifiziert. Die Qualität eines Weinbergs hängt nicht nur von seiner geologischen Beschaffenheit ab, sondern auch von der Lage und dem Mikroklima, vor allem in einem so weit nördlich gelegenen Anbaugebiet mit seinen ständigen Frost- und Reifeproblemen.

Von Ende März bis Mitte Mai besteht die Gefahr von Frühjahrsfrösten. Heute sind zwei Methoden zum Schutz der Reben in Gebrauch: Beregnen bzw. Einsprühen zur Schaffung eines schützenden Eisüberzugs oder Öfen in den Weinbergen. Das Einsprühen muss genau im richtigen Moment beginnen, wenn nämlich die Temperatur gerade null Grad erreicht hat, und muss dann ununterbrochen weitergehen, bis sie wieder über null Grad ansteigt – ein verstopfter Regner kann sich katastrophal auswirken. Auch kann der Wind den

Die Premiers-crus-Lagen in Chablis

Mont de Milieu

Montée de Tonnerre Chapelot, Pied d'Aloué, Côte de Bréchain

Fourchaume Vaupulent, Côte de Fontenay, L'Homme Mort,Vaulorent

Vaillons Châtains, Séchets, Beugnons, Les Lys, Mélinots, Roncières, Les Epinottes

Montmains Forêt, Butteaux Côte de Léchet

Beauroy Troesmes, Côte de Savant

Vau Ligneau

Vau de Vey Vaux Ragons

Vaucoupin

Vosgros Vaugiraut

Les Fourneaux Morein, Côte de Prés-Girots

Côte de Vaubarousse

Berdiot

Chaume de Talvat

Côte de Jouan

Les Beauregards Côte de Cuissy

Sprühnebel davontragen. Die Installierung eines solchen Systems ist teuer, dafür sind die Lohnkosten im Betrieb niedrig. Man sieht solche Beregnungsanlagen in den Grand-cru-Weinbergen und in weiten Teilen von Fourchaume, doch oft stehen die beiden Frostbekämpfungseinrichtungen dicht nebeneinander. Die Ölöfen haben heute automatische Brennstoffversorgung, angezündet aber werden sie noch von Hand, deshalb sind bei dieser Methode die Brennstoff- und Lohnkosten die größten Nachteile. In beiden Fällen ist der Erfolg der Frostschutzmaßnahmen von der Genauigkeit der Wettervorhersage aus der nächstgelegenen *station météorologique* abhängig – die größte Gefahr besteht meistens in den frühen Morgenstunden.

Die meisten Winzer verwenden für die Gärung heute entweder Edelstahltanks oder ausgekleidete Betonbehälter, doch über die bestgeeigneten Materialien für den Ausbau des Chablis gehen die Meinungen auseinander. Es gibt Befürworter neuer wie auch alter Eichenfässer, und wieder andere verwenden lieber überhaupt kein Holz. Ganz allgemein scheint es nur so zu sein, dass die Grands crus und Premiers crus besonders reifer Jahrgänge ganz enorm von einer gewissen Lagerzeit in Holzfässern profitieren (das Alter der Fässer scheint dabei, wie sich bei Weinproben herausstellte, viel weniger von Bedeutung zu sein als die absolute Sauberkeit der Fässer). Einfacher Chablis dagegen ist durchaus köstlich, wenn er früh und direkt aus dem Gärtank in die Flasche kommt. Stärker traditionsverhaftete Kellermeister lassen den Wein bis ins Frühjahr nach der Lese im Gärbehälter, also bis die malolaktische Gärung abgeschlossen ist, und bauen ihn dann noch etwa ein Jahr lang im Fass aus. Dazu nehmen sie heute allerdings eher die *225-l-pièces* und nicht mehr die traditionellen Chablis-*feuillettes* mit 132 l. Natürlich sind neue Eichenholzfässer teuer, aber das dürfte zumindest bei den Grands crus keine besondere Rolle spielen. Allerdings muss darauf geachtet werden, dass beim Ausbau in Fässern keine Oxidation eintritt (was ständiges Auffüllen erfordert) und dass der Wein nicht zu viel Eichenholzgeschmack annimmt. Ein Chablis verträgt das viel weniger als ein gehaltvollerer Meursault oder ein Chardonnay aus Kalifornien – auch in einem Chablis Grand cru soll der Hintergrund aus »Nervigkeit« oder Stahligkeit bestehen, denn das entspricht dem wahren Charakter der Appellation.

Jugendfrischer, einfacher Chablis braucht keine Holzfässer, er ist genau der richtige, köstliche *Grande-brasserie*-Wein, den man zu einem Dutzend Austern trinkt. Aber ebenso sehr wie die Winzer sich vor überschwerem Chablis hüten müssen, sollten sie auch darauf achten, nicht allzu neutralen Wein hervorzubringen, der schon ein, zwei Jahre nach der Lese verblasst und fade wird. Eine überlegte Kombination der beiden Wege dürfte wahrscheinlich den denkwürdigsten Chablis zuwege bringen.

In kommerzieller Hinsicht hat sich in Chablis die stärkste Veränderung dadurch ergeben, dass die Region in den letzten 25 Jahren offenbar ihre Geschichte selbst in die Hand genommen hat. Freilich geben die Winzer von Chablis noch immer gern den Händlern in Beaune die Schuld an den wilden Preisschwankungen und der unbefriedigenden Differenz zwischen Angebot und Nachfrage, die so oft in der Region zu spüren ist, dennoch haben die Weinbauern heute unbestreitbar viel mehr Einfluss auf die eigenen Angelegenheiten als früher.

Die Winzer verkaufen nun die Hälfte dessen, was sie erzeugen, selbst und den Rest über Négociants. Da die Erzeuger von Chablis eine Ware anzubieten haben, nach der weltweit eine rege Nachfrage besteht, können sie die Preise, die sie dafür verlangen wollen, weitgehend selbst bestimmen. Natürlich ist es schwierig, eine stabile Lage zu schaffen, wenn die Erzeugungsmengen von einem Jahr zum anderen so unterschiedlich ausfallen wie in Chablis, doch ist es einfach schon zu lange bekannt, dass in der Region die Preise ungehemmt in die Höhe schnellen, wenn das Angebot an Wein knapp ist – und zwar ungeachtet der Qualität –, während zu schnell und zu billig verkauft wird, sobald ein Jahrgang reichlich ausfällt. Es wäre von Vorteil, wenn ein Teil der Bestände zurückbehalten würde, bis das Ergebnis des nächsten Jahrgangs feststeht, und wenn der Verkauf über längere Zeiträume ausgedehnt werden könnte.

Die folgende Tabelle gibt eine Vorstellung davon, wie ungleichmäßig die Erträge in Chablis sind – fast immer sind ungewöhnlich magere Erträge die Folge von strengen Frühlingfrösten oder einer schlechten Blütezeit.

Erträge in Chablis (hl)

Jahr	Grand cru	Premier cru	Chablis	Petit Chablis	Gesamt
1981	2864	15 686	22 749	1723	43 022
1985	2693	25 650	65 294	6218	99 855
1986	4676	32 339	65 602	5811	108 428

Jahr	Grand cru	Premier cru	Chablis	Petit Chablis	Gesamt
1989	5149	36 623	95 293	10 688	147 753
1990	5223	40 138	114 609	14 209	174 179
1991	5072	39 870	102 670	11 325	158 937
1992	4994	42 539	138 300	21 224	207 057
1993	4734	39 735	134 744	23 716	202 929
1994	4330	36 702	128 943	19 819	189 794
1995	5731	44 891	160 523	28 096	239 241
1996	5318	42 298	154 990	27 806	230 412
1997	5500	45 001	161 368	29 222	241 091
1998	5188	43 043	162 572	29 040	239 843
1999	5522	48 955	182 432	34 584	271 493
2000	5621	46 049	171 437	33 022	256 129
2001	5329	44 418	171 723	33 421	254 891

Zur Veranschaulichung der Zunahme der Rebflächen folgen hier Vergleichszahlen für die Jahre von 1982 bis 2001:

	1982	2001
Chablis Grand cru	92	100
Chablis Premier cru	477	743
Chablis	989	2895
Petit Chablis	110	570

DIE WICHTIGSTEN CHABLIS-ERZEUGER

Die Superstars

Domaine René et Vincent Dauvissat, Domaine Jean-Paul Droin, Domaine William Fèvre, Domaine Louis Michel et Fils, Domaine François et Jean-Marie Ravenau

Domaine Jean-Marc Brocard

Grande Rue de Chablis, Préhy, 89800 Chablis,
Tel. 3 86 41 49 00. 100 ha.
1ers crus: Chablis Beauregard, Côte de Jouan, Montmains, Vaucoupin.

In den Kellern kann man sehen, wie die Wurzeln der Rebstöcke durch das Juragestein kriechen, das dem Wein seinen Charakter verleiht. Seit er 1972 seinen ersten Hektar von seinem Schwiegervater kaufte, hat sich Jean-Marc zu einem der führenden Erzeuger in Chablis gemausert. Jetzt bewirtschaftet er zusammen mit seinem Sohn Julien die Domaine, zu der auch ein großes Handelsunternehmen gehört. Im Angebot: Grands und Premiers crus, Chablis Village, andere Weine von der Yonne sowie einige Studien zum Thema »Ein Boden, ein Wein«, z. B. das Gewächs mit dem reizvollen Namen »Bourgogne-Jurassique«.

Cave Coopérative La Chablisienne

8, boulevard Pasteur, BP, 89800 Chablis, Tel. 3 86 42 89 89. 1150 ha.
Grand cru: Chablis; 1er cru: Chablis; Chablis; Petit-Chablis; Bourgogne Rouge Epineuil, Bourgogne Grand Ordinaire, Bourgogne (weiß, Aligoté, Passe-tout-grains); Crémant de Bourgogne.

Hinter diesem hübschen Namen verbirgt sich die allgegenwärtige Winzergenossenschaft von Chablis. Sie übt Jahr für Jahr starken Einfluss auf die Preispolitik aus, denn schließlich ist sie Herrin über fast ein Drittel der Gesamterzeugung in der Appellation; ihre 250 Mitglieder bringen Most, nicht Trauben, in die Kellerei. Manchmal wird auf dem Etikett der Name eines Winzers erwähnt, und das führt zu Kritik, weil es sich ja nicht um Domaine-Weine, sondern eben um Genossenschaftsweine handelt. La Chablisienne verkauft aber auch im Tank an Négociants in Beaune sowie Tank- und Flaschenweine ins Ausland. Wie bei allen Genossenschaften liegt der Schlüssel zum Erfolg in der Auswahl und Zusammenstellung, aber es kann wirklich nicht bezweifelt werden, dass viele Chablis und Premiers crus sehr gute Schnäppchen sind, und ich habe exzellenten Grand cru Grenouilles bekommen.

Domaine Jean Collet et Fils

15, avenue de la Liberté, 89800 Chablis, Tel. 3 86 42 11 93. 31 ha.

Grand cru: Chablis Valmur; 1ers crus: Chablis Mont de Milieu, Montée de Tonnerre, Montmains, Vaillons; Chablis; Petit Chablis.

Ausgezeichnete, gut gebaute Chablis mit dem typischen Feuersteingeschmack der Appellation und ausgeprägtem, tiefem Aroma. Die Weine reifen entweder in großen Holzbehältern oder in Edelstahl, die Valmur, Montée de Tonnerre und Mont de Milieu altern normalerweise in einem Drittel neuem Eichenholz. Ein ärgerliches Problem für den Kunden ist, dass er nie weiß und auch nicht auf dem Etikett vermerkt ist, wo neues Holz verwendet wurde und wo nicht. So hat der Montmains manchmal einen prononcierten Eichenton, während die Cuvées von Grand cru Valmur überhaupt nie neues Holz sehen. Dies vorausgeschickt, können die Collet-Weine eine Offenbarung sein. Außerdem ist die Domaine eine gute Quelle für den häufig übersehenen Petit Chablis.

Domaine de la Conciergerie – Christian Adine

2, allée du Château, Courgis, 89800 Chablis, Tel. 3 86 41 40 28. 5 ha.

1ers crus: Chablis Montmains, Butteaux, Côte de Cuissy; Chablis.

Die ehemalige Pförtnerwohnung *(conciergerie)* des Château Courgis ist das neue Heim der Famile Adine. Die Domaine erzeugt einen ausgezeichneten Montmains. Der 99er hatte ein wunderbar blumiges Bukett (Hyazinthen und Veilchen) und die Frische von grünen Äpfeln mit einem vollen, reichhaltigen Körper.

Domaine Daniel Dampt

1, Chemin des Violettes, Milly, 89800 Chablis, Tel. 3 86 42 47 23. 25 ha.

1ers crus: Chablis Vaillons, Côte de Léchet, Fourchaume, Beauroy; Chablis.

Der Chablis ist rein; Frucht und Säure sind herrlich ausgewogen. Diese Domaine erzeugt vier ausgezeichnete Premiers crus. Der Vaillons beeindruckt durch seine Komplexität und seinen Charakter.

Domaine Jean et Sébastien Dauvissat

3, rue de Chichée, 89800 Chablis, Tel. 3 86 42 14 62. 9 ha.

Grand cru: Chablis Les Preuses; 1ers crus: Chablis Montmains, Vaillons, Séchets.

In der Regel solide Chablis, in Edelstahl fermentiert und in höchstens 10 % neuem Eichenholz gereift. Der Schwiegersohn von René Dauvissat erzeugt Chablis mit der Verve und Stahligkeit, wie ich ihn in dieser Appellation mag.

Domaine René et Vincent Dauvissat

8, rue Emile-Zola, 89800 Chablis, Tel. 3 86 42 11 58. 11 ha.

Grands crus: Chablis Les Clos, Les Preuses; 1ers crus: Chablis Forêt, Séchets, Vaillons; Chablis; Petit Chablis.

René Dauvissat und sein Sohn sind begabte Weinbauern! Ihre Weine sind vorbildlich und vereinen die Frucht und Nervigkeit, die man von dieser Appellation erwartet, mit einem Duft, der einer Liebkosung gleichkommt. Und so wird es gemacht: organischer Anbau (oder *lutte raisonée*, d. h. Herbizide nur, wenn unbedingt notwendig) in den dafür geeigneten Weinbergen, Lese ausschließlich von Hand, kurzer Abstich oder Klärung des Mosts, Gärung bei niedriger Temperatur (durch Kühlung) im Fass, worin die Weine bis nach dem Milchsäureabbau liegen bleiben; dabei ruhen 10 % des Mosts in Eichenfässern. Von April bis November altert der Wein in Eichenfässern, von Dezember bis März wird er nach Kühlung und leichtem Filtrieren abgefüllt. Die Weine sind sehr langlebig und gehen an Restaurants in Paris und der Provinz, zu privaten Kunden und in alle Welt. Das Besitztum hat sich seit 1950 vervierfacht und neben den alten gibt es auch moderne Einrichtungen. Wunderschöne Weine, perfekt ausgewogen mit dem genau richtigen Anteil an Eiche. Köstliche Les Preuses und Les Clos, elegante Forêt und Vaillons. Man wünscht nur, die Dauvissats würden sich weiter vergrößern, damit wir Verehrer mehr davon hätten!

Domaine Etienne et Daniel Defaix

23, rue de Champlain, Milly, 89800 Chablis, Tel. 3 86 42 14 44. 25 ha.

Grand cru: Chablis Blanchot; 1ers crus: Chablis Côte de Léchet, Les Lys, Vaillons; Chablis; Petit Chablis.

Reine, gut gemachte Weine ohne Eichenton – leicht, aber fein.

Domaine Jean-Paul Droin

14 bis, rue Jean-Jaurès, 89800 Chablis, Tel. 3 86 42 16 78. 22 ha.

Grands crus: Chablis Blanchot, Les Clos, Grenouilles, Valmur, Vaudésir; 1ers crus: Chablis Côte de Léchet, Fourchaume, Montée de Tonnerre, Montmains, Vaillons, Vaucoupin, Vosgros; Chablis; Petit Chablis.

Bis 1986 wurden in dieser Domaine keine neuen Holzfässer verwendet. Dann wurden die Grands crus in einer Mischung von neuem und einjährigem, die Premiers crus in ein bis vier Jahre altem Holz vergoren und beide alterten sechs Monate in nicht neuen Fässern. Nur Chablis und Petit Chablis sahen keine Eiche. Die Ergebnisse wurden zu Recht gefeiert. Benoît Droin, der 1999 seinen Vater ablöste, möchte nun einen weniger deutlichen Eichenton und greift zu Holz anderer Zusammensetzung und Herkunft. Kein Zweifel: Die Weine werden hier weiterhin außergewöhnlich gut bereitet.

Maison Joseph Drouhin

7, rue d'Enfer, 21200 Beaune, Tel. 3 80 24 68 88. 45 ha in Chablis.

Das Haus Drouhin ist Weingutbesitzer in Chablis, wo seit kurzem weitgehend organischer Anbau betrieben wird, und Négociant in Beaune. Die Weine, darunter Grands und Premiers crus, sind vorzüglich, oft mit starkem Eichenholzaroma, ölig und konzentriert. Sie halten sich gut in der Flasche.

Domaine Gérard Duplessis

5, quai de Reugny, 89800 Chablis, Tel. 3 86 42 10 35. 7 ha.

Grand cru: Chablis Les Clos; 1ers crus: Chablis Fourchaume, Montée de Tonnerre, Vaillons, Montmains; Chablis.

Die Weine gären im Fass und reifen bis zu 18 Monaten, davon etwa sechs Monate in alten Holzfässern, den *fûts*. Das relativ unbekannte Gut wird einfach immer besser.

Domaine Jean Durup Père et Fils

4, Grand-Rue, Domaine de l'Eglantière, Maligny, 89800 Chablis. 178 ha.

Reben in den Gemeinden Maligny, Villy, Beines, Fyé, Chablis. 1ers crus: Chablis Fourchaume, Montée de Tonnerre, Montmains, Vau de Vey; Chablis; Petit Chablis.

Ein höchst leistungsfähiger Betrieb, wie es sich für eine Domaine von dieser Größe auch gehört. Monsieur Durup steht in der Chablis-Expansionspolitik in vorderster Reihe, obwohl seine Familie schon seit 500 Jahren in Maligny ansässig ist. In den Kellern lagern keine Eichenfässer, und die Weinbereitung erfolgt mit selektierten Hefen, geregelten Temperaturen, Filtrieren und Kaltstabilisierung. Das Resultat sind sehr liebenswürdige, blumige Weine, nicht immer mit tiefem Aroma, aber stets elegant und ganz ohne Eiche. Die Weine heißen Château de Maligny, Domaine de l'Eglantière, Domaine de Paulière oder Domaine de Valérie.

Domaine William Fèvre

16, rue Jules-Rathier, 89800 Chablis, Tel. 3 86 42 12 06. 60 ha (18 ha Grand cru, 20 ha 1ers crus, 20 ha Chablis, 2 ha Petit Chablis).

Grands crus: Chablis Blanchots, Bougros, Les Clos, Grenouilles, Les Preuses, Valmur, Vaudésir; 1ers crus: Chablis Beauroy, Fourchaume, Côte de Léchet, Les Lys, Mont de Milieu, Montmains, Montée de Tonnerre, Vaillons, Vaucoupin, Vaugiraut, Vaulorent; Chablis; Petit Chablis.

Die bedeutende Domaine, eine der ganz Großen in Chablis, wurde von Grund auf erneuert, nachdem ihr Namensgeber sie 1998 an die Familie Henriot verkaufte, die Eigentümer des renommierten Négociant Bouchard Père et Fils in Beaune ist. Früher wurden die Fèvre-Weine in Edelstahl gekeltert; die Grands und Premiers crus alterten dann in neuen Eichenfässern, was, so wurde beklagt, für eine recht plumpe Eichenholznote sorgte. Der neue Kellermeister Didier Séguier lässt die Grands crus in Holz, jedoch maximal zur Hälfte in neuen Fässern reifen und verwendet für die kleineren AC-Weine eine Mischung aus Fass- und Tankgärung.

Domaine Alain Geoffrey

4, rue de l'Equerre, Beines, 89800 Chablis. 45 ha.

Grands crus: Chablis Les Clos, Vaudésir; 1ers crus: Chablis Beauroy, Fourchaume, Vau Ligneau; Chablis; Petit Chablis.

Alain Geoffrey ist ein überzeugter Verfechter der Ausweitung des Rebgeländes in Beines, und er beweist auch, dass dort guter Chablis wächst. Die Weinbereitung erfolgt jetzt mit neuem Holz. Die Weine werden jung verkauft, halten sich jedoch gut in der Flasche, falls man die Voraussicht hat, einige aufzubewahren. Ich habe den eleganten, frischen Charakter gern, an dem man den echten Chablis erkennt. Das müssen auch die Richter der vielen Weintests finden, bei denen Geoffrey regelmäßig Medaillen einheimst. Ich bin nicht immer mit solchen Urteilen einverstanden, denn da werden oft recht junge Weine probiert, ohne dass man die Fehler, die sich später in der Flasche entwickeln, voraussehen kann, aber in diesem Fall kann ich durchaus zustimmen (und wenn nicht, würde das diese Herren wohl kaum groß stören).

Domaine Corinne et Jean-Pierre Grossot

4, route de Mont-de-Milieu, Fleys, 89800 Chablis, Tel. 3 86 42 13 73. 18 ha.

1ers crus: Chablis Vaucoupin, Mont de Milieu, Fourchaume, Troesmes, Les Fourneaux; Chablis; Petit Chablis.

Die alteingesessene Domaine erfreut sich wachsender Beliebtheit, seitdem Jean-Pierre und seine Frau sie übernommen haben. Die Experimente mit dem Ausbau im Fass haben sich bewährt.

Domaine Thierry Hamelin

1, impasse de la Grappe, Lignorelles, 89800 Chablis, Tel. 3 86 47 54 60. 37 ha.

Einige schöne Weine, vor allem aus dem Premier cru Vau Ligneau. Sehr korrekt, keine wirklichen Höchstleistungen, aber ganz gut.

Maison Lamblin et Fils

Maligny, 89800 Chablis, Tel. 3 86 47 40 85. 7 ha.

Grand cru: Chablis Valmur; 1ers crus: Chablis Beauroy, Fourchaume, Mont de Milieu; Chablis.

Handelshaus und kleines Weingut mit moderner Weinbereitung. Bisher befand ich die Weine für sauber, jedoch eine Spur zu neutral. Doch seit Ende der 1990er sind klassischere und charaktervolle Gewächse im Angebot.

Domaine Laroche

22, rue Louis Bros, 89800 Chablis, Tel. 3 86 42 89 00. 76 ha (21 ha en métayage).

Grands crus: Chablis Blanchot, Bougros, Les Clos; 1ers crus: Chablis Côte de Léchet, Beauroy, Fourchaume, Montmains, Vaillons, Vau de Vey; Chablis; Petit Chablis.

Das Gut ist groß und die Weinbereitung hochmodern; nur die Grands crus werden teilweise in neuen Eichenholzfässern ausgebaut. Einige Vieilles Vignes werden einzeln abgefüllt, z. B. Fourchaume und Blanchot, doch manche Weine muten im Vergleich zu den Spitzengewächsen ein wenig nichtssagend an.

Domaine du Château Long-Depaquit

45, rue Auxerroise, 89800 Chablis, Tel. 3 86 42 11 13. 65 ha.

Grands crus: Chablis Blanchot, Les Clos, Les Preuses, La Moutonne (Monopole), Vaudésir; 1ers crus: Chablis Beugnons, Les Lys, Vaillons, Vaucoupin; Chablis.

Das Handelshaus Bichot in Beaune ist seit 1971 im Besitz dieser gut geführten Domaine. Insgesamt eindrückliche Weine, besonders die Grands crus.

Domaine des Malandes

63, rue Auxerroise, 89800 Chablis, Tel. 3 86 42 41 37. 25 ha.

Grands crus: Chablis Les Clos, Vaudésir; 1ers crus: Chablis Côte de Léchet, Montmains, Fourchaume, Vau de Vey; Chablis; Petit Chablis.

Lyne und Jean-Bernard Marchive verzichten bei der Weinbereitung ganz auf Holz. Ihre Weine haben sehr viel Stil und sind immer zu empfehlen.

Domaine des Marronniers

Rue de Chablis, Préhy, 89800 Chablis. 20 ha.

Ein rechter Chablis mit dem typischen Mineralgehalt und lebhafter Säure sowie straffer, rassiger Montmains – beide lassen das Wasser im Munde zusammenlaufen. Bernard Legland schuf diese Domaine 1977 auf AC-Gelände, auf dem sein Vater vorher Getreide angebaut hatte. Er hat eine ganz klare Vorstellung davon, wie ein Chablis schmecken muss, und er weiß auch, wie man das erreicht. Die meisten Weine kommen nicht in Eichenfässer, nur ein kleiner Teil wird in 10 bis 30 % neues Holz gelegt, was ihm das Recht gibt, auf dem Etikett Eiche zu nennen … Legland hat ohne jeden erblichen Ballast angefangen, und es scheint, als wenn er es schaffen wird.

Domaine de la Meulière – Chantal et Claude Larouche

Fleys, 89800 Chablis, Tel. 3 86 42 13 56. 15 ha.

1ers crus: Chablis Mont de Milieu, Vaucoupins, Les Fourneaux; Chablis.

Alle Trauben werden von Hand gelesen und der Wein wird in Edelstahl bereitet. Kein Ausbau in Holz; nur eine *cuvée speciale* reift in Eiche.

Domaine Louis Michel et Fils

9–11, boulevard des Ferrières, 89800 Chablis, Tel. 3 86 42 88 55. 24 ha.

Grands crus: Chablis Grenouilles, Les Clos, Vaudésir; 1ers crus: Chablis Fourchaume, Montée de Tonnerre, Montmains, Vaillons; Chablis.

Eine schöne, 1870 gegründete Domaine, heute in der fünften Generation von Jean-Loup Michel geführt. Der Most wird in einem zwölfstündigen Vorgang abgezogen, damit das Material absolut sauber bleibt. Gärung und malolaktische Gärung laufen langsam ab und nehmen einige Zeit in Anspruch. Abgefüllt wird im September. Holz wird nicht verwendet, aber die Ausbaumethoden und die Verarbeitung nur kleiner Erträge sorgen dafür, dass die Weine jahrelang frisch und bukettreich bleiben, immer mit den gelbgrünen Reflexen, die so typisch sind für den Chablis. 90 % der Produktion werden exportiert. Es gibt ein gutes Angebot an eleganten, fruchtigen Premiers crus, wie auch Grands crus und »einfache« Chablis. Alle mit Stil und wundervoller Ausgewogenheit – ein Beispiel dafür, was man allein mit Edelstahltanks erreichen kann.

Maison Jean Moreau et Fils

Route d'Auxerre, 89800 Chablis. 40 ha.

Grands crus: Chablis Blanchot, Clos des Hospices (Monopole), Les Clos, Valmur, Vaudésir; 1er cru: Chablis Vaillons; Chablis.

Bedeutender Erzeuger und Händler, der 1997 von Boisset, dem größten Weinkonzern in Burgund, aufgekauft wurde. Holzfässer gehören nicht zum Inventar, und nach dem Gären ruhen die Weine, bevor sie abgefüllt werden, zwischen drei bis sechs Wochen auf gesunder Hefe. Der Stolz des Hauses ist der Chablis Grand cru Clos des Hospices (als Teil von Les Clos), der, so heißt es, das Haselnussbukett und den stahligen beziehungsweise Feuersteingeschmack vom Boden mit dem Vanille- oder Zitronenaroma des Chardonnay vereint – von Holz ist nichts zu spüren. Die anderen Grands crus sind ernst zu nehmen, ich habe aber schon Enttäuschungen erlebt. Der Vin de table Moreau Blanc hat nichts mit Chablis zu tun, wird aber, wie etwa der Mouton-Cadet, wegen der Namensähnlichkeit auf dem Etikett und der damit verbundenen Werbung gern mit einem solchen verwechselt.

Domaine Pinson

5, quai Voltaire, 89800 Chablis, Tel. 3 86 42 10 26. 11,8 ha.

Grand cru: Chablis Les Clos; 1ers crus: Chablis Montmains, Mont de Milieu.

Weine, die in Bottichen gären und in alten Eichenfässern reifen. Es gibt einige ausgezeichnete Chablis, konzentriert und mineralisch.

Domaine Denis Race

57, rue de Chichée, 89800 Chablis, Tel. 3 86 42 45 87. 17 ha.

Grands crus: Chablis Blanchot; 1ers crus: Chablis Côte de Cuissy, Mont de Milieu, Vaillons, Montmains.

Diese Domaine wird seit Generationen von der Familie Race geführt. Es wird maschinell geerntet; die Gärung findet in Edelstahltanks statt. Die Weine werden nicht in Eiche ausgebaut. Die Premiers crus sind verhalten und elegant, der Blanchot ist kraftvoll und sehr typisch.

Domaine François et Jean-Marie Raveneau

9, rue de Chichée, 89800 Chablis, Tel. 3 86 42 17 46. 5 ha.

Grands crus: Chablis Blanchot, Les Clos, Valmur; 1ers crus: Chablis Butteaux, Chapelot, Montée de Tonnerre, Vaillons, Montmains, Forêt.

François' Söhne Jean-Marie und Bernard erzeugen die komplexesten Weine in Chablis, klassische Grands und Premiers crus, in Eichenfässern ausgebaut und für lange Lebensdauer gedacht. Der Anbau ist weitgehend organisch, es wird nur von Hand gelesen und nicht kalt stabilisiert. Die Weine, die dabei entstehen, sind überwältigende Beispiele ihrer Art.

Maison Régnard

28, boulevard Docteur-Tacussel, 89800 Chablis, Tel. 3 86 42 10 45.

Auf Grands crus Vaudésir, Valmur und 1er cru Fourchaume spezialisiertes Handelshaus.

Dieses 1860 in Chablis gegründete Handelsunternehmen ist, seitdem es 1989 10 ha Grand- und Premier-cru-Lagen erwarb, kein reiner Négociant mehr. 95 % der Produktion wird an Restaurants verkauft, außerdem wird exportiert.

Die Weine gären in Edelstahl; es wird nicht in Eiche ausgebaut. Das Haus bietet das volle Chablis-Programm, und selbst wenn man keine anderen verkostete, bekäme man einen sehr guten Einblick in die Appellation.

Domaine Guy Robin

13, rue Berthelot, 89800 Chablis, Tel. 3 86 42 12 63.

Grands crus: Chablis Blanchot, Bougros, Les Clos, Valmur, Vaudésir;

1ers crus: Chablis Montmains, Mont de Milieu, Montée de Tonnerre, Vaillons.

Für die Grands crus wird etwas Eichenholz verwendet, für die Premiers crus überhaupt keines. Ein Urteil fällt schwer, denn die Qualität ist sehr wechselhaft.

Domaine Servin

22, avenue d'Oberwesel, 89800 Chablis, Tel. 3 86 42 12 94. 32 ha.

Grands crus: Chablis Blanchot, Les Clos, Les Preuses, Bougros;

1ers crus: Chablis Montée de Tonnerre, Vaillons, Forêts; Chablis.

Das Ernten und Pressen erfolgt zusammen mit der Domaine Baillard, die vielversprechenden Weine werden jedoch separat erzeugt. Spitzengewächse werden in Eichenholz ausgebaut, die anderen in rostfreiem Edelstahl, wo sie ihre lebhafte Frische bewahren. Die Familie Servin empfiehlt nachdrücklich das Dekantieren von Grands und Premiers crus.

Domaine Simonnet

SARL Simonnet-Febvre et Fils, 9, avenue d'Oberwesel, 89800 Chablis, Tel. 3 86 98 99 00. 5 ha.

Grand cru: Chablis Les Preuses; 1er cru: Chablis Mont de Milieu; Chablis.

Eine kleine Domaine, aber ein wichtiger Négociant-Eleveur, der Most einkauft und zum Abfüllen ausbaut. Das Haus wurde 1840 gegründet, und Jean-Claude Simonnet gehört schon zur fünften Generation der Familie, die das Gut bewirtschaftet. Sie ist auch Spezialist für andere Yonne-Weine wie Irancy und Coulanges. Die Weine, unter verschiedenen Etiketten abgefüllt, sehen überhaupt kein Holz und sind – bestenfalls – von geradem Charakter.

Maison Gérard Tremblay – Domaine des Iles

12, rue de Poinchy, 89800 Chablis, Tel. 3 86 42 40 98. 33 ha.

Grand cru: Chablis Valmur, Vaudésir; 1ers crus: Chablis Beauroy, Côte de Léchet, Fourchaume, Montmains; Chablis; Petit Chablis.

Die besten sind volle, fruchtige Chablis, von denen einige Grands und Premiers crus zum Altern in Holzfässer kommen. Allerdings fehlt es hier für meinen Geschmack gelegentlich an Beständigkeit.

Domaine de Vauroux – Olivier Tricon

Route d'Avallon, 89800 Chablis, Tel. 3 86 42 10 37. 28 ha.

Grand cru: Chablis Bougros; 1ers crus: Chablis Montée de Tonnerre, Montmains; Chablis.

Olivier Tricon ist Spezialist für einfachen Chablis, den er von 25 seiner 28 Hektar erzeugt. Seine Weine gären in Edelstahl, der Grand cru und die Premiers crus altern nur für wenige Monate in Holz. Fruchtige Weine von ansprechender Klarheit und reinem Chablis-Charakter. Die Marke »Olivier Tricon« wird hauptsächlich für Weine verwendet, die nicht von der Domaine stammen.

Maison Verget

Le Bourg, 71960 Sologny, Tel. 3 85 51 66 00.

Der in Südburgund ansässige Négociant Jean-Marie Guffens handelt seit 1994 mit Chablis-Weinen. Früher wurde sein Angebot als zu holzlastig und nicht typisch für das Anbaugebiet bemängelt. Jetzt scheint er den Trick raus zu haben und bietet ein eindrucksvolles Spektrum von Village- bis zu Grand-cru-Weinen.

Domaine Vocoret et Fils
40, route d'Auxerre, 89800 Chablis, Tel. 3 86 42 12 53. 50 ha.
Grands crus: Chablis Blanchot, Les Clos, Valmur, Vaudésir; 1ers crus: Chablis Fôret, Côte de Léchet, Montée de Tonnerre, Montmains, Mont de Milieu, Vaillons; Chablis; Petit Chablis.

Gärung in Edelstahlbehältern mit selektierten Hefen und nach dem Abstich mit Enzymen. Die Grands und Premiers crus werden in großen Holzfässern ausgebaut. So entsteht eine volle Palette mit kräftigem Gefüge und schöner Fülle. Einige Jahre in der Flasche sind von Vorteil, die Weine altern normalerweise gut.

SONSTIGE WEINE VON DER YONNE

Niemand wird behaupten wollen, diese Weine seien auf den Exportmärkten sehr gefragt, doch ist es ein Vergnügen, sie in ihrer Heimat aufzuspüren und sie in gemütlichen Lokalen zu Preisen zu genießen, die für Burgunder Verhältnisse wahrhaft bescheiden genannt werden dürfen.

Irancy

Dieser Wein, bei weitem der bekannteste von der Yonne, hat schon seit 1977 eine eigene Appellation. Er wird vorwiegend aus Pinot noir unter Beigabe von kleinen Mengen César gewonnen. Was er an Finesse besitzt, hat er dem Pinot noir zu verdanken, die César-Traube ist nämlich etwas rustikal. Das Weinbaugebiet liegt auf kimmerischem Kalk und ist der doppelten Plage von Frost und Hagel ausgeliefert, doch hat Irancy immerhin ein günstiges Mikroklima. Auch etwas Bourgogne Rosé wird hier gekeltert. Die Einzellage Palotte gehört zum Nachbarort Cravant und fällt deshalb unter die Bezeichnung Bourgogne Rouge; dasselbe gilt auch für die Weine aus der Gemeinde Vincelottes. Die führenden Winzer heißen Léon Bienvenu, Bernard Cantin, Jean-Pierre Colinot, Roger Delaloge, Gabriel Delaloge und Jean Renaud. Ein großer Teil des Irancy wird an die Négociants in Chablis geliefert; die Firma Simonnet führt die Appellation als Spezialität. Die Domaine de Pérignon wird von der Firma Chavenet in Nuits-Saint-Georges geleitet und erzeugt Passe-tout-grains aus Pinot noir und Gamay.

Coulanges-la-Vineuse

Wein aus Coulanges gilt lediglich als Bourgogne, doch darf seltsamerweise der Name Coulanges-la-Vineuse auf dem Etikett stehen. Der Wein ist dem Irancy sehr ähnlich, allerdings meist leichter. Er wird nur aus Pinot noir gekeltert. Die wichtigsten Erzeuger heißen Raymond Dupuis, Serge Hugot, André Martin et Fils und Pierre Vigreux; auch die Handelshäuser Bacheroy Josselin und Simonnet in Chablis führen Coulanges-Weine.

Saint-Bris-le-Vineux

Der Sauvignon de St-Bris wurde 2002 vom *Vin Délimité de Qualité Supérieure* zu einem AC-Wein befördert. Der Aligoté ist in reifen Jahrgängen gut. Auch Pinot noir, Gamay, etwas César, Chardonnay und Sacy werden angebaut und bereichern die Produktion an Bourgogne Rouge und Blanc, Passe-tout-grains, Bourgogne Grand Ordinaire und Crémant de Bourgogne. Die besten Erzeuger, deren Weine man auch gelegentlich im Ausland antrifft, sind Louis Bersan et Fils (die beiden Söhne führen das Gut heute allein), Jean-Marc Brocard, Robert Defrance, Michel Esclavy, Patrice Fort, Jean-Hugues Goisot, Domaine Félix und Domaine Verret.

Chitry-le-Fort

Chitry hat die gleiche Auswahl an Rebsorten vorzuweisen wie Saint-Bris, aber auch einen besonders guten Aligoté und einen Bourgogne Blanc aus Chardonnay, der auf demselben kimmerischen Kalk wächst wie der Chablis und deshalb einige Ähnlichkeit mit ihm hat. Sehr guter Aligoté Côtes de Chitry wird von Léon Berthelot, Jean-Claude Biot, Paul Colbois (viel besser als sein Sauvignon) und Gilbert Giraudon hervorgebracht. Weitere verlässliche Namen sind Joël Griffe und Roland Viré. Viele Erzeuger von Chitry und Saint-Bris gehören der landwirtschaftlichen Genossenschaft SICAVA an, die als Hersteller von Crémant de Bourgogne auftritt. Auch in Tonnerre, Epineuil und Vézelay wird Wein bereitet.

Caves de Bailly ist eine gute Quelle für Crémant de Bourgogne, Sauvignon de St-Bris und Aligoté – SICA du Vignoble Auxerrois, Bailly, 89530 St-Bris-le-Vineux. Die SICA La Vézelienne ist im Anbaugebiet Vézelay führend. Von dort sollten Sie Bourgogne Blanc und Rouge beziehen. Der große Winzer Marc Meneau von L'Espérance übergibt seine Trauben dieser Genossenschaft. Guter roter Epineuil von Pinot noir wird von Jean-Claude Michaut erzeugt, und den besten Bourgogne Chardonnay und Bourgogne Pinot noir aus dem Anbaugebiet Tonnerre erhalten Sie von Caveau des Fontenilles.

Côte d'Or ●○◑

Die Côte d'Or ist das Herz von Burgund: Golden ist der Name und golden der Ruhm. Zwar ist das alte Dijon bei weitem die größte Stadt an der Côte, die Zentren des Weinhandels aber sind Beaune und Nuits-Saint-Georges. Wie in allen Weinbaugebieten ist ein dichtes Netz von Winzern, Händlern und Maklern über das Land gebreitet, die alle ihre Stellung eifersüchtig hüten. Doch die Côte d'Or ist das demokratischste aller Weinbaugebiete, ihre Weinberge sind in Hunderte kleiner Parzellen aufgeteilt, die entweder ererbt oder durch geschickte Heirat erworben wurden und noch immer werden. Manche Winzer verstehen sich lediglich als Lieferanten von Trauben und überlassen es den Négociants, den Wein zu bereiten, andere dagegen möchten alles in der Hand behalten, bis hin zum Verkauf an

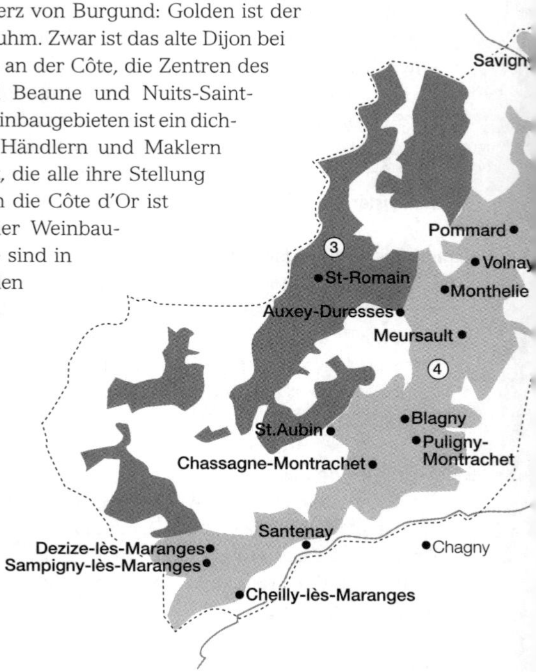

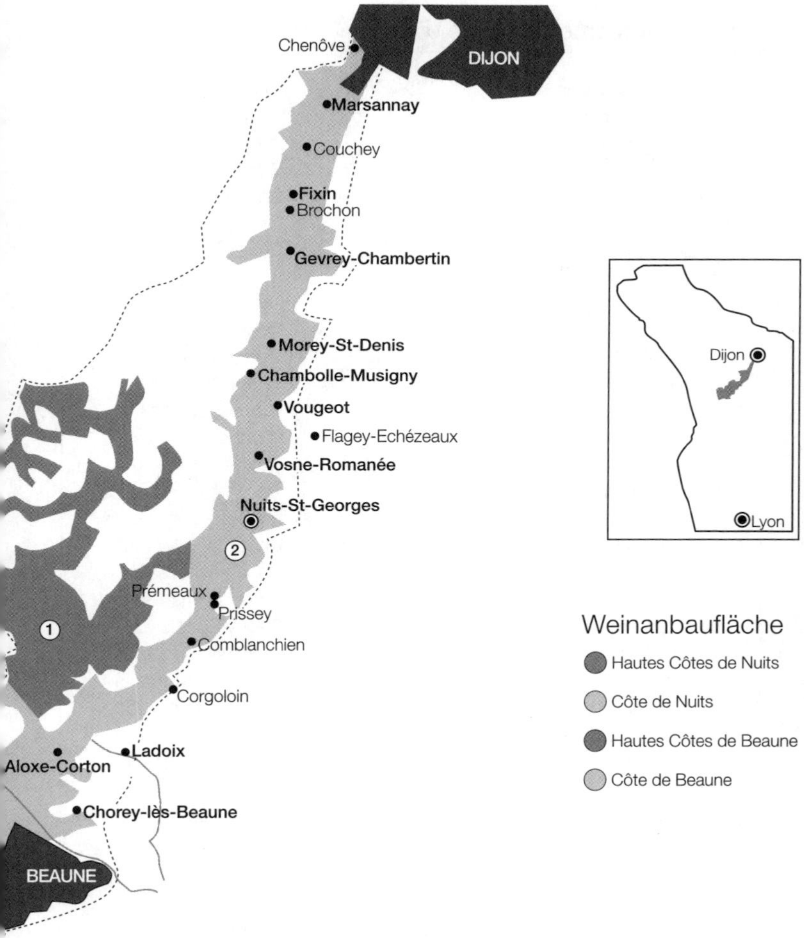

den Kunden auf dem eigenen Gut. Viele Winzer bereiten ihren Wein selbst und verkaufen dann einen Teil an die Négociants, immer mehr gründen eigene kleine Handelsunternehmen und machen im Verbund mit anderen Négociants der neuen Generation den alteingesessenen Handelshäusern in Beaune Konkurrenz. In dieser breiten Masse verbergen sich großartige Weinerzeuger, die den Namen Burgund zum achtunggebietendsten Begriff in der Welt des Weins gemacht haben. Andere, die über weniger Geschick oder über weniger Interesse verfügen, haben leider das Recht auf dieselben Etiketten.

Die größten roten und weißen Burgunder kommen von der Côte d'Or, insbesondere wenn man die Langlebigkeit als Qualitätskriterium anerkennen will. Es ist ein erhebendes Gefühl, wenn man auf der Fahrt von Dijon nach Beaune den Hang der Côte als imposante Kulisse vorüberziehen sieht. Vor allem im Herbst, wenn das Laub in schönster Färbung erstrahlt, sollte man diese Fahrt unternehmen und den Zauber der Weinberge auf sich wirken lassen. Das ist die Côte d'Or, eine Landschaft, der wir Geschmacksempfindungen verdanken, die zu den erhabensten der Welt gehören.

Die Grands crus der Côte d'Or

Côte d'Or Grands crus	**Village/Appellation**
Bâtard-Montrachet	Puligny-Montrachet
Bienvenues-Bâtard-Montrachet	Puligny-Montrachet
Bonnes Mares	Morey-St-Denis
Chambertin	Gevrey-Chambertin
Chambertin-Clos de Bèze	Gevrey-Chambertin
Chapelle-Chambertin	Gevrey-Chambertin
Charmes-Chambertin	Gevrey-Chambertin
Chevalier-Montrachet	Puligny-Montrachet
Clos des Lambrays	Morey-St-Denis
Clos de la Roche	Morey-St-Denis
Clos St-Denis	Morey-St-Denis
Clos de Tart	Morey-St-Denis
Clos de Vougeot	Vougeot
Corton (auch Verbindungen mit dem Namen Corton; siehe S. 94)	Aloxe-Corton
Corton-Charlemagne	Pernand-Vergelesses
Criots-Bâtard-Montrachet	Chassagne-Montrachet
Echézeaux	Flagey-Echézeaux
La Grande Rue	Vosne-Romanée
Grands Echézeaux	Flagey-Echézeaux
Griotte-Chambertin	Gevrey-Chambertin
Latricières-Chambertin	Gevrey-Chambertin
Mazis-Chambertin	Gevrey-Chambertin
Mazoyères-Chambertin	Gevrey-Chambertin
Le Montrachet	Puligny-Montrachet
Musigny	Chambolle-Musigny
Richebourg	Vosne-Romanée
La Romanée	Vosne-Romanée
Romanée-Conti	Vosne-Romanée
Romanée-St-Vivant	Vosne-Romanée
Ruchottes-Chambertin	Gevrey-Chambertin
La Tâche	Vosne-Romanée

MARSANNAY ●◑○

Erzeugung 2001:

Marsannay ● 7125 hl
Marsannay ○ 1489 hl
Marsannay ◑ 2693 hl

1987 wurde die neue Appellation Marsannay geschaffen; sie umfasst 250 ha in den Gemeinden Chendre, Marsannay-la-Côte und Couchey und gilt für Weiß-, Rot- und Roséwein. Zwei altberühmte Lagen in Chenôve, Le Clos du Roi und Le Clos du Chapitre, fallen jetzt in die neue AOC Marsannay. Auch Bourgogne Aligoté, Bourgogne Blanc und Bourgogne Passe-tout-grains werden in kleinen Mengen erzeugt. Es wird jetzt viel weniger Rosé produziert als früher, etwa noch 15 %, jedoch schwankt die Menge je nach Qualität des Jahrgangs – in guten Jahren entscheiden sich die Winzer für Rotwein. Auf besseren Hanglagen entsteht vor allem Rotwein, dessen Qualität sich mit zunehmendem Alter der Reben gebessert hat. Der Rosé sollte jung getrunken werden – er hat dann ein angenehmes Erdbeeraroma und ist bei warmem Wetter, wenn der Rote wenig erfrischt, ganz vorzüglich. Roter Marsannay ist schlicht und bodenständig, etwas erdig in der Art und hat in guten Jahren und von alten Reben schöne Konzentration.

DIE WICHTIGSTEN MARSANNAY-ERZEUGER

Domaine Charles Audoin

7, rue de la Boulotte, 21160 Marsannay-la-Côte, Tel. 3 80 52 34 24.

Rotweine von den Lagen Le Clos du Roi und Favières.

Domaine Bart

Recht intensive Weine, die sich mittellang halten.

Domaine Bruno Clair

Duftige Rosé- und Bourgogne-Rouge-Weine mit einem Bukett nach »nassem Fell« (ich kann versichern, es ist sehr angenehm) und im Geschmack an Johannisbeeren erinnernd.

Domaine Colotte Père et Fils

44, rue de Mazy, 21160 Marsannay-la-Côte, Tel. 3 80 52 24 34.

Weiß-, Rosé- und Rotweine, die im Allgemeinen jung zu trinken sind; der Clos du Jeu hat jedoch mehr Fülle.

Maison Louis Jadot

In Beaune.

Meo-Camuset

In Vosne-Romanée. Erzeugt einen roten Marsannay, der vom Bukett bis zur Frucht gut strukturiert ist.

Denis Mortet

In Gevrey-Chambertin. Erzeugt einen Marsannay aus dem Weinberg Les Longeroies, dessen 1999er Jahrgang besonders eindrucksvoll ist.

Domaine Michelle et Patrice Rion

In Prémeaux.

FIXIN ●○

Erzeugung 2001:

Fixin ● 4426 hl
Fixin ○ 134 hl

Es ist schon interessant zu sehen, wie eine kleinere Appellation an der Côte de Nuits sich mit ihrer Weinbergfläche auf die anderen Appellationen verteilt:

Côte de Nuits-Villages und Fixin (die beiden sind austauschbar)	*128,04 ha*
Fixin Premiers crus	*20,00 ha*
Appellation Bourgogne	*56,84 ha*
Bourgogne Grand Ordinaire	*37,91 ha*

Premiers crus: *Le Meix-Bas (z. T.), Le Clos du Chapitre (z. T.), Aux Cheusots (z. T.), Clos de la Perrière (z. T.), Les Arvelets (z. T.), Les Hervelets (z. T.), Suchot, Queue de Hareng.*

Die Premiers crus liegen auf dem oberen Teil des Hangs bis zu einer Höhe von 350 m auf einem Untergrund aus Bajocien-Kalkgestein. Le Clos du Chapitre liegt auf einem ausgeprägten Hang mit geröllreicher Bathonien-Braunerde. Darüber erhebt sich La Perrière mit 12 bis 14 % Gefälle, ebenfalls stark mit Geröll durchsetzt. Aux Cheusots und als Teilstück davon Clos Napoléon hat praktisch keine Hangneigung. Les Hervelets und Les Arvelets, früher ein einziges *climat,* liegen zwischen Fixin und Fixey auf Bajocien-Kalkstein, und trotz der nur geringen Hangneigung befinden sich stellenweise nur 25 cm Krume über dem Untergestein. Wo Kalkstein vorherrscht, erreichen die Weine mehr Finesse, auf tieferem Boden mit mehr Lehmanteil dagegen entstehen robustere, gerbstoffreichere Weine.

La Perrière und Clos du Chapitre liegen in Fixin im Wettstreit um den vordersten Rang. Gute Jahrgänge aus beiden Lagen sind ein Jahrzehnt lang haltbar. In der Jugend ist ihr Geschmack eher *sauvage* und urwüchsig mit einem Einschlag nach Schwarzen Johannisbeeren. Les Hervelets und Les Arvelets gelten dagegen als »feminin«, doch sollte man sich im Zeichen der Gleichberechtigung vielleicht darauf beschränken, von »milderer Frucht« zu sprechen. Ein Aux Cheusots sollte eigentlich eine gewisse Finesse aufweisen, doch sind mir in letzter Zeit einige recht deftige Clos Napoléon untergekommen, die mich etwas verblüfft haben. Ich glaube, inzwischen geht es wieder etwas vernünftiger zu.

DIE WICHTIGSTEN FIXIN-ERZEUGER

Domaine Bart

In Marsannay.

Domaine Bruno Clair

In Marsannay. Weißer Fixin von Pinot blanc, in der Jugend lebendig, nach ein paar Jahren in der Flasche schon behäbiger – trotzdem will es mir so vorkommen, dass Chardonnay besser wäre. Ausgezeichneter Fixin Rouge, z. T. von 40-jährigen Rebstöcken, der Ertrag ist daher nicht groß – herrliches Himbeeraroma.

Domaine Pierre Gelin

Fixin mit dem beschriebenen urwüchsigen Charakter, selbst noch nach fünf Jahren. Voller, kräftiger, aber nicht dicklicher Burgunder; die Frucht behauptet sich gut gegen die Wucht, doch oft braucht der Wein zehn Jahre in der Flasche. Einige gute 1999er Einzellagenweine.

GEVREY-CHAMBERTIN ●

Erzeugung 2001:

Grands crus

Chambertin 497 hl
Chambertin-Clos de Bèze 548 hl
Chapelle-Chambertin 215 hl
Charmes-Chambertin/Mazoyères-Chambertin 1352 hl
Griotte-Chambertin 148 hl

Latricières-Chambertin 295 hl
Mazis-Chambertin 412 hl
Ruchottes-Chambertin 121 hl
AOC Communale und 1er cru 19 014 hl

Premiers crus: *Les Véroilles, Village Saint-Jacques, bekannt als Le Clos St-Jacques, Aux Combottes, Bel-Air, Les Cazetiers, Combeaux-Moines, Etournelles, Les Gémeaux. Les Lavaux, Poissenot, Champeaux, Les Goulots, Issarts, Les Corbeaux, Cherbaudes, La Perrière, Clos Prieur-Haut, Fonteny, Champonnet, Au Closeau, Craipillot, Champitenois, bekannt als Petite-Chapelle, En Ergot, Clos du Chapitre (z.T.).*

Kein Weinort in Burgund hat mehr Grands crus aufzuweisen als Gevrey – in diesem Punkt liegt der Vergleich mit Pauillac in Bordeaux nahe. Eine Eigentümlichkeit ist, dass ein Chambertin-Clos de Bèze auch als Chambertin bezeichnet werden darf, aber umgekehrt geht es nicht. Ein Charmes-Chambertin darf auch Mazoyères-Chambertin genannt werden – diese beiden Namen sind untereinander austauschbar.

Mit der Schreibweise nimmt man es in Gevrey nicht so genau – Les Véroilles kann auch Les Varoilles heißen, Griotte leistet sich manchmal ein »s« am Ende, und Etournelles schreibt sich gelegentlich auch Estournelles. Hinter dieser Unbekümmertheit in der Namensschreibung aber steht eine Reihe der verführerischsten Weine in Burgund.

Die Weinberge steigen bis zu 350 m hangauf, doch die Grenzlinie der Grands crus liegt bei 300 m auf sanfter Neigung. Der Untergrund aus Bajocien-Kalkstein ist mit einer lockeren dünnen Krume aus brauner kreidehaltiger Erde mit Lehmpartikeln bedeckt. Geröll aus kleinen Kieseln ist vor allem im oberen Teil von Chambertin reichlich vorhanden. Griotte und Chapelle-Chambertin haben eine sehr dünne Bodenauflage, der Felsuntergrund tritt stellenweise zutage. Mazoyères und Charmes weisen 30 bis 35 cm kieshaltigen Boden auf, also eine dünne Krume über dem felsigen Untergrund. Latricières und Ruchottes liegen auf weißem Oolith, und überall tritt die harte geologische Unterschicht zutage. Die Grands crus ducken sich in den Schutz des Waldes auf der Montagne de la Combe grisard, die den Nordwind und zum Teil auch den Hagel fern hält. Auch über den Premiers crus stehen Wälder, und Les Véroilles (Varoilles), eine der besten Lagen, befindet sich mitten darin, sodass sie ein eigenes Mikroklima besitzt. Hier findet die Lese später als in den Grand-cru-Lagen statt. Clos St-Jacques, der sich oft mit den Grands crus messen kann, und Les Cazetiers befinden sich in ähnlicher Lage; Champonnet ist in ungewöhnlicher Weise nach Nordosten geneigt.

Ebenfalls ungewöhnlich für die Côte ist es, dass sich die Villages-Appellation weit über die *route nationale* hinaus zur Bahnstrecke ausdehnt. Der Boden weist so gut wie keine Neigung auf, der Wasserabzug beruht ganz auf dem Unterboden mit seiner dafür sehr günstigen Kiesschicht. Mir ist aufgefallen, dass mäßige Weine aus diesem Teil der Gemarkung nicht dem Boden, sondern zu hohen Erträgen und wenig geschickter Weinbereitung zuzuschreiben sind.

Ein Spitzen-Gevrey kann die ganze Palette an Geschmack und Aroma aufweisen. Solange die Weine jung sind, findet man Erdbeeren und Himbeeren, Veilchen und Urwüchsigkeit jeder Art darin. Mit zunehmender Reife gewinnt eine Lakritznote an Intensität. Überraschenderweise kann ein Griotte, was so viel heißt wie »Schattenmorelle« (obwohl das nicht unbedingt der Ursprung des Lagennamens sein muss), tatsächlich einen Anklang an Kirschen haben. Der Chambertin vereint in sich Finesse und Wucht, und er braucht Jahre zur Entfaltung – die Chambertin bester Rasse sind in jungen Jahren nie verschwenderisch generös. Wenn es überhaupt Unterschiede zwischen Chambertin und Clos de Bèze gibt, dann sind sie schwer aufzuspüren, denn oft übertönen die Weinbehandlungstechniken und auch das Alter der Reben individuelle Variationen. Dann ist da noch die einseitige Vertauschbarkeit der beiden Namen, man muss also eigentlich genau wissen, was man kostet – am besten, wenn der Wein noch im Fass ist und der Kellermeister die Herkunft der einzelnen Partien angeben kann. Latricières nimmt sich aus wie feinstes Filigran, einschmeichelnd und nachhaltig, doch kaum sehr gewichtig. Charmes-Chambertin ist oft nicht so tanninherb und dafür früher genussreif als die anderen Grands crus, während der Chapelle-Chambertin manchmal allzu fruchtig gerät.

Unter den Premiers crus hat der Clos St-Jacques in der Jugend wunderbar »animalische« Kraft in Bukett und Geschmack; der Clos de Varouilles (die gesamten 6 ha Premiers crus bestehen aus diesem Clos) ist in der Jugend gerbstoffreich und später sehr vollmundig. Lakritze macht sich in vielen dieser Weine, besonders in überreifen Jahren, als Note bemerkbar. Einfacher Gevrey ist seidig mild und duftig und leicht zu erkennen.

DIE WICHTIGSTEN GEVREY-CHAMBERTIN-ERZEUGER

Die Superstars

Domaine Claude Dugat, Domaine Dugat-Py, Domaine Denis Mortet, Domaine Armand Rousseau

Domaine Denis Bachelet

Denis Bachelet leistet hier hervorragende Arbeit bis hinauf zum Charmes-Chambertin-Niveau: Finesse, Klasse, große Duftfülle.

Domaine Boillet Père et Fils

Luciens Söhne Pierre und Louis haben dieses Gut in den letzten zehn Jahren bekannt gemacht.

Domaine Alain Burguet

Einfacher Gevrey-Chambertin und Gevrey-Chambertin Vieilles Vignes, beide mit einem wunderschönen Bukett, manchmal ein klein wenig zu schwer auf der Zunge, sodass die verführerische Art der Appellation nicht recht hervortreten kann. Die Vieilles Vignes halten sich meist gut.

Domaine Philippe Charlopin-Parizot

In Marsannay. In den 90ern entstanden exzellente Charmes.

Domaine Bruno Clair

Reiche Clos St-Jacques von großer Eleganz und vollem Aroma sowie Cazetiers, wie sie im Buche stehen.

Maison Joseph Drouhin

In Beaune. Ein stets wirklich guter Griotte, ganz Rasse und Ausgewogenheit … und dann dieser Hauch von Kirschen!

Domaine Claude Dugat

Sehr eindrucksvolle, reichhaltige Weine, alkoholstark, ausdrucksvoll und aromatisch. Sie dürfen in meinem Keller nicht fehlen.

Domaine Bernard Dugat-Py

Dieser junge Spitzenerzeuger produziert hochkonzentrierte, aber ausgewogene Weine, vor allem Pinot noir von alten Rebstöcken, die durch Auslese im Weinberg statt durch Klone vermehrt werden.

Domaine Dujac

In Morey-St-Denis. Der Aux Combottes beweist, dass Jacques Seysses hier ebenso zu Hause ist wie in Morey-St-Denis. Hält sich meist aber nur mittelmäßig.

Domaine Michel Esmonin et Fille

Alle Weine mit wirklich interessantem und komplexem Aroma werden von der talentierten »Fille« Sylvie Esmonin erzeugt.

Maison Joseph Faiveley

In Nuits-St-Georges. Der La Combe aux Moines Premier cru hat ein echtes Gevrey-Bukett mit Veilchen und warmer Erde sowie Rote Johannisbeeren, Kirschen und Veilchen im Geschmack. Außerdem Grands crus, für die man alles geben würde. Geduld bewahren!

Domaine Geantet-Pansiot

Reizvoller Premier cru Le Poissenot mit Kirschenbukett und reichem Abgang. Der Charmes-Chambertin 1990 ist fantastisch, aber alle Weine dieses Jahrgangs sind hier großartig.

Domaine Bernard Maume

Der Biochemieprofessor Bernard und sein Sohn Bertrand erzeugen konzentrierte *vins de garde*.

Domaine Denis Mortet

Dieser neue Stern am Himmel erbte sein Gut erst 1991 und ist jetzt bereits ein Erzeuger der Superlative. Besonders beeindruckt war ich von seinem Premier cru Les Champeaux.

Domaine Georges Mugneret-Gibourg

In Vosne-Romanée. Vorzüglicher, lange lagerfähiger Ruchottes.

Domaine Ponsot

In Morey-St-Denis. Chambertin und Griotte – oft schwer und voll, manchmal dicklich, meist gut haltbar.

Domaine Philippe Rossignol

Einfacher, aber vorbildlicher Chambertin; es ist gut zu wissen, dass so etwas in der Appellation unterhalb der grandiosen Spitzengewächse zu finden ist.

Domaine Rossignol-Trapet

Exzellente Grands crus mit Stil von der einen Hälfte des alten Trapet-Guts.

Domaine Joseph Roty

Eine kleine Domaine, doch erfüllt der Charmes hier stets die schönsten Erwartungen. Das Gleiche gilt für den vollen, würzigen Gevrey-Chambertin Premier cru Les Fontenys.

Domaine Georges Roumier – Christophe Roumier

In Chambolle-Musigny. Dieses erstklassige Gut erzeugt hier zwei Grands crus. Der Ruchottes kann wirklich herrlich sein, einer der Stars von der Côte de Nuits.

Domaine Armand Rousseau

Einer der ganz Großen in Burgund. Der Clos St-Jacques mit seinem festen Kern an Frucht braucht immer Zeit – dann ist er *une splendeur!* Auch hervorragender Cazetiers, Ruchottes, Charmes, Mazis, Chambertin und Clos de Bèze. Sie dürfen in keinem seriösen Burgunderkeller fehlen.

Domaine Christian Sérafin Père et Fils

7, rue du Château, 21220 Gevrey-Chambertin, Tel. 3 80 34 35 40.

Organisch angebaute, körperreiche Weine. Der Gevrey-Chambertin Vieilles Vignes kann hier ein richtiges Schnäppchen sein.

Domaine Jean et Jean-Louis Trapet

Die andere Hälfte des geteilten Trapet-Guts (siehe Rossignol-Trapet) hat auch ein paar ausgezeichnete Weinberge in Gevrey .

Domaine Jean Taupenot-Merme

In Morey-St-Denis. Wunderbarer Charmes voll Rasse und Stil. Dieser Erzeuger widersteht der Versuchung, leichtere Jahrgänge »aufzuputschen«. Sollte relativ jung getrunken werden.

Domaine des Varoilles

Eine Reihe von Gevrey-Weinen: langlebige Tropfen von großer Klasse. Die samtige Frucht zieht sich durch das ganze Gefüge. Der Clos des Varoilles ist superb und konzentriert.

MOREY-SAINT-DENIS ●○

Erzeugung 2001:

Grands crus ●

Clos de la Roche 634 hl

Clos de Tart 246 hl

Clos St-Denis 269 hl

Clos des Lambrays 280 hl

Bonnes-Mares 576 hl

AOC Communale und 1er cru ● 4365 hl

AOC Communale und 1er cru ○ 204 hl

Premiers crus: *Les Ruchots, Les Sorbés, Le Clos Sorbé, Les Millandes, Le Clos des Ormes (z. T.), Meix-Rentiers, Les Monts-Luisants, Les Bouchots, Clos de la Bussière, Aux Charmes, Les Charrières, Côte-Rôtie, Calouères, Maison-Brûlée, Les Chabiots, Les Mauchamps, Les Froichots, Les Fremières, Les Genevrières, Les Chaffots, Les Chénevery (z. T.), La Riotte, Le Clos Baulet, Les Gruenchers, Les Façonnières.*

Morey-Saint-Denis meint, es sei nicht bekannt genug, weil es zwischen Gevrey und Chambolle so eingeklemmt ist – 1985 reiste sogar eine Winzerdelegation aus dem Dorf nach Japan, um dort Werbung zu treiben. Nicht sehr publik gemacht wurde, dass es heute zwei kleine Genossenschaften in Morey gibt, die ihren Wein selbst bereiten und dann an Négociants verkaufen. Mit die am herrlichsten wohlschmeckenden Weine von ganz Burgund können aus Morey-Saint-Denis kommen, und zum guten Glück gibt es in der Gemeinde eine Hand voll Weinbergbesitzer, die auf höchste Vollkommenheit aus sind, wie auch immer die Elemente sich wider sie verschwören.

Es ist schon etwas, wenn man fünf Grands crus in der Gemarkung hat, obwohl es von Bonnes-Mares nur 1,5 ha sind, die übrigen 13,5 ha gehören in die

Gemarkung Chambolle-Musigny. Der Clos des Lambrays wurde 1981 zum Grand cru erhoben. 1979 war der Besitz an neue Eigentümer verkauft worden, nachdem er längere Zeit in Schwierigkeiten gesteckt hatte. So sind der Clos des Lambrays und der Clos de Tart nun in der Hand eines einzigen Besitzers, und das ist eine Seltenheit an der Côte d'Or. Clos de Tart und der Premier cru Clos de la Bussière sind typische Klosterweinberge aus dem Mittelalter. Sie sind ganz von Mauern umgeben, und die zugehörigen Gebäude sind gleich drangebaut.

Der Hang von Morey-St-Denis schließt sich unmittelbar an den von Gevrey an und teilt mit ihm denselben geologischen Aufbau. Der Untergrund der Grands crus ist Bajocien-Kalkstein. Der höchstgelegene Weinberg von Morey ist Monts-Luisants in 350 m Höhe auf Bathonien-Kalk mit sehr kargem kieshaltigem Boden darüber. Das Fehlen von Lehm und Eisengehalt macht diese Lage für den ungewöhnlichen Weißwein gleichen Namens geeignet. Die Kalksteinfelsen treten deutlich in Erscheinung, doch bezieht sich der Name Clos de la Roche wahrscheinlich auf einen Felsen, der zwischen Latricières-Chambertin und Clos St-Denis gelegen haben mag und den Riten keltischer Druiden diente. Die Kalkader kommt von Bonnes-Mares, überquert den nach Osten geneigten Clos de Tart und verläuft zum oberen Teil des Clos des Lambrays, der etwas mehr Sand aufweist. Clos de Tart und Bonnes-Mares haben einen deutlich sichtbaren Oberboden aus kalkhaltigem Geröll, während der Clos de la Roche und Clos St-Denis auf brauner Kalkerde mit schwachem Kieselgehalt liegen, aber von einem geschützten Mikroklima profitieren.

Diese Grands crus führen uns in das Reich der Trüffel-, Wildkirschen- und Johannisbeer-Nuancen ein. Der Clos de Tart ist in seiner Jugend ein außerordentlich gerbstoffreicher Tropfen; was aber sicherlich zu einem großen Teil auch an der Weinbereitungstechnik mit langer Maischung praktisch ohne Entfernen der Stiele und bei untergetauchten Schalen liegt. Der Clos de la Roche hat ein vollendetes Gefüge, der straffe Aufbau ist mit voller Frucht durchsetzt – ideal für lange Lebensdauer – absolut verführerisch.

Die Rasse dieses Cru zeigt sich auch im Clos St-Denis, der Finesse und Charme mit Vollmundigkeit vereint. Der Clos des Lambrays ist im Augenblick schwer einzuordnen, weil der Weinberg 1980 zu einem Drittel neu bepflanzt wurde und nun unter den neuen Besitzern nach und nach weitere Neuanpflanzungen vorgenommen werden müssen. Jahrzehntelang war hier nichts mehr getan worden, und die Rebbestände waren im Durchschnitt 70 Jahre alt, ein sehr ungesunder Zustand. Die Weine sind bereits fruchtig und ansprechend, aber es ist zu hoffen, dass sie in den kommenden Jahren noch an Tiefe gewinnen werden, je nachdem, wie ausgelesen wird. Bonnes-Mares ist in Morey stark von Kalkstein geprägt und kann in der Jugend recht hart und streng sein, jedoch stets voll Rasse und im Alter schön sich erschließend.

Die meisten Premiers crus liegen nördlich von Morey; sie haben die gleichen Charakteristiken wie die Grands crus, allerdings fehlt es ihnen etwas an der Fülle und der Standfestigkeit. Immensen Geschmacksreichtum und erdigen Duft haben aber auch sie zu bieten. Es heißt, dass sich im Geschmack Mandeln und Kirschkerne finden. Die einfache Appellation Morey läuft auf die Ostseite der *route nationale* hinüber – die Weine hier sind oft köstlich und strotzen von Frucht.

DIE WICHTIGSTEN MOREY-SAINT-DENIS-ERZEUGER

Die Superstars

Domaine Dujac, Domaine des Lambrays, Domaine Hubert et Romain Lignier, Domaine Ponsot

Domaine Pierre Amiot et Fils

Der Clos de la Roche steckt voll lebendiger Frucht, er schmeckt nachhaltig nach Pflaumen. Die guten Jahrgänge werden sich halten.

Domaine Dujac

Die Domaine wird von Jacques Seysses mit größter Intelligenz geleitet. Als Nichteinheimischer hat er es vielleicht leichter mit Neuerungen auf der Suche nach mehr Qualität. Der Premier cru Morey-St-Denis ist immer wunderbar, voller Erdbeer- und Johannisbeer-Nuancen, und der Clos de la Roche verströmt reichlich Frucht und Komplexität mit Bauernhof- und Veilchenduft! Manchmal ist die Farbe nicht sehr tief, doch die Geschmacksvielfalt ist überwältigend und der Alkoholgehalt nie zu stark. Auch feiner Clos St-Denis und Bonnes-Mares.

Domaine des Lambrays

Dieser einzelne Weinberg (knapp 9 ha) ist seit den 1990er-Jahren wieder in Bestform.

Domaine Georges Lignier et Fils

Diese Domaine bringt sehr oft jenen wesentlichen Traubengeschmack in wunderschön klarem, rassigem Wein hervor. Der Clos des Ormes ist immer ein feiner Tropfen mit Lakritze-Nuancen, und auch Clos St-Denis, Clos de la Roche und Bonnes-Mares gehören zur Palette.

Domaine Hubert et Romain Lignier

Clos de la Roche mit Eleganz und Gefüge – er vereint üppige Frucht und würzigen Mineralgeschmack.

Domaine Maurice Lignier-Michelot

9, rue Haute, 21220 Morey-St-Denis, Tel. 3 80 34 31 13.

Das dritte Lignier-Gut in Morey, geführt von Maurice und seinem Sohn Virgile, erzeugte 1999 und 2000 großartigen Les Ruchots.

Maison Mommessin – Clos de Tart

In Charnay-lès-Mâcon. Dieser 7,5 ha große Grand cru ist im Alleinbesitz der Familie Mommessin, die in die Eröffnung ihrer neuen Kellerei (1999) ordentlich investiert hat. Wenn sie jung sind, haben die Weine einen Veilchenduft, später einen faszinierenden Geruch nach Leder, Humus und Gewürzen. Der Geschmack erinnert in der Jugend an Rote Johannisbeeren und Vanille (es werden nur neue Fässer verwendet) und besteht später aus konzentrierter Würze.

Domaine Ponsot

Der Clos de la Roche braucht immer lange zur Entwicklung; in der Jugend ist er einseitig, aber in der Reife voll wunderbarem Duft und vornehmer Art.

Domaine Georges Roumier et Fils

In Chambolle-Musigny. Diese bedeutende Domaine erzeugt einen Clos de la Bussière, der Zeit zur Entwicklung braucht, denn in der Jugend besteht er nur aus Frucht.

Domaine Armand Rousseau

In Gevrey-Chambertin. Charles Rousseaus Fingerspitzengefühl lässt ihn nie im Stich – die Weine strömen über von Rasse und Klasse und üppiger Frucht. Ein wirklich superber Clos de la Roche, vor allem nach etwa fünf bis zehn Jahren, auch in nicht so hervorragenden Jahrgängen. Man muss ihn einmal im Glas geschwenkt haben!

Domaine Bernard Serveau et Fils

Der Premier cru Les Sorbés braucht in guten Jahren seine Zeit, aber er hat alles, was nötig ist.

CHAMBOLLE-MUSIGNY ●○

Erzeugung 2001:

Musigny ● 316 hl

Musigny ○ 24 hl

AOC Communale und 1er cru 7023 hl

Premiers crus: *Bonnes-Mares (z. T.), Les Amoureuses, Les Charmes, Les Cras (z. T.), Les Borniques, Les Baudes, Les Plantes, Les Hauts-Doix, Les Chatelots, Les Gruenchers, Les Groseilles, Les Fuées, Les Lavrottes, Derrière-la-Grange, Les Noirots, Les Sentiers, Les Fousselottes, Aux Beaux-Bruns, Les Combottes, Aux Combottes, Les Chabiots, Les Carièrres, Aux Echanges (z. T.), La Combe d'Orveaux.*

Die Grands crus heißen Musigny, von dem es auch ein wenig Weißwein gibt, sowie Bonnes-Mares, wovon 13,7 ha in die Gemarkung dieser Gemeinde fallen. Die Weinberge von Chambolle-Musigny liegen in 250 bis 300 m Höhe auf unterschiedlichen lockeren Gründen, vom roten Schwemmlandboden bis zu braunem Kalkstein. Die Lage Musigny selbst ist ziemlich steil geneigt (bis 14 %), sodass oft Erde wieder vom Fuß des Hangs heraufgeschafft werden muss. Der Unterboden besteht in den oberen Teilen aus weißem Oolith und weiter unten aus Comblanchien-Kalkstein. Im Boden finden sich bis zu 20 % Kies, durchlässiges Kalkgestein (trägt durch guten Wasserabzug zur Finesse bei) und etwas roter Lehm (der Fülle in den Wein bringt). Le Musigny liegt auf der Südseite von Chambolle nach Vougeot hin, Bonnes-Mares dagegen schließt im Norden an Morey-St-Denis an. Les Amoureuses unmittelbar unterhalb von Musigny weist im Untergrund geologische Verwerfungen auf, sodass die Rebwurzeln bis zu 10 m in die Tiefe gehen.

Die Spitzenweine von Chambolle zeichnen sich durch feinsten Duft und filigrane Delikatesse aus. Der leichte Boden verleiht ihnen im Gegensatz zur Wucht und Kraft von Nuits feines Bukett, Eleganz und »Feminität«. Die große Komplexität des Geschmacks soll sich beim Genießen langsam entfalten und nicht mit einem Schlag hervorbrechen. Am faszinierendsten sind freilich Vergleiche zwischen Musigny und Bonnes-Mares oder Les Amoureuses und Musigny, vor allem, wenn die Weine vom gleichen Kellermeister stammen. Der Musigny vereint in sich ein schönes Gefüge mit kräftigem Körper, enorme Subtilität und seidige Finesse. Bonnes-Mares neigt zu ausgeprägterem Körper und festerer Konsistenz, aber ein Les Amoureuses sollte der absolute Gipfel an Eleganz sein. Das Bukett des Bonnes-Mares schwankt in zauberhafter Weise zwischen Veilchen und Waldboden – ein durchaus echt burgundischer Zug. Allgemein mischen sich in den Weinen von Chambolle-Musigny oft Himbeer- und Gewürznoten. Sie sollen nie robust sein (sind sie es doch, ist Misstrauen angebracht), doch einen kräftig ausströmenden Duft und nachhaltigen Geschmack besitzen.

DIE WICHTIGSTEN CHAMBOLLE-MUSIGNY-ERZEUGER

Die Superstars

Domaine Barthod, Domaine Jacques-Frédéric Mugnier – Château de Chambolle-Musigny, Domaine Robert Groffier, Domaine Alain Hudelot-Noëllat, Domaine Georges Roumier, Domaine de Vogüé

Domaine Bernard Amiot

Einfacher Chambolle mit all dem Bukett und Charme, wie man es von dieser Appellation erwarten darf.

Domaine Barthod

Einfacher Chambolle sowie Les Charmes, blumig und würzig, auf jeden Fall empfehlenswert. Les Cras ist immer ein Gewinn.

Domaine Robert Groffier Père et Fils

In Morey-St-Denis, obwohl das Gut dort keine Weinberge besitzt. Aromatische, würzige, elegante Les Amoureuses; reiche, üppige Bonnes-Mares.

Domaine Alain Hudelot-Noëllat

In Vougeot. Einfacher Chambolle sowie ein Les Charmes von geradezu explosiver Klasse mit Rasse und großer Nachhaltigkeit; Unbeständigkeit und Qualitätsabweichungen bei einzelnen Flaschen scheinen nun der Vergangenheit anzugehören. Wundervolle Weine.

Domaine Georges Mugneret-Gibourg

In Vosne-Romanée. Ein Premier cru Les Fousselottes von Klasse, Delikatesse und Dauer, nach dem es sich lohnt, Ausschau zu halten.

Domaine Jacques-Frédéric Mugnier – Château de Chambolle-Musigny

Duftende, feine Les Amoureuses und ein Musigny von wunderbar eleganter Struktur und einem prächtig sich entfaltenden Abgang.

Domaine Georges Roumier

Von Jean-Marie und seinem Sohn Christophe Roumier geführt. Einfacher Chambolle mit reinster Frucht und schönstem Stil. Ferner besonders blumiger Musigny und Bonnes-Mares sowie stilvoller Les Amoureuses.

Domaine Bernard Serveau

Ganz ausgezeichneter, unendlich seidiger Les Chabiots. Bei dieser wenig bekannten Domaine könnten sich andere Erzeuger eine Scheibe abschneiden.

Domaine des Varoilles

In Gevrey-Chambertin. Voller, öliger, funkelnder Bonnes-Mares – ein mustergültiger Wein, der in großem Stil über lange Zeit reift.

Domaine Comte Georges de Vogüé

Blumiger, manchmal ätherischer Les Amoureuses. Der Musigny ist gelegentlich gar nicht so viel besser, wie er es dem Preis nach sein müsste, manchmal aber ist er voller Zauber. Der Bonnes-Mares kann Üppigkeit mit Kraft vereinen. Der Musigny Blanc aus Chardonnay ist gut, doch sein Preis rechtfertigt sich vor allem dadurch, dass es sich um eine Rarität handelt. Allerdings kann ich denen, die behaupten, man könne ihn mit verbundenen Augen für einen Rotwein halten, keinesfalls zustimmen.

VOUGEOT ●○

Erzeugung 2001:
Grand cru ●
Clos de Vougeot 1872 hl
AOC Communale und 1er cru ● 469 hl
AOC Communale und 1er cru ○ 182 hl

Premiers crus: *Les Petits Vougeots, Les Cras (z. T.), Clos de la Perrière, Clos Blanc.*

Den Grand cru Clos de Vougeot gibt es ausschließlich als Rotwein. Unter den bescheidenen Mengen von Premiers crus und einfachem Vougeot dagegen findet sich auch ein wenig Weißwein.

Der Grand cru beherrscht die Gemeinde sowohl mit seinem Ruf als auch durch seine Größe. Er erstreckt sich über 50 ha und macht damit vier Fünftel der Rebfläche von Vougeot aus. Wäre da nicht die historische Tatsache, dass es sich um einen ummauerten Clos handelt, so wäre dieses Stück Land gewiss nicht im Ganzen als Grand cru eingestuft worden, denn seine Bodenbeschaffenheit und die verschiedenen Lagen auf dem Hang sind erstaunlich unterschiedlich. Die zweite Tragödie ist die: Läge der Clos in Bordeaux, dann wäre er gewiss in der Hand eines einzigen Besitzers und nicht – wie hier – in der von über 80. Ein einziger Besitzer könnte die besten Partien von den echten Grand-cru-Stellen des Clos auswählen, einen wahren Grand Vin davon bereiten und aus dem Rest einen Zweitetikettwein schaffen. Doch das soll hier nicht sein.

Der Clos liegt in 240 bis 270 m Höhe auf einem Hang mit einer sanften Neigung von 3 bis 4 %. Der Weinberg erstreckt sich bis hinunter zur *route nationale* – die einzige Grand-cru-Lage an der Côte, die so weit herabreicht. Der untere Teil macht denjenigen, die sich um den Grand-cru-Status in Burgund kümmern, besonderes Kopfzerbrechen, denn der Boden ist hier tiefgründiger, er besteht aus Schwemmlandablagerungen, und der Wasserabzug ist nicht übermäßig gut. Nun ist es einfach nicht möglich, auf einem solchen Boden Weine von wahrer Rasse zu ziehen, und doch gehört gerade diese Qualität unabdingbar zu einem Grand cru.

Der obere Teil des Clos liegt auf Bathonien-Oolith mit einer Auflage aus Kies und etwas Lehm. Der mittlere Teil des Hangs besteht aus Bajocien-Kalkstein mit sehr viel mehr Lehm, doch sorgt hier der Kieselgehalt für guten Wasserabzug. Wenn man also auf ein Element echter Klasse im Clos de Vougeot hoffen will, dann müsste man ihn bei einem Erzeuger kaufen, der ein Stück im oberen Teil der Lage besitzt. Leider aber ist es so einfach auch wieder nicht. Immer noch kommt es zum großen Teil auch auf die Kunstfertigkeit des Menschen an, und darüber hinaus hängt noch manches von der Größe der Parzelle ab, denn aus einer kleinen Menge Trauben Wein zu bereiten ist immer schwierig – eine gewisse Masse wird doch gebraucht, wenn befriedigende Ergebnisse zustande kommen sollen. Aus diesem Grund legen Weinbergbesitzer aus verschiedenen Teilen des Clos ihre Trauben zusammen und bereiten daraus eine Cuvée. Das ist manchmal von Vorteil, wenn nämlich alle Parzellen gut gelegen sind; in anderen Fällen aber wird ein Anteil aus einer »echten« Grand-cru-Lage durch Vermischen mit Trauben von einem Stück Land, das in einer anderen Gemeinde kaum Premier-cru-Status erreichen würde, nur »verwässert«.

Ohne jeden Zweifel sind hier am Ort die Unterschiede zwischen den oberen und den unteren Teilen der Lage seit eh und je bekannt; vor dem Zweiten Weltkrieg wurde anscheinend davon gesprochen, dass die beiden Teile unterschiedlich besteuert werden sollten, doch wurde dieser Gedanke wieder fallen gelassen. Ganz gewiss befinden sich die meistgerühmten *climats* (z. B. Musigny de Vougeot, Grand Maupertius) im oberen Teil der Grand-cru-Lage, doch durch geschicktes Mischen zwischen einander ergänzenden Parzellen können durchaus sehr interessante Weine entstehen.

Ein Clos de Vougeot soll voll sein, an Schokolade erinnern und sich auf ein mächtiges Gefüge stützen. Manch einer hat Veilchen im Duft und Lakritze im Nachgeschmack, und vollreife Jahrgänge können an geröstete Pekannüsse erinnern. Kräftiges »Fleisch« und Vollmundigkeit dürfen nicht fehlen und vor allem nicht ein langer, langer Abgang. Massiv in einem umwerfenden Sinn soll er jedoch nicht sein – übrigens gilt das für alle Burgunder. Die Kraft und die Fülle sollen im Gefüge und im Geschmack stecken.

Die Premiers crus haben gewisse Ähnlichkeit mit Chambolle-Musigny, sie haben Finesse und sind ansprechend, aber es fehlt am kräftigen Körper des Clos. Der Clos Blanc de Vougeot bringt Weißwein hervor und gehört einem einzigen Besitzer – deshalb ist es schwierig zu sagen, ob der Mangel an Besonderheit nun der Lage oder dem Kellermeister zuzuschreiben ist.

Einfacher Vougeot-Villages hat keinen großen Stil, kann aber durchaus angenehm sein – so mancher Anfänger hat ihn schon irrtümlich für einen Clos de Vougeot gehalten; ein Problem, das durch die komplizierte Nomenklatur der Burgunderweine entsteht.

DIE WICHTIGSTEN VOUGEOT-ERZEUGER

Domaine Robert Arnoux

In Vosne-Romanée. Clos de Vougeot von sehr hohem Standard. Die günstige Lage im Clos ist unverkennbar. Voll und kräftig mit schöner Trüffelnote.

Domaine Bertagna

Die letzten Jahrgänge scheinen immer besser zu werden – ganz herrlicher Vougeot Premier cru mit wundervollem Bukett und schöner Frucht sowie guter Clos de la Perrière mit Anklängen an Kakao und Schokolade. Etwa die Hälfte des Weinbergs ist Mitte der 60er-Jahre neu angepflanzt worden und ist jetzt »im rechten Alter«.

Domaine René Engel

In Vosne-Romanée. Erzeugt jetzt einige der allerbesten Weine dieser Art.

Domaine Jean Grivot

Clos de Vougeot in einer Qualität mit echtem Grand-cru-Charakter. Ich habe mein Geld auf die Zukunft des 93er gesetzt.

Domaine Anne et François Gros

In Vosne-Romanée. Die jungen Jahrgänge des Clos de Vougeot sind äußerst vielversprechend.

Domaine Gros Frère et Sœur

In Vosne-Romanée. Bernard Gros erzeugt wirklich empfehlenswerten Clos de Vougeot.

Domaine Jean et Michel Gros

In Vosne-Romanée. Wirklich superber, klassischer und voller Clos de Vougeot. Sehr eindrucksvoll.

Domaine François Lamarche

In Vosne-Romanée.

Domaine Denis Mortet

In Gevrey-Chambertin. Mortet erzeugte einen kraftvollen 2000er, der äußerst verheißungsvoll erscheint.

Domaine Mongeard-Mugneret

In Vosne-Romanée. Schöne Lage im Clos, die Weine sind meist sehr ehrenwert, können gelegentlich jedoch etwas plump ausfallen.

Domaine Georges Mugneret-Gibourg
In Vosne-Romanée. Exzellenter Clos Vougeot, der oft ein gewisses Alter benötigt.

Domaine Daniel Rion et Fils
In Prémeaux. Der Clos de Vougeot kann wirklich gut sein.

Domaine des Varoilles
In Gevrey-Chambertin. Klassischer Clos de Vougeot: kräftig, voll, braucht Zeit zur Entwicklung.

Domaine de la Vougeraie
In Prémeaux. Das große Gut, das 1999 seine ersten Weine verkelterte, hat sich bereits zwei Parzellen des Clos de Vougeot unter den Nagel gerissen und scheint ihnen in jeder Hinsicht gerecht zu werden.

VOSNE-ROMANEE ●

Erzeugung 2001:
Grands crus
La Romanée-Conti 59 hl
La Romanée 31 hl
La Tâche 185 hl
Romanée-St-Vivant 351 hl
Richebourg 286 hl
La Grande Rue 57 hl
Echézeaux 1351 hl
Grands Echézeaux 348 hl
AOC Communale und 1er cru 7019 hl

Premiers crus: *Aux Malconsorts, Les Beaux Monts, Les Suchots, Les Gaudichots, Aux Brûlées, Les Chaumes, Aux Raignots, Le Clos de Réas.*

Vosne und Flagey-Echézeaux haben einen Teil der Rebfläche gemeinsam, denn die einfache Appellation Vosne-Romanée bezieht sich auf beide Gemarkungen. Der große Glanz von Vosne aber beruht auf seinen Grands crus, die den unvergleichlichen Maßstab für alle übrigen großen Weine der Côte de Nuits abgeben. Doch machen sie sich auch selbst das Leben schwer, denn weil man weiß, was diese großen Gewächse vermögen, werden sie selbst auch wieder daran gemessen. Findet man einen Mangel, dann hat man alles Recht, dies auch zu sagen, denn schließlich halten sich ihre Erzeuger auch für berechtigt, ungeheuer hohe Preise zu verlangen.

Die Grands crus liegen auf dem mittleren Teil des Hangs, wo das Bodengemisch aus Kalkstein, Lehm und Kies am gleichmäßigsten ist. Die ideale Korngröße der Kiesel oder Steinsplitter liegt zwischen 2 mm und 1 cm im Durchmesser. Durch ihr Vorhandensein bewirken sie guten Wasserabzug, und die größeren Kiesel speichern die Sonnenwärme und tragen dazu bei, dass die Temperatur in der Nacht nicht allzu sehr absinkt. Romanée-Conti hat braunen, kreidehaltigen Boden mit Lehm und Spuren von Eisen – das gibt Finesse, Tiefe und Komplexität. Romanée-St-Vivant hat tiefgründigeren Boden mit viel Lehm, aber auch Kalkstein. Aux Raignots oberhalb von La Romanée verfügt über sandigeren Boden, doch liegen die Kalkfelsen so nahe an der Oberfläche, dass man sie vor 25 Jahren mit Sprengungen aufbrechen musste, um die Chlorose in den Weinbergen zu bekämpfen.

Das Gefälle ist unterschiedlich, La Romanée hat eine Neigung von etwa 16 % und Aux Raignots sowie der obere Teil von Aux Malconsorts zwischen 14 und 15 %. Der untere Teil von La Tâche hat keine so ausgeprägte Hangneigung, doch sichert der Gehalt an Kieseln und Gesteinsbrocken einwandfreien Wasserabzug. Die Weinberge von Vosne ziehen sich bis zu 350 m hinauf.

Echézeaux und Grands Echézeaux: Der obere Teil von Echézeaux ist sicherlich die beste Lage des Weinbergs, reicht jedoch aufgrund seiner Größe und Vielfalt manchmal nicht an die Qualität des einheitlicheren Grand Echézeaux heran.

Das Gefüge des Felsgesteins unter Echézeaux ist außerordentlich kompliziert, Bathonien- und Bajocien-Kalkstein in ständigem Wechsel. Echézeaux liegt ziemlich hoch oben für einen Grand cru, doch ist der Boden tiefgründig und kieshaltig genug, um die Einstufung zu rechtfertigen. Die Unterschiede innerhalb des Weinbergs sind groß, an manchen Stellen befindet sich übermäßig viel Kalkgestein, an anderen reichhaltiger Lehm und braune Kreide. Auch die Hangneigung der beiden Grands crus ist sehr verschieden: Der obere Teil von Echézeaux besitzt 13 bis 14 % und Grands Echézeaux nur 3 bis 4 % Gefälle.

Die Geschmacksunterschiede zwischen den Grands crus werden natürlich des Langen und Breiten untersucht – Entscheidungen solcher Art zu treffen gehört im Weingeschäft zu den am wenigsten schmerzlichen Vorgängen, höchstens in finanzieller Hinsicht. Romanée-Conti und La Tâche scheinen sich je nach Jahrgang gegenseitig immer wieder den Rang abzulaufen – einmal schafft es Romanée, das andere Mal La Tâche. In beiden findet man in guten Jahren eine explosive Vielfalt von Empfindungen im Duft und große Nachhaltigkeit auf der Zunge. Trüffeln, Waldboden, feuchte Erde, üppige Fülle in Gefüge und Geschmack – das sind die Kennzeichen dieser beiden Grands crus. Daneben gibt es auch außerordentlich reichhaltigen Richebourg von samtiger Art sowie erstaunlichen La Romanée und Romanée-St-Vivant, doch verfügen sie nicht über eine so ungeheure Massierung von Aroma und Geschmack. Wenn man einen so überwältigenden Angriff auf alle Sinne mag, dann sind das die richtigen Weine – Asketen sollten die Finger davon lassen. Rubens hätte solchen Wein geliebt!

La Grande Rue liegt zwischen La Tâche und den Romanée-Lagen, kann aber nicht dieselbe Tiefe und Rasse aufweisen. Da der Weinberg einem einzigen Besitzer gehört, lässt sich schwer sagen, ob das Potenzial für Besseres nicht vielleicht doch in ihm steckt. Aux Malconsorts kann sich durch große Finesse auszeichnen; Les Suchots und Les Beaux Monts haben Veilchen im Duft. Allgemein verfügen die Spitzenweine von Vosne über eine gewisse Würze, die in Burgund vielleicht einmalig ist. Sie muss wohl aus dem eisenhaltigen rötlichen Boden stammen. Einfacher Wein der Appellation Vosne ist zumeist duftig und elegant – plump und dicklich dürfte er nicht sein. Oft findet sich im Duft ein Hauch Kakao und Schokolade.

Bei einer Vergleichsprobe zwischen Echézeaux und Grands Echézeaux kann man zu der Auffassung kommen, dass die Unterschiede überbetont werden. Wie immer und überall in Burgund kommt es hier auf die Hand des Menschen an; ich habe manchen Echézeaux getrunken, der besser war als der »größere Bruder«. Im Prinzip sollte ein Grands Echézeaux langlebiger sein und dank seiner Kraft und seines Gefüges den eleganteren Echézeaux überdauern. Durch geschickte Verwendung neuer Fässer können aber beide Weine einen kräftigen Körper erlangen, und die Finesse entsteht entweder schon im Gärbottich oder geht dort unwiederbringlich verloren. Ein reifer Grands Echézeaux sollte eine Spur mehr Komplexität im Bukett aufweisen.

DIE WICHTIGSTEN VOSNE-ROMANEE-ERZEUGER

Die Superstars

Domaine Robert Arnoux, Domaine Jean Grivot, Domaine Leroy, Domaine Méo-Camuzet, Domaine de La Romanée-Conti, Domaine Emmanuel Rouget

Domaine Robert Arnoux

Romanée-St-Vivant und Les Suchots mit Eichenholz, roten Früchten und Veilchen. Vieles scheint hier zu stimmen.

Domaine Sylvain Cathiard

Jetzt eine gute Quelle für Vosne Premiers crus.

Domaine Jean Grivot

Les Beaux Monts und Village Vosne sind fast immer lohnenswert.

Domaine Jean et Michel Gros

Clos des Réas mit erstaunlichem Bukett und vollmundigem Geschmack. Bei diesem Weingut treffe ich es anscheinend immer richtig.

Domaine Alain Hudelot-Noëllat

In Vougeot. Aus dieser Domaine kommen gewaltige Weine, u. a. saftige, vollmundige Les Suchots; Romanée-St-Vivant mit würzigem Kakaoduft und einem Anklang an Toast – ein Wein wie ein Gewürzbasar mit großer Nachhaltigkeit; ferner unglaublich voller, samtiger Richebourg. So etwas darf man nicht verpassen.

Domaine François Lamarche

Dieser Erzeuger verdiente sich seine Sporen in den 1990er-Jahren und erzeugte einige herausragende 1999er und 2000er aus hiesigen Grands und Premiers crus, darunter Echézeaux, Grands Echézeaux und La Grande Rue.

Domaine Louis Latour

In Beaune. Romanée-St-Vivant Les Quatre Journeaux ist seit je ein Favorit mit einigen wunderbaren, reichhaltigen Weinen, die sich gut halten.

Domaine Leroy

Außergewöhnlich konzentrierter, ja fast essenzartiger Richebourg und Romanée-St-Vivant.

Domaine du Vicomte Liger-Belair – Château de Vosne-Romanée

Bei einem Erzeuger, der 2000 seinen ersten Wein verkelterte, mag jeder Applaus verfrüht erscheinen, doch dem jungen Louis-Michel Liger-Belair, der seit 2002 auch Wein aus dem Familienbesitz La Romanée erzeugt, wird eine glänzende Zukunft vorausgesagt.

Domaine Méo-Camuzet

Reiche, duftige Aux Brûlées und ein Cros Parantoux, der in guten Jahren Grand-cru-Niveau hat, so tief sind Aroma und Körper. 100 % neue Holzfässer bewirken, dass diese Weine selbst jung verführerisch sind, denn sie strömen enorme Frucht aus. Der große Henri Jayer war hier viele Jahre lang Berater und drückte den Weinen seinen Stempel auf.

Domaine Thomas Moillard

In Nuits-St-Georges. Das 32 ha große Gut ist im Besitz von Moillard-Grivot, einem großen Négociant in Nuits-St-Georges. Der Malconsorts gefällt mir von diesen Weinen am besten, weil er den mineralhaltigen ausgewogenen Vosne-Geschmack hat und nicht nur »groß« ist.

Domaine Mongeard-Mugneret

Diese Weine haben eine rustikale Note, aber der Les Suchots ist würzig im Duft und klar und eindeutig auf der Zunge.

Domaine Denis et Dominique Mugneret

Hier wird die Weinbereitung nun den fünf Weinbergen im Besitz von Vater und Sohn gerecht.

Domaine Georges Mugneret-Gibourg

Exzellenter Echézeaux, der es wert ist aufgehoben zu werden, bis er seine volle Ausdruckskraft erreicht.

Domaine Daniel Rion et Fils

Olivier und Christophe Rion haben hier ihren Bruder Patrice abgelöst. Besonders reizvoll ist ein Vergleich zwischen Les Chaumes und Les Beaux Monts: Der Chaumes hat ein edles Bukett, aber der Beaux Monts hat einen langen, verführerischen Abgang.

Domaine Michelle et Patrice Rion – SARL Patrice Rion

Das vielversprechende neue Handelsunternehmen von Patrice hat inzwischen einen Village-Wein und einen Premier cru Les Suchots im Angebot.

Domaine de La Romanée-Conti

Superlative gibt es hier jede Menge und die meisten davon zu Recht. Sind diese Weine in Form, dann haben sie das »gewisse Etwas«. Wenn Weine eine Seele hätten, wären es bestimmt solche von Romanée-Conti. Der 62er und 52er La Tâche sind ein himmlisches Erlebnis. Romanée-Conti wurde 1947 neu angepflanzt – die früheren Jahrgänge stammen noch von ungepfropften Reben –, und der erste Jahrgang nach der Neuanpflanzung war der 52er.

Domaine Emmanuel Rouget

Echézeaux aus einem »guten Stall«, ebenso wie der feine Cros Parantoux.

NUITS-ST-GEORGES UND PREMEAUX ●○

Erzeugung 2001:

Nuits-St-Georges ● 13 331 hl
Nuits-St-Georges ○ 214 hl

Premiers crus aus der Gemeinde Nuits: *Les St-Georges, Les Vaucrains, Les Cailles, Les Porrets, Les Pruliers, Les Hauts-Pruliers (z. T.), Aux Murgers, La Richemone, Les Chabœufs, Les Perrières, La Roncière, Les Procès, Ruede-Chaux, Aux Boudots, Aux Cras, Aux Chaignots, Aux Thorey (z. T.), Aux Vignes Rondes, Aux Bousselots, Les Poulettes, Aux Crots (z. T.), Les Vallerots (z. T.), Aux Champs-Perdrix (z. T.), Perrière-Noblet (z. T.), Les Damodes (z. T.), La Chaîne-Carteau (z. T.), Aux Argillats.*

Premiers crus aus der Gemeinde Prémeaux: *Clos de La Maréchale, Les Arlots, Les Argillières, Les Grandes-Vignes, Clos des Corvées, Les Forêts, Les Didiers, Aux Perdrix.*

Nuits-St-Georges ist vielleicht der interessanteste Name in Burgund und für mich der denkwürdigste. Ein Nuits-St-Georges Aux Argillats hat mich auf ewig bezaubert, hat mich gelehrt, was der Wein und sein Geschmack sein und wie er Verstand und Sinne verschmelzen kann. Er hat mich auch Burgund lieben gelehrt, die Landschaft, die Menschen, die Geschichte. Und am wichtigsten war vielleicht, dass er mich gelehrt hat, Weine zurückzuweisen, die der Region keine Ehre machen.

Die Spitzenlagen finden sich auf der südlichen Seite von Nuits nach Prémeaux-Prissey hin, aber die anderen guten Weinberge auf der Nordseite nach Vosne-Romanée sollen dadurch nicht etwa in den Schatten gestellt werden.

Die Geschmacksunterschiede zwischen den besseren Premiers crus (die so mancher als Grands crus einstufen würde, sollten die Karten einmal neu gemischt werden) entsprechen den subtilen Veränderungen im Bodenaufbau. Der Grundbestandteil ist Mergel, untermischt mit Sand und Steinen, die sich vom harten Kalksteinkamm des Hangs gelöst haben. Auf dem mittleren Hang wirkt sich die Mischung aus Schwemmsand, Geröll und Mergel am günstigsten aus – hier sind die besten Lagen. Im Bereich Nuits-Prémeaux besteht der Unterboden aus Bathonien-Kalk mit Durchbrüchen von mit Lehm bedecktem Bajocien-Kalkstein. Die beiden Weinberge unmittelbar am Rand von Nuits, Ruede-Chaux und Les Procès, haben ziemlich viel Lehm und Steingeröll. La Roncière liegt auf leichterem, stark kieshaltigem Boden, der frühere Reife herbeiführt (Lehm ist kalt). Der Unterboden besteht hier aus einer Schicht von hartem Comblanchien-Kalk. Les Porrets und Les Cailles haben tiefgründigen, geröllarmen Lehmboden, Les Perrières liegt höher und hat mehr Steine im Grund. Bei Les St-Georges ist mehr Sand in der Mischung, der Boden ist nicht so schwer wie der von Les Porrets, dagegen ist bei Les Vaucrains der reichhaltige Boden als Gegengewicht mit viel Sand und Geröll durchsetzt.

Die Weinberge nördlich von Nuits sind im Boden denen von Vosne ähnlicher. Hier tritt Bajocien-Kalkstein mit einer Schwemmlandbodenauflage zutage. La Richemone hat leichteren, geröllhaltigen Boden, während Aux Chaignots steinig, aber stärker lehmhaltig ist – diese Mischung wird in Richtung Nuits immer ausgeprägter, der Boden wird schwerer. Les Damodes ist in der Art des Weins dem Vosne ziemlich nahe. Aux Argillats ist ganz nach Süden gerichtet, während die Umgebung im Allgemeinen nach Südosten hin geneigt ist.

Dies also ist die Kinderstube, wo die großen, reichhaltigen, berauschenden Weine von Nuits heranwachsen. Sie alle haben ein kräftiges Rückgrat, dazu ein »eisernes« Gefüge und eine kompromisslos mineralische Ursprünglichkeit. Deshalb ist ein fader, suppiger Nuits ein Zerrbild seiner selbst – ein guter Nuits soll nicht einschläfern, sondern herausfordern. Les Vaucrains braucht am längsten zum Ausreifen, er ist in der Jugend am verschlossensten und gerbstoffreichsten, doch wie majestätisch nimmt er sich am Ende dann aus! Les St-Georges ist der vollendetste von allen, er vereint in sich Finesse und Wucht; Bukett und Geschmack sind vielschichtig und erinnern eindeutig an Brombeeren. Les Porrets ist bekannt für seinen reinen *goût de terroir de Nuits* mit Spuren von Eisen, ungebändigt, aber generös mit großer Festigkeit. Les Cailles ist eleganter, ausgewogener, reichhaltiger im Gefüge, und Les Pruliers zeigt starken Nuits-Charakter, der sich mit der Zeit in der Flasche mildert. Les Perrières und La Roncière (der Beweis, dass das Brombeeraroma nicht nur Einbildung ist!) haben vielleicht nicht die Farbe ihrer Nachbarn, gleichen das aber durch eine Spur mehr Delikatesse wieder aus. Auf der anderen Seite von Nuits findet sich mehr Geschmacksreichtum, wenn vielleicht auch weniger Rasse. Aux Chaignots und Aux Boudots liefern wunderbare Weine mit Körper und Charakter. La Richemone und Les Damodes geben weniger zum Kauen, dafür aber mehr zum Schnuppern her. Sie sind in subtiler Weise mehr Vosne und nicht so sehr robuste Nuits.

DIE WICHTIGSTEN NUITS-SAINT-GEORGES-ERZEUGER

Die Superstars

Jean Chauvenet, Domaine Robert Chevillon, Maison Joseph Faiveley, Domaine Henri Gouges, Maison Dominique Laurent, Domaine de la Vougeraie

Domaine de l'Arlot

Ein Premier cru Les Forêts 1989 mit viel erdiger Frucht und ein weißer Les Arlots 1989 mit schönem, frischem Nussgeschmack sind die Highlights, Beständigkeit zeichnet das Gut aber ebenfalls aus.

Domaine Robert Chevillon

Der Vaucrains und der Cailles entsprechen durchaus allen Vorstellungen (wenn nicht sogar Träumen) von einem idealen Nuits mit starkem Aroma von schwarzen Kirschen und mit festem Gefüge.

Maison Joseph Faiveley

Manchmal ist es schwierig, den Unterschied zwischen einem Wein der Domaine Faiveley und einem aus dem gleichnamigen Handelshaus herauszufinden, denn das Wort »Domaine« erscheint gewöhnlich nicht auf dem Etikett. Doch der Clos de La Maréchale Premier cru ist allein im Besitz der Familie Faiveley und bildet einen Eckpfeiler des großen Weinguts. Der Wein ist stets wuchtig, fleischig und voller Nuits-Charakter und erdigem Aroma.

Domaine Henri Gouges

Ein Besuch in den Kellern von Gouges ist eine Lektion in der typischen Geschmackseigenart der Appellation. Reicher, fruchtiger Les Pruliers, erdiger, einschmeichelnder Les Porrets, tiefherber Les Vaucrains und sublimer Les St-Georges. Dann ist da noch kräftiger weißer Les Perrières von einer weißen Mutation des Pinot noir und ganz anders als Chardonnay. Die Domaine ist jetzt zu ihrer alten Hochform zurückgekehrt.

Domaine Jean Grivot

In Vosne-Romanée. Pruliers, der echter Nuits ist, sowie Villages-Weine, oftmals von großartiger Qualität.

Maison Dominique Laurent

Burgunds neuer Star-Négociant erzeugt Wein in über 100 Burgunder-Appellationen. Verschiedene Lagen in Nuits-St-Georges, darunter Aux Boudots und La Richemone, werden der speziellen Holzbehandlung des Hauses unterzogen, die für superweiche Tannine sorgt.

Bertrand Machard de Gramont

Die Weine sind im Allgemeinen stilvoll, die Betonung liegt auf Geschmacksvielfalt und Eleganz und nicht so sehr auf kräftigem Körper. Sehr gut ist der Hauts-Pruliers.

Domaine Alain Michelot

Guter, erdiger Aux Chaignots und exzellenter Les St-Georges.

Domaine des Perdrix

Bertrand und Christianne Devillard vom Handelshaus Rodet übernahmen 1995 dieses 30-ha-Gut mit dem Premier-cru-Monopole Aux Perdrix (3,5 ha). Die schönen Weine profitieren vom Know-how der Rodet-Önologin Nadine Gublin.

Maison Nicolas Potel

Das neue Familienoberhaupt der Potels, einst eng vebunden mit der Domaine de la Pousse d'Or, hat ein neues Handelsunternehmen gegründet. Im Angebot sind 120 Burgunder-Appellationen, doch der Stolz des Hauses sind die Nuits-St-Georges Premiers crus, die beispielhaft zeigen, wie Eleganz und Wucht bei Pinot-noir-Weinen harmonieren können.

Domaine Daniel Rion et Fils

Hier werden gute Tropfen abgefüllt, vor allem der Hauts-Pruliers, ein starker, muskulöser Wein, der, wenn er jung ist, einen ausgeprägten Mineralgehalt hat und mit dem Alter schön mild und rund wird.

Domaine Michelle et Patrice Rion – SARL Patrice Rion

Bei der Aufteilung der Domaine Daniel Rion hat Patrice den Les Argillières geerbt; man kann wohl weiterhin auf einen modernen, verlässlichen Stil zählen.

Domaine Jean Tardy

In Vosne-Romanée. Explosiv guter Aux Boudots.

Domaine de la Vougeraie

Das Juwel unter den Gütern des Boisset-Imperiums liegt in Prémeaux. Die ersten Jahrgänge ab 1999, darunter auch die Premiers crus Les Damodes und Clos des Corvées-Pagets (in der Gemeinde Prémeaux), sorgen bereits für Aufsehen.

COTE DE NUITS-VILLAGES ●○

Erzeugung 2001:

Côte de Nuits-Villages ● 7014 hl
Côte de Nuits-Villages ○ 342 hl

Die Weinorte dieser Appellation heißen wie folgt: Brochon, Comblanchien, Corgoloin, Fixin und Prémeaux-Prissey. Von allen diesen Orten hat nur Fixin das Recht, entweder den Namen Fixin oder die Bezeichnung Côte de Nuits-Villages auf den Etiketten zu verwenden. Es hat lange Diskussionen und politisches Hin und Her darum gegeben, ob auch Marsannay, Couchey, ja sogar Chenôve Anspruch auf die Appellation Côte de Nuits-Villages haben sollten, bisher aber wurde ihnen das nicht zugestanden. Das ist schade, denn nur eine Aufwertung könnte dem unaufhaltsamen Wachstum der Stadt Dijon mit Supermärkten, Autowerkstätten und all dem anderen, was heute für das moderne Leben für nötig gehalten wird, Einhalt gebieten – Pessac in Graves droht das gleiche Schicksal von der Stadt Bordeaux her.

Die Weine sind in der Jugend oft stumpf und herb, doch entwickeln sie sich rascher zur Reife als die aus besseren Appellationen, und so sind sie nach drei bis fünf Jahren meist am ansprechendsten. Weniger angenehm ist, dass die meisten Côte-de-Nuits-Villages-Weine von verschiedenen Quellen stammen, sodass am Ende nur ein ziemlich neutrales Gebräu entsteht. Ein exzellenter Erzeuger dagegen ist Daniel Chopin-Groffier.

Allen, die sich für Marmorbrüche interessieren, sei gesagt, dass es solche an der Straße und die Côte aufwärts zwischen Prémeaux und Ladoix reichlich zu sehen gibt. Der Comblanchien-Marmor mit seiner rosa-beigen Färbung wurde zum Bau der Opéra in Paris, des Palais de Justice in Brüssel und des Flughafens Orly verwendet.

HAUTES COTES DE NUITS UND HAUTES COTES DE BEAUNE ●○

Erzeugung 2001:

Hautes Côtes de Beaune 41 276 hl
● 34 602 hl
○ 6674 hl

Hautes Côtes de Nuits 29 051 hl
● *24 055 hl*
○ *4996 hl*

Folgende Weinorte haben Anspruch auf die Appellation Bourgogne Hautes Côtes de Beaune: Baubigny, Bouze-lès-Beaune, Cirey-lès-Nolay, Cormot, Echevronne, Fussey, La Rochepot, Magny-lès-Villers, Mavilly-Mandelot, Meloisey, Nantoux, Nolay und Vauchignon. Die folgenden Weinorte im Departement Saône-et-Loire gehören ebenfalls dazu: Change, Créot, Epertully, Paris-l'Hôpital sowie zum Teil Cheilly-lès-Maranges, Dezize-lès-Maranges und Sampigny-lès-Maranges.

Ein großer Teil dieses Bereichs wird von einem Plateau gebildet. Doch zwischen Mavilly-Mandelot und La Rochepot liegen die Weinberge an Hängen in einer Höhe von 350 bis 450 m. Infolgedessen findet die Weinlese in den Hautes Côtes etwa eine Woche später statt als an der Côte d'Or. Die Geröllbildung ist dem Weinbau günstig, und die Hänge sind nach Ostsüdost geneigt, was in solcher Höhenlage sehr wichtig ist. Das Plateau von Meloisey hat braune Kalksteinerde und ist für den Qualitätsweinbau gut geeignet.

Die folgenden Orte dürfen die Appellation Bourgogne Hautes Côtes de Nuits führen: Arcénant, Bévy, Chaux, Chévannes, Collonges-lès-Bévy, Curtil Vergy, L'Etang Vergy, Mangy-lès-Villers, Marey-lès-Fussey, Messanges, Meuilley, Reule Vergy, Villars-Fontaine, Villers-la-Faye.

Einige der besten Weinbaulagen finden sich an sanften, gegen den Westwind geschützten Hängen, zum Beispiel in Villers-la-Faye, Magny-lès-Villers. In Villers findet man tiefes, braunes Kalkgestein, das für gute Qualität bürgt. Es muss gesagt werden, dass Weinberge, die in einer Höhe um 400 m liegen, im Hinblick auf gleichmäßige Qualität benachteiligt sind. Sie brauchen deshalb als Gegengewicht eine möglichst gute Lage.

Die Weine aus diesen beiden Bereichen haben Anspruch auf die grundlegende Appellation Bourgogne; die Bezeichnung Hautes Côtes wird erst nach einer Geschmacksprüfung zuerkannt.

DIE WICHTIGSTEN HAUTES-COTES-ERZEUGER

Die Superstars

Domaine Bernard Hudelot-Verdel – Domaine de Montmain, Domaine Jayer-Gilles, Domaine Joliot, Domaine Henri Naudin-Ferrand, Domaine Michel Serveau

Les Caves des Hautes Côtes

In Beaune. Die Genossenschaftskellerei verarbeitet heute 25 % der Gesamterzeugung, und die Qualität kann sehr gut sein.

Domaine François Charles et Fils

In Nantoux. Wundervoller himbeeraromatischer Hautes Côtes de Beaune von Nantoux.

Domaine Guy Dufouleur

In Nuits-St-Georges. Lebendiger, fruchtiger Hautes Côtes de Nuits, erinnert an Loganbeeren.

Domaine Jean et Michel Gros

In Vosne-Romanée. Einer der renommiertesten Erzeuger in den Hautes Côtes de Nuits.

Domaine Patrick Hudelot

Route de Segrois, 21700 Villars-Fontaine, Tel. 3 80 61 06 55.

Der Hautes Côtes de Nuits dieser Domaine vereint Rückgrat mit Geschmack.

Domaine Bernard Hudelot-Verdel – Domaine de Montmain

Ausgezeichneter Hautes Côtes de Nuits aus Villars-Fontaine, außerdem guter Chardonnay.

Domaine Lucien Jacob

In Echevronne. Einer der führenden Weinbaufachleute in den Hautes Côtes; in seinem Weingut in Echevronne führt er viele amtliche Experimente mit verschiedenen Klonen durch. Nebenbei findet er noch genug Zeit, einen guten Hautes Côtes de Beaune (und Savigny) zu produzieren.

Domaine Robert Jayer-Gilles

In Magny-lès-Villers. Jayer-Gilles bereitet den Hautes Côtes de Nuits mit der Sorgfalt, die einem Grand cru gebührt, auch wenn die Eichenholznote sicher nicht jedermanns Geschmack ist.

Domaine Joliot

In Nantoux. Hautes Côtes de Beaune aus Nantoux mit Veilchenduft; Frucht und Körper sind nach vier bis fünf Jahren ganz köstlich.

Domaine Henri Naudin-Ferrand

In Magny-lès-Villers. Claire Naudin erzeugt empfehlenswerten Hautes Côtes de Nuits aus Magny-lès-Villers und sehr guter Hautes Côtes de Beaune. Wirklich zuverlässig.

Domaine Michel Serveau

In La Rochepot. Dieser Erzeuger bringt superben Hautes Côtes de Beaune mit herrlichem Duft und schöner Frucht hervor. Mustergültig für die Appellation.

Domaine Thévenot-Lebrun et Fils

In Marey-lès-Fussey. Hautes Côtes de Nuits Clos du Vignon – sehr ansprechend und süffig.

PERNAND-VERGELESSES ●○

Erzeugung 2001:
Grand cru
Corton-Charlemagne 2428 hl
AOC Communale und 1ers crus ● 3856 hl
AOC Communale und 1ers crus ○ 1994 hl

Premiers crus: *Ile-des-Vergelesses, Les Basses-Vergelesses, Creux de la Net (z. T.), Les Fichots, En Caradeaux (z. T.).*

Das hübsche Dorf im Schatten des Berges Corton hat so etwas wie eine gespaltene Persönlichkeit, denn es muss sich in das rote Grand cru Corton und das weiße Grand cru Corton-Charlemagne mit den Orten Aloxe-Corton und Ladoix-Serrigny teilen. Ferner teilt sich Pernand mit Aloxe-Corton in die zurzeit nicht benutzte Weißwein-Grand-cru-Appellation Charlemagne. Die zu Pernand-Vergelesses gehörende Seite des großartigen Corton-Bergs eignet sich besser für Weißwein als für Rotwein. Der Boden ist nicht so stark eisenhaltig, dafür ist der Kalkgehalt im Mergel höher. Schon der bloße Augenschein zeigt recht deutlich, was man am Corton am besten pflanzt – wo der Boden rötlich ist, gedeiht der Pinot noir, wo er kreideweiß glänzt, ist der

Chardonnay nicht zu schlagen. Der »nervige« Charakter des Corton-Charlemagne ist sicherlich darauf zurückzuführen, dass die Reben hier ihre Wurzeln 2 m tief und noch weiter in den Felsen hineintreiben, wobei kleine Geschmacksunterschiede dem blauen oder weißen Mergel zu verdanken sind. Auf dem Ersteren gerät der Wein etwas voller und duftiger, auf dem Letzteren trockener und mit Feuerstein im Geschmack. Das beste Stück ist die Südsüdwestlage etwas weiter vom Dorf entfernt. Vergelesses kommt von einem Boden, der zu etwa einem Drittel aus Lehm besteht; dort entstehen festere Rotweine, als weniger gute Crus sie hervorbringen.

Der Corton-Charlemagne braucht von allen weißen Burgundern wohl am längsten zum Ausreifen, und er wird fast immer zu jung getrunken. Bei genügend langer Lagerung in der Flasche wandelt sich das in der Jugend oft pfeffrige Bukett zu gebrannten Mandeln und Zimt. Im feinsten Corton-Charlemagne stößt man auf eine gewisse Strenge, die im volleren, öligeren Montrachet nicht vorzufinden ist. Weißer Pernand-Vergelesses ist – das versteht sich – milder und weicher und sollte früher getrunken werden. Der rote Corton ist allerdings ein Vin de garde, der es mit jedem Grand cru von der Côte de Nuits aufnehmen kann. Dagegen ist roter Pernand-Vergelesses viel milder und mit seinem Himbeer- und Veilchenbukett auch verführerischer; manchmal hat er so etwas wie Quittengelee im Geschmack. Zusammen mit dem aus Savigny-lès-Beaune ist er wohl der gefälligste Wein von der Côte de Beaune. Einfacher Villages-Wein aus Pernand ist erdiger und nicht so charmant, in manchen Jahren sogar streng, aber meistens sehr preiswert. In Pernand ist seit langem schon der Aligoté eine Spezialität; er ist hier auf mergeligen Hängen in guter Lage angepflanzt und erlangt dadurch schöne Rundheit und Fülle.

DIE WICHTIGSTEN PERNAND-VERGELESSES-ERZEUGER

Der Superstar

Domaine Bonneau du Martray

Domaine Bonneau du Martray

Eine bemerkenswerte Domaine im Herzen von Pernand-Vergelesses und Aloxe-Corton, wahrscheinlich damals das Weingut Karls des Großen; der Corton-Charlemagne ist legendär. Selbst in mittelmäßigen Jahren entsteht hier erstaunlicher Wein.

Domaine Maurice Chapuis

Köstlicher Corton-Charlemagne, allerdings nicht so langlebig wie andere.

Domaine P. Dubreuil-Fontaine Père et Fils

Der Rotwein aus dem Clos Berthet ist duftig und mit vier bis fünf Jahren verführerisch, der Weißwein mit vier bis fünf Jahren absolut wundervoll – ein köstliches Paar.

Domaine Jacques Germain

François Germain erzeugt superben weißen Pernand voll Zimtduft und Honigsüße. Einfach köstlich.

Domaine Michel Juillot

Michel Juillots erster Jahrgang des Corton-Charlemagne – aus Reben *en fermage* – war 1986. Ein wunderschön duftiger, straffer und konzentrierter Wein, der sich gut halten wird. Man sollte auf ihn achten.

Domaine Laleure-Piot

Eigentlich ein Weißweinspezialist mit sehr gutem Aligoté – was nicht bedeutet, dass man seine Rotweine links liegen lassen sollte.

Domaine Louis Latour

Beständig feiner Ile-des-Vergelesses mit Veilchenduft und Erdbeeraroma. Vorbildlicher Corton-Charlemagne für lange Lebensdauer, was sich in meinem eigenen Weinkeller bestätigt.

Domaine Rollin Père et Fils

Duftige Rotweine und verschlossene Weißweine, die sich erst mit der Zeit entfalten.

LADOIX-SERRIGNY ●○

Erzeugung 2001:

Ladoix-Serrigny ● 3842 hl
Ladoix-Serrigny ○ 993 hl

Premiers crus: *La Micaude, La Corvée, Le Cloud'Orge, Les Joyeuses, Bois Roussot, Basses-Mourottes und Hautes-Mourottes.*

Die Appellation besteht aus den Namen von zwei Orten, von denen Ladoix im Weinbau die größere Bedeutung zukommt. Hier ist das nördliche Ende der Côte de Beaune. Diese Appellation gehört zu den burgundischen Schizophrenien: Ein großer Teil der Erzeugung kann als Aloxe-Corton Grand und Premier cru eingestuft werden, die Appellation Ladoix-Serrigny findet man dagegen selten auf einem Etikett. Der Wein wird meistens als Côte de Beaune-Villages abgestuft.

Braune Kalksteinböden eignen sich gut für die Rotweinerzeugung, dagegen ist weißer Mergel besser für den Chardonnay. Gréchons und Les Fautrières in ziemlich hoher Südsüdostlage bringen gute Weißweine hervor.

Die bestgelegenen *climats* von Ladoix liefern Weine mit Körper und Charakter; ihnen kommt das jeweils günstige Mikroklima zugute. Sie bilden gewissermaßen die Brücke zwischen den beiden Côtes. Vertrauenswürdig sind vor allem die Erzeuger von gutem Aloxe, aber es gibt in dieser Gegend auch Produkte, die den Namen Burgunder nicht so recht verdienen – die Überdosierung mit Alkohol scheint überhand zu nehmen. Die Domaine Chevalier Père et Fils bringt anständigen Ladoix hervor und Pierre André (in Aloxe-Corton) erzeugt respektable Domaine-Weine in dieser Appellation.

ALOXE-CORTON ●○

Erzeugung 2001:
Grand cru

Corton ● 3825 hl
Corton ○ 103 hl
Aloxe-Corton ● 5911 hl
Aloxe-Corton ○ 28 hl

Premiers crus in der Gemeinde Ladoix-Serrigny: *Les Maréchaudes, La Toppeau-Vert, La Coutière, Les Grandes Lolières, Les Petites Lolières, Basses Mourottes.*

Premiers crus in der Gemeinde Aloxe-Corton: *Les Valozières (z. T.), Les Chaillots (z. T.), Les Fournières, Les Maréchaudes (z. T.), Les Paulands (z. T.), Les Vercots, Les Guérets.*

Das Dörfchen Aloxe-Corton duckt sich unter das Massif du Corton, an dessen Hängen die Reben so nahe an die Häuser heranwachsen, dass es kaum jemanden wundern würde, wenn sie plötzlich zur Tür hereinkämen. Aloxe-Corton hat einen guten Anteil an den beiden von Ruhmesglanz umgebenen Grands crus Corton und Corton-Charlemagne, die Premiers crus und der einfache Villages-Wein stammen dagegen zum Teil auch aus der Gemarkung von Ladoix-Serrigny.

Die Appellationsbestimmungen erlauben es den folgenden Lagen, die feine Bezeichnung Corton mitzubenutzen: in Ladoix-Serrigny – Les Vergennes (z. T.), Le Rognet (z. T.); in Aloxe-Corton – Le Corton, Le Clos du Roi, Les Renardes, Les Bressandes, Les Maréchaudes (z. T.), Les Paulands (z. T.), Les Chaumes, La Vigne au Saint, Les Meix Lallemand, Les Meix (z. T.), Les Combres (z. T.), Le Charlemagne (z. T.), Les Pougets (z. T.), Les Languettes (z. T.), Les Chaumes et La Voierosse, Les Fiètres, Les Perrières, Les Grèves; in Pernand-Vergelesses – Le Charlemagne (z. T. – nur Rotwein).

An diesem gewaltigen Hangmassiv sind dem roten Corton die Stellen vorbehalten, wo rötlicher, eisenhaltiger Boden vorhanden ist, während der weiße Corton auf kalkreicherem Mergel wächst. Auf dem felsigen Untergrund mit einer nur kargen und dünnen Krume darauf entstehen keine großen Erträge. Corton-Bressandes liegt zum Teil in einem alten Steinbruch, das weist auf sehr harten Felsgrund hin. Der Corton-Charlemagne wächst oben am Berg, wo der Boden weißer ist; dort stehen Chardonnay-Reben bis hinauf zum Bois de Corton. Der Unterboden ist allerdings vulkanischen Ursprungs, das ist in manchen Lagen, zum Beispiel Clos du Roi oder Les Perrières, deutlich zu erkennen. In vielen Premier-cru-Lagen, so Les Maréchaudes, Les Valozières, Les Chaillots, Les Fournières und Les Vercots, ist der Boden eisenhaltig und tiefgründiger. Die einfachen Aloxe-Corton-Weine kommen von tiefgründigem rotbraunem Boden mit Schwemmsand im Untergrund.

Die drei berühmten Appellationen verteilen sich über die drei Gemeinden, wie aus der nachstehenden Tabelle hervorgeht:

In Aloxe-Corton	
Appellation Aloxe-Corton	91,13 ha
Appellation Aloxe-Corton 1er cru	33,16 ha
Appellation Corton	98,29 ha
Appellation Corton-Charlemagne	51,90 ha
In Pernand-Vergelesses	
Appellation Pernand-Vergelesses	67,39 ha
Appellation Pernand-Vergelesses 1er cru	55,88 ha
Appellation Corton, Corton-Charlemagne und Charlemagne	37,65 ha
In Ladoix-Serrigny	
Appellation Ladoix-Serrigny	119,17 ha
Appellation Ladoix-Serrigny 1er cru	21,42 ha
Appellation Aloxe-Corton 1er cru	11,58 ha
Appellation Corton und Corton-Charlemagne	33,25 ha

Der rote Corton ist fast immer der gerbstoffreichste und wuchtigste aller Rotweine von der Côte de Beaune. Sein Bukett braucht Zeit zur Entwicklung, und währenddessen mildert sich auch eine gewisse Härte im Geschmack. Fast dicklich erscheint dieser Wein, so ausgeprägt und vollmundig sind Körper und Gefüge. Der Corton Clos du Roi ist sehr fest in der Struktur und fast streng in der Jugend, doch er entfaltet sich zu majestätischer Größe. Der Corton-Bressandes ist runder und öliger, seine Geschmacksfülle ist enorm und einschmeichelnd. Der Corton-Renardes hat angeblich etwas Animalisches, was aber ebenso gut auf Einbildung beruhen kann, auf jeden Fall hat er etwas Urwüchsiges an sich und immer einen pikanten Geschmack, wie er für diese Spitzengewächse typisch ist. Auch Trüffeln findet man in reifen Jahren in ihnen vor.

Den Premiers crus fehlt es an dieser Tiefe und Reichhaltigkeit, doch zeichnen sich viele durch Finesse und Eleganz aus. Es ist ein Fehler, sie auf »groß« herauszuputzen, wenn diese Qualität nicht in ihnen steckt, in guten Jahren aber haben sie von sich aus eine erfreuliche Fülle. Schließlich ist beispielsweise der Premier cru Les Valozières gerade mal eine Wegbreite von dem Grand cru Corton-Bressandes entfernt. Einfacher Aloxe-Corton hat zwar keinen so überwältigend großen Stil, kann aber trotzdem ein guter, voller Rotwein sein.

Die Herrlichkeit des feuersteinigen Corton-Charlemagne wurde unter Pernand-Vergelesses eingehend gewürdigt. Nichts lässt sich mit seinem verschwenderischen, von feiner Honigsüße durchzogenen Bukett und dem aus vielen Nuancen zusammengesetzten Geschmack vergleichen. Vielleicht steckt vulkanische Kraft in ihm. Einfacher weißer Aloxe-Corton ist eine Rarität: Die Domaine Senard erzeugt ihn von Pinot Beurot (auch als Pinot gris oder Tokay d'Alsace und in Deutschland als Ruländer bekannt). Der Wein ist rund, alkoholstark und wuchtig, ganz anders als ein Chardonnay.

DIE WICHTIGSTEN ALOXE-CORTON-ERZEUGER

Die Superstars

Domaine Bonneau du Martray, Domaine Chandon de Briailles

Domaine Bonneau du Martray

In Pernand-Vergelesses. Ein Corton mit oftmals nicht sehr dunkler Farbe, aber herrlichem Pinot-noir-Charakter und anhaltendem Bukett. Hat neuerdings etwas mehr Tiefe.

Domaine Chandon de Briailles

In Savigny-lès-Beaune. Corton-Bressandes mit herrlicher, fruchtiger Tiefe, und außerordentlich langlebiger Clos du Roi. Erheblich gestiegene Qualität.

Domaine Dubreuil-Fontaine Père et Fils

An Corton-Bressandes und Clos du Roi hat mich nicht immer die Farbe beeindruckt, wohl aber der Geschmack.

Maison Joseph Faiveley

In Nuits-St-Georges. Erstaunlicher Corton Clos des Cortons, der wirklich beeindruckt und Flaschenreifung verlangt.

Domaine Michel Gaunoux

In Pommard. Ein meist sehr kräftiger, strammer Corton-Renardes; manche finden ihn himmlisch – ich finde ihn einfach gut.

Maison Louis Jadot

In Beaune. Corton-Pougets mit saftiger Frucht und manchmal einer Erdbeernote. Auch der Corton-Bressandes ist höchst zuverlässig.

Domaine Louis Latour

Château Corton-Grancey ist hier das Kronjuwel, und es hat wahrhaftig gute Jahrgänge gegeben, herrlich ursprünglich und voller Geschmacksvielfalt, andere wiederum waren eher langweilig. Der Corton Clos de la Vigne au Saint hat mehr Finesse und Satinschimmer bei ganz superbem Geschmack. Der Aloxe-Corton Les Chaillots kann nach Pflaumen schmecken.

Maison Moillard-Grivot

In Nuits-St-Georges. Mit dem Clos du Roi muss man Geduld haben. Corton-Charlemagne mit Maiglöckchen und Kardamom im Duft und mit feinem Honiggefüge – er entwickelt sich meist rascher als der von Louis Latour.

Domaine Parent

In Pommard. Corton-Renardes mit Charakter und kräftigem Geschmackskern.

Domaine Tollot-Beaut et Fils

In Chorey-lès-Beaune. Einfacher, schön vollmundiger Aloxe-Corton.

SAVIGNY-LES-BEAUNE ●○

Erzeugung 2001:

Savigny-lès-Beaune ● 14 637 hl
Savigny-lès-Beaune ○ 1863 hl

Premiers crus: *Les Vergelesses, Bas Marconnets, Les Jarrons (früher Hauts Jarrons und La Dominode), Basses Vergelesses, Les Lavières, Aux Gravains, Les Peuillets (z. T.), Aux Guettes (z. T.), Les Talmettes, Les Charnières, Aux Fourneaux (z. T.), Aux Clous (z. T.), Aux Serpentières (z. T.), Les Narbantons, Les Hauts Marconnets, Hauts Jarrons, Redrescut (z. T.), Les Rouvrettes (z. T.), Petits Godeaux (z. T.).*

Das »lès« mit dem Akzent in Savigny-lès-Beaune kommt vom lateinischen *latus*, also etwa »an der Seite« von Beaune. Savigny ist schon von der *autoroute* aus gesehen ein hübscher Ort, wie schön er aber wirklich ist, merkt man erst, wenn man ihn besucht. Nach Beaune und Santenay hat Savigny die größte Rotweinerzeugung an der ganzen Côte de Beaune, und wenn auch seine Weine nicht ganz die Standfestigkeit ihrer Rivalen haben, so gibt es doch ganz exquisite Savigny-Gewächse.

Der Ort selbst liegt am Eingang des lieblichen Tals von Fontaine-Froide. Seine Weinberge lassen sich klar in zwei Seiten unterteilen – die nach Pernand-Vergelesses und die nach Beaune hin. Zu den Ersteren gehört die Gruppe unterhalb des Hügelkamms mit dem reizenden Namen Bois de Noël. Sie sind nach Süden geneigt und umfassen die Lagen Les Vergelesses, Les Lavières, Aux Gravains, Aux Serpentières und Aux Guettes. Hier ist der Boden rau und steinig, oberhalb liegt eisenhaltiger Oolith an. Unterhalb von Les Lavières beginnt das Gebiet der einfachen Appellation mit rötlich braunem, leicht lehmigem und kieshaltigem Kalksteinboden – der Wasserabzug ist hier nicht so gut, und die Weine fallen etwas stumpfer aus. Auf den gegenüberliegenden Hängen des Mont Battois findet man die nach Ostnordost geneigten Lagen: Les Narbontons, Les Jarrons, Les Marconnets und Les Peuillets. Hier ist der Boden eher sandig als steinig, und am Fuß der Hänge liegt tieferer Verwitterungsschutt.

Die Kennzeichen eines guten Savigny sind verschwenderisches Bukett mit ausgeprägtem Duft nach Veilchen, Himbeeren, Blumen und Frucht, außerdem eine bezaubernde Leichtigkeit und Eleganz, die vor allem bei noch jungen Weinen sehr verlockend wirkt. Man sollte die Weine auf der Seite nach Pernand hin, zum Beispiel die Premiers crus wie Les Lavières und Aux Guettes, recht jung trinken, um in den Genuss dieses unvergesslichen Charmes zu kommen; dagegen sind die Premiers crus auf der Seite nach Beaune hin – Les Narbontons, Bas Marconnets, Les Peuillets und La Dominode – solider und gehaltvoller, ihr Bukett braucht ein paar Jahre länger, bis es auf seinen Höhepunkt gelangt. Wie immer kommt es sehr auf das Alter der Reben an. Ich erinnere mich, einen bemerkenswerten 20 Jahre alten La Dominode von ganz verehrungswürdigen Weinstöcken getrunken zu haben. Die seltenen Weißweine können in der Jugend charmant und blumig sein. Bei einigen vermutete man als Rebsorte Pinot blanc, aber es ist eher wahrscheinlich, dass es sich durchweg um Chardonnay handelte.

DIE WICHTIGSTEN SAVIGNY-LES-BEAUNE-ERZEUGER

Die Superstars

Domaine Camus-Bruchon, Domaine Chandon de Briailles, Domaine Jean-Marc Pavelot

Domaine Simon Bize et Fils

Die reinsten Bilderbuchweine, hier können sich andere manches Scheibchen abschneiden. Patrick Bize, der Sohn des Hauses, bringt Les Vergelesses, Les Marconnets und Aux Guettes – der Letztere veilchenduftig – in wahrhaft schöner, fruchtiger Art hervor. Nach vier bis fünf Jahren sind sie köstlich.

Domaine Chandon de Briailles

Schön geradliniger Savigny, besonders ab dem Jahrgang 1993.

Domaine Bruno Clair

In Marsannay. Auf Kreideboden wächst ein fester, konzentrierter, langlebiger Savigny-lès-Beaune La Dominode.

Domaine Maurice Ecard Père et Fils

Der Serpentières ist sehr zu empfehlen, nicht nur wegen seines Preises, sondern auch wegen des Geschmacks.

Domaine Pierre Guillemot

Schönste Beispiele für guten Savigny, darunter ein überaus blumiger Weißwein, voll bezaubernder, frischer Frucht.

Domaine Jean-Marc Pavelot

Attraktiver, geradliniger Savigny und Aux Guettes, außerdem bemerkenswerter La Dominode.

Domaine Tollot-Beaut et Fils

In Chorey-lès-Beaune. Champ-Chevrey mit vollem, süßem Pinot-Duft im alten Stil und herrlicher Tiefe und Nachhaltigkeit im Abgang.

CHOREY-LES-BEAUNE ●○

Erzeugung 2001:

Chorey-lès-Beaune ● 6440 hl
Chorey-lès-Beaune ○ 532 hl

Die Weinberge von Chorey-lès-Beaune liegen zu beiden Seiten der *route nationale,* jedoch mehr nach Osten hin auf einem Plateau aus Verwitterungsschutt. Die Höhe liegt bei 230 m, der Boden besteht zum größten Teil aus Schwemmland. Premiers crus gibt es hier nicht, wohl aber anerkannte *climats,* Les Champs-Longs und Pièce du Chapitre gehören zu den besten. Sie liegen auf stark eisenhaltigem Schwemmsandboden, der an den Hängen mehr Steine enthält. Auch Les Beaumonts, Les Ratosses, Les Crais und Poirier-Malchaussée sind gute Lagen. Es ist anzunehmen, dass Les Beaumonts und Les Ratosses in der Art mehr nach Savigny tendieren, während Les Champs-Longs einem Aloxe-Corton aus der Ebene ähnlicher sein dürfte; der Poirier-Malchaussée und Les Crais wachsen auf Mergel und haben ein festes Gefüge. Alle wollen recht jung getrunken werden, damit der fruchtige Charme nicht verloren geht.

DIE WICHTIGSTEN CHOREY-LES-BEAUNE-ERZEUGER

Domaine Germain Père et Fils – Château de Chorey-lès-Beaune

Auch bei Benoît Germain stehen weiterhin Finesse und Duft im Mittelpunkt. Gutes Preis-Leistungs-Verhältnis.

Domaine François Gay

Recht rustikaler, aber durchaus empfehlenswerter Wein.

Domaine Tollot-Beaut et Fils

Der Villages dieses Erzeugers ist sein Geld wirklich wert.

BEAUNE ●○

Erzeugung 2001:

Beaune ● 16 242 hl
Beaune ○ 1867 hl

Premiers crus: *Les Marconnets, Les Fèves, Les Bressandes, Les Grèves, Les Theurons, Le Clos des Mouches, Champs Pimont, Clos du Roi (z. T.), Au Coucherias (z. T.), En l'Orme, En Genêt, Les Perrières, A l'Ecu, Les Cent Vignes, Les Toussaints, Sur les Grèves, Aux Cras, Le Clos de la Mousse, Les Chouacheux, Les Boucherottes, Les Vignes-Franches, Les Aigrots, Pertuisots, Tiélandry oder Clos Landry, Les Sizies, Les Avaux, Les Reversées, Le Bas des Theurons, Les Seurey, La Mignotte, Montrée-Ronge (z. T.), Les Montrévenots (z. T.), Blanches Fleurs (z. T.), Les Epenottes (z. T.).*

Für viele ist Beaune der Nabel von Burgund, und sicherlich muss es sich selbst so fühlen mit all den großen, namhaften Firmen, die den *négoce beaunois* bilden. Beaune ist alles, was eine Provinzstadt sein soll – ein historisches und künstlerisches Zentrum, eine lebendige Markt- und eine aktive Geschäftsstadt. Der Wein gibt ihr internationales Gepräge, und ihr Name wird nur mit Respekt genannt. Trotzdem scheint das innerste Wesen dieses Ortes ganz in sich zu ruhen. Im Sommer sind seine Straßen verstopft von Autos mit ausländischen Kennzeichen, und drei Tage lang im November wirkt die Weinauktion der Hospices de Beaune als Magnet für Weinhändler und Weinliebhaber; aber sonst ist Beaune ruhig, fast verschlafen, alle machen hinter sich die Türen zu, sobald es draußen dunkel wird. Die Menschen in Beaune haben hart zu arbeiten, denn der Wein ist ein ernsthaftes Geschäft. Während der Auktion der Hospices herrscht eine hektische Atmosphäre der Betriebsamkeit, mit irrenden Lichtern auf dem Kopfsteinpflaster und überquellenden

Cafés, doch ein typischeres Bild von Beaune bekommt man, wenn man die Auktionshalle an einem Samstagmorgen als Markt voller Obst, Gemüse, Käse und *charcuteries* sieht.

Nach dem Besuch des prachtvollen Hôtel-Dieu und der Besichtigung von Tapisserien, bunt eingelegten Ziegeldächern und herrlichem Schnitzwerk wandert man geruhsam durch die Straßen und betrachtet die schönen Häuser und Kirchen. Die fein ausgemeißelten Steinmetzarbeiten muss man sich am Tag besehen, umso aufgeschlossener wird man das märchenhafte Bild der sanft angestrahlten historischen Bauten bei Nacht auf sich wirken lassen. Dann übt Beaune mit seiner rauchigen Luft und seiner Stille, in der der eigene Schritt auf dem Kopfsteinpflaster der stärkste Laut ist, einen ganz eigenen Zauber aus. Unter diesem Kopfsteinpflaster verbergen sich endlose Kellergewölbe, wo der flüssige Reichtum von Beaune heranreift und dessen Dunst die Wände mit schwärzlicher Feuchtigkeit überzieht.

Wer dann die Faszination der Mauern und Gewölbe zur Genüge genossen hat, sollte hinausgehen in die Weinberge, die sich bis zum Rand der Stadt hinunterziehen.

Die Hänge bei Beaune werden von der *route nationale* 470 durchschnitten. Nördlich von Beaune, nahe der Grenze zu Savigny, verläuft die *autoroute* mitten durch die Spitzenlage Les Marconnets, doch offenbar sollte sie den ursprünglichen Plänen nach sogar durch Le Montrachet geführt werden – ein Seufzer der Erleichterung ist also durchaus am Platz. Die Weinberge reichen bis zu einer Höhe von 330 m hinauf. Der Boden besteht im Wesentlichen aus Kalksteingeröll. Zwischen den *climats*, ja sogar in ihnen selbst stößt man auf die üblichen Nuancen: Le Clos des Mouches beispielsweise ist im oberen Teil mit Chardonnay und im unteren Teil, wo der Boden dunkler und schwerer ist, mit Pinot noir besetzt. Les Boucherottes und Les Chouacheux weisen viel Lehm und weniger Gestein auf, Les Grèves dagegen hat seinem Namen entsprechend Kies im Boden; die Hangneigung verläuft nach Südosten. Les Bressandes und Les Fèves liegen auf recht steilen Hängen; die dünne Krume von Les Marconnets, Les Fèves und Clos du Roi zwingt die Reben, ihre Wurzeln tief in den Fels zu treiben, was zu sehr langlebigen Weinen führt.

Im Allgemeinen kann man sagen, dass die Weine an der nördlichen Seite der Montagne de Beaune länger zum Ausreifen brauchen, während die Weinberge südlich der *route de Bouze* zartere, früher reifende Weine hervorbringen. Möchte man Weine aus Beaune in der rechten Reihenfolge probieren, dann sollte man mit einem Clos de la Mousse beginnen, dann einen Beaune Theurons und anschließend einen Marconnets versuchen und den Abschluss mit einem Grèves machen, in dem sich Finesse und Tiefe vereinen. Der Clos du Roi ist meist robuster als der Cent Vignes.

Manchmal heißt es etwas abfällig, die Weinberge von Beaune seien alle im Besitz von Négociants in Beaune, die sich zugleich als bedeutende Weinerzeuger betätigen. Nun hat mir der kommerzielle oder gesellschaftliche Status eines Weinbergbesitzers eigentlich noch nie viel Interesse abgenötigt; was zählt, ist ja doch die Qualität des Weins, und da gibt es in Beaune nun viele Premiers crus aus solch historischen Quellen, die sich längst bewährt und viel Gutes hervorgebracht haben. Einfacher Beaune-Villages ist meistens schlicht und unkompliziert. Er wächst auf tiefgründigerem, stärker lehmhaltigem Boden und ist häufiger durch Frost gefährdet als die Premiers crus. Die Weißweine haben einen Anflug von Erdigkeit und sind ziemlich jung am besten, wenn ihre Fruchtigkeit und ihr Aroma auf dem Höhepunkt sind. Die Rotweine sind robust und etwas rau in der Jugend; sie sollten im Alter von etwa fünf Jahren getrunken werden und die Premiers crus gleich danach.

DIE WICHTIGSTEN BEAUNE-ERZEUGER

Die Superstars

Bouchard Père et Fils, Maison Joseph Drouhin, Maison Louis Jadot, Domaine Albert Morot

Domaine Robert Ampeau et Fils

In Meursault. Clos du Roi mit Festigkeit und Charakter.

Bouchard Père et Fils – Domaines du Château de Beaune

Größter Besitzer von Beaune Premiers crus mit einer prachtvollen Palette von Weinbergen – den Höhepunkt bildet ein herrlicher Grèves, Vigne de l'Enfant Jésus, ein seidiges Wunder an Kraft und Langlebigkeit. Eine exzellente Einführung in die Weine von Beaune ist der Beaune du Château, eine Cuvée ohne Jahrgang, in Rot und in Weiß. Wählen Sie hier die jungen Jahrgänge.

Maison Champy Père et Fils

Dieser von Dimitry Bazas zu neuem Leben erweckte traditionelle Négociant hat viele Hektar in Premier-cru-Lagen wie Les Grèves und Champs Pimont mit einem guten Bestand an alten Rebstöcken.

Chanson Père et Fils

Mir haben jüngere Jahrgänge von Bressandes, Clos du Roi und Grèves gut gefallen, sie alle hatten Stil und schöne Frucht, meine Erfahrung mit älteren Jahrgängen ist dagegen nicht so toll.

Maison Joseph Drouhin

Roter und weißer Clos des Mouches in feinster Qualität. Für den Weißen habe ich eine besondere Schwäche, er ist voll und kräftig im Duft, hat guten Gehalt und einen Hauch von Haselnuss im vollmundigen Geschmack. In den Rotweinen von Drouhin findet sich oft mehr als nur eine Spur Kirschenaroma.

Domaine Germain Père et Fils

In Chorey-lès-Beaune. Weine mit Finesse und schönem Bukett vom Château de Chorey, aus Chorey-lès-Beaune und aus den Lagen Cent Vignes, Vignes-Franches und Les Theurons – äußerst empfehlenswert. Besondere Beachtung verdient der Premier cru Domaine de Saux.

Domaine Emmanuel Giboulet

Vielversprechender biodynamischer Betrieb, der hauptsächlich in bescheideneren Appellationen wie Côtes de Beaune produziert.

Maison Camille Giroud

Für Liebhaber langlebiger altmodischer Weine hat dieser Négociant eigene Rebflächen im Premier cru Aux Cras.

Maison Louis Jadot

Der Clos des Ursules aus einer Enklave in Les Vignes-Franches ist meist ein sehr guter und robuster Beaune, aber den Theurons und den Boucherottes fand ich oft noch besser.

Domaine Michel Lafarge

In Volnay. Der Grèves braucht Zeit zur Entwicklung, aber das Warten lohnt sich.

Domaine Louis Latour

In Volnay. Robuster Vignes-Franches, in der Jugend klar und einfach, nach längerer Zeit in der Flasche aber entwickelt er Komplexität und Gefüge.

Domaine Chantal Lescure

Guter Chouacheux mit Charakter und Ausstrahlung. Abgefüllt und vertrieben von Labouré-Roi in Nuits-St-Georges.

Domaine Machard de Gramont

Wahrhaft schöner Les Chouacheux, ganz Himbeeraroma und Geschmacksfülle in untadeligem Gleichgewicht.

Domaine Bernard Morey

In Chassagne-Montrachet. Wahrhaft erstklassiger Grèves voll Kraft und Konzentration.

Domaine Albert Morot

Beeindruckender Theurons, für gewöhnlich ein Hochgenuss.

Domaine Parent

In Pommard. Manchmal etwas dicklicher, aber stets anständiger Les Epenottes.

Domaine Jean-Claude Rateau

Burgunds Pionier für organischen Weinbau erzeugt drei Premiers crus und den unkomplizierten Villages-Wein Le Clos des Mariages.

Domaine Tollot-Beaut et Fils

In Chorey-lès-Beaune. Grèves mit einem wundervollen Bukett, ein Wein von der Art, die Erinnerungen an frühere gute Tropfen hervorruft. Es stecken immer Körper und Konzentration in ihnen, manchmal eine Spur zu viel Alkohol, aber der Standard ist konstant gut.

HOSPICES DE BEAUNE

Die Auktion der Hospices-Weine findet am dritten Sonntag im November statt. Es ist nach der Lese zwar noch viel zu früh, um ein seriöses Urteil über den Geschmack der Weine abzugeben, vor allem bei den Weißen, die noch voll Restsüße sind, aber das Datum bleibt unantastbar. Da nun die Weine zum Wohl der Hospices in einem Schwall von Publizität verkauft werden und die Burgunder wahrhaftig der Meinung sind, dass sie ihre wohltätige Stiftung damit unterstützen, sind die Preise künstlich hochgetrieben und entsprechen meist nicht der wirklichen Marktlage. Die Auktionspreise steigen immer, ganz unabhängig von der Qualität eines bestimmten Jahrgangs; es lässt sich daraus folgern, dass man bei den Hospices besser in einem guten als in einem mäßigen Jahr kauft.

Die von den Hospices herausgebrachten Cuvées tragen die Namen ihrer Stifter und bestehen fast immer aus Weinen mehrerer Lagen eines Ortes. Die derzeitige Liste mit der Zusammensetzung der Cuvées ist nachfolgend wiedergegeben. Heute gibt es drei Weine von der Côte de Nuits: Mazis-Chambertin Madeleine Collignon, zum ersten Mal 1977 versteigert, und zwei Cuvées Clos de la Roche, Georges Kriter und Cyrot-Chaudron, beide 1991 eingeführt. 2002 kam Pouilly-Fuissé hinzu.

Die Auktion selbst zieht sich geradezu endlos hin – das ist etwas ganz anderes als das flotte Tempo bei Christie's und Sotheby's in London. Die meisten Handelshäuser in Beaune gehören zu den getreuen Abnehmern, und man hat den Eindruck, dass ihre ausländischen Agenten aus Höflichkeit als Mitkäufer genannt werden.

Monsieur André Porcheret übernahm 1977 die Leitung der Hospices-Weine, und in den zehn Jahren seiner Geschäftsführung gab es in allen Aspekten der Weinbereitung größte Fortschritte. Monsieur Bruley, der ihm nachfolgte, blieb nur bis September 1988, und nach ihm stand Monsieur Roger Coussy dem Betrieb vor. Anfang 1994 kehrte André Porcheret zurück; die Erträge wurden auf ein Maximum von 35 hl/ha reduziert und die Rebsorten rigoros selektiert. Derzeit hält Rolland Masse die Zügel in der Hand. 22 Winzer sind ständig in den Weinbergen beschäftigt, und sowohl das Spritzen als auch die Düngermengen (getrockneter Stallmist) unterliegen genauen Kontrollen. Unkrautbekämpfungsmittel werden nicht angewandt, und der Rebschnitt wird durchaus streng gehandhabt. Weine von Reben mit einem Alter von unter acht Jahren kommen nicht auf der Auktion zum Verkauf, sondern werden unter dem Etikett des Centre Hospitalier angeboten. Die Gärung findet in offenen Holzbottichen statt mit regelmäßiger *pigeage,* wobei die Gärtemperatur heute von Computern kontrolliert wird; danach reift der Wein ausschließlich in neuen Holzfässern. Meist wird ein Drittel der Stiele im Most belassen, aber 1983 wurden sie alle entfernt, weil es Fäule gegeben hatte und die Trauben schon gerbstoffreich genug waren. Der Vin de presse wird gewöhnlich insgesamt dem Vorlaufwein beigemischt – übrigens wurde ganz auf pneumatische Willmes-Pressen umgestellt. Man erprobt längere Fassreifung. Alle Weine werden von ihren Käufern spätestens Mitte Januar gleich in ihren neuen Eichenfässern abgeholt.

So wird in den Hospices selbst alles nur Erdenkliche getan, um gute Qualität zu erzielen, und der Standard ist heute sehr hoch. Allerdings hängt die Qualität des Hospices-de-Beaune-Weins, den man dann später zu kaufen bekommt, stets von der *élevage,* d. h. dem Ausbau durch diejenigen ab, in deren Verantwortung sie bei der Auktion übergehen. Der Interessierte tut gut daran, zunächst einmal in Fachgeschäften oder Restaurants festzustellen, wer bei der *élevage* Ordentliches leistet, erst dann sollte man bei denen kaufen, zu denen man Zutrauen gefasst hat. Mag man von vornherein den Weinstil eines bestimmten Handelshauses nicht, dann darf man dort auch keinen Hospices de Beaune kaufen, denn sicherlich trägt er das typische Gepräge dieses Hauses. Alle Cuvées sind entweder Grand cru oder Premier cru, mit Ausnahme des Pommard Cuvée Cyrot-Chaudron und des Meursault Cuvée Loppin, die beide Villages-Weine sind.

Hospices de Beaune

Rotweine

Appellation	**Name des Stifters**	**ha***
Clos de la Roche	Cyrot-Chaudron	0,45 ha
Clos de la Roche	Georges Kriter	
Corton	Charlotte Dumay	3,50 ha
Corton	Docteur Peste	3,00 ha
Pernand-Vergelesses	Rameau-Lamarosse	0,60 ha
Savigny-lès-Beaune	Forneret	1,66 ha
Savigny-lès-Beaune	Fouquerand	1,13 ha
Savigny-lès-Beaune	Arthur Girard	1,18 ha
Beaune	Nicolas Rolin	2,70 ha
Beaune	Guigone de Salins	2,40 ha
Beaune	Clos des Avaux	2,00 ha
Beaune	Brunet	2,37 ha
Beaune	Maurice Drouhin	2,20 ha

Hospices de Beaune

Rotweine

Appellation	Name des Stifters	ha*
Beaune	Hugues & Louis Bétault	2,30 ha
Beaune	Cyrot-Chaudron	0,99 ha
Beaune	Rousseau-Deslandes	2,39 ha
Beaune	Dames Hospitalières	2,49 ha
Pommard	Dames de la Charité	1,59 ha
Pommard	Cyrot-Chaudron	1,83 ha
Pommard	Billardet	1,89 ha
Volnay	Blondeau	1,73 ha
Volnay	Géneral Muteau	1,73 ha
Volnay-Santenots	Jehan de Massol	1,50 ha
Volnay-Santenots	Guavain	1,80 ha
Monthelie	Lebelin	0,88 ha
Auxey-Duresses	Boillot	0,75 ha
Mazis-Chambertin	Madeleine Collignon	1,50 ha

Weißweine

Appellation	Name des Stifters	ha*
Corton-Charlemagne	François de Salins	0,25 ha
Corton-Vergennes	Paul Chanson	0,25 ha
Meursault-Genevrières	Baudot	1,41 ha
Meursault-Genevrières	Philippe le Bon	0,60 ha
Meursault-Charmes	de Bahèzre de Lanlay	0,90 ha
Meursault-Charmes	Albert Grivault	0,50 ha
Meursault	Jehan Humblot	0,70 ha
Meursault	Loppin	0,60 ha
Meursault	Goureau	0,86 ha
Bâtard-Montrachet	Dames de Flandres	0,30 ha
Pouilly-Fuissé	Françoise Poisard	4,00 ha

* Nur sehr ungefähre Zahlen, denn das Rebgelände, das für die Weinerzeugung in Anspruch genommen wird, hängt stark davon ab, wie viel wann darin angebaut wurde. Alle Cuvées der Hospices entstammen über acht Jahre alten Stöcken.

POMMARD ●

Erzeugung 2001:

Pommard 14 076 hl

Premiers crus: *Les Rugiens Bas, Les Rugiens Hauts (z. T.), Les Grands Epenots, Les Petits Epenots (z. T.), Clos de la Commaraine, Clos Blanc, Les Arvelets, Les Charmots, En Largillière, Les Pézerolles, Les Boucherottes, Les Sausilles, Les Croix Noires, Les Chaponnières, Les Fremiers, Les Bertins, Les Jarollières, Les Poutures, Le Clos Micot, La Refène, Clos des Vergers, La Platière (z. T.), Les Chanlins Bas (z. T.), Les Combes Dessus (z. T.), La Chanière (z. T.).*

Pommard ist teilweise allzu alkoholstark; wo aber beste Crus von den begabtesten Kellermeistern hervorgebracht werden, gehören sie wohl zu den aufregendsten Weinen der Côte de Beaune. Seine Bekanntheit verdankt der Pommard nicht zuletzt seinem leicht auszusprechenden und einprägsamen Namen. Dennoch dümpelte er einige Jahre lang weitgehend unbeachtet vor sich hin. Das ist unter anderem darauf zurückzuführen, dass die Appellation – anders als das benachbarte Volnay – keine ernst zu nehmende Anzahl von Spitzenerzeugern im Rücken hat, die sie ins Gespräch bringen könnten. Für die Krise in Burgund werden gemeinhin die abgelegenen Appellationen und das Low-end der Produktion verantwortlich gemacht. Das Schicksal des Pommard zeigt jedoch, dass auch berühmte Weine dem Wechsel des Zeitgeschmacks unterworfen sind.

Verlässt man Beaune in Richtung Süden, dann braucht man Pommard nicht erst zu suchen, man stolpert sozusagen über seine Reben. Viele davon verstecken sich hinter dicken Mauern, die Zahl der Clos ist nicht gering (die heutigen Gesetze über die Anwendbarkeit der Bezeichnung Clos besagen, dass ein so benannter Weinberg entweder ganz von Mauern umgeben sein oder aber dass der Gebrauch des Namens Clos für ihn über mehr als 100 Jahre nachweisbar sein muss). Mit der Ausnahme der Premiers crus Le Clos Micot und Les Combes Dessus fallen alle Weinberge zwischen den Straßen Nr. 74 und 73 unter die einfache Appellation Pommard. Die großartigsten Premiers crus, Les Epenots und Les Rugiens, liegen zu beiden Seiten des Ortes Pommard, Les Epenots in Richtung Beaune und Les Rugiens in Richtung Volnay. Innerhalb von Les Epenots, auf einem nach Südsüdost geneigten Hang, befindet sich Le Clos des Epeneaux, außerdem der Clos des Epenots und Le Clos de Cîteaux. Les Arvelets, Les Petits Noizons (ein Villages-Wein) und Les Charmots fallen nach Süden ab, dagegen ist die wunderbare Lage des Rugiens Bas nach Südsüdost geneigt. Die Premiers crus befinden sich meist in mittlerer Höhe, wo der Lehmboden mit 30 % Kalkstein rot gefärbt ist, während er zum oberen Rand der Appellation hin immer steiniger und weißer wird. Les Rugiens Hauts hat felsigen Unterboden, während Les Rugiens Bas auf einem Untergrund von Argovien-Kalkgestein liegt, über dem eine tiefe Schicht mergelig-kalkhaltiger Verwitterungsschutt steht.

Alles zusammen erbringt bei gutem Wasserabzug Weine mit ausgezeichneter Farbe und Struktur, die aber gerbstoffreicher sind, als es sonst an der Côte de Beaune üblich ist. Die einfache Appellation Pommard zwischen den beiden Straßen hat stärker lehmhaltigen, nicht so steinigen Boden, außer Les Perrières und La Levière, die auf kieshaltigem Grund liegen.

Fiele mir die schöne Aufgabe zu, zwei neue Grands crus an der Côte de Beaune zu benennen, dann müssten es wohl Les Grands Epenots und Les Rugiens Bas sein. Beide liefern Weine, die mit Grandeur die Zeit überdauern, und das ist eine der Grundvoraussetzungen für den Grand-cru-Status. Les Rugiens Bas kommt ein perfektes Mikroklima zugute, das oft die Trauben zu vollendeter Reife gedeihen lässt. Hier spürt man geradezu die Wucht und die Fülle im Wein, die große Konzentration und das Aroma von Lakritze und Veilchen sowie eine Farbe, die an das glühende Rot des Bodens erinnert. Auch Les Epenots hat schönen Charakter und einen guten inneren Aufbau, oft ist er fruchtiger und nicht so hart wie Les Rugiens.

DIE WICHTIGSTEN POMMARD-ERZEUGER

Die Superstars

Comte Armand, Domaine de Courcel

Domaine Robert Ampeau et Fils

In Meursault. Einfacher Pommard mit Charakter und Wohlgeschmack.

Domaine Comte Armand

Der Clos des Epeneaux, ganz im Besitz des Comte Armand, ist ein Wein für Leute, denen der moderne Burgunder zu leicht ist. Er braucht Jahre zur Entfaltung und verfügt über Wucht, Kraft und vollen Geschmack.

Domaine Jean-Marc Boillot

Les Jarollières mit herrlichem Duft und in guten Jahren auch kräftigem Gefüge – ein Wein, der sich lange hält.

Domaine Coste-Caumartin

Große Weine, vielleicht ein wenig rustikal, aber gut.

Domaine de Courcel

Vorbildliche Epenots und Rugiens mit Tiefe im Bukett und im Geschmack, Klasse und schönster Frucht.

Domaine Michel Gaunoux

Voller, würziger Grands Epenots, offenbar stets auch mit guter Haltbarkeit, was so manche alte Flasche wohl beweist.

Domaine Bernard et Louis Glantenay

In Volnay. Selbst einfacher Pommard aus dieser Domaine ist üblicherweise für lange Lebensdauer bereitet.

Domaine Lejeune

En Largillière mit tiefem Erdbeerbukett ist gut lagerfähig. Der Rugiens hat tiefe Farbe und große Wucht, ein sehr vollmundiger Wein.

Domaine Machard de Gramont

In Nuits-St-Georges. Stilvoller, eleganter Clos Blanc.

Domaine Hubert de Montille

In Volnay. Erstaunlicher Rugiens mit immenser Nachhaltigkeit im Geschmack; der Pézerolles zeichnet sich durch reife, volle Frucht aus. Beide sind für langes Aufheben gedacht – vorausgesetzt, dass man der Versuchung widerstehen kann.

Domaine Parent

Elegante, fruchtige Weine mit schönem Pinot-noir-Charakter und dem typischen Geschmack der Appellation; gegenüber den Spitzenweinen fehlt es ihnen vielleicht nur an Fülle.

Domaine Pothier-Rieusset

Hervorragender Epenots, Rugiens und Clos de Verger: köstliche Frucht mit festen Tanninen im Hintergrund.

VOLNAY ●

Erzeugung 2001:

Volnay 7777 hl

Premiers crus: *Les Caillerets, Les Caillerets-Dessus, Les Champans, En Chevret, Frémiets, Clos de la Bousse d'Or, La Barre oder Clos de la Barre, Clos de Chênes (z. T.), Les Angles, Pointes d'Angles, Les Mitans, En l'Ormeau, Taillepieds, En Verseuil, Carelle sous la Chapelle, Le Ronceret, Carelles Dessous (z. T.), Robardelle (z. T.), Les Lurets (z. T.), Les Aussy (z. T.), Les Brouillards (z. T.),*

Clos des Ducs, Pitures Dessus, Chanlins (z. T.), Les Santenots (rot), Le Village (z. T.).

In Volnay bekommt man einige der schönsten alten burgundischen Häuser an der Côte zu sehen. Sie wirken so ruhig mit ihren tief heruntergezogenen Dächern und dem Gefühl der Dauerhaftigkeit, das sie umgibt. Das Dorf hat ganze 400 Einwohner, und sie alle heißen anscheinend Rossignol! Es thront stolz über seinen Weinbergen, die nach Osten und Süden geneigt sind. Die Premiers crus wachsen auf ganz unterschiedlichen Böden. Die Lage Les Santenots befindet sich zwar in der Gemarkung Meursault, doch gedeiht der Pinot noir hervorragend auf dem Bathonien-Kalk mit seiner Auflage aus rötlicher Erde mit reichlich Geröll. Auch Les Caillerets erstreckt sich über beide Gemarkungen, diese wunderbare Lage hat ebenfalls rötlichen, steinigen Boden; die oberen Teile von Les Champans und Les Caillerets-Dessus stehen unmittelbar auf Felsgestein.

Der Clos des Chênes liegt oberhalb davon auf Bathonien-Kalkstein, auf dem sich der magere, steinige Boden der steilen Hangneigung wegen nur mit Mühe halten kann, doch ist die Lage nach Ostsüdost geradezu herrlich. Taillepieds, Bousse d'Or und der Clos des Ducs reichen bis unmittelbar an das Dorf heran – hier besteht der Untergrund aus weißem Argovien-Kalk.

Der Les Caillerets ist wohl der großartigste von allen Volnay-Weinen; von ihm kann man erwarten, dass reife Jahrgänge ein superbes Alter erreichen. Zwar sucht man bei einem Volnay nicht in erster Linie Wucht, sondern eher Duftigkeit und Eleganz, doch kann der Caillerets auch durchaus kräftig ausfallen. Der Clos des Chênes ist manchmal etwas leichter im Gefüge, hat aber Finesse und in der Jugend eine gewisse Strenge; wie der Champans hält er sich lange und gut. Alle zeigen oft den typischen Volnay-Duft mit Anklängen an Veilchen und Rote Johannisbeeren. Taillepieds hat nicht so viel Gehalt wie der Caillerets, sondern ist eher delikat, und der blumige Frémiets hat den typischen Volnay-Duft, obwohl er bei Pommard wächst. Der Clos de la Bousse d'Or hat lange Lebensdauer, ebenso der Clos des Ducs. Der Santenots, vor allem Les Santenots du Milieu, entwickelt sich besonders gut in der Flasche.

DIE WICHTIGSTEN VOLNAY-ERZEUGER

Die Superstars

Domaine du Marquis d'Angerville, Domaine Michel Lafarge, Domaine des Comtes Lafon, Domaine de Montille

Domaine du Marquis d'Angerville

Der Clos des Ducs ist die Verkörperung der Eleganz des Volnay, hat aber auch Tiefe, und am Champans kann man den positiven Einfluss reduzierter Erträge ablesen.

Domaine Bernard et Louis Glantenay

Herrlich strukturierte Weine, wenigstens die reifen Jahrgänge – sie brauchen viel Zeit.

Domaine Michel Lafarge

Ein Clos des Chênes ganz Satin und Seide, mit dem echten Charme eines Volnay, aber auch mit Frucht von schöner Tiefe. Und auch die anderen Weine sind schlicht zauberhaft.

Domaine des Comtes Lafon

In Meursault. Volnay-Santenots (du Milieu) voll Konzentration und Rasse – entwickelt sich gut in der Flasche.

Domaine de Montille

Maître Hubert de Montille ist fast ein Magier unter den Kellermeistern – was er an Geschmack aus dem Wein herauszulocken versteht! Blumiger Taillepieds, Les Mitans mit Nelken und Schokolade im Geschmack und brillanter, komplexer, langlebiger Champans mit Rosen im Bukett. Diese Weine sind das lebendige Beispiel dafür, dass für einen guten Burgunder keine besondere Alkoholstärke nötig ist – dem Meister sind 12,1 % viel lieber als 13 %.

Domaine de la Pousse d'Or

Nicolas Potel hatte sich als würdiger Nachfolger seines Vaters Gérard erwiesen und erzeugte satinzarte Weine voll Frucht und Geschmacksreichtum, besonders Caillerets-Dessus Clos des 60 Ouvrées und Clos de la Bousse d'Or. Großartige, knackige Frucht. Jetzt hat der Besitzer gewechselt.

Domaine Régis Rossignol-Changarnier

Einfacher Volnay sowie Les Brouillards mit sprühend lebendiger Frucht, echter Rasse und Veilchen im Bukett.

MONTHELIE ●○

Erzeugung 2001:

Monthelie ● 5223 hl
Monthelie ○ 492 hl

Premiers crus: *Sur la Velle, Les Vignes Rondes, Le Meix Bataille, Les Riottes, La Taupine, Le Clos Gauthey, Le Château-Gaillard, Les Champs Fulliot, Le Cas Rougeot, Les Duresses (z. T.).*

Monthelie ist sozusagen die Stiefschwester von Volnay. Viele Charakteristiken sind den beiden Appellationen gemeinsam, nur ist in Monthelie alles ein wenig gedämpfter. Die Lebensdauer ist kürzer, und ein Monthelie ist meist am köstlichsten, wenn er noch relativ jung ist. Das hübsche burgundische Dorf mit alten Häusern an steilen Gassen liegt eingeklemmt zwischen Volnay und Meursault.

Die Weinberge liegen oberhalb von Meursault, und erst seit kurzer Zeit haben die Weine von Monthelie eine eigene Identität gewonnen. Die Appellation bezieht sich praktisch nur auf Rotwein; zwar ist auch Weißwein zugelassen, doch er hält sich meist nicht gut, und so meinen die Winzer hier, man solle ihn lieber »denen nebenan in Meursault« überlassen.

Eigentlich gibt es in Monthelie zwei ganz voneinander getrennte Weinberggelände, den Coteau de Volnay oberhalb des Ortes, wo die Premier-cru-Lagen sind – die nach Süden oder Südosten geneigten Weinberge liegen auf Bathonien-Kalk, oben mit einer Auflage aus rötlicher Erde und Mergel –, und das Vallée d'Auxey-Duresses unterhalb des Ortes in dem von Norden nach Süden verlaufenden Tal; dort sind die Weinberge nach Westen bzw. Osten geneigt, und der Boden besteht aus Argovien-Kalk.

Guter Monthelie kann wie ein Volnay ein verführerisch duftiges Bukett und ein sauberes Gefüge aufweisen. Schwer soll er nicht sein, doch bringen die besseren Lagen durchaus Weine mit einigem Gehalt hervor. Allgemein heißt es, dass die Weine vom Coteau de Volnay mehr Finesse haben als die vom Vallée d'Auxey, wo sie meist breiter ausfallen. Die Premiers crus haben gewiss guten Charakter und können sich auch über lange Zeit halten, wenn sie gut ausgewogen sind.

DIE WICHTIGSTEN MONTHELIE-ERZEUGER

Domaine Denis Boussey

Siehe Weinerzeuger von A–Z.

Domaine Alain Coche-Bizouard

In Meursault. Der Monthelie Villages ist nach ein bis zwei Jahren Flaschenalterung ein herrlicher leichter, erdiger Burgunder.

Domaine Paul Garaudet

Zwei Premiers crus und ein Villages, alle ordentlich.

Domaine Monthelie-Douhairet

Gut haltbare Monthelie Premier crus. Man sollte sie mindestens fünf Jahre liegen lassen.

Domaine Annick Parent – Domaine Jean Parent

Annick erzeugt sehr gute Weine, selbst in einem für Rotweine so durchwachsenen Jahr wie 2000.

Domaine Eric de Suremain – Château de Monthelie

Monsieur de Suremain verkauft seinen roten Monthelie unter dem Château-Namen und verteidigt seit Jahren erfolgreich seinen ersten Platz in der Appellation.

AUXEY-DURESSES ●○

Erzeugung 2001:

Auxey-Duresses ● 4533 hl
Auxey-Duresses ○ 1821 hl

Premiers crus: *Les Duresses, Bas des Duresses, La Chapella, Reugne, Les Grands-Champs, Climat du Val, bekannt als Clos du Val (z. T.), Les Ecusseaux (z. T.), Les Brettins.*

Auxey-Duresses liegt versteckt hinter Monthelie in einem fruchtbaren Tal am Fuß des Mont Melian und ist von rebenbewachsenen Hängen umgeben. Die Appellation bringt etwa ein Drittel Weißwein und zwei Drittel Rotwein hervor. Die Anbaugebiete von Rot- und Weißweinreben sind klar voneinander getrennt. Der Weißwein kommt von den Coteaux du Mont Melian, einer Verlängerung von Meursault und Puligny, und der Rotwein von der Montagne du Bourdon, einer Verlängerung von Monthelie und Volnay. Les Duresses an der Montagne du Bourdon liegt auf einem sehr steinigen, mergelig-kalkhaltigen Unterboden, bei dem unten am Hang mehr Krume vorhanden ist als weiter oben. Die Lage ist nach Osten bis Südosten gerichtet. La Chapelle ist Duresses sehr ähnlich, hat aber mehr Mergel als Kalksteinschutt. Der Clos du Val hat eine fantastische, genau nach Süden gerichtete Lage, der Boden ist stark kalkhaltig und weist mehr Mergel und Kieselgeröll auf als Les Duresses und La Chapelle, hat aber auf den oberen Hängen sehr wenig Krume. Der Boden auf der Montagne du Mont Melian ist noch flachgründiger und viel besser für Weißwein geeignet als für Rotwein.

Les Duresses bringt fruchtigen Wein mit einiger Finesse und einer Himbeernote bei schöner Farbe. La Chapelle hat meist mehr Körper und braucht länger zur Entfaltung, während der Clos du Val noch wuchtiger ist und Anklänge an Schwarze Johannisbeeren zeigt. Der weiße Auxey hat ein schönes, biskuitartiges Aroma, muss aber relativ jung getrunken werden – er entwickelt sich schneller als ein Meursault.

DIE WICHTIGSTEN AUXEY-DURESSES-ERZEUGER

Die Superstars

Domaine Jean-Pierre Diconne, Domaine Leroy, Domaine Michel Prunier

Domaine Robert Ampeau et Fils

In Meursault. Milder, warmer und erdiger Rotwein, fruchtig und charmant in der Jugend.

Domaine Jean-Pierre Diconne

Die Rot- und Weißweine zeigen kräftiges Eichenholzaroma; der Duresses braucht infolgedessen einige Zeit, bis er sich entwickelt hat. Der weiße Auxey ist äußerst geschmeidig und sehr gehaltvoll – am besten trinkt man ihn jung, dann ist der Genuss am vollkommensten.

Domaine Alain Gras

In Saint-Romain. Zuverlässiger Rotwein. Hier findet auch die Weinbereitung für René Gras statt. Unter diesem Etikett wird außerdem ein guter, milder weißer Auxey verkauft.

Domaine Leroy

Hier ist der Hauptsitz des Leroy-Imperiums, das auch in Auxey Rebflächen besitzt. Stets große, alterungsfähige Weine.

Domaine du Duc de Magenta

(Alle Weine von Maison Louis Jadot in Beaune angebaut.) Feiner Weißwein und meist guter Rotwein.

Domaine Michel Prunier

Guter, charaktervoller Weißwein und geschmeidiger, duftiger roter Clos du Val von echter Klasse.

Domaine Pascal Prunier

Stilvolle, ziemlich stählerne Weiß- und Rotweine für lange Lagerung.

SAINT-ROMAIN ●○

Erzeugung 2001:

St-Romain ● 1919 hl
St-Romain ○ 2514 hl

Hier gibt es keine Premiers crus.

Das wahrhaft weltabgeschiedene kleine Dorf auf einem Steilhang gehörte früher zu den Hautes Côtes und nicht zur Côte de Beaune. Rundum stehen Felsen und Zacken, darum gibt es nur wenig Platz für Reben. Der Boden besteht aus kalkhaltigem, steinigem Lehm. Es wächst hier etwas mehr Rotwein als Weißwein, obwohl der Letztere einen besseren Ruf hat. Bestimmte Lagen, zum Beispiel Les Roches mit Mergel und Les Jarrons mit Kreideboden, mit südöstlicher bis westlicher Hangneigung, sind für Chardonnay besser geeignet. La Combe Bazin hat dagegen eisenhaltigen roten Boden am Fuß des Hangs (oberhalb gibt es mehr Kalkmergel), Les Poillanges auf dem gegenüberliegenden Hang hat so ziemlich denselben Bodenaufbau und ist wie die steinige Lage Sous le Château nach Osten geneigt. Die besten Lagen weisen viel Sonneneinstrahlung sowie Schutz gegen Winde und Feuchtigkeit auf.

Die Rotweine haben kräftigen Kirschgeschmack und einen bestimmten *goût de terroir*. Die Weißweine sind frisch und fruchtig und entwickeln sich ziemlich rasch; sie sind am besten, wenn sie noch spritzig sind.

DIE WICHTIGSTEN SAINT-ROMAIN-ERZEUGER

Domaine Coste-Caumartin

In Pommard. Besonders empfehlenswert für Weißwein.

Domaine Emmanuel Giboulot

In Beaune. Biodynamisch erzeugte Weine.

Domaine Alain Gras

Eleganter Weißwein und köstlicher roter St-Romain, der nach zerdrückten Veilchen duftet und sahnig nach Veilchen und Roten Johannisbeeren schmeckt.

Maison Joseph Drouhin

In Beaune. Füllt exzellenten weißen St-Romain ab.

MEURSAULT ●○

Erzeugung 2001:

Meursault ● 642 hl
Meursault ○ 19 622 hl

Premiers crus für Rot- und Weißwein: *Les Cras (z. T.), Les Caillerets (z. T.), Les Charmes-Dessus, Les Charmes-Dessous, Les Perrières-Dessus (z. T)., Aux Perrières, Les Perrières-Dessous (z. T.), Les Chaumes des Perrières, Les Genevrières-Dessus, Les Chaumes de Narvaux (z. T.), Les Poruzots-Dessus, Les Poruzot-Dessous, Les Genevrières-Dessous, Les Bouchères (z. T.), Les Gouttes d'Or, Le Poruzot (z. T.).*

Premiers crus für Weißwein: *Les Santenots Blancs, Les Plures (z. T.), Les Santenots du Milieu, La Jeunelotte, La Pièce-sous-le-Bois (z. T.), Sous-le-Dos-d'Ane (z. T.), Sous Blagny (die letzten vier gehören in die Gemarkung Blagny).*

Ist die Lage Santenots mit Pinot noir besetzt, dann heißt ihr Wein Volnay-Santenots, doch die 2 ha, die mit Chardonnay bepflanzt sind, bringen Weißwein mit dem Namen Meursault-Santenots.

Für viele stellt der Meursault den Inbegriff des vollendeten weißen Burgunders dar. Meist hat er ein imposantes Bukett mit leichten Anklängen an Nüsse und Zimt und einem kräftigen, nachhaltigen Geschmack. Die besseren Meursaults sind stets voll und ölig, und ihr Geschmack, den man lange auf der Zunge behält, prägt sich auf das erfreulichste ein. Der Ort selbst ist groß, man sieht ihm den Wohlstand an, ein echtes Landstädtchen, beherrscht von einem eleganten, hohen Kirchturm. Viele der Premier-cru-Lagen dürfen sowohl Rot- als auch Weißwein hervorbringen, doch haben sich die meisten Winzer für Weißwein entschieden.

Der erste Hang von Meursault am Combe de St-Aubin besteht aus Bathonien-Kalk, kalkhaltiger und reiner Mergel beherrscht den mittleren Teil der Weinberge und im oberen Teil gibt es ziemlich viel Steingeröll. Auf der Seite nach Blagny hin findet man braune Kalkerde über Callovien-Kalkstein und mergeligen weißen Argovien-Kalk. Die Weinberge steigen bis zu 300 m Höhe auf; die nach Südosten geneigte Lage lässt ein Mikroklima entstehen, das hoher Qualität sehr zuträglich ist. Sicherlich sind wegen der weltweiten Nachfrage nach Weißwein auch einige Parzellen mit Chardonnay bepflanzt worden, die sich besser für Rotwein geeignet hätten, und dort wachsen denn auch die schweren Meursaults ohne jede Finesse.

Als der Meursault mit der schönsten Klasse und Feinheit darf der Les Perrières, vor allem aus Perrières-Dessus, gelten, wo oft große Reife und daher Wucht entsteht, während der Felsgrund die besondere Duftigkeit beisteuert. Ein schmaler Pfad nur trennt Les Perrières von Les Genevrières, einer Lage, die ebenfalls viele Anhänger hat. Sie bringt herrlich elegante und duftige Weine mit Haselnuss im Bukett. Les Poruzots ist solide, mit Feuerstein im Duft, ein Wein von größter Haltbarkeit.

Les Gouttes d'Or zeichnet sich – wie der Name schon verrät – durch goldene Farbe, aber auch große Haltbarkeit aus, er ist eher robust in der Art. Die Steilheit des Hangs bildet einen gewissen Ausgleich für die nicht ganz so günstige Lage. Der Charmes ist aus Les Charmes-Dessus am besten (hierzu gehört auch der mittlere Teil des Hangs); Les Charmes-Dessous liegt dagegen auf tiefgründigerem Boden und bringt wunderbar runden und fruchtigen Wein hervor.

DIE WICHTIGSTEN MEURSAULT-ERZEUGER

Die Superstars

Domaine Jean-François Coche-Dury, Domaine François Jobard, Domaine des Comtes Lafon, Domaine Jacques Prieur, Domaine Guy Roulot

Domaine Robert Ampeau et Fils

Superbe Les Perrières und Les Charmes, die sich in der Flasche wunderbar halten; aber auch guter Blagny La Pièce-sous-le-Bois.

Domaine Alain Coche-Bizouard

Früher gut, wenn auch ein wenig rustikal, inzwischen feiner.

Domaine Jean-François Coche-Dury

Guter Charmes und Perrières von fabelhafter Dichte und fülligem Körper, man spürt die Hand des Meisters.

Domaine Arnaud Ente

Der junge Erzeuger arbeitet bei seinen Weinen das Terroir heraus; sie werden unfiltriert in Flaschen abgefüllt.

Domaine Jean-Philippe Fichet

Mit diesem jungen Erzeuger ist in den letzten Jahren ein neuer Stern am Himmel aufgegangen.

Domaine Albert Grivault

Feine, geschmeidige Les Perrières und Clos des Perrières aus dem Herzen des *climat* mit Feuersteingeschmack, Haselnussbukett und einem köstlich langen aromatischen Abgang.

Domaine Patrick Javillier

Exzellenter Meursault Villages aus verschiedenen *climats*.

Domaine Charles et Rémi Jobard

Rémi, Cousin des viel gerühmten François, erfährt seit Mitte der 1990er-Jahre steigendes Ansehen.

Domaine François Jobard

Superbe Premiers crus, die oft acht bis zwölf Jahre Flaschenreifung benötigen, um ihre volle Pracht zu entwickeln.

Domaine des Comtes Lafon

Superber Meursault aus Les Perrières und Clos de la Barre mit schönster Struktur und vollendeter Entwicklung in der Flasche. Filtriert wird hier nicht.

Domaine Latour-Giraud

Ein weiteres Gut, das mit einer neuen Generation am Steuer einen riesigen Schritt vorwärts gemacht hat.

Domaine Joseph Matrot
Fest gefügte Weine, die gut altern, echtes Aroma haben und den Charakter des jeweiligen *climat* wiedergeben.

Domaine Jean-François Mestre-Michelot
Üblicherweise kraft- und gehaltvoller Charmes und ein umwerfender Genevrières – Musterbeispiele eines guten Meursault.

Domaine François Mikulski
Ein relativ neuer Name, der jedoch schon in der ersten Liga mitspielt.

Domaine Jean Monnier et Fils
Weine von Eleganz und Finesse, u. a. sehr schöner Genevrières.

Domaine René Monnier
Hohe Qualität aus niedrigen Erträgen.

Domaine Pierre Morey
Perrières von absoluter Spitzenqualität.

Domaine Jacques Prieur
In den letzten zehn Jahren hat die Maison Antonin Rodet dieses Gut in Mercurey zu einem der Spitzenerzeuger in Meursault aufgemöbelt. Für manche der Weine könnte man glatt sterben.

Domaine Guy Roulot
Jean-Marc Roulot bringt ausgezeichnete Weine hervor, u. a. samtigen Charmes und öligen Les Perrières. Der Tessons bildet die Brücke zwischen dem einfachen Villages-Wein und den Premiers crus. Die Meursaults haben meistens einen Haselnussduft.

BLAGNY ●○

Erzeugung 2001:
Blagny ● 257 hl
Blagny ○ unbedeutend

Das Dörfchen zwischen Puligny-Montrachet und Meursault macht den Weinbaubehörden immer wieder Kopfzerbrechen. Eigentlich gilt die Appellation nur für Rotwein, doch wird hier auch Weißwein erzeugt. So wird Weißwein aus den *climats* La Pièce-sous-le-Bois, La Jeunelotte und Sous-le-Dos-d'Ane stets als Meursault Premier cru bezeichnet, während Rotwein aus denselben Lagen Blagny Premier cru heißt. Weißwein aus den *climats* Sous le Puits, La Garenne, Hameau de Blagny und Le Trézin darf den Namen Puligny-Montrachet tragen, Rotwein dagegen muss Blagny heißen.

Roter Blagny ist sehr ausgeprägt im Geschmack, etwas Boden und Urwüchsigkeit sind darin. Solange er jung ist, reitet er geradezu Attacken auf Zunge und Gaumen, aber eben dieses Gegenteil von Neutralität ist es, das ihn so anziehend macht. Weißwein aus Blagny ist meistens sehr fruchtig und gefällig – in Restaurants ist er preiswert zu haben, und wenn man den Mut hat, einmal die bekannteren Lagen von Meursault und Puligny außer Acht zu lassen, bekommt man anstelle überstrapazierter Namen einen köstlichen Geschmack geboten. Als Erzeuger sind diejenigen zu empfehlen, die guten Wein aus den beiden benachbarten Appellationen hervorbringen, insbesondere:

Domaine François Jobard
In Meursault.

Domaine Martelet de Cherisey
Tel. 3 80 26 07 61.
Das Gut im Dorf erzeugt ein wenig Blagny und einige exzellente Meursault und Puligny.
Domaine Joseph Matrot
In Meursault.

PULIGNY-MONTRACHET ●○

Erzeugung 2001:
Grands crus
Montrachet 309 hl
Bâtard-Montrachet 554 hl
Bienvenues-Bâtard-Montrachet 178 hl
Chevalier-Montrachet 343 hl
AOC Communale und 1er cru ○ 11 100 hl
AOC Communale und 1er cru ● 63 hl

Premiers crus: *Les Caillerets, Les Combettes, Les Pucelles, Les Folatières (z. T.), Clavoillon, Le Champ-Canet, Les Chalumeaux (z. T.), Les Referts, Sous-le-Puits, La Garenne, Hameau de Blagny, Les Truffières.*

Der unbefangene Besucher, der zum ersten Mal nach Puligny-Montrachet kommt, würde es kaum für möglich halten, dass gerade dieser Ort von vielen als das Herzstück des Großartigsten, was es an trockenen Weißweinen in der Welt gibt, angesehen wird. Hier bellt an manchen Tagen nicht einmal ein Hund und weckt das Dorf aus seiner Verschlafenheit.

Wie Aloxe-Corton und Pernand-Vergelesses hat auch Puligny-Montrachet so etwas wie eine gespaltene Persönlichkeit, denn es muss seine besten Weinlagen mit dem Nachbarort Chassagne-Montrachet teilen. Zwar befinden sich Chevalier-Montrachet und Bienvenues-Bâtard-Montrachet ganz auf dem Gebiet von Puligny-Montrachet, doch greifen Le Montrachet und Bâtard-Montrachet auf die Gemarkung von Chassagne-Montrachet über, dafür liegt Les Criots ganz auf dem Gebiet von Chassagne-Montrachet.

Die legendären Grands crus verdanken dem vollendeten Mikroklima ihren großen Namen. Sie liegen so günstig und geschützt auf den sonnigen Hängen, dass in ihnen oft voll ausgereifte Trauben geerntet werden können, wenn in anderen Lagen mit Müh und Not ein ausreichender Zuckergehalt erreicht wird. Le Montrachet liegt auf hartem Bathonien-Kalkstein mit einer geröll- und eisenoxidhaltigen Bodenauflage. Chevalier-Montrachet hat mergeligen Bajocien-Kalkboden, und Bâtard-Montrachet hat braunen Kalksteinboden mit starkem Kieselgehalt. Bienvenues-Bâtard-Montrachet ist eigentlich nur eine Enklave in Bâtard-Montrachet mit demselben Boden und ostsüdöstlicher Neigung.

Chevalier-Montrachet weist eine steilere Hangneigung oberhalb Le Montrachet auf. Der untere Teil von Le Montrachet ist etwas tiefgründiger.

Doch der imposante Glanz der Grands crus darf uns nicht dazu verleiten, die Premiers crus zu vergessen, die in Puligny-Montrachet bemerkenswerte Schönheit besitzen. Les Combettes liegt auf reinem Fels mit sehr dünner Bodenauflage, nur in einigen Gesteinsfalten ist sie nicht bloß zentimeterdick, sondern erreicht vielleicht einen Meter. Les Referts und Clavoillon haben ähnlichen Boden, aber Les Folatières liegt an einem steileren Hang, der im oberen Teil aus weißem Kalkgeröll besteht. Die Erosionsgefahr ist hier groß. Les Caillerets ist in vielen Dingen ähnlich wie Le Montrachet, doch ist der Boden stärker mit Steinen durchsetzt und die Ausrichtung des Hangs nicht so günstig wie bei dem Grand cru. Die Premiers crus sind von den Villages-Weinen durch den Sentier de Couches getrennt, der nach Chassagne und Santenay verläuft.

In Puligny sind die Keller nicht wie sonst in Burgund unterirdisch, weil der Grundwasserstand dafür zu hoch ist. Aber woher kommt es denn nun eigentlich, dass behauptet wird, der Montrachet mit seinen Nachbarlagen sei »der Beste«? Wenn man einen dieser Weine, vor allem Le Montrachet, zu jung trinkt, kommt man nicht umhin, sich diese Frage zu stellen. Insbesondere das Bukett braucht seine Zeit zur Entfaltung, und es ist wahrhaftig ein Vergehen wider den Geist des Weins, wenn man einen Montrachet trinkt, der nicht mindestens zehn Jahre alt ist. Die Farbe ist anfänglich ein grünliches Gelb und wandelt sich erst in der Flasche zu prachtvollem Gold, und der Geschmack nimmt mit den Jahren noch an Tiefe und Komplexität zu. Honig, Mandeln, Weißdorn und große, wohlgefügte Fülle finden sich im Montrachet, sofern man ihn mit 13 °C, also schönster Kellertemperatur, und nicht kühlschrankkalt serviert.

Als nächster in der Hierarchie wird meist der Chevalier-Montrachet genannt, dann kommen Bâtard, Bienvenues und Criots. Ich habe wahrhaftig schon ganz unerhört guten Chevalier getrunken, der oft sogar den Montrachet übertraf, denn die Hand des Kellermeisters zählt bei diesen Edlen der Edelsten natürlich ebenso viel wie sonst wo in Burgund. Der Chevalier und der Bâtard brauchen mindestens genauso lange zum Ausreifen wie der Montrachet, und in Gehalt und Vollmundigkeit stehen sie auch kaum hinter ihm zurück. Weiße Burgunder dieses Rangs sind fast ebenso sehr Speise wie Trank, so vielschichtig, nahrhaft, gehaltvoll und kräftig sind sie.

Unter den Premiers crus entwickelt sich Les Pucelles meist langsamer als Les Combettes, der in manchen Jahren weicher und nicht so »nervig« ausfällt wie die anderen Premiers crus. Er hat eine gewisse Haselnussnote, die an das benachbarte Meursault denken lässt, und ist im Geschmack breiter als Clavoillon und Les Folatières, die sich beide durch große Finesse auszeichnen. Les Caillerets hat viel kräftigen Körper, dagegen sind Le Champ-Canet und Les Chalumeaux leichter und auch früher genussreif.

DIE WICHTIGSTEN PULIGNY-MONTRACHET-ERZEUGER

Die Superstars

Domaine Louis Carillon, Domaine Leflaive, Etienne Sauzet

Domaine Robert Ampeau et Fils

In Meursault. Wunderschöner Combettes mit großer Haltbarkeit.

Jean-Marc Boillet

In Pommard. Einige gut gemachte Weine.

Maison Bouchard Père et Fils

In Beaune. Dieser erstklassige Négociant erzeugt nicht nur Villages-Weine, sondern auch die Grands crus Chevalier-Montrachet und Le Montrachet.

Domaine Louis Carillon

Verführerischer Bienvenues-Bâtard-Montrachet mit Honigton, sehr gut.

Maison Chartron et Trebuchet – Domaine Chartron

Häufig erfolgreich in den größeren hiesigen Appellationen.

Maison Joseph Drouhin

In Beaune. Sein Folatières ist kein Domaine-Wein, doch immer delikat und mild mit feinem Akazienduft.

Domaine Benoît Ente

Dieser vielversprechende Newcomer erzeugt Puligny Villages und drei Premiers crus.

Domaine Vincent Girardin

In Meursault. Der Aufsteiger von der Côte de Beaune hat eine neue Kellerei übernommen und mit ihr einen Bestand an Grand- und Premier-cru-Lagen, der einem das Wasser im Munde zusammenlaufen lässt. Jetzt kann ihn wohl endgültig nichts mehr aufhalten.

Maison Louis Jadot

In Beaune. Den fabelhaften Chevalier-Montrachet Les Demoiselles teilt sich das Haus mit Louis Latour; der nicht aus der Domaine selbst stammende Les Referts schmeckt mir besonders gut.

Domaine Louis Latour

Der Chevalier-Montrachet Les Demoiselles ist überaus gehaltvoll, eichenholzduftig und langlebig. Les Folatières und Les Referts, beide nicht aus eigenem Besitz, sind herrliche mandel- und maiglöckchenduftige Weine.

Domaine Leflaive

Aus dieser Domaine kommen mit die besten Weißweine von ganz Burgund, ja der ganzen Welt. Ich kann mir kaum etwas Schöneres vorstellen als darüber zu diskutieren, ob nun der Bienvenues, der Bâtard oder der ganz unglaubliche Chevalier an Weißdorn, an Schwarzdorn oder an Maiglöckchen erinnern. Bei unserer letzten Zusammenkunft entdeckte ich sogar Lavendelhonig in ihrem Chevalier. Dann hat sie noch blumigen Pucelles, gehaltvollen Combettes, Reineclaudenaroma in jungem Clavoillon und Lindenblütenduft im einfachen Puligny. Qualität und Rasse aber sind in allen unverkennbar.

Olivier Leflaive Frères

Die Weine, die von den eigenen Anbauflächen der Firma stammen oder aus zugekauften Trauben mit viel Geschick vinifiziert werden, sind Knaller.

Domaine Joseph Matrot

In Meursault. Die herrliche Frucht des Les Chalumeaux vereinigt sich mit Eichenholzduft; manchmal braucht er Flaschenlagerung, damit er öliger wird.

Domaine Hubert de Montille

In Volnay. De Montille, ein Meister der Rotweinbereitung, erzeugt seit 1993 auch weißen Puligny aus einer Parzelle des Premier cru Les Caillerets.

Domaine Paul Pernot et Fils

Vorzüglich bereiteter Puligny-Montrachet Les Folatières mit cremiger Fülle in guten Jahrgängen, stets anhaltend und elegant. Beachtlicher Bienvenues.

Domaine de La Romanée-Conti

In Vosne-Romanée. Montrachet mit großem Stil, der geradezu nach langer Flaschenlagerung schreit, damit seine Üppigkeit gut herauskommt. Die Domaine erzeugte 1992 keinen Montrachet und versäumte damit ein vielversprechendes Jahr.

Etienne Sauzet

Herrlicher Combettes mit einem Bukett von Holzrauch und Reineclauden auf einem Untergrund von Eichenholzaroma. Grands crus, die den Gaumen entzücken.

Domaine Thenard

Der Montrachet aus dieser Domaine wird vom Handelshaus Remoissenet vertrieben; der Wein ist meist sehr fein und stilvoll.

CHASSAGNE-MONTRACHET ●○

Erzeugung 2001:
Grand cru
Criots-Bâtard-Montrachet ○ 77 hl
AOC Communale und 1er cru ● 6569 hl
AOC Communale und 1er cru ○ 9288 hl

Premiers crus für Rotwein: *Clos St-Jean (z. T.), Morgeot (z. T.), Morgeot bekannt als Abbaye de Morgeot (z. T.), La Boudriotte (z. T.), La Maltroie (z. T.), Les Chenevottes, Les Champs-Gain (z. T.), Les Grandes Ruchottes, La Romanée, Les Brussonnes (z. T.), Les Vergers, Les Macherelles, En Cailleret (z. T.).*
Premiers crus für Weißwein: *Morgeot (z. T.), Morgeot bekannt als Abbaye de Morgeot (z. T.), La Boudriotte, La Maltroie, Clos St-Jean, Les Chenevottes, Les Chaumées, Les Champs-Gain, Les Petits Clos, Grandes Ruchottes, La Romanée, Les Brussonnes, Les Vergers, Les Macherelles, Chassagne oder En Cailleret, Vide-Bourse, Vignes Blanches.*

Chassagne ist einer der Orte der Côte d'Or, in denen sich zurzeit am meisten tut; sowohl seine Rotweine als auch die bekannteren Weißweine stoßen zunehmend auf Interesse. Viele der besten Chassagne-Weine stammen von den Mitgliedern dreier Familien: der Gagnards, der Delagranges und der Moreys. Chassagne ist der zweitletzte bedeutende Weinort der Côte de Beaune, nur Santenay folgt noch. Der ummauerte Clos St-Jean hat stark kieshaltigen Boden, Les Vergers, Les Macherelles und Les Chenevottes dagegen rote Lehmerde mit nur wenig Steinen darin. Morgeot, der untere Teil von La Boudriotte, Les Champs-Gain und Les Petits Clos liegen obenher auf weißem Mergel, weiter unten auf roter kieshaltiger Erde. Der Untergrund besteht aus Oolith-Kalkstein in Grau, Beige und Rosa – poliert sieht er wie Marmor aus und lässt sich wunderbar zu Fliesen und Kaminverkleidungen verarbeiten, wie man in manchen Häusern des Ortes sehen kann. Oberhalb des Clos St-Jean ist heute noch ein Steinbruch in Betrieb. Anscheinend wachsen auf dem Bathonien-Kalksteinschutt am Rand der Weinberge und auf Brachland sogar Trüffeln, allerdings sind mir noch keine davon vor die Augen und schon gar nicht auf die Zunge gekommen.

Offenbar gibt es Unterschiede zwischen dem nach Puligny gehörenden Teil von Montrachet, der nach Südosten geneigt ist, und dem eindeutiger nach Süden ausgerichteten Teil um die Ecke herum nach Chassagne zu. Dem Puligny-Anteil wird nachgesagt, er habe mehr Finesse und Distinktion, aber soweit ich weiß, ist das noch nie in bestimmter Form bei einer Weinprobe nachgewiesen worden. Wie immer und überall ist es wohl die Kunstfertigkeit des Menschen, die den Unterschied zwischen fein und göttlich ausmacht.

Der einzige Grand cru, der ganz und gar auf dem Gebiet von Chassagne liegt, der winzige Les Criots (jährliche Erzeugung unter 800 Kisten), hat all die Kraft und Festigkeit wie man sie bei seinesgleichen erwartet. Unter den weißen Premiers crus weisen Les Ruchottes, Morgeot, En Cailleret, Vignes-Blanches und Les Champs-Gain mehr Körper auf, Les Vergers, Les Macherelles, Les Chenevottes und Les Chaumées sind vor allem duftig und blumig. La Boudriotte und Le Morgeot sind die beiden wuchtigsten Rotweine. Reife Jahrgänge sind lange haltbar, und man sagt ihnen ein Aroma nach, das an Kirschwasser erinnert. Der Clos St-Jean hat oft sanftere Frucht und reift früher aus – in ihm finden sich Pflaumen, Pfirsiche und Veilchen, wenn er auch manchmal in der Jugend erdig ist. Allerdings wird im Clos der Anteil an Chardonnay immer größer.

DIE WICHTIGSTEN CHASSAGNE-MONTRACHET-ERZEUGER

Die Superstars

Domaine Michel Colin-Deléger, Domaine Jean-Noël Gagnard, Domaine Bernard Morey, Domaine Michel Niellon, Domaine Ramonet

Domaine Guy Amiot et Fils

Die weißen Premiers crus sind lohnenswert.

Domaine Jean-Marc Blain-Gagnard

Es bestehen Verbindungen zu Delagrange-Bachelet, dies hier ist ein Schwiegersohn – er bringt honigduftigen Bâtard hervor, der seine Zeit braucht, bis er alles hergibt, was in ihm steckt; dazu auch noch weißen Morgeot mit vollem, robustem Geschmack.

Domaine Michel Colin-Deléger

Weißer Les Chaumées (als Premier cru eingestuft, aber einer von den Lagennamen, die in berühmteren Lagen aufgehen) mit wunderbarem Honigton, bezaubernd, himmlisch – von echter Rasse und Finesse.

Domaine Vincent Dancer

Die Rotweine des Neulings in Chassagne sind genauso eindrucksvoll wie die Weißen.

Domaine Richard Fontaine-Gagnard

Der einfache weiße Chassagne-Montrachet ist eindrucksvoll, eichenholzduftig mit einem Bukett aus Akazien, Maiglöckchen und Holzrauch und geschmeidigem, kräftigem Geschmack. Der junge Rotwein hat Loganbeeren und Eichenholz im Aroma und ist vielversprechend.

Domaine Jean-Noël Gagnard

Der Bâtard-Montrachet dieses brillanten Kellermeisters hat mir vor vielen Jahren den Sinn für weißen Burgunder erschlossen, und dafür werde ich ihm ewig dankbar sein. Er bringt noch immer erstaunlichen Wein hervor, gehaltvoll, mit explosiv sich entfaltendem Geschmack – so großartig, dass über ihm genussvoll-behagliches Schweigen eintritt. Hinzu kommen ein weißer Les Caillerets und Morgeot sowie ein einfacher Chassagne und noch eine ganze Reihe von Rotweinen – ich kann seinen Morgeot nur empfehlen.

Domaine Jacques Gagnard-Delagrange

Monumentale Grands und Premiers crus, die sich in der Flasche hervorragend halten.

Domaine Marquis de Laguiche

Der Most wird zur Verarbeitung, zum Ausbau und zum späteren Verkauf zu Joseph Drouhin nach Beaune geliefert. Le Montrachet mit großem Charme und enormer Frucht, üppig und wohl ausgewogen. Fantastischer geradliniger weißer Chassagne.

Domaine du Duc de Magenta

Fast alle Weine werden von Louis Jadot in Beaune erzeugt und verkauft. Nach dem weißen Abbaye de Morgeot Clos de la Chapelle lohnt es sich Ausschau zu halten.

Domaine Bernard Morey

Roter Chassagne mit schönem, frischem Geschmack nach saftigen Erdbeeren. Der weiße En Cailleret braucht meist ein paar Jahre zur Entfaltung, der Baudines dagegen mildert sich früher. Die Domaine hat auch weißen Les Embrazés zu bieten.

Domaine Marc Morey

Dieser Erzeuger hat einen großen Schritt nach vorn gemacht.

Domaine Pierre Morey

Unglaublich guter Bâtard-Montrachet, zunächst streng, dann aber voll und reichhaltig mit einem Anklang an Toast.

Domaine Michel Morey-Coffinet

Klassische Weinbereitung mit verlässlichen Ergebnissen.

Domaine Michel Niellon

Eine beispielhafte Palette an Weinen, vom Bâtard und Chevalier bis zum einfachen Chassagne, alle voll, ölig und kräftig in Aroma und Geschmack.

Domaine Ramonet

Auf Empfehlung des großen amerikanischen Weinfreunds Bipin Desai durfte ich das vollständigste Sortiment von Ramonet-Weinen probieren, das je zur Verfügung stand. Es sind große Weine, sogar in mittelmäßigen Jahren, der außergewöhnliche Bâtard 1974 zum Beispiel. Die Bâtards 1969, 76, 79 und 87 sind Klassiker. Die Montrachet 78 und 85 sollten eigentlich Prüfstein sein für dessen Qualitäten, aber gelegentlich bin ich auf solche von Ramonet gestoßen, die nicht den Stempel eines echten Grand cru trugen – ein Rätsel und beunruhigend. Die Ruchottes können eine günstige Gelegenheit sein, die 83er und 86er sind erstaunlich. Das Gleiche gilt für die Bienvenues von 1982, 83 und 90. Ich wollte, ich hätte einen 88er und 89er in meinem Keller, ganz zu schweigen von En Cailleret 1989. Eine bemerkenswerte Familie, deren Name Legende geworden ist – möge sie sich dessen immer würdig erweisen.

SAINT-AUBIN ●○

Erzeugung 2001:

St-Aubin ● 1876 hl
St-Aubin ○ 5096 hl

Premiers crus: *Die Situation ist hier höchst kompliziert, in 16* climats *sind 29 Flurnamen, also Teillagen, enthalten. In der Praxis werden mehrere dieser Fluren zu einem Premier cru zusammengefasst; am häufigsten verwendete Bezeichnungen: La Chatenière, En Remilly, Les Murgers des Dents de Chien, Les Champlots, Le Charmois, Le Village, Les Castets, Sur le Sentier du Clou, Les Cortons, Les Frionnes, Sous Roche Dumay, Les Perrières.*

Saint-Aubin ist so etwas wie ein noch unentdecktes Juwel von Burgund, denn die Weinbauern hier sind durchweg sehr gewissenhaft und die Weine alle gut. Bei den letzten Proben hat es erstaunlich wenig Enttäuschungen gegeben, wohl aber hat sich mancher köstliche Tropfen zu Preisen vorgefunden, die nicht so exorbitant sind wie anderswo an der Côte d'Or. Saint-Aubin ist ein winziges Dorf hinter Puligny-Montrachet und Meursault in der Nähe des Ortes Gamay. Seine Weinberge sind in alle möglichen Richtungen von Südost bis Südwest geneigt. Der Boden ist unterschiedlich, man kann tatsächlich zwei deutlich voneinander getrennte Teile von Saint-Aubin feststellen: einmal die Weinberge unterhalb von Gamay am Roche du May am Ende des Hangs, der die Côte d'Or bildet, und dann die Weinberge an der Montagne du Ban in westlicher Richtung. Hier enthalten die Steilhänge sehr viel Kalkgestein. Auf ihnen liegen Premiers crus wie zum Beispiel Frionnes, Sentier du Clou und Castets, während die Lagen Roche du May, Champlots, La Chatenière, Sous Roche Dumay und Dents de Chien (wo außer in Burgund könnte man solche Namen finden?) Mergelboden mit Kalksteinschutt und braunen Lehm und Kreide aufweisen.

Es hat nichts Abfälliges, wenn man sagt, dass die Weine von Saint-Aubin etwas leichtere und frischere Versionen größerer Appellationen sind. Die Rotweine ähneln einem Chassagne-Montrachet mit etwas weniger Körper, und die Weißweine lehnen sich eher an Puligny als an Meursault an, allerdings ist der Duft etwas weniger intensiv, und sie sind nicht so ölig. In vielen Rotweinen habe ich im Geschmack eine Erdbeernote entdeckt, und natürlich bestehen auch Nuancen zwischen den einzelnen Premiers crus – der Sous Roche Dumay ist jung oft recht tanninreich, während der Kalkstein von Les Castets für Finesse sorgt. Die besten Weißweine kommen von La Chantenière und Les Murgers des Dents de Chien. Hier ist das Haselnussbukett stark ausgeprägt.

DIE WICHTIGSTEN SAINT-AUBIN-ERZEUGER

Die Superstars

Domaine Marc Colin, Domaine Hubert Lamy, Domaine Henri Prudhon et Fils

Domaine Jean-Claude Bachelet

Delikate, an Haselnüsse und Maiglöckchen erinnernde Weine.

Domaine Gilles Bouton

Gilles Bouton erzeugt hier weißen En Remilly mit großer Fülle und Eichenholzduft in einem breiten Stil.

Domaine Marc Colin

Der weiße La Chatenière ist aromatisch und schmeckt nach Rosenblüten.

Maison Louis Jadot

In Beaune. Guter weißer St-Aubin.

Domaine Hubert Lamy

Ausgezeichneter roter Castets, der für lange Haltbarkeit bestimmt ist; im weißen Frionnes vereinen sich Akazien- und Eichenholzduft auf stilvolle Art.

Domaine Henri Prudhon et Fils

Ein Les Frionnes mit ausgeprägtem Pinot-Erdbeer-Bukett, zartem Bodengeschmack und sehr feinem, anhaltendem Aroma. Auch gute Weißweine.

Maison et Domaine Roux Père et Fils

Gewissenhafte Weinbereitung, schöne Weißweine mit Finesse, insbesondere La Chatenière; Rotweine mit Kirschenaroma.

SANTENAY ●○

Erzeugung 2001:

Santenay ● 13 569 hl
Santenay ○ 2105 hl

Premiers crus: *Les Gravières, Clos de Tavannes, La Comme, Beauregard, Passetemps, Beaurepaire, La Maladière, Le Petit Clos Rousseau (z. T.), Le Clos de Mouches, Le Clos Faubard, Le Grand Clos Rousseau.*

Wenn man von Süden kommt, ist hier der Anfang der Côte de Beaune. Witzige Geister sagen, hier sei der Ort, wo sich Wein und Wasser treffen, denn Santenay ist auch ein Thermalbad für Magen-, Leber- und Darmkranke.

Die Bodenbeschaffenheit ist recht unterschiedlich. Die Premiers crus La Comme und Les Gravières am Hang nördlich von Santenay haben eine kieshaltige Bodenauflage über mergeligem Unterboden mit Kalkstein. Les Gravières liegt fast auf ebenem Grund, La Comme und die sehr steinige Lage Beauregard dagegen am Hang. Die Appellation wird im Wesentlichen für Rotwein benutzt, doch in der Lage Les Gravières befindet sich ein Stück mit Weißweinreben, u. a. der sehr gute Clos des Gravières. Südlich von Santenay besteht der Boden aus braunem Kalkstein oder tiefgründigerer Erde. Die hier entstehenden Weine sind deshalb erdiger im Charakter.

Die Rotweine von Santenay weisen oft einen deutlichen *goût de terroir* auf. In der Jugend sind sie meist ausgesprochen gerbstoffreich und fest. Der Les Gravières hat die größte Finesse, La Comme dagegen ist robuster. La Maladière ist elegant und geschmeidig und meist früher genussreif. Im Duft sind schon Veilchen, Kastanien, Erdbeeren und Mandeln vorgefunden worden, in jungen Weißweinen stellen sich im Bukett Haselnüsse und Farnkraut ein.

DIE WICHTIGSTEN SANTENAY-ERZEUGER

Der Superstar

Vincent Girardin

Domaine Adrien Belland

Ich habe guten Santenay und noch besseren, robusten Santenay-Comme probiert.

Domaine Hubert Bouzereau-Gruère

Mustergültiger Santenay, er schmeckt nach Urwüchsigkeit, »nassem Fell« und zerdrückten Erdbeeren.

Maison Joseph Drouhin

In Beaune. Sehr gute Auswahl in der Appellation, interessante Preise.

Domaine Guy Dufouleur

In Nuits-St-Georges. Der Clos de Genêts aus dieser Domaine hat schönen, erdigen Santenay-Charakter; ein voller, aber fruchtiger und frischer Wein, weder zu alkoholstark noch »suppig«.

Domaine Vincent Girardin

Girardin ist nicht nur ein erfolgreicher Geschäftsmann, sondern auch ein erstklassiger Erzeuger. Les Gravières ist sein Spitzenwein. Er kann sich sehr lange halten.

Domaine Yves Girardin

Gut für geradlinigen Santenay.

Maison Louis Jadot

In Beaune. Jadots neueste Erwerbung. Schöner, voller, zupackender Clos de Malte.

Domaine Mestre Père et Fils

Erdiger, fruchtiger Santenay Clos Faubard. Eine große Domaine mit beträchtlichem Premier-cru-Besitz. Weniger als die Hälfte des Weins wird in der Domaine abgefüllt.

Domaine Bernard Morey

In Chassagne-Montrachet. Superber Grand Clos Rousseau mit Eichenholzaroma und reinster Finesse.

Domaine de la Pousse d'Or

In Volnay. Clos de Tavannes und Les Gravières können die besten Weine der Appellation sein.

Domaine Prieur-Brunet

Ganz vorzüglicher Santenay-Maladière mit nur einem Hauch von neuem Holz im Geschmack.

Maison et Domaine Roux Père et Fils

In Saint-Aubin. Ein Santenay vom St-Aubin-Spezialisten – außerordentlich fruchtig.

MARANGES ●○

Erzeugung 2001:

Maranges ● 8692 hl
Maranges ○ 230 hl

Premiers crus: *Le Clos des Rois, Les Clos Roussots, Fussière, Le Clos de la Boutière, La Croix aux Moines, Le Clos des Loyères.*

Die Appellation Maranges wurde am 23. Mai 1989 offiziell zugelassen. Unter diesem Namen werden die Weine von Cheilly-lès-Maranges, Dezize-lès-Maranges und Sampigny-lès-Maranges zusammengefasst. Die Appellation befindet sich gleich westlich von Santenay und somit nicht eigentlich an der Côte d'Or, sondern knapp jenseits der Grenze im Departement Saône-et-Loire. Die Weinberge liegen nach Süden und Südosten an gut geschützten Hängen, der Boden enthält viel Lias-Lehm, weswegen die Weine recht kräftig und stark werden – sie brauchen einige Zeit, sich zu runden, und eignen sich zum Altern. Empfohlene Erzeuger: Bernard Bachelet et Fils; Domaine Fernand et Catherine Chevrot, Routes des Couches, 71150 Cheilly-lès-Maranges, Tel. 3 85 91 10 55; Bernard Morey in Chassagne.

COTE DE BEAUNE ●○

Erzeugung 2001:

Côte de Beaune ● 1087 hl
Côte de Beaune ○ 532 hl

Diese Appellation ist wahrhaft überflüssig. Die Fläche beträgt 39 ha, von denen nur etwa 30 ha bebaut werden, und umfasst die Gegend von Beaune selbst sowie die Lagen Les Topes Bizot, Les Pierres Blanches, Les Mondes Rondes, Les Monnières und La Grande Châtelaine, die dem Handelshaus Louis Max gehört.

Ein Wein, nach dem zu suchen sich lohnt, ist der weiße Côte de Beaune aus dem Lycée Agricole et Viticole in Beaune. Dieser Fachschule gehören 19,3 ha Weinberge, weitere 9,6 ha hat sie gepachtet; alles fällt in verschiedene Appellationen.

COTE DE BEAUNE-VILLAGES ●○

Erzeugung 2001:

Côte de Beaune-Villages ● 180 hl
Côte de Beaune-Villages ○ unbedeutend

Die Appellation umfasst die folgenden 16 Weinorte (Villages): Auxey-Duresses, Blagny, Chassagne-Montrachet, Cheilly-lès-Maranges, Chorey-lès-Beaune, Dezize-lès-Maranges, Ladoix, Meursault, Monthelie, Pernand-Vergelesses, Puligny-Montrachet, Saint-Aubin, Saint-Romain, Sampigny-lès-Maranges, Santenay, Savigny-lès-Beaune.

Der Wein aus diesen Orten darf natürlich auch unter dem Ortsnamen verkauft werden. Für die weniger bekannten Orte oder in Gemeinden, die eigentlich durch Weißwein berühmt sind, ist es vorteilhafter, die Bezeichnung Côte de Beaune-Villages zu verwenden. So wird die AC vor allem von Négociants genutzt, die durch Mischen von Weinen aus verschiedenen Orten oft Gutes zusammenstellen. Eine seltener genutzte Möglichkeit: auf dem Etikett der Name der Villages-Appellation und dahinter die Angabe Côte de Beaune mit gleich großen Buchstaben. Alle diese Weine können gut und kräftig im Gefüge sein und einige Jahre Flaschenlagerung zum Ausreifen benötigen.

Côte Chalonnaise ●○

Die Region der Côte Chalonnaise erstreckt sich vom Dheune-Tal bei Chagny im Norden bis Saint-Gengoux-le-National, südwestlich von Châlon-sur-Saône, im Süden. Überall auf günstig gelegenen Hängen stehen Reben, aber durchaus nicht mehr in einem ununterbrochenen Band wie an der Côte d'Or. Der Boden besteht im Allgemeinen aus Kalkstein oder kalkhaltigem Lehm, und die Unterschiede zwischen den Weinorten und den Appellationen beruhen mehr auf Variationen im Mikroklima als im Boden. Wo immer der Kalkstein die Oberhand hat, dürfte wohl vorwiegend Chardonnay angepflanzt sein, während auf den lehmigen Böden, die zu einer kräftigen Farbe beitragen, der Pinot noir vorherrscht – er ist an der Côte Chalonnaise die bedeutendste Traubensorte, denn er hält 67 % der Weinbaufläche besetzt, während auf Gamay 13,5 %, auf Chardonnay 10 % und auf Aligoté 9,5 % entfallen. Die besten Lagen sind Ost-, Südost- oder Südhänge, die oft bis zu einer Höhe von 350 m bepflanzt sind, sodass die Lese später stattfindet als an der Côte d'Or. Da es hier in den Sommermonaten manchmal auch etwas kühler ist als in der Gegend von Dijon, kann es in nicht so ganz vollendet schönen Jahren Schwierigkeiten mit dem Reifegrad der Trauben geben. Wenn es das Schicksal aber gut mit ihnen meint, dann sind die Weine von der Côte Chalonnaise nicht nur nachempfundene Versionen ihrer großen Brüder von der Côte d'Or, sondern sie haben echten Regionalcharakter und allerhand Eigenständigkeit zu bieten. Die Appellation Bourgogne Côte Chalonnaise gibt es seit 1990. Leider steht die Côte Chalonnaise zurzeit jedoch nicht besonders gut da: Wie im Beaujolais und im Mâconnais blieben auch hier viele Erzeuger auf ihren 2000er und 2001er Jahrgängen sitzen, und die niedrigen Preise für weniger bedeutende Appellationen, etwa einfachen Burgunder, setzten ihnen endgül-

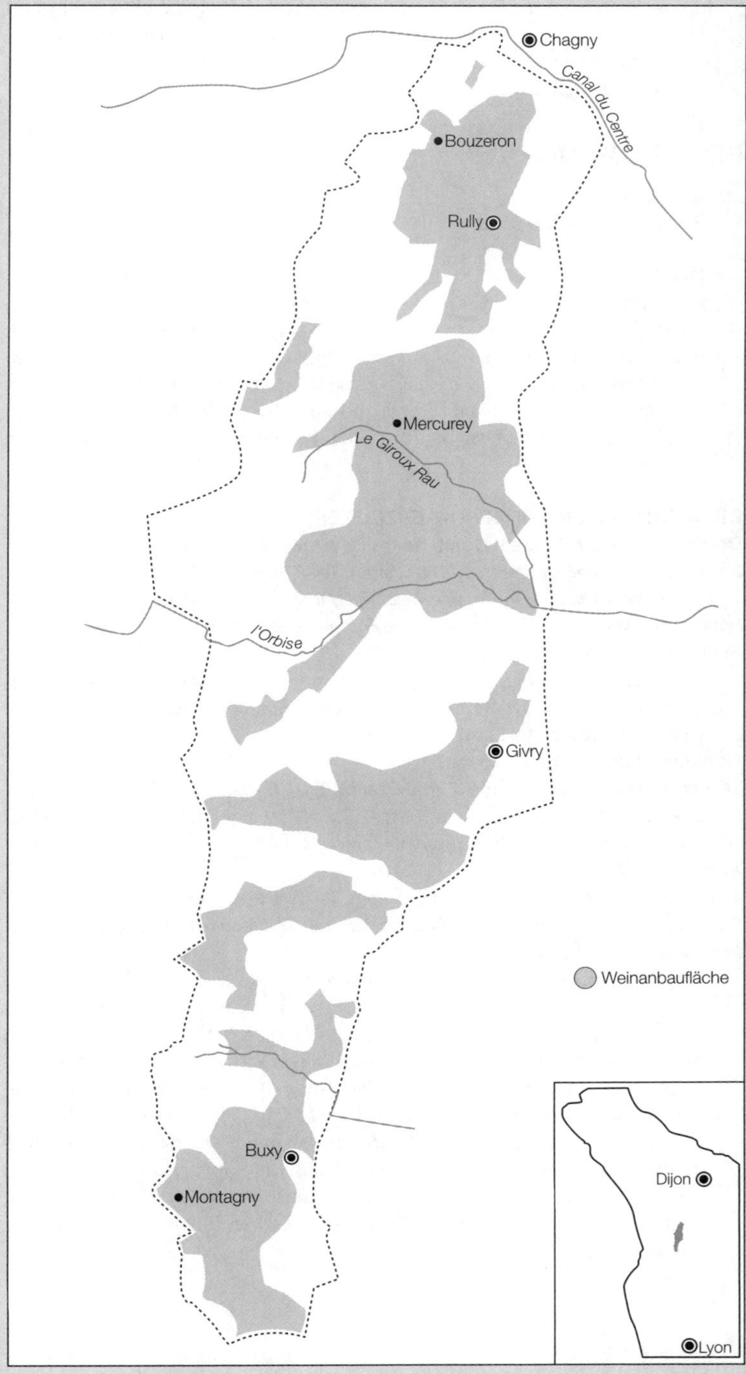
Chagny
Canal du Centre
Bouzeron
Rully
Mercurey
Le Giroux Rau
l'Orbise
Givry
Weinanbaufläche
Buxy
Montagny
Dijon
Lyon

tig die Pistole auf die Brust. Die Spitzenweine aus dem Süden von Burgund bieten teilweise ein ausgezeichnetes Preis-Leistungs-Verhältnis. Doch bedauerlicherweise bringt die Côte Chalonnaise auch viele nichtssagende und schlecht gemachte Weine hervor.

BOUZERON ●○

Erzeugung 2001:

Bourgogne Aligoté de Bouzeron 2136 hl

Der Aligoté aus diesem Ort bei Chagny und Rully gilt schon lange als etwas Besonderes. Daher wurde 1979 die Appellation Bourgogne Aligoté de Bouzeron geschaffen, die seit kurzem nur noch Bouzeron heißt. Die Weine sind oft gehaltvoller und würziger als anderswo und erfreuen alle, die sich gern einmal auf etwas Ungewohntes einlassen. Sehr gute Domaines dafür sind Aubert et Pamela de Villaine, Chanzy Frères mit dem Clos de la Fortune und Bouchard Père et Fils. Auch Delorme ist für seinen besonders gut gemachten Aligoté bekannt.

DIE WICHTIGSTEN BOUZERON-ERZEUGER

Domaine Chanzy Frères – Domaine de l'Hermitage

2, rue de la Fontaine, Bouzeron, 71150 Chagny, Tel. 3 85 87 23 69.
1er cru: Mercurey Clos du Roi (rot und weiß); Rully (rot und weiß), Mercurey Carabys; Bourgogne Aligoté de Bouzeron Clos de la Fortune, Les Clous; Bourgogne Clos de la Fortune (rot und weiß).

Eine Reihe von roten und weißen Weinen von der Côte Chalonnaise (Mercurey, Rully), aber der Bourgogne Aligoté ist der Beste; auch der Bourgogne Clos de la Fortune (rot und weiß) ist gut.

Domaine Pierre Cogny

14, rue de la Fontaine, Bouzeron, 71150 Chagny, Tel. 3 85 87 19 96. 13 ha.

Cogny ist ein weiterer renommierter Aligoté-Erzeuger. Er stellt auch Rot- und Weißweine der benachbarten Appellation Rully her.

A. et P. de Villaine

1, rue de la Fontaine, Bouzeron, 71150 Chagny, Tel. 3 85 91 20 50. 19,5 ha.
Rully (weiß), Mercurey; Bourgogne Aligoté Bouzeron, Bourgogne Côte Chalonnaise (rot und weiß), Rosé de Pinot noir.

Hier sind Aubert und Pamela de Villaine zu Hause, die Eigentümer der legendären Domaine de La Romanée-Conti in Vosne. Die Côte Chalonnaise liegt ihnen sehr am Herzen, und dies ist eine sehr gute geführte Domaine, deren Weine eine ausgezeichnete Einführung in das Wesen des Burgunders sein können. Die Aligoté- und Rosé-de-Pinot-noir-Weine werden nur leicht gepresst und bei höchstens 21 °C in druckfesten Tanks sowie, vor allem, in großen *foudres* ausgebaut. Der Chardonnay kommt teils in Eichenfässer, teils in große Eichenbehälter. Die Rotweine lagern unter mehrmaliger *pigeages* in hölzernen *cuves*. In Jahren, wo größere Konzentration erwünscht ist, wird etwas Saft abgezogen, um das Verhältnis zwischen Inhalt und Gärsubstanz auszugleichen.

RULLY ●○

Erzeugung 2001:

Rully ● 4946 hl
Rully ○ 9304 hl

Premiers crus: *Margotey, Grésigny, Vauvry, Mont-Palais, Meix-Caillet, Les Pierres, La Bressande, Champ-Clou, La Renarde, Pillot, Les Cloux, Raclot, Rabour*

Die Weißweine von Rully sind durch ihre Finesse und ihre strohgelbe Farbe besonders bekannt geworden. Ihr Geschmack ist oft einerseits blumig und andererseits eine reichhaltige Gewürzmischung, in der vielleicht der Zimt die Oberhand hat.

Die Rotweine sind reine Pinots, meist nicht sehr dunkel, manchmal nach Veilchen und manchmal nach Himbeeren duftend und mit einem wunderbar ausgewogenen Geschmackshintergrund – sie fallen in Rully umso besser aus, je älter die Rebstöcke sind.

DIE WICHTIGSTEN RULLY-ERZEUGER

Die Superstars

Domaine Michel Briday, Domaine Dureuil-Janthial, Domaine Paul et Henri Jacqueson, Château de Rully

Domaine Raymond Bêtes

Agneux, Rully, 71150 Chagny, Tel. 3 85 87 14 73. 10 ha.

Ein junger und vielversprechender Winzer.

Domaine Jean-Claude Brelière

1, Place de l'Eglise, Rully, 71150 Chagny, Tel. 3 85 91 22 01. 7 ha.

Haus mit gutem Ansehen.

Domaine Michel Briday

89, Grand-Rue, Rully, 71150 Chagny, Tel. 3 85 87 07 90. 10 ha.

1ers crus: Rully La Bergerie, Champ-Clou, Grésigny, La Pucelle, Mercurey;
Rully Les Chailloux, Vieilles Vignes, Mercurey; Bourgogne Rouge.

Einer der besten Erzeuger dieser Gemeinde, der besonders gute weiße Rully-Weine, wenn auch nicht gerade überragende, erzeugt, die in 25 % neuen Holzfässern altern.

Maison Emile Chandesais

SCEA Champs-Perdrix, Saint-Nicolas, Fontaines, 71150 Chagny,
Tel. 3 85 91 41 77. 11 ha.
Rully Les St-Jacques; Bourgogne Côte Chalonnaise (rot und weiß).

Ein bedeutendes Handelshaus mit Sitz an der Côte Chalonnaise, das inzwischen zum Picard-Konzern in Chagny gehört. Die Weine sind zwar nicht mehr als ordentlich, doch das Unternehmen kauft immerhin bei den Hospices de Beaune ein, und einige seiner eigenen Erzeugnisse haben mich beeindruckt: Sie sind seidig mit einem Anflug von Eiche. Auch der Passe-tout-grains hat mir gefallen, weniger der Rully. Vertrieben werden unter anderem Weine der Güter Château de Néty (Beaujolais-Villages), Domaine Hermitage (roter und weißer Rully, Mercurey und Bourgogne) und Domaine Gouffier (Bourgogne, Mercurey und Aligoté).

Domaine Pierre Cogny

14, rue de la Fontaine, Bouzeron, 71150 Chagny, Tel. 3 85 87 19 96. 13 ha.

Etwas rustikaler roter und weißer Rully, daneben Aligoté aus Bouzeron.

Maison André Delorme

2, rue de la République, Rully, 71150 Chagny, Tel. 3 85 87 10 12. 70 ha, davon zwei Drittel im Besitz von Jean-François Delorme, der Rest gehört Familienmitgliedern.

1ers crus: Rully Grésigny, Les Cloux, La Fosse, Marisson, Givry Clos du Cellier aux Moines; Rully La Bergerie, Chaponnière, La Chaume, La Martelle, Monthelon, Montmorin, Les Thivaux, Varot, Mercurey Les Chennaults, Les Clos, Les Crêts, Les Lamberots, Les Monthelons, Les Murgers, Les Velles, Ropiton, Montagny l'Epaule; Bourgogne Aligoté de Bouzeron, Crémant de Bourgogne.

Jean-François Delorme hat viel für die Renaissance der Côte-Chalonnaise-Weine getan und seinen Besitz in der Domaine de La Renarde beträchtlich vergrößert. Das Alter der Rebstöcke tut der Qualität der Weine offensichtlich gut. Der Handelszweig von Delorme-Meulien – André Delorme hat ausgezeichnete Weine anzubieten, insbesondere einen Bourgogne Rouge La Croix-Lieux, und das Haus ist auch für seinen Schaumwein Crémant de Bourgogne (Pinot noir und Chardonnay) bekannt.

Domaine Raymond Dureuil-Janthial

Rue de la Buisserolle, Rully, 71150 Chagny, Tel. 3 85 87 02 37. 6 ha.

1ers crus: Puligny-Montrachet Les Champs-Gains; Rully, Mercurey; Bourgogne Rouge, Blanc, Passe-tout-grains.

Bei den roten Weinen kein Abbeeren und keine lange Gärung, die weißen stammen von sehr alten Rebstöcken. Beide altern in bis zu 20 % neuen Holzfässern – die weißen einige Monate, die roten wesentlich länger.

Domaine Duvernay Père et Fils

Rue de l'Hôpital, Rully, 71150 Chagny, Tel. 3 85 87 04 69.

Gute, ehrliche Weißweine.

Domaine de La Folie

Folie, 71150 Chagny, Tel. 3 85 87 18 59. 16 ha (2 ha en métayage*).*

1ers crus: Rully Clos du Chaigne, Clos St-Jacques; Rully Blanc, Blanc Clos Roche, Rouge Clos de Bellecroix, En Chaponnière; Rully Passe-tout-grains.

Macht nach Qualitätseinbußen nun wieder Fortschritte. Jerôme Noël-Bouton baut auf lange Fasslagerung bei niedrigen Temperaturen, um Langlebigkeit zu erzielen. Ich selbst habe diese Weine auch jung als sehr ansprechend empfunden. In dem roten Clos de Bellecroix vereinigen sich Frucht und Wildgeschmack. Der weiße Clos St-Jacques hat Eleganz und Charme.

Domaine Paul et Henri Jacqueson

Rue de Chèvremont, Rully, 71150 Chagny, Tel. 3 85 91 25 91. 8,5 ha.

1ers crus: Mercurey Naugues, Rully La Bressande, Clouds, Grésigny, Marisson-St-Jacques, Mont-Palais, La Pucelle, Rabourcé, Vauvry; Mercurey, Rully Les Chaponnières; Bourgogne Aligoté, Bourgogne Passe-tout-grains.

Eine kleine, sorgfältige geführte Domaine, von Henri Jacqueson gegründet, heute von ihm und seinem Sohn Paul bewirtschaftet. Die Familie ist walisischen Ursprungs, denn im 15. Jahrhundert bestand die Leibwache der Margaret von Burgund aus Walisern, und von daher stammen auch die Jacquesons. 65 % der Produktion gehen ins Ausland, aber auch Privatkunden spielen eine wichtige Rolle. Die vorwiegend roten Weine werden aus nicht entrappten Beeren erzeugt, sie werden morgens und abends gestampft, damit die Schalen mit dem Saft in Berührung bleiben; die Kelterung dauert 15 bis 22 Tage, die Weine sollen ein langes Leben haben. Die ganzen weißen Beeren werden sofort zwei Stunden lang von Horizontalpressen bearbeitet, dann wird der Saft acht bis zehn Stunden in Tanks natürlich geklärt *(débourbage)* und bei kühler Temperatur gegärt. Ausgebaut wird in Eichenfässern – 30 % davon jedes Jahr neu –, abgefüllt jeweils Ende September. Sehr reizvolle Weine und eine Ehre für die Côte Chalonnaise.

Domaine Pierre-Marie Ninot

Le Meix Guillaume, rue de Chagny, Rully, 71150 Chagny. 12 ha.

Guter weißer Rully Grésigny und roter Mercurey, angebaut und erzeugt von Delorme.

Domaine de La Renarde

Rue de la République, Rully, 71150 Chagny. 35 ha (32 ha en métayage*).*

Jean-François Delorme hat in Rully eine sehr bedeutende Domaine aufgebaut. Zu ihr gehört u. a. die 18 ha große Lage Varot, die eleganten Weißwein mit einem Duft nach frisch gemähtem Gras hervorbringt. Für Burgund ist es sehr ungewöhnlich, dass 18 ha in einem Stück beisammen und nicht auf kleine Parzellen verstreut sind. Der rote Rully ist sehr viel besser geworden, seitdem die Reben älter sind, sodass einem jetzt beim Probieren Himbeeren und Erdbeeren in den Sinn kommen.

Château de Rully

Rully, 71150 Chagny, Tel. 3 85 87 20 42.

Roter Rully mit recht viel Biss, der Zeit in der Flasche braucht, sowie ausnehmend guter Weißwein mit leichtem Eichengeschmack, elegant, butterig und mit beträchtlicher Finesse für die Appellation. (Siehe auch Mercurey, Antonin Rodet.)

Domaine Saint-Michel

4, rue du Château, Rully, 71150 Chagny, Tel. 3 85 91 28 63. 10 ha.

1ers crus Rully Les Cloux, Raclot, Rabourcé (weiß), Champs Clouds, Les Cloux (rot); Rully Clos de Pellerey (rot).

Der Eigentümer Emmanuel de Bodard verfügt über einige der besten Lagen dieser Appellation. Sanfte, fruchtige Rote und erstklassige weiße Rully-Weine: Der Rabourcé ist außergewöhnlich.

MERCUREY ●○

Erzeugung 2001:

Mercurey ● 24 419 hl
Mercurey ○ 3631 hl

Premiers crus: *Clos du Roi, Clos Voyen oder Les Voyens, Clos Marcilly, Clos des Fourneaux, Clos des Montaigus, Les Criochots, La Cailloute, Les Combins, Champs Martins, Clos des Barraults, Clos des Myglands, Clos l'Evêque, Grand Clos Fortoul, Les Naugues, Les Crêts, Clos Tonnerre, Les Vasées, Les Byots, Sazenay, La Bondue, Le Levrière, La Mission, Griffères, Les Velley, Clos Château de Montaigu, La Chassière, Les Ruelles Clos de Paradis.*

In Mercurey wachsen fast nur Rotweine, aber es sind die kräftigsten und festesten an der ganzen Côte Chalonnaise, und bestimmt sind sie die langlebigsten von allen Rotweinen der Gegend. Manchmal macht der *goût de terroir,* der von dem hier vorherrschenden Mergel- und Kalksteinboden stammt, mehr als nur eine Geschmacksnote aus. Die besten dieser Weine sind robust und aufgeschlossen und haben selbst im Bukett eine Spur von feuchtem

Boden. Die einfacheren Tropfen sind trocken und rustikal. Sie können etwas plump ausfallen.

DIE WICHTIGSTEN MERCUREY-ERZEUGER

Die Superstars

Domaine Louis et Veronique Desfontaine – Château de Chamilly, Domaine du Château de Chamirey, Maison Faiveley – Domaine de la Croix Jacquelet, Domaine Michel Juillot, Domaine du Meix-Foulet – Paul de Launay

Domaine Louis et Veronique Desfontaine – Château de Chamilly

Chamilly, 71510 Saint-Léger-sur-Dheune. 16 ha.

Louis Desfontaine stellt Weine mit typischem Appellationscharakter her, sie haben Bukett und Körper, sind ausgewogen und erdig-fruchtig. Ich habe aber auch schon einige unglückliche Erfahrungen gemacht, also gehen Sie mit Vorsicht an die Sache heran.

Domaine du Château de Chamirey

Chamirey, Mercurey, 71640 Givry, Tel. 3 85 45 25 48. 35 ha (25 ha roter, 10 ha weißer Mercurey).

Die Weine werden von der Firma Antonin Rodet produziert und vertrieben. Die Trauben werden maschinell gelesen, und die roten wie die weißen Weine gären in Edelstahl, bevor sie neun bis zwölf Monate zu einem Drittel in neuen, zu einem Drittel in alten Eichenfässern und zu einem Drittel im Tank altern. Die Qualität verbessert sich stetig; besonders der Weißwein ist geglückt, ich habe ihn sehr genossen. Er ist geschmeidig und elegant, reif und fruchtig mit einem Anflug von Maienblüte, während der Rotwein fest ist mit dichtem Kirschen- und ausgeprägtem Bodenaroma – ein Wein, der Zeit zum Reifen braucht.

Maison Faiveley – Domaine de la Croix Jacquelet

Grande-Rue, Mercurey, 71640 Givry, Tel. 3 85 45 14 72. 70 ha. Mercurey.

Faiveley erzeugt einige eindrucksvolle samtige rote Premiers crus und den preisgünstigen La Fromboiserie, der ein ausgeprägtes Himbeeraroma aufweist. Die Weine werden in der Domaine de la Croix Jacquelet bereitet und reifen dort auch.

Domaine Thierry Jeannin-Naltet

4, rue de Jamproyes, Mercurey, 71640 Givry, Tel. 3 85 45 27 27. 8 ha.

Reifer, erdiger Premier cru Clos des Grands Voyens, ein Monopole.

Domaine Michel Juillot

Grande-Rue, Mercurey, 71640 Givry, Tel. 3 85 98 99 89. 32 ha.

Grands crus: Corton-Charlemagne, Corton-Perrières; 1ers crus: Mercurey Clos des Barraults, Clos Tonnerre, Les Champs Martins (rot und weiß), Les Combins; Aloxe-Corton Les Caillettes, Mercurey (rot und weiß); Bourgogne Côte Chalonnaise (rot und weiß).

Der junge Laurent Juillot hat das Steuer von seinem Vater Michel übernommen. Hinter seinem Können steckt viel Erfahrung, seine Familie ist seit 1404 im Winzergeschäft, und sein Urgroßvater war ein in ganz Frankreich bekannter Okulierer, ein Metier, das in den Jahren nach der Reblausseuche sehr gefragt war. Gekeltert wird nach vollständigem Entrappen in offenen *cuves*. Im Keller lagert immer ein Drittel neues Holz, und kein Fass ist älter als drei Jahre. Nach 18 bis 24 Monaten *élevage* wird abgefüllt. Die Rotweine schmecken oft nach reifen, wilden Früchten, der weiße Mercurey hat Bodengeschmack und einen Anflug von Lakritze und neuer Eiche. Die Roten sind ausgezeichnet, sie profitieren von dem Drittel neuer Fässer im Keller und schmecken duftig, fruchtig und gut gemacht. Der Clos des Barraults ist gewöhnlich kompakter und gerbsäurehaltiger als die Champs Martins, er reift auch länger, fünf bis acht Jahre. Laurent Juillot erzeugt auch einen hervorragenden Corton-Charlemagne.

Domaine Jean Maréchal

Grande-Rue, Mercurey, 71640 Givry, Tel. 3 85 45 11 29. 10 ha.

Hervorragende, typische Mercurey-Weine. Die roten wie die weißen altern in 20 % neuen Holzfässern.

Domaine du Meix-Foulot – Paul de Launay

Clos du Château de Montaigu, Mercurey, 71640 Givry, Tel. 3 85 45 13 92. 17 ha.
1ers crus: Mercurey Clos du Château de Montaigu, Les Biots, Les Veleys; Mercurey (rot und weiß); Bourgogne Aligoté.

Eine Familiendomaine, rund um die Ruinen des mittelalterlichen Château de Montaigu gelegen. Agnes de Launay erzeugt dort gute bis ausgezeichnete Weine. Die Beeren werden entrappt, gekeltert wird unter fortwährendem Stampfen acht bis zehn Tage. Die Weine bleiben sechs Monate in ungeheizten Kellern im Fass, sodass die Milchsäuregärung sich Zeit lassen kann. Gealtert wird in Eichenfässern, in denen die Weine je nach Jahrgang und Cuvée sechs bis zwölf Monate liegen bleiben – so werden einige gerade vor der nächsten Lese abgefüllt, meist jedoch zwischen März und Juni des folgenden Jahres, was eine Gesamtreifezeit von 18 Monaten ergibt. Oft werden die Weine auch nicht filtriert. Sowohl die roten wie auch die wenigen weißen Weine halten sich gut. Wenn Sie durch Mercurey kommen und diese Domaine besuchen möchten, ist es ratsam, sich genau nach dem Weg zu erkundigen, denn sie liegt versteckt und einsam an einem rebbewachsenen Hang.

Domaine Maurice Protheau et Fils – Jean-François Protheau et Fils

Château d'Etroyes, Mercurey, 71640 Givry, Tel. 3 85 45 25 00 – Place de Reu, Mercurey, 71640 Givry, Tel. 3 85 45 27 98. 38 ha (55 ha en métayage*).*
1ers crus: Rully Les Grésigny, Mercurey Clos l'Evêque, Les Vellées; Rully (weiß), Rully La Chatalienne; Mercurey Rouge, Clos des Corvées, La Fauconnière, Les Ormeaux; Bourgogne Vigne de Champrenard.

Eine wichtige Domaine der Côte Chalonnaise, deren Weine von dem Handelsunternehmen der Familie vertrieben werden. Mitglieder der Familie Protheau sind seit 1720 Winzer in Mercurey, doch 1976 wurde in Rully ein neuer Weinberg angelegt. Die roten Beeren werden vollständig entrappt, acht bis zehn Tage gekeltert und 12 bis 14 Monate in Eichenfässern gereift. Clos l'Evêque und Clos des Corvées kommen in neue Eichenfässer. Die Rotweine neigen zu Gerbsäure und altern langsam. Die weißen Mercurey werden mit dem Alter reif und füllig. Die Schweiz ist der größte Abnehmer. Chef ist Philippe Protheau.

Domaine Jean et François Raquillet

Rue de Jamproyes, Mercurey, 71640 Givry. 8 ha.

Der gute Erzeuger hat sich weiter verbessert, seitdem François das Steuer übernommen hat.

Antonin Rodet

Mercurey, 71640 Givry.
Domaine du Château de Chamirey 32 ha, Domaine du Château de Rully 36 ha, Château de Mercey – Domaine Rodet 65 ha.

Dieses wichtige Handelshaus gehört nun zur Worms-Gruppe, wird jedoch weiterhin mit großem Engagement von Bertrand Devillard geführt. Seit Mitte der 80er-Jahre hat es sich stark vergrößert: 1986 begann Rodet, die Weine des Château de Rully (inklusive Domaine Monassier) zu erzeugen und zu vertreiben; 1988 erwarb er 50 % der Domaine Jacques Prieur, von der er die

Hälfte des Ertrags auch verkauft. 1989 übernahm er Château de Mercey in Cheilly-lès-Maranges, wo interessante Experimente mit Pergola-Erziehung stattfinden. Grundlage für die meisten Weißweine ist Most aus Meursault, Puligny, Chassagne und Chablis; die Weißweine lassen in letzter Zeit die Fortschritte erkennen, die der Betrieb dank sorgfältiger Auswahl und Erzeugung gemacht hat – der weiße Rully und das Château de Chamirey ragen da besonders hervor. Antonin Rodet exportiert 55 % seiner Produktion in fast die ganze Welt und gehört damit ohne Zweifel zu den Aufsteigern der letzten Jahre.

Domaine Hugues et Yves de Suremain – Domaine de Bourgneuf
Grande-Rue, Mercurey, 71640 Givry, Tel. 3 85 45 20 87. 22 ha.

Diese Domaine war ehemals eine verlässliche Quelle für duftige Weine mit gutem Regionalcharakter: einfacher Mercurey mit Kirschenaroma und reicherer, festerer Clos Voyen. Es gibt immer noch gute Weine, aber im Augenblick ist die Qualität wechselhaft, und einige der anderen Tropfen sind ausgesprochen rustikal.

Domaine Emile Voarick
Le Bourg, 71640 St-Martin-sous-Montaigu, Tel. 3 85 45 23 23.
1er cru: Mercurey Clos du Roi (rot); Beaune (rot), Mercurey (rot und weiß), Givry (rot und weiß).

Jetzt im Besitz von Michel Picard vom Handelshaus Picard Père et Fils.

GIVRY ●○

Erzeugung 2001:
Givry ● 10 872 hl
Givry ○ 1920 hl

Im Folgenden eine etwas widersprüchliche Liste der Premiers crus: *Clos Jus, Clos Charlé, Clos de la Servoisine, Clos du Cellier aux Moines, Petit Marole, Vaux, Marole, Bois Chevaux, Petits Prétants, Clos St-Pierre, Clos St-Paul, Clos Salomon, Grands Prétants, Clos de la Barraude, En Vignes Rouges, Bois Gauthier, Le Vigron, Les Grandes Vignes, Clos Marceaux, Clos du Vernoy, Les Berges, Clos du Cras Long.*

Der Givry kann eine wunderbare Duftigkeit und einen köstlichen, anhaltenden Pinot-noir-Charme entfalten. Er hat nicht so viel Körper wie der Mercurey, dafür mehr Delikatesse im Geschmack. Seltsamerweise wird er auf manchen Etiketten als der »Lieblingswein Heinrichs IV.« bezeichnet, während es doch sonst immer heißt, er habe es mehr mit dem Jurançon aus den Vorbergen der Pyrenäen gehalten. Wenn es aber stimmt, dass die Geliebte des Königs in Givry einen Weinberg hatte, dann wird die Geschichte schon ihre Richtigkeit haben.

DIE WICHTIGSTEN GIVRY-ERZEUGER

Die Superstars

Domaine de la Ferte, Domaine Jean-Marc Joblot, Domaine Vincent Lumpp

Domaine Chofflet-Valdenaire
Russilly, 71640 Givry, Tel. 3 85 44 34 78. 11 ha.

Rauchige Pinot-Frucht im Bukett, dazu ein Hauch Veilchenduft. Erdiges Trüffelaroma – ein sehr ansprechender Pinot, dem es vielleicht nur am Stil der ganz erstklassigen Givry-Tropfen fehlt.

Domaine Desvignes

36, rue de Jambles, Poncey, 71640 Givry, Tel. 3 85 44 37 81.

Korrekter roter Givry.

Domaine de la Ferte

Siehe auch Antonin Rodet in Mercurey. Reichhaltiger, konzentrierter Givry mit harmonischer Eichenholznote.

Domaine Jean-Marc Joblot

4, rue Pasteur, 71640 Givry, Tel. 3 85 44 30 77. 13 ha.

Vincent und Jean-Marc Joblot nehmen ihre Reben und den Weinbau sehr ernst. 80 % der Weine sind rot, 20 % weiß, und sie altern zu zwei bis vier Fünfteln in neuen Holzfässern. Dass sie nicht zu sehr nach Eiche schmecken, spricht für die Qualität des Traubenguts und der Bereitung. Im Allgemeinen gut ausgewogene Weine, harmonisch und typisch – besonders beeindruckend ist der reichhaltige, elegante Clos de la Servoisine.

Domaine Vincent Lumpp

45, rue des Jambles, Poncey, 71640 Givry, Tel. 3 85 44 52 00. 8 ha.

Vier Premiers crus. Vincents Sohn Baptiste geht ihm seit 2001 zur Hand; die Domaine gehört definitiv zu den bewährtesten Adressen in Giverny.

Domaine Gérard Mouton

6, rue de l'Orcène, Poncey, 71640 Givry, Tel. 3 85 44 37 99. 10 ha.

Sehr gute, in 25 % neuen Eichenfässern gealterte rote und weiße Givry-Weine.

Domaine Jean-Paul Ragot

4, rue de l'Ecole, Poncey, 71640 Givry. 7,5 ha.

Der weiße Givry kann ausgezeichnet, reich und nussig sein, aber die Qualität ist nicht immer beständig.

Domaine La Renarde

Siehe auch André Delorme in Rully. Delorme ist der Eigentümer dieses Guts, das mit dem Clos du Cellier aux Moines eine der besten Lagen in Givry sein Eigen nennt. Ich war beeindruckt von dem faszinierenden Duft von getoastetem Brot, manchmal auch von Kräutern der Provence. Doch man kann sich des Eindrucks nicht erwehren, dass aus dieser Lage noch mehr herauszuholen wäre.

Domaine Salomon

16, rue du Clos Salomon, 71640 Givry. 6,8 ha.

Bestenfalls erzeugt das historische Weingut den Clos Salomon voll Subtilität, Charme und Frucht, aber die Qualität schwankt etwas.

Domaine Thenard

7, rue de l'Hôtel-de-Ville, 71640 Givry, Tel. 3 85 44 31 36. 23,8 ha.

Grands crus: Grands-Echézeaux, Corton Clos du Roi, Montrachet; 1ers crus: Pernand-Vergelesses Ile des Vergelesses, Chassagne-Montrachet Clos St-Jean, Givry Cellier aux Moines, Givry Clos St-Pierre, Givry Les Bois Chevaux; Givry (rot und weiß).

Durch den großen Besitz in Le Montrachet bestens bekannt, aber auch die bescheideneren Givry sind gut, besonders der Clos St-Pierre. Die Weine werden vom Négociant Remoissenet in Beaune vertrieben, z. T. wird aber auch auf dem Gut abgefüllt.

MONTAGNY ○

Erzeugung 2001:
Montagny ○ 15 964 hl

Alle Weinberge des Bereichs hatten in der Vergangenheit Anspruch auf die Bezeichnung Premier cru, sofern der Wein vor der Zuckerung einen natürlichen Alkoholgehalt von 11,5 % erreichte. Inzwischen gibt es 53 offizielle Premiers crus! Es ist daher besser, wie so oft in Burgund, den Montagny nach dem Erzeuger und nicht nach der Cru-Appellation auszuwählen. Die Anbaufläche hat enorm zugenommen.

Die Appellation Montagny erstreckt sich auf Montagny selbst sowie Buxy, Saint-Vallerin und Jully-lès-Buxy. Der Montagny soll zwar nicht der Lieblingswein der Könige, dafür aber der Mönche von Cluny gewesen sein, und es heißt, man behalte mit ihm einen frischen Mund und einen klaren Kopf. Ob das nun stimmt oder nicht, kühler weißer Montagny ist einfach eine Köstlichkeit. Er ist etwas voller und öliger, manchmal auch breiter als der weiße Rully, der dafür mehr Rasse und Eleganz entwickeln kann. Im Montagny findet man mehr Mandeln und Honig, im Rully dagegen eher Stroh und Zimt. Interessant ist noch die Beobachtung, dass es in Buxy kimmerisches Kalkgestein gibt.

DIE WICHTIGSTEN MONTAGNY-ERZEUGER

Die Superstars

Domaine Stéphane Aladame, Château de La Saule

Domaine Stéphane Aladame

Rue du Lavoir, Montagny-lès-Buxy, 71390 Buxy, Tel. 3 85 92 06 01. 6 ha.

Stéphane Aladame erzeugt in dieser Domaine seit 1992 Montagny und Aligoté und hat sich zu einem der besten Erzeuger in Montagny gemausert, der hauptsächlich an Restaurants in Frankreich verkauft. Seine Weine werden aus Beständen gemischt, die einzeln in Tanks und teilweise auch in Eiche gereift sind.

Maison François d'Allaines

La Corvée du Paquier, 71150 Demigny, Tel. 3 85 49 90 16.

Dieser relativ neue Négociant bietet guten, mineralischen Montagny und weißen Rully. Siehe auch Weinerzeuger von A–Z.

Cave des Vignerons de Buxy

71390 Buxy, Tel. 3 85 92 03 03.

Die große Genossenschaft, die gut 70 % aller Montagny-Weine herstellt, beliefert viele Kunden in Frankreich und Großbritannien. Es gibt natürlich Unterschiede zwischen den einzelnen Cuvées, doch sind die besten durchaus würdige Vertreter des Namens Montagny. Die Erzeugung der Genossenschaft umfasst außerdem roten und weißen Bourgogne, Passe-tout-grains und Aligoté, d. h. die an der Côte Chalonnaise gern verwendeten allgemeinen Appellationen. Die Rotweine haben durch die Entwicklung eines innovativen Pressverfahrens enorm Auftrieb erhalten.

Domaine du Château de Davenay

71390 Buxy, Tel. 3 85 45 23 23. 31 ha.

1ers crus: Montagny und Rully; Rully; Bourgogne Aligoté, Bourgogne Pinot Noir, Bourgogne Hautes Côtes de Beaune.

Der Besitzer Michel Picard strebt nach Qualität und erzielt gute Resultate. Beeindruckend fand ich den Montagny.

Domaine Lucien Denizot

11, rue du Quart Pigneret, Bissey-sous-Cruchaud, 71390 Buxy, Tel. 3 85 92 13 34.

Freimütiger, fruchtiger Bourgogne Rouge mit Kirschen und Schwarzen Johannisbeeren im Bukett. Einer von ihnen erhielt die Auszeichnung *Chante-Fluté* – das ist die an der Côte Chalonnaise vergebene Variante von *Tasteviné*. (Eine Jury wählt besonders qualitätsvolle Weine aus und verleiht ihnen ein nummeriertes Etikett, das den Namen des Erzeugers und den Aufdruck *Chante-Fluté* trägt.)

Domaine Michel Goubard

Basseville, Saint-Désert, 71390 Buxy, Tel. 3 85 47 91 06. 22,5 ha.

Bourgogne Côte Chalonnaise; Bourgogne (weiß, Aligoté, Passe-tout-grains).

Die Goubards leben seit 1600 an der Côte Chalonnaise, und zwei Drittel der Weinberge, die sie heute besitzen, liegen auf relativ steilen Südosthängen mit optimaler Sonneneinstrahlung. Der Bourgogne Rouge ist fruchtig und charmant, er wird mit *macération semi-carbonique* hergestellt, um jung getrunken werden zu können. Die Hälfte der Produktion wird direkt verkauft, die andere Hälfte geht ins Ausland. Ein Burgunder, der seinen Preis wert ist. Der Côte Chalonnaise Mont Avril ist ein Pinot Passe-tout-grains mit sehr schönem Ausdruck.

Maison Louis Latour

18, rue des Tonneliers, 21204 Beaune Cedex, Tel. 3 80 24 81 00.

Das Handelshaus in Beaune führt auch gute Montagny-Weine.

Château de La Saule – Domaine Roy-Thévenin

Montagny-lès-Buxy, 71390 Buxy. 13 ha.

Montagny; Bourgogne (Aligoté, Passe-tout-grains).

Eine äußerst bewährte Domaine, die dem Négociant Antonin Rodet gehört. Die Trauben für den Montagny werden schnell gepresst, und der geklärte Most gärt in hölzernen Lagerfässern, in mit Email ausgekleideten Tanks, zum Teil auch in Eichenfässern. Im März/April werden die Weine dann verhältnismäßig früh abgefüllt, damit sie frisch, jugendlich und trotzdem ausgewogen herauskommen. Der Aligoté ist ebenfalls erwähnenswert. Heute trifft man die Weine überall in Frankreich und auf den Exportmärkten an.

Mâconnais ●○◑

Die Geologen lieben diese Landschaft wegen der faszinierenden Felsformationen in ihrem südlichen Teil, und die Touristen lieben sie ihrer Schönheit und ihres Reichtums an romanischen Kirchen wegen. Wenn man sich an alledem und an den Obst- und Nussbäumen, den kleinen, braunen Ziegen und den weißen Kühen, die wie Tupfen über die Hänge verstreut sind, sattgesehen hat, dann sollte man sich auch einmal dem Wein zuwenden – er verdient es wohl.

Der Distrikt erstreckt sich über etwa 50 km in Nordsüdrichtung, ist aber nur 15 km breit. Im Osten und im Westen wird er einmal durch das Saône-Tal und zum anderen durch das Vosne-Tal begrenzt; die Hügelkette verläuft von Nordnordwest nach Südsüdwest. Lage und Höhe der Weinberge sind hier für die Qualität höchst wichtig, denn obwohl die Sommer im Mâconnais oft sehr heiß sind, ist es im Winter kalt, und Frostgefahr besteht, bis die Eisheiligen (12. bis 15. Mai) vorüber sind.

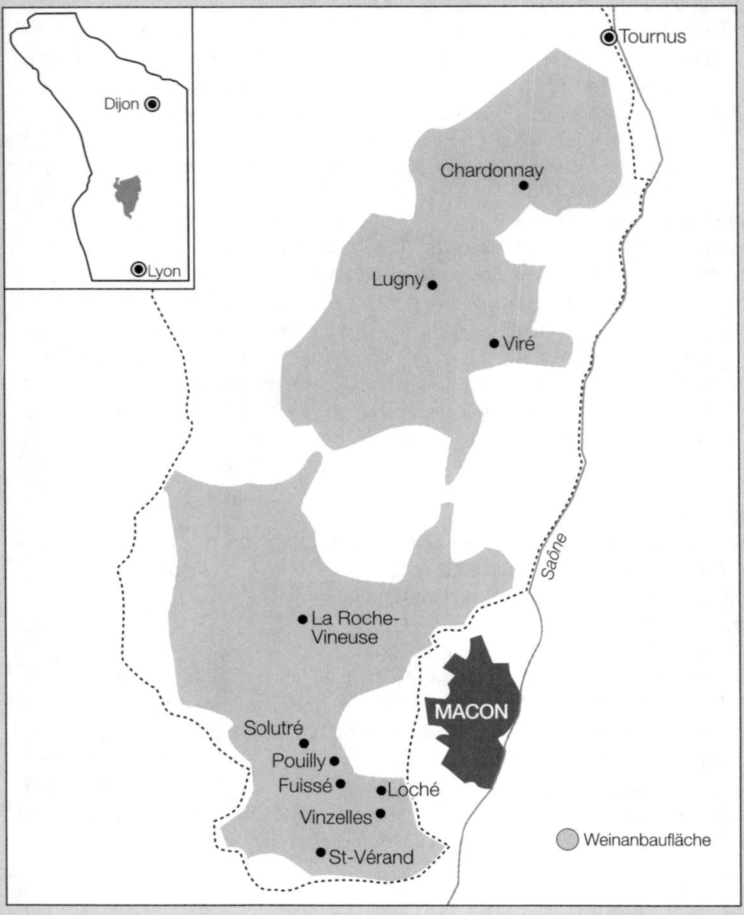

Der Boden weist zwei Haupttypen auf: alkalischen, kalkhaltigen Boden als ideale Voraussetzung für feine Weißweine von der Chardonnay-Traube und etwas saureren Lehm- und Sandboden, der sich besonders gut für jung zu trinkende Weißweine und auch für die Gamay-Traube als Grundlage des Mâcon Rouge eignet. Die eindrucksvollsten und am schönsten der Sonne zugewandten Hänge (daher manchmal recht hoher natürlicher Alkoholgehalt) finden sich im südlichen Teil der Region in den Bergen von Pouilly, Solutré und Vergisson. Die beiden Letzteren sind eigentlich Felsklippen, die aus dem gleichen Juragestein bestehen wie an der Côte d'Or, aber viel dramatischere Formen zeigen. Im Mâconnais spielt der Chardonnay die wichtigste Rolle, er nimmt 71,2 % der Gesamtrebfläche ein, die Gamay-Traube 28,6 % und der Pinot noir 0,2 %. Aus dieser Verteilung erkennt man gleich, dass sich weißer

Mâcon leichter verkauft als roter. Dennoch blieben viele Erzeuger der allgemeinen Appellationen – Bourgogne Rouge und Blanc sowie Mâcon Rouge und Blanc – wie ihre Kollegen im Beaujolais und an der Côte Chalonnaise auf einem großen Teil ihrer 2000er und 2001er Jahrgänge sitzen.

Die Weinbauern im Mâconnais lassen sich immer häufiger in zwei gegensätzliche Lager aufteilen. Die große Mehrheit verkauft ihre Erzeugnisse zumeist *en gros* an Händler oder an die in puncto Qualität kaum nennenswerten Genossenschaften, die die Region dominieren. Eine Hand voll Winzer jedoch wendet Techniken an, die auch den Weinbergen und Kellern der Côte d'Or alle Ehre machen würden: Unkraut jäten und pflügen statt Chemie zu spritzen, Lese von Hand, Gärung mit natürlichen Hefen, oft auch in Eiche, und möglichst ohne Kaltstabilisierung.

Etwa 72 % Genossenschaftsweins ist weiß, 28 % ist rot. Ein großer Teil des Mâcon Rouge wird nach der Methode der *macération carbonique* bereitet (eine nähere Beschreibung wird im Kapitel Beaujolais gegeben), darunter auch Weine, die in Eichenfässern reifen und lange altern sollen – eine interessantes Verfahren zur Verarbeitung von Gamay-Trauben, wenn der Wein nicht für lange Lagerung gedacht ist. Der Pinot noir wird zu Bourgogne Rouge verkeltert oder geht in den Passe-tout-grains ein. Manchmal wird er nach einer Variante der *macération carbonique* behandelt und muss dann ebenfalls jung getrunken werden.

Mir kommt das Mâconnais immer wie das sprichwörtliche »Tor des Südens« vor – der graue Norden weicht dem ockergelben Midi. Die Häuser sind mit gewölbten Ziegeln in warmen Farben gedeckt, die an die Provence erinnern, und sie haben angebaute Veranden, die an sonnige Tage denken lassen. Mitten in einem eiskalten Winter werden sich diese südlichen Gefühle sicherlich bald verlieren, im Sommer aber entfaltet das Mâconnais die ganze Schönheit des ländlichen Frankreich.

MACON ●○◑

Erzeugung 2001:

Mâcon/Mâcon-Villages 355 071 hl
Mâcon-Viré-Clessé 16 640 hl

Hier gilt die Appellation Mâcon-Villages oder Mâcon mit einem von 43 angehängten Ortsnamen. Das klingt verwirrend, doch in der Praxis kommen vorwiegend folgende Ortschaften vor: Lugny, Prissé, Vinzelles, La Roche-Vineuse und Chardonnay, ein Ort, der möglicherweise der Traubensorte den Namen gegeben hat. Viré-Clessé ist eine neue Appellation, die 1999 eingeführt wurde und die beiden Spitzenanbauorte samt Umgebung umfasst.

Im Allgemeinen sind diese Weine im Alter von ein bis zwei Jahren am besten, solange ihre Frucht und ihr blumiger Duft am verlockendsten sind. Die beiden großen Feinde des Mâcon heißen Gewöhnlichkeit und Mangel an Frische, was durch allzu rustikale Weinbereitungsmethoden häufig vorkommt. Charmant ist dagegen eine rauchige, moschusartige Würzigkeit, die auf den in dieser Gegend beheimateten Chardonnay-Klon zurückzuführen ist. Die weit verbreitete maschinelle Ernte führt zu Weinen, die jung getrunken werden sollten – von Hand gelesene Weine halten länger.

DIE WICHTIGSTEN MACON-ERZEUGER

Die Superstars für Rotweine

Domaine Guillot-Broux, Henri Lafarge – Domaine de la Combe, Domaine de la Sarazinière

Die Superstars für Weißweine

Domaine André Bonhomme, Domaine de la Bon Gran – Jean Thévenet, Domaine Guillemot-Michel, Les Heritiers du Comtes Lafon (in Milly-Lamartine), Domaine Paul Talmard, Maison Verget, Domaine du Vieux Saint-Sorlin – Olivier Merlin

Domaine Bénas Frères

La Tuilerie, Serrières, 71960 Pierreclos, Tel. 3 85 35 74 39. 12 ha.

Mâcon Blanc mit leichtem Moschusduft im Bukett, ausladend und fett auf der Zunge. Guter roter Mâcon-Serrières.

Domaine de la Bon Gran – Domaine Emilian Gillet – Jean Thévenet

Clessé, 71260 Lugny, Tel. 3 85 36 94 03. 15 ha.

Aus kleinen Erträgen und langsamer Kelterung entsteht hier ein ausgezeichneter Mâcon-Viré-Clessé. In heißen Jahren bringt die Cuvée Tradition der Domaine de la Bon Gran ein Mostgewicht von 14,5 % mit überreifen Apfel- und Pfirsicharomen sowie enormer Konzentration. Manchmal erzeugt Jean Thévenet aus edelfaulen Chardonnay-Trauben sogar einen Sauternes-artigen Mâcon-Villages. Als echter Burgunder und Vorsitzender der Vereinigung von *Sapros* (Erzeuger edelfauler Weine) setzt er sich für natürliche Methoden zur Herstellung solcher Weine ein.

Domaine André Bonhomme

Viré, 71260 Lugny, Tel. 3 85 33 11 86. 9,5 ha.

Jahraus, jahrein vorbildliche Mâcon-Viré-Clessé, lebhafte Weine von fester Struktur und Langlebigkeit, die bis zu sechs Monaten in 25 % neuen Eichenfässern reifen.

Domaine Paul Broyer

71960 Solutré, Tel. 3 85 35 80 63.

Schöner, fruchtiger, satter Mâcon Solutré.

Domaine des Chazelles – Josette et Jean-Noël Chaland

Jean-Large, Viré, 71260 Lugny, Tel. 3 85 33 10 12.

Geschmeidiger Mâcon-Viré-Clessé – ein guter Wein. Der Betrieb erntet von Hand und erzeugt wie der Lokalmatador Jean Thévenet einen edelfaulen Wein.

Domaine de Chervin – Albert Goyard et Fils

Burgy, 71260 Lugny, Tel. 3 85 33 22 07.

Mâcon-Burgy von Bruno Goyard, dessen Familie auch die Domaine de Roally betreibt. Delikate, ansprechende Weine voller Finesse. Außerdem Mâcon Rouge aus Trauben 50-jähriger Rebstöcke.

Cave Coopérative de Clessé

Clessé, 71260 Lugny, Tel. 3 85 36 93 88.

Leichte, ehrliche weiße und rote Weine, wobei allerdings der geschmeidige Blanc de Blancs *méthode champenoise* das Beste ist.

Domaine de Condemine

Péronne, 71260 Lugny, Tel. 3 85 36 97 03. 4,5 ha.

Véronique und Pierre Janny erzeugen gute, nussige Mâcon-Villages von alten Rebstöcken, übertreiben es jedoch gelegentlich mit dem Schwefeldioxid.

Domaine des Deux Roches – C. Collovray et J. L. Terrier

Les Plantés, Davayé, 71960 Lugny, Tel. 3 85 35 86 51.

Dieser gut geführte große Betrieb ist eine wichtige Bezugsquelle für britische Supermärkte und damit das Pendant zu J.-M. Brocard in Chablis. Die Weine sind zwar bewährt, werden jedoch von manchen als zu dumpf und etwas zu süß beurteilt.

Domaine des Gandines – Robert et Corinne Danachet

Rue de la Vigne Blanche, Clessé, 71260 Lugny, Tel. 3 85 36 95 16.

Mâcon-Viré-Clessé ohne Eichenton, jung ist er zitronenfrisch und sehr reizvoll, er hält sich aber auch länger.

Domaine des Granges – Jean-François Cognard

Chaintré, 71570 La Chapelle-de-Guinchay, Tel. 3 85 37 16 20.

Jean-François Cognard bringt einen guten Mâcon-Chaintré hervor sowie einen mit Preisen bedachten Beaujolais Blanc.

Château de la Greffière

Greffière, La Roche-Vineuse, 71960 Pierreclos, Tel. 3 85 37 79 11. 17 ha.

Die Herren Greuzard erzeugen einen artigen, duftigen Mâcon-Villages, der meiner Erfahrung nach allerdings zu schnell passé ist, und einen bezaubernden Bourgogne Rouge Pinot Noir.

Domaine Marc Guillemot-Michel

Quintaine, Clessé, 71260 Lugny, Tel. 3 85 36 95 88. 6 ha.

Pierrette und ihr Mann Marc haben ihr kleines Gut zu einem renommierten Erzeuger für weißen Burgunder gemacht, wobei sie einiges den Methoden des Lokalmatadors Jean Thévenet verdanken. Nach biodynamischen Grundsätzen erzeugen sie stilvolle Weine, die unmittelbar ansprechend, geschmacklich vielfältig und konzentriert sind.

Domaine Alain et Julien Guillot

Sagy, Cruzille, 71260 Lugny, Tel. 3 85 33 20 15.

Alain und sein Bruder Jean-Gérard (bei Guillot-Broux) führen beide den von ihren Eltern eingeführten organischen Anbau weiter. Alains Weine sind tendenziell etwas kurzlebiger, weil er sehr wenig oder gar nicht schwefelt, aber ich habe herrlichen jungen Mâcon Rouge von diesem Erzeuger gekostet.

Domaine Guillot-Broux

Le Bourg, Cruzille, 71260 Lugny, Tel. 3 85 33 29 74.

Jean-Gérard praktiziert organischen Anbau, obwohl er das auf seinen Etiketten nicht angibt, und in schwierigen Jahren, wie es etwa 2000 für Rotweine war, können die Weißen etwas unbeständig ausfallen. Insgesamt bietet diese Domaine jedoch eine großartige und sehr individuelle Auswahl von Weiß- und Rotweinen aus Pinot und Gamay.

Les Vignerons d'Igé – Groupement de Producteurs

Rue du Tacot, Igé, 71960 Pierreclos, Tel. 3 85 33 33 56.

Da sich der Boden hier besonders für rote Trauben eignet, werden in der Genossenschaft mehr rote als weiße Weine erzeugt.

Henri Lafarge – Domaine de la Combe

71250 Bray, Tel. 3 85 50 02 18. 14 ha.

Lafarge erzeugt elegante, ausgewogene Weißweine; den meisten Respekt verdient er jedoch für seinen großen, alterungswürdigen Mâcon Rouge aus Gamay.

Les Heritiers du Comte Lafon

Milly-Lamartine, 71960 Pierreclos, Tel. 3 80 21 22 17. (Lafon in Meursault) 7,8 ha.

Dominique Lafon, einer der Großen in Burgund, erwarb 1999 dieses Gut, auf dem er die Ernte von Hand einführte und zurzeit vier verschiedene Cuvées aus weißem Mâcon erzeugt. Die Ergebnisse sind vielversprechend.

Cave Coopérative de Lugny

71260 Lugny. 1150 ha.

Eine der wenigen lokalen Genossenschaften, die sich nicht an Cuvées mit Eichenton versuchen. Mir schmeckte besonders der Mâcon-Lugny Les Charmes und der geschmeidige, fruchtige Mâcon St-Gengoux.

Maison Mâconnaise des Vins –
Société Coopérative des Viticulteurs de Saône-et-Loire

484, avenue de Lattre de Tassigny, 71000 Mâcon, Tel. 3 85 38 36 70.

Volle, fette Weißweine mit Nussaroma.

Domaine Jean Manciat

557, chemin des Gerards, 71850 Charnay-lès-Mâcon, Tel. 3 85 34 35 50. 6 ha.

Eine hervorragende Quelle für ehrlich bereiteten, preislich korrekten weißen Burgunder.

Domaine Manciat-Poncet

65, chemin des Gerards, 71850 Charnay-lès-Mâcon, Tel. 3 85 34 18 77.

Jean Manciats Onkel Claude erzeugt duftigen, vollen, überaus verführerischen Mâcon-Charnay und ausgezeichneten Pouilly-Fuissé. Der Pouilly-Fuissé Vieilles Vignes kommt als Einziger sechs Monate in 50 % neue Eichenfässer. Ausschließlich Handlese.

Domaine René Michel

Cray, Clessé, 71260 Lugny, Tel. 3 85 36 94 27.

Konzentrierter Mâcon-Viré-Clessé mit schönem Nussaroma.

Domaine de Montbellet – Château de Mirande

Montbellet, 71260 Lugny, Tel. 3 85 33 13 45. 27 ha.

Baron Patrice de l'Epine erzeugt eleganten, köstlichen Mâcon-Villages mit einem herrlichen Bukett von Akazien und Maiglöckchen.

Domaine Alain Norman

Chemin de la Grange du Dime, La Roche Vineuse, 71260 Lugny, Tel. 3 85 36 61 69.

Olivier Merlins junger Nachbar gründete 1994 dieses 10-ha-Gut; dass er auf geringstmögliche Eingriffe, Handlese und natürliche Kellermethoden besteht, zeichnet ihn als ehrgeizigen Erzeuger aus.

Domaine du Prieuré

Janny, Bissy-la-Mâconnaise, 71260 Lugny, Tel. 3 85 36 97 03.

Hervorragend ausgebauter Mâcon-Villages.

Domaine de Roally – Henri Goyard

Viré, 71260 Lugny, Tel. 3 85 33 10 31.

Schon vor Jean Thévenet bewies Henri Goyard, dass das Mâconnais markante, konzentrierte Weine hervorbringen kann. Nachdem er sich 2000 zur Ruhe setzte, ist nun Jean Thévenets Sohn Florent, der das 5-ha-Gut kaufte, für die Weinbereitung zuständig.

Domaine de Rochebin

En Normond, Azé, 71260 Lugny, Tel. 3 85 33 33 37.

Eine gute Adresse für frischen, jung zu trinkenden Wein.

Domaine de la Sarazinière – Philippe Trébignaud

Grand Bussières, 71960 Bussières, Tel. 3 85 33 10 31.

Philippe Trébignaud eröffnete 1991 das 5-ha-Gut mit etwas mehr Gamay-Rotwein als Chardonnay von alten Rebstöcken. Beide sind sehr eindrucksvoll.

Domaine Paul Talmard

En Cruzille, Uchizy, 71700 Tournus, Tel. 3 85 40 55 57.

Domaine Philibert et Gérard Talmard

Rue des Fossés, Uchizy, 71700 Tournus.

Das 31 ha große Gut wurde vor kurzem zwischen den beiden Brüdern Paul und Philibert aufgeteilt. Ein Großteil der Flächen ist mit Chardonnay-Reben bepflanzt, aus denen ein wunderbar reiner, schmackhafter Mâcon-Uchizy entsteht. Einer meiner persönlichen Stars, dem das maschinelle Ernteverfahren nicht abträglich zu sein scheint.

Maison Trénel et Fils

33, chemin du Buery-le-Voisinet, 71850 Charnay-lès-Mâcon, Tel. 3 85 34 48 20.

Eine Handelsfirma, die aber stets auch ausgezeichneten Mâcon, Beaujolais und Beaujolais Crus hervorbringt.

Maison Verget

Le Bourg, Sologny, 71960 Pierreclos, Tel. 3 85 51 66 00.

1990 wurde Jean-Marie Guffens vom Eigentümer eines erfolgreichen kleinen Guts im Mâconnais zu einem Négociant, dessen Geschäft sich auf die Côte d'Or, Chablis und Luberon ausweitete. Doch viele seiner besten Weine kommen nach wie vor aus örtlichen Appellationen wie Mâcon-Bussières, Mâcon-Vergisson und Mâcon La Roche Vineuse.

Domaine du Vieux Saint-Sorlin – Olivier Merlin

Vers l'Eglise, La Roche Vineuse, 71960 Pierreclos, Tel. 3 85 36 62 09.

Merlin, Winzer und seit 1997 Mini-Négociant, ist eine treibende Kraft für die Mâconnais-Appellation und hat wesentlich dazu beigetragen, dass Dominique Lafon sich in der Region niederließ. Spitzenweine zu sehr fairen Preisen, vor allem Weiße, jedoch auch einige lohnende Exemplare der unterschätzten Spezies Mâcon Rouge.

Cave Coopérative de Viré

En Vercheron, Viré, 71260 Lugny, Tel. 3 85 32 25 50. 400 ha.

Zuverlässige Weine aus dem ganzen Spektrum: ein frischer, zitroniger Mâcon-Viré-Clessé, durchweg gute Crémant de Bourgogne aus reinem Chardonnay, zwei schöne Mâcon-Viré-Clessé-Cuvées und Bourgogne Rouge.

Weitere vorzügliche Weine:

Mâcon-Villages Laforêt von Joseph Drouhin, Mâcon-Prissé von Georges Dubœuf, Mâcon-Viré-Clessé von Louis Jadot und Mâcon-Lugny Les Genièvres von Louis Latour.

Mâcon Supérieur Rouge	Erzeugung 2001:	20 553 hl
Mâcon Supérieur Blanc	Erzeugung 2001:	6890 hl
Mâcon Rouge und Rosé	Erzeugung 2001:	410 hl
Mâcon Blanc	Erzeugung 2001:	2033 hl

Weißer Mâcon aus Pinot blanc oder Chardonnay darf als Pinot-Chardonnay-Mâcon bezeichnet werden, was in unserer auf exaktere Angaben bedachten Zeit etwas überholt erscheint. Ferner gibt es auch Rotwein in kleineren Mengen, der als Mâcon mit anschließendem Ortsnamen oder als Mâcon-Villages bezeichnet wird. Der Zusatz Supérieur weist bei Rot- und Weißweinen auf einen um 1 % höheren Alkoholgehalt hin, d. h. der natürliche Mindestalkoholgehalt vor der Zuckerung beträgt bei Mâcon Supérieur Rouge 10 % und bei Mâcon Supérieur Blanc 11 %. Die Weißweine dieser Kategorie können zu einfachem Bourgogne »degradiert« werden und bilden dann für manchen Weinhändler eine wichtige Lieferquelle.

Die Genossenschaften weisen ganz allgemein einen guten Qualitätsstand auf; bei einigen besteht allerdings noch »Handlungsbedarf«. Sie haben ihren

Sitz in folgenden Orten: Azé, Bissey-sous-Cruchaud, Buxy, Chaintré, Chardonnay, Charnay-lès-Mâcon, Genouilly, Igé, Lugny, Mancey, Prissé, Sennecé-lès-Mâcon, Sologny, Verzé, »La Vigne Blanche« in Clessé, Vinzelles, Viré.

POUILLY-FUISSE ○

Erzeugung 2001:

Pouilly-Fuissé 44 502 hl

Premiers crus gibt es hier keine, manchmal aber wird der Name einer besonderen Lage auf dem Etikett erwähnt, vor allem wenn sie schon durch feinen Wein bekannt geworden ist. Die Orte, in denen der Pouilly-Fuissé erzeugt wird, heißen Pouilly, Fuissé, Solutré, Vergisson und Chaintré. Zwischen diesen Orten bestehen nuancenhafte Geschmacksunterschiede, wobei Pouilly Anspruch auf die Spitzenstellung und Solutré auf körperreichere Weine erhebt, doch hat wahrscheinlich die Geschicklichkeit des Kellermeisters oder auch das Alter der Reben mehr Bedeutung.

Der Felsen von Solutré wirkt recht bedrohlich, und dieses Gefühl wird noch verstärkt, wenn man erfährt, dass an seinem Fuß über einen Hektar verstreut die Knochen wilder Pferde liegen, die von den Ureinwohnern um 15 000 bis 12 000 v. Chr. über die Klippe getrieben und auf diese Weise erlegt wurden. Überraschenderweise sind die Sprünge dieser Kreaturen am anderen Ende Frankreichs, im prähistorischen Museum in Les Eyzies (Dordogne), dokumentiert. Der Wein von Solutré hat demgegenüber gar nichts Bedrohliches, er ist ein reichhaltiger, voller, sogar erdiger Chardonnay, der oft einen natürlichen Alkoholgehalt von 13 bis 14 % erreicht. Die Stahligkeit und »Nervigkeit« von Chablis kann er nicht aufweisen, auch nicht die Finesse und Rasse von Puligny-Montrachet, aber er hat einen vielfältigen Geschmack. Übermäßiger Einsatz von Schwefeldioxid und Fehleinschätzungen der Fässer stellen die größte Gefahr für diese Weine dar.

DIE WICHTIGSTEN POUILLY-FUISSE-ERZEUGER

Die Superstars

Domaine Daniel Barraud, Domaine J. A. Ferret, Domaine Robert-Denogent, Domaine Valette, Domaine Jean-Jacques Vincent – Château de Fuissé

Maison Auvigue-Burrier-Revel

Le Moulin-du-Pont, 71850 Charnay-lès-Mâcon, Tel. 3 85 34 17 36. 5 ha.

Pouilly-Fuissé: Les Bouthières, Les Chailloux, La Frairie.

Pouilly-Fuissé, den man in führenden französischen Restaurants bekommt. Die besten Cuvées reifen vier Monate in neuen Holzfässern. Das Haus ist gleichzeitig Domaine und ein kleines Handelsunternehmen.

Domaine Daniel Barraud

Au Nembret, Vergisson, 71960 Pierreclos. 7 ha

Barraud verwendet natürliche Hefen, filtriert selten und erzeugt häufig den besten Pouilly-Fuissé des Jahrgangs. Guter St-Véran, reicher Pouilly-Fuissé Vieilles Vignes mit Eichengeschmack.

Domaine du Château de Beauregard – Jacques Burria

Beauregard, Fuissé, 71960 Pierreclos. 36 ha.

Pouilly-Fuissé; St-Véran; Fleurie; Mâcon-Villages.

Gute Weine, am besten, wie gewöhnlich, der St-Véran. Sie reifen in bis zu einem Drittel neuen Eichenfässern.

Domaine Patrick Bressand

Le Bourg, Fuissé, 71690 Pierreclos, Tel. 3 85 35 66 19.

Gut gemachte Weine.

Domaine Cordier Père et Fils

Les Molards, Fuissé, 71960 Pierreclos, Tel. 3 85 35 62 89. 14 ha.

Feiner, komplexer Duft. Ein weiteres Gut, das durch den Generationenwechsel – in diesem Fall die Übernahme durch Roger Cordiers Sohn Christophe – Auftrieb erhalten hat.

Domaine Corsin Père et Fils

Les Plantes, Davayé, 71960 Pierreclos, Tel. 3 85 35 83 69. 11,5 ha.

Pouilly-Fuissé; St-Véran; Mâcon-Villages Blanc; Mâcon Rouge Supérieur.

Sehr zuverlässiger Pouilly-Fuissé und St-Véran aller Kategorien.

Domaine Suzanne et Louis Curveux

Vers Dioux, Fuissé, 71960 Pierreclos, Tel. 3 85 35 61 51. 6 ha.

Pouilly-Fuissé; Mâcon-Fuissé; Mâcon-Chaintré.

Vorzüglicher, fruchtiger und reicher Charakter. Mâcon wird nur in Edelstahl gekeltert und gealtert, Pouilly-Fuissé sieht nur wenig neues Holz.

Domaine Roger Dubœuf et Fils

Chaintré, 71570 La Chapelle-de-Guinchay, Tel. 3 85 35 61 25. 5 ha.

Der kleine Betrieb erzeugt einen guten Pouilly-Fuissé Les Plessis, der sechs Monate in Eichenfässern altert, einige davon aus neuem Holz.

Domaine J. A. Ferret

Le Plan, Fuissé, 71960 Pierreclos. 15 ha.

Hervorragender Pouilly-Fuissé: alte Rebstöcke, eingeschränkte Erträge und mäßige Verwendung von neuem Holz.

Domaine Michel Forest

Les Crays, Vergisson, 71960 Pierreclos, Tel. 3 85 35 61 56. 2,8 ha.

Großartiger Weinbau mit einem wunderbar fruchtigen, saftigen Les Crays und einem sehr eleganten, aber strengeren La Roche. Ausgezeichnete Beispiele ihrer Art, eichenfassgereift unter sinnvollem Einsatz von neuem Holz.

Domaine Guffens-Heynen

En France, Vergisson, 71960 Pierreclos, Tel. 3 85 35 84 22. 3 ha (1 ha en métayage).

Pouilly-Fuissé (verschiedene Lagen); Mâcon-Pierreclos Blanc, Mâcon-Pierreclos Rouge.

Der Belgier Jean-Marie Guffens besitzt und bewirtschaftet diese bemerkenswerte kleine Domaine, zusätzlich zum Handelsbetrieb Verget, den er 1990 aufmachte. Die Weißweine sind musterhafte Beispiele ihrer Appellationen, das Produkt von alten Rebstöcken, sehr niedriger Erträge und sorgfältiger Vinifizierung. Geschmeidige Pouilly-Fuissé, die gut sechs bis acht Jahre vertragen, und ein sehr guter weißer Mâcon-Pierreclos, der mit drei bis vier Jahren am besten ist. Die Weißen gären und altern in einem Drittel neuen Eichenfässern. Der rote Pierreclos, reiner Gamay, lagert acht bis neun Monate in 50 % neuem Holz. Er hat Extrakt und Tannin, zugegeben, aber Charme und Süffigkeit?

Domaine Roger Luquet

Le Bourg, Fuissé, 71960 Pierreclos, Tel. 3 85 35 60 91. 17 ha.

Ein Pouilly-Fuissé en Châtenet mit Frucht, Eleganz und Stil. Eine durchaus gewissenhafte Domaine und eine sehr gute Bezugsquelle.

Domaine Michel Rey

Le Repostère, Vergisson, 71960 Pierreclos. Tel. 3 85 35 85 78. 5,8 ha.

Sehr ansprechende, zu 100 % im Holzfass vergorene Weine von einem Erzeuger, der sich der natürlichen Vinifizierung ohne Enzyme, Kulturhefen und Milchsäurebakterien verschrieben hat.

Domaine Robert-Denogent

Le Plan, Fuissé, 71960 Pierreclos, Tel. 3 85 35 65 39. 5 ha.

Jean-Jacques Robert-Denogent begann 1988 mit der Domaine-Abfüllung, nachdem er das Gut von seinem Großvater geerbt hatte. Er besteht auf langsamer, natürlicher Gärung und möglichst geringen Eingriffen.

Domaine Saumaize-Michélin

Les Bruyères, Vergisson, 71960 Pierreclos, Tel. 3 85 35 84 05. 8,5 ha.

Alle Weine von Roger Saumaize werden im Fass vergoren, vom Mâcon-Villages bis zu den erhabeneren Pouilly-Fuissé Clos de la Roche und Ronchevats. Sehr gut gemachte Weine, nach denen Ausschau zu halten sich lohnt.

Domaine Valette

In Chaintré. Gérard Valettes beste Weine sind die hoch konzentrierten, wenn auch eher untypischen Pouilly-Fuissé-Cuvées, deren »Gipfel« der Clos de M. Noly von äußerst ertragsarmen Rebstöcken ist.

Domaine Jean-Jacques Vincent – Château de Fuissé

Le PLan, Fuissé, 71960 Pierreclos, Tel. 3 85 35 61 44. 30 ha.

Pouilly-Fuissé; St-Véran; Mâcon-Villages; Morgon, Juliénas.

Jean-Jacques Vincent baut seine Weine je nach Alter und Lage der Rebstöcke aus. Die St-Véran, Pouilly-Fuissé Première Cuvée und Domaine de l'Arillière kommen grundsätzlich in Tanks und werden früh abgefüllt; der Fuissé altert in 20 % neuen Eichenfässern, der Château Fuissé ist ein Verschnitt von 30 und mehr Jahre alten Stöcken. Vergleichen Sie den eleganten Combettes, den kräftigeren Brûlées und Le Clos, der alle Eigenschaften auf sich vereint. Die Preise sind auf Rekordhöhe geklettert, aber mit seinem intensiven Bukett ist der Château Fuissé auch ein Erlebnis. Das Größte sind jedoch die Vieilles Vignes in einem guten Jahr – wirklich atemberaubend. Meiner Meinung nach einer der brillantesten Erzeuger von weißen Burgundern, sein Pouilly-Fuissé kann es mit den Besten von der Côte d'Or aufnehmen. Über die verschiedenen Arten von Eichenholz wird hier viel geforscht, und die Fülle, der Reichtum seiner Spitzenjahrgänge lassen sich fast nicht beschreiben.

POUILLY-VINZELLES UND POUILLY-LOCHE ○

Erzeugung 2001:

Pouilly-Vinzelles und Pouilly-Loché 4536 hl

Die beiden Appellationen – »Satelliten« von Pouilly-Fuissé – könnten eine echte Alternative zu diesem teuren Wein abgeben, wenn die Produktionsmengen nur etwas reichlicher wären. Sie haben stärkeren Bodengeschmack als der Pouilly-Fuissé, doch zeichnen sich die besseren unter ihnen stets durch Klarheit und Charakter aus.

DIE WICHTIGSTEN ERZEUGER

Domaine Beatrice et Gilles Mathias

Rue St Vincent, Chaintré, 71570 La Chapelle-de-Guinchay, Tel. 3 85 35 60 67. 8 ha.

Feiner, fruchtiger Pouilly-Vinzelles.

Domaine la Soufrandière

Rue St Vincent, 71680 Vinzelles, Tel. 3 85 35 67 72. 4,5 ha.

2000 war der erste Jahrgang der Brüder Jean-Guillaume und Jean-Philippe Bret; das Gut und die zupackende Art seiner Besitzer lassen schon jetzt einiges erwarten.

Eine vorzügliche Auswahl an Pouilly-Vinzelles-Weinen bringt auch Georges Dubœuf hervor.

SAINT-VERAN ○

Erzeugung 2001:
St-Véran 40 342 hl

Diese 1971 geschaffene Appellation hat praktisch den Beaujolais Blanc ersetzt (nur Louis Jadot und einige wenige andere Häuser pflegen ihn noch als Spezialität). Verwirrenderweise gehört der Ort Saint-Vérand in die Appellation St-Véran, ferner Chânes, Chasselas, Davayé, Leynes, Prissé, St-Amour und ein Teil von Solutré.

Obwohl diese Weine etwas rascher ausreifen als der Pouilly-Fuissé, sind sie doch nach zwei Jahren besser als nach einem; sie sind dann einfach interessanter und komplexer.

DIE WICHTIGSTEN ST-VERAN-ERZEUGER

Domaine des Deux Roches
Davayé, 71960 Pierreclos. 38 ha.
St-Véran; St-Véran Les Terres Noires, Pouilly-Fuissé; Mâcon-Villages Blanc; Mâcon Rouge.
Breiter, fetter St-Véran. Die besten Cuvées gären in 20 bis 50 % neuen Holzfässern und haben einen ausgeprägten, aber nicht übertriebenen Eichenton.

Domaine Duperron – Marcel Rivet
Les Renauds, Chasselas, 71570 La Chapelle-de-Guinchay, Tel. 3 85 35 12 61. 8 ha.
St-Véran von guter Qualität, reif und füllig.

Domaine Thierry Guérin
Le Sabotier, Vergisson, 71960 Pierreclos, Tel. 3 85 35 84 06.
Gut gemachte, recht füllige St-Véran und Pouilly-Fuissé mit Körper und Finesse, besonders die Cuvée La Roche.

Domaine Maurice Martin et Fils
Les Peignins, Davayé, 71960 Pierreclos, Tel. 3 85 35 82 83.
St-Véran von guter Qualität.

Groupement de Producteurs de Prissé
Sologny-Verzé, Prissé, 71960 Pierreclos, Tel. 3 85 37 88 06. 330 ha.
Die Weißweine sind leicht, aber gut gemacht, obwohl der St-Véran *élevé en fût de chêne* seinem Namen zu viel Ehre macht: Der Holzton überlagert das so wichtige Fruchtaroma. Der Mâcon Rouge ist ein vorzüglicher, würziger Gamay, und es gibt auch einen ansprechenden Bourgogne Pinot Passe-tout-grains ohne Eichenton.

Domaine Martine et Jean-Luc Tissier
Les Magnons, Leynes, 71570 La Chapelle-de-Guinchay, Tel. 3 85 35 10 31. 7,6 ha.
St-Véran; Mâcon Blanc; Beaujolais-Villages; Crémant de Bourgogne.
Der St-Véran Domaine des Crais ist ein eleganter Wein, dessen Aroma den Kalkboden verrät.

Domaine du Vieux Saint-Sorlin – Olivier Merlin
In La Roche Vineuse. Merlin erzeugt einen recht üppigen St-Véran.

Domaine Vincent
In Fuissé. Reiche, volle Weine, wie von Jean-Jacques Vincent nicht anders zu erwarten.

Beaujolais ●○◑

Im Beaujolais, in einer Region also, die sich über 55 km Länge und 12 bis 15 km Breite erstreckt und eine mittlere Höhe von 300 m hat, beträgt die Rebfläche etwa 23 000 ha. Es gibt einige größere Domaines, sonst aber lauter Familienweingüter mit 4 bis 5 ha Besitz (2500 mit 1 bis 4 ha und 1400 mit 5 bis 7 ha). Das Paradoxe am Beaujolais ist, dass das geschickte Marketing des Beaujolais-Königs Georges Dubœuf ihm das Image eines perfekten, modernen, industriell hergestellten Weins eingetragen hat, während in Wirklichkeit viele kleine Winzer die Rebstöcke pflegen, die Trauben von Hand ernten und in meist recht bescheidenen Kellereien verkeltern. Dank Dubœuf ging es der Weinwirtschaft in der Region fast die ganze zweite Hälfte des letzten Jahrhunderts hindurch sehr gut; doch nun, wo nicht verkaufte Bestände destilliert oder als Grundlage für Essig verwendet werden, scheint sein Konzept nicht mehr aufzugehen.

Ein eigentümliches, im Beaujolais sehr verbreitetes System nennt sich *vigneronnage*. Dabei bearbeitet ein *vigneron*, ein Winzer, den Weinberg des Grundbesitzers, während dieser wiederum dem *vigneron* manchmal das Haus, auf jeden Fall aber die Einrichtungen und Geräte für die Weinbereitung, die Reben und die Spritz- und Pflegemittel zur Verfügung stellt. Der *vigneron* dagegen hat die Geräte für die Bestellung des Weinbergs beizusteuern und die Arbeit zu leisten. Der Gewinn aus dem Weinverkauf wird meistens geteilt. Ungefähr 50 % aller Besitzungen im Beaujolais werden nach dieser Methode bewirtschaftet.

Die Rebsorte Gamay noir à jus blanc nimmt 98 % der Gesamtrebfläche im Beaujolais ein, in die restlichen 2 % teilen sich vor allem Pinot noir und Chardonnay. *La taille courte*, der Gobelet-Rebschnitt, ist im Norden, in der Gegend der Crus und des Beaujolais-Villages verbreitet, während *la taille longue*, der einfache Guyot-Schnitt mit Spanndrahtsystem, im Süden anzutreffen ist. In beiden Fällen dürfen höchstens zwölf Augen an einem Rebstock verbleiben, und die Pflanzdichte muss zwischen 9000 und 10 000 Rebstöcken pro Hektar liegen. Neue Klone und allzu ergiebige Rebstöcke können zu übermäßigen Erträgen führen, die der Erzfeind von qualitativ hochwertigen Beaujolais sind.

Bei der Rotweinbereitung liegt der Hauptunterschied zwischen dem Beaujolais und dem übrigen Burgund darin, dass die Gamay-Trauben nicht gemahlen werden – die *foulage* entfällt, die Beeren werden ganz belassen. Sie werden einfach so in die Gärbehälter eingefüllt, die bei den Winzern meist noch aus Holz, in den Genossenschaftskellereien dagegen überwiegend aus Beton bestehen. Diese *cuves* werden nicht bis oben hin gefüllt, sodass sich im leeren oberen Teil Kohlendioxidgas ansammeln kann – als Bremse gegen allzu schnelle Gärung und zugleich als Schutz gegen Essigbakterien. Gärbehälter mit 60 hl Inhalt sind ideal für diesen Zweck, in den Genossenschaftskellereien sind sie aber meistens größer. Durch das Gewicht der obenauf liegenden Trauben wird am Boden des Behälters etwas Saft aus den Beeren gedrückt. Dieser Saft wird sodann hochgepumpt und manchmal sogar erwärmt, um den Gärprozess in Gang zu bringen und Farbe zu extrahieren. Zu diesem Zeitpunkt werden Zucker zur Erhöhung des Alkoholgehalts und Schwefeldioxid als Oxidationshemmer sowie in den meisten Fällen die Beaujolais-»Markenhefe« 71B zugegeben.

Die optimale Extrahierung der Bukettstoffe (die den großen Charme der auf diese Weise verarbeiteten Gamay-Traube ausmachen) geschieht zwischen 25

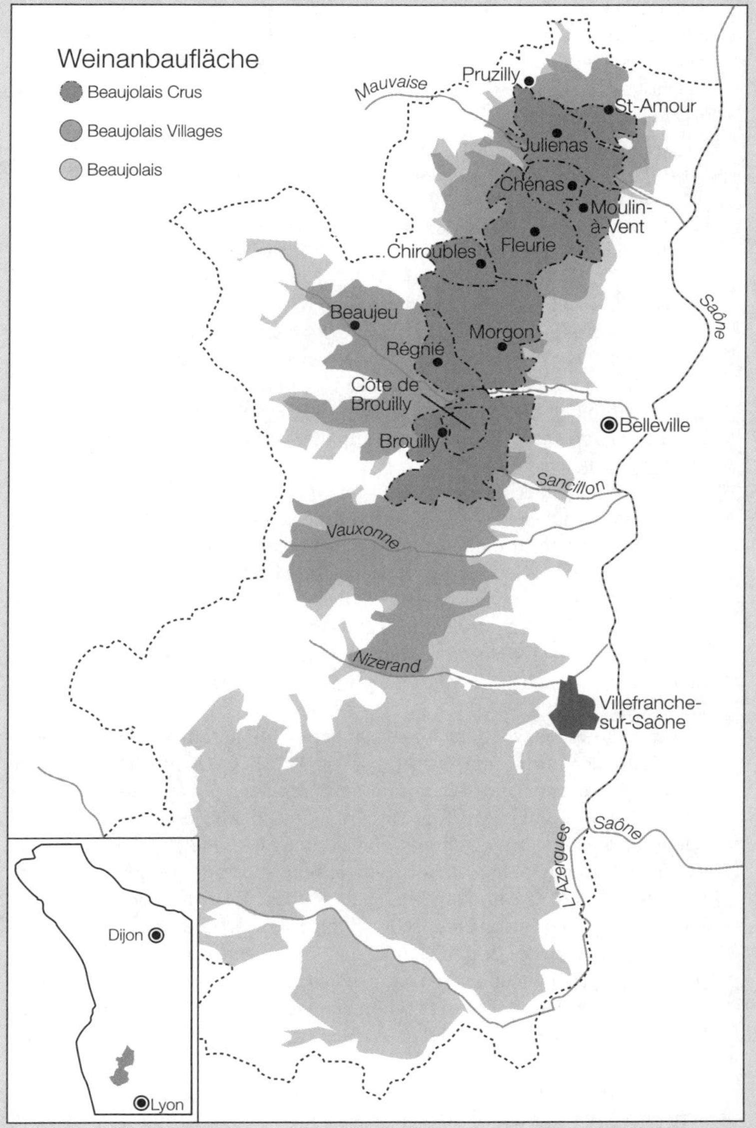

und 28 °C, die Gärdauer beträgt vier bis sechs Tage, abhängig von der Umgebungstemperatur und dem Funktionieren der Hefen.

Der in den einzelnen, noch geschlossenen Beeren stattfindende Gärprozess wird nicht durch die zugegebenen Hefen, sondern durch intrazelluläre Vorgänge ausgelöst; das durch den gärenden Saft am Boden des Behälters freigesetzte Kohlendioxid umgibt die Beeren mit einer schützenden Hülle. Es gibt auch eine Variante der reinen *macération carbonique,* wie das Verfahren sich nennt, bei der noch weiteres CO_2-Gas zugeführt wird und anschließend eine Maischung von zehn bis zwölf Tagen erfolgt. Allerdings ist das vorher beschriebene typische Beaujolais-Verfahren sowohl ein natürlicher Vorgang als auch in idealer Weise an die Gamay-Traube angepasst.

Schließlich wird die Maische gepresst, um den Most ganz zu gewinnen, der Wein wird nun zum Klären in *cuves* und anschließend in *fûts* umgefüllt, wo dann nach einem weiteren Monat die Gärung meist abgeschlossen ist. Die Größe der Fässer ist im Beaujolais sehr unterschiedlich, sie kann 216 l, 110 l, 50 oder 55 l und bis zu 6 hl betragen, ja es gibt auch *foudres* mit einem durchschnittlichen Fassungsvermögen von 50 hl (in einer Genossenschaftskellerei bestehen so große Behälter meist aus Beton).

Vor der Abfüllung, die bei den Crus gewöhnlich im Frühjahr nach der Lese erfolgt, wird der Wein oft einer Schock-Pasteurisierung unterzogen, um ihn zu stabilisieren. Kleinere Winzer besitzen die dafür notwendigen Einrichtungen jedoch nicht, und manche Häuser, zum Beispiel Dubœuf, geben Membranfiltern und kalter, steriler Abfüllung den Vorzug, damit die Frucht möglichst gut erhalten bleibt.

Die größten Fehler, die beim Beaujolais vorkommen, bestehen gewöhnlich in zu viel Alkohol, sodass die »Dämpfe« die schöne, frische Frucht und das Aroma verdecken, sowie in einem übermäßig ausstaffierten Körper, der den offenen, sauberen Geschmack verschleiert. Manche Handelshäuser befürworten einen starken, fleischigen Négoce-Stil, und bei manchen Winzern kommen nach Fass schmeckende, trübe Weine vor. In Jahren mit reichlichen Erträgen sind viele Weine von Natur aus blassfarben und schwächlich, weil dann die *cuvaison,* d. h. die Maischung, möglichst kurz gehalten wird, da der Platz knapp ist.

Dennoch gibt es wunderschönen sauberen, munteren Beaujolais in Hülle und Fülle, der nur darauf wartet, von qualitätsbewussten Weinliebhabern gekauft zu werden. Und so langsam beschränkt sich Beaujolais nicht mehr auf das von Dubœuf entworfene Design. Einige in Morgon ansässige Winzer haben ihre eigene schwefelfreie Vinifizierungsmethode entwickelt. Andere erzeugen stärkere Weine mit höherer Konzentration und Fassalterung. Auch der Beaujolais Nouveau oder Beaujolais Primeur ist nicht mehr der Renner von einst, und die Saison dafür scheint immer kürzer zu werden: Der Beaujolais Nouveau wird am dritten Donnerstag im November für den allgemeinen Verkauf freigegeben, und meist hat sich das Interesse für diese kleine Absonderlichkeit auf dem Weinmarkt schon vor Weihnachten wieder verflüchtigt. Mittlerweile beginnen die Verkaufszahlen offenbar sogar schon gegen Anfang Dezember zu fallen. Die Preise sind nicht mehr so abgehoben.

Es gibt jedes Jahr exzellente Nouveaus, und die Stabilitätsprobleme mit diesem Wein, der so schnell erzeugt wird, sind im Großen und Ganzen überwunden. Es ist jedoch ein Jammer, wenn gute Beaujolais- und insbesondere gute Beaujolais-Villages-Weine, die nach einem Jahr Lagerung noch besser sein könnten, als Nouveau verkauft und sofort getrunken werden.

Fast 50 % der Erzeugung von Beaujolais geht ins Ausland, und es könnte wohl auch kaum ein schmuckeres Flaggschiff für den französischen Export geben als diesen köstlichen, lebendigen Wein.

BEAUJOLAIS ●○◑

Erzeugung 2001:

Beaujolais 1 284 849 hl

Fast aller Beaujolais ist Rotwein, in kleinen Mengen gibt es ihn aber auch als Weiß- und Roséwein. Der meiste einfache Beaujolais wächst südlich von Villefranche auf Lehm und Kalkstein, doch kann er auch aus anderen Teilen der Region stammen. Beaujolais Supérieur ist selten anzutreffen – die Bezeichnung bedeutet auch nur, dass er 1 % mehr Alkoholgehalt hat als der einfache Beaujolais. Ganz allgemein ist der normale Beaujolais im Jahr nach seiner Entstehung am besten – danach tut der Weintrinker gut daran, sich an den Beaujolais-Villages zu halten.

Die folgenden Erzeuger bringen köstlichen Beaujolais hervor: Jean-Paul Brun in Charnay (der Wein hat ein erstaunliches Himbeeraroma), Philippe Jambon in Corcelles, Château de Bel-Air vom Lycée Viticole de Belleville, Lucien Charmet in Le Breuil, Château Gaillard – Jacqueline et Jean-Louis Riche in Denicé und Philippe Jambon in Corcelles. Unter den Genossenschaften zeichnet sich die Cave Beaujolais du Beau Vallon in Theizé mit ihrem eindrucksvollen Beaujolais besonders aus. Die Domaine de l'Eclair (Antoine Clément) hat einen Beaujolais Blanc voll Schwung und Frucht zu bieten, und der Beaujolais Rosé der Cave des Vignerons de Liergues sowie von Georges Texier in Blacé fallen mit ihrer Erdbeernote besonders auf.

Es gibt im Beaujolais 19 Genossenschaftskellereien in den folgenden Orten: Le Bois d'Oingt, Bully, Chénas, Chiroubles, Fleurie, Gleizé, Juliénas, Lachassagne, Létra, Liergues, Le Perréon, Quincié, Sain-Bel, St-Etienne-des-Oullières, St-Jean d'Ardières, St-Julien, St-Laurent-d'Oingt, St-Vérand, Theizé. Diese Kellereien verarbeiten jährlich rund 380 000 hl Beaujolais.

Von den Handelshäusern führen folgende den besseren Beaujolais: Beaudet, Fessy – Dessalle, Ferraud, Loron, Louis Tête und Trenel. Georges Dubœuf ist international für gute Qualität bekannt, und der L'Eventail de Vignerons Producteurs in Corcelles ist eine Vereinigung selbstständiger Winzer, von denen jeder seinen Wein selbst erzeugt, ihn aber gemeinsam mit den anderen abfüllt und vermarktet. Die besten Négociants in Beaune suchen sich ihre Beaujolais-Weine sorgfältig aus, doch manche muten etwas »beaunifiés« an, eine Wortschöpfung, die mich bei den Einwohnern dieser schönen Stadt nicht gerade beliebt gemacht hat.

EINIGE DER WICHTIGSTEN BEAUJOLAIS-ERZEUGER

Für »einfachen« Beaujolais gibt es nur einen Superstar:

Domaine des Terres Dorées – Jean-Paul Brun

»Crière«, 69380 Charnay-en-Beaujolais, Tel. 4 78 47 93 45. 17 ha.

Brun erzeugt Weine der Allerweltsappellationen Beaujolais und Bourgogne Grand Ordinaire (wobei er vor kurzem auch einen Côte de Brouilly im Angebot hatte), die auf einem völlig anderen Blatt stehen als die Chardonnay-Spätlese, bei der man sich an Jean Thévenet im Mâconnais erinnert fühlt, der Pinot noir (eine Rarität im Beaujolais) und der Beaujolais *vinifié à l'ancienne,* das heißt wie Burgunder ohne *macération carbonique*.

Georges Dubœuf

Romanèche-Thorins, 71570 La Chapelle-de-Guinchay, Tel. 3 85 35 34 20.

Der größte in Burgund tätige Händler. Die außerordentliche Erfolgs-Story eines Négociant, der Qualität größer schreibt als Quantität und die örtlichen Weine hervorragend kennt. Vor kurzem hat Dubœuf mehrere Weinberge verkauft, um sich ganz auf den Vertrieb zu konzentrieren. Das hat unter anderem Louis Jadot Gelegenheit gegeben, in der Region einen Fuß in die Tür zu bekommen.

Pierre Ferraud et Fils

31, rue du Maréchal-Foch, 69220 Belleville, Tel. 4 74 06 47 60.

Ein sehr seriöser Négociant-Eleveur, der eine Anzahl von Domaines selbst bewirtschaftet, während er die Erträge anderer ausbaut und abfüllt. Ferraud hat exemplarische Weine: fünf Villages und Gewächse aus dem Mâconnais. Eher als auf zu große Kraft, welche die Eigenart verdrängen kann, wird hier auf Duft, Finesse und den Charakter der Appellation geachtet. Nach meiner Ansicht gelingt das auf absolut bewundernswerte Weise.

Les Vins Mathelin

69830 Châtillon-d'Azergues, Tel. 4 72 54 26 54.

Preisgekrönter roter und weißer Beaujolais.

Mommessin et Thorin SA

71850 Charnay-lès-Mâcon, Tel. 4 74 69 09 30.

Das zweitgrößte Beaujolais-Mâconnais-Unternehmen, jetzt im Besitz von Boisset.

Maison Potel-Aviron

44, rue des Blés, 21700 Nuits-St-Georges, Tel. 3 80 62 15 45.

Nicolas Potel expandiert mit seinem Handelshaus weiter nach Süden ins Beaujolais hinein. Angeboten werden sollen hauptsächlich Villages-Weine von alten Rebstöcken mit minimalem Einsatz von Behandlungsmitteln im Weinberg und traditionellem Ausbau mit einer begrenzten Menge neuer Eiche.

SAINT-AMOUR ●○

Erzeugung 2001:

St-Amour 18 275 hl

Sicher ist es nur ein Scherz, wenn es heißt, dieser Wein sei der richtige für den Valentinstag – doch braucht man schließlich nicht immer Blumen sprechen zu lassen, es darf ruhig auch einmal die Blume des Weins sein, und es gibt wohl kaum eine vergnüglichere Art und Weise, zwischenmenschliche Beziehungen zu pflegen, als mit einer Flasche St-Amour *à deux!* Auf die vermuteten Ursprünge des Namens soll hier nicht näher eingegangen werden – das könnte ein schlechtes Licht auf die Geistlichen von einst werfen. Es sei nur gesagt, dass wir uns auch hier auf einem Granitsockel befinden und dass sich dieser Cru als einziger von Beaujolais ganz im Departement Saône-et-Loire befindet. Der hier gekelterte Weißwein darf die Bezeichnung St-Véran tragen und tut das normalerweise auch. Allgemein haben die Weine von St-Amour etwas Spritziges an sich, das in Verbindung mit Frucht und Delikatesse wirklich fasziniert – aber sie brauchen viel Sonne, um schön auszureifen. Leichte Jahrgänge trinkt man am besten jung, doch wenn es das Wetter einmal gut gemeint hat, dann ist ein zwei bis drei Jahre alter St-Amour nur umso besser. Leider gibt es von diesem Wein nicht übermäßig viel.

DIE WICHTIGSTEN SAINT-AMOUR-ERZEUGER

Die Superstars

Domaine des Duc, Domaine Daniel et Lilian Matray

Georges Dubœuf

Romanèche-Thorins, 71570 La Chapelle-de-Guinchay, Tel. 3 85 35 34 20.

Zu den guten Abfüllungen dieser Appellation gehören der Domaine des Sablons und die Cuvée Poitevin (nicht aus der gleichnamigen Gegend am anderen Ende Frankreichs – so heißt der Winzer und Erzeuger). Letztere wächst auf lehmigem Kalkboden, ist ausgewogen, elegant und altert gut.

Domaine des Duc

Saint-Amour-Bellevue, 71570 La Chapelle-de-Guinchay, Tel. 3 85 37 10 08. 27 ha.

Zuverlässige, reiche St-Amour und Chénas.

Domaine Dufour – Domaine Monreve

Saint-Amour-Bellevue, 71570 La Chapelle-de-Guinchay, Tel. 3 85 37 14 71.

Hoch geachteter St-Amour; ein gutes Beispiel für den typischen Geschmack der Appellation.

Domaine Daniel et Lilian Matray

In Juliénas.

Domaine du Paradis

Saint-Amour-Bellevue, 71570 La Chapelle-de-Guinchay. 9 ha.

Recht alte Rebstöcke auf Sand-Kies-Boden liefern einen vollen St-Amour mit viel Finesse. Wird von Dubœuf abgefüllt.

Domaine Guy Patissier

Les Poulets, Saint-Amour-Bellevue, 71570 La Chapelle-de-Guinchay.

Dieser Wein mit seinem für die Region typischen Aroma ist wahrhaftig von umwerfender Kraft, jedoch im Geschmack und nicht im Alkohol.

Domaine François Saillant

Saint-Amour-Bellevue, 71570 La Chapelle-de-Guinchay, Tel. 3 85 37 14 71.

Sehr achtenswerter, süffiger St-Amour.

Pierre Siraudin – Château de Saint-Amour

Les Guillons, Saint-Amour-Bellevue, 71570 La Chapelle-de-Guinchay, Tel. 3 85 37 10 57. 13 ha (8 ha en métayage*). St-Amour; Beaujolais-Villages St-Vérand Rouge.*

Der Château de Saint-Amour ist ein ausgezeichnetes Beispiel der Appellation. Er wird, je nach Jahrgang, sieben bis zehn Tage gekeltert und altert gut. Auch der Beaujolais-Villages aus St-Vérand gärt sechs bis acht Tage, damit kein kurzlebiger Wein entsteht.

Paul Spay – Domaine de La Cave Lamartine

Le Bourg, Saint-Amour-Bellevue, 71570 La Chapelle-de-Guinchay, Tel. 3 85 37 12 88. 25 ha. Juliénas Côte-de-Bessay; St-Amour; Beaujolais St-Amour Rouge.

Die Domaine verfügt über gute, gegen Süden und Südosten gelegene Weinberge. Der Verkauf an die üblichen Märkte und das Ausland ist im Steigen. Die Bereitung ist klassisch; es sollen Weine mit typischem regionalem Charakter und Frucht enstehen, die sich zwei bis drei Jahre halten. Paul Spay ist allerdings gegen eine zu lange Lagerung der Crus – das solle man der Côte d'Or und dem Bordeaux überlassen. Die Qualität schwankt, doch ein Versuch lohnt sich allemal.

Thévenin

Saint-Amour-Bellevue, 71570 La Chapelle-de-Guinchay.

Wie der Les Bonnets von Jean-Bernard Patissier genießt auch dieser gute und kräftige Wein großen Respekt.

JULIENAS ●

Erzeugung 2001:
Juliénas 34 479 hl

Um St-Amour wachsen in den hoch gelegenen Rebgärten von Juliénas Weine, die wohl den Inbegriff dessen darstellen, was an den Beaujolais-Crus Besonderes ist. Sie sind wunderbar kräftig, in der Jugend voll purpurner Frucht und vollmundiger Frische, doch haben sie ein Rückgrat, das noch weitere Entfaltung verspricht, wenn – ja wenn man es fertig bringt, den Korken nicht auf der Stelle zu ziehen. Der Boden aus Granit und Schiefer verleiht dem Wein seine *charpente,* sein Gerüst. Juliénas ist der nördlichste Cru im Departement Rhône und umfasst noch einige Weinberge in Jullié (80 ha) und Pruzilly. Bei Jullié sind die Hänge sehr steil, viel steiler als in Chiroubles – keine Vollerntemaschine schafft solche Steigungen. Manche Juliénas haben neben allem Glanz und aller Fülle obendrein auch noch faszinierende würzige Noten (Zimt und Nelken).

DIE WICHTIGSTEN JULIENAS-ERZEUGER

Die Superstars

Domaine du Clos du Fief – Michel Tête, Domaine Daniel et Lilian Matray

Cave des Producteurs de Juliénas

Bois de la Salle, 69840 Juliénas, Tel. 4 74 04 42 61. 350 ha.

Eine sehr seriöse Genossenschaft, 1961 gegründet. Sie verkauft an Négociants, direkt oder ins Ausland – und sie leistet ausgezeichnete Arbeit. Das Beispiel einer erfolgreichen Genossenschaft im Beaujolais, die heute auf dem Weinmarkt eine bedeutende Rolle spielt.

Château de Juliénas – François Condemine

Vaux, 69840 Juliénas, Tel. 4 74 04 45 48. 33 ha.

Dieser Wein aus dem Gut von François Condemine ist immer beachtenswert: Mit seinem delikaten Duft, seiner Kraft und Würze auf der Zunge hält er sich wundervoll.

Domaine du Clos du Fief – Michel Tête

Les Gonnards, 69840 Juliénas, Tel. 4 74 04 41 62.

Strukturierte Weine von alten Rebstöcken, in Eiche gealtert.

Domaine Daniel et Lilian Matray

69840 Juliénas, Tel. 4 74 04 45 57. 10 ha.

Der Familienbetrieb wird in der fünften Generation von drei Schwestern geführt; Lilian erzeugt die Weine, darunter einen Juliénas von 60 Jahre alten Rebstöcken.

Domaine Jean-Marc Monnet

Les Chers, 69840 Juliénas, Tel. 4 74 04 45 46. 5,5 ha.

Ein guter Erzeuger mit exzellenten Lagen.

Château des Poupets

69840 Juliénas

Solider, fassgereifter Wein mit Charakter und Geschmack. Wird von Dubœuf abgefüllt.

Domaine PBI Sarrau

Les Capitans, 69840 Juliénas, Tel. 4 74 04 40 40. 6 ha.
Fleurie Grand-Pré; Morgon Château Gaillard.

Zwei Güter, die Pierre, Bernard und Isabelle Sarrau gehören. Die Weine werden in der Domaine abgefüllt und vom großen Weinhaus Sarrau vertrieben – eine geschickte Politik, um alles in der Familie zu behalten! 65 % wird exportiert, 35 % in Frankreich verkauft. Gleicher Stil, gleiche Bereitung wie bei den anderen Produkten des Sarrau-Konzerns.

Domaine de la Seigneurie de Juliénas

69840 Juliénas, Tel. 3 85 35 34 20.

Die Domaine gehört zum Château de Juliénas und befindet sich auch im gleichen Besitz. Es ist nicht verwunderlich, dass die Zusammenarbeit zwischen Condemine und Dubœuf zur Entstehung feiner Weine führt, die einen kräftigen Körper und – in einem Beaujolais etwas Seltenes – sogar ein wenig Tannin enthalten. Daher tun ihnen ein paar Jahre in der Flasche gut.

CHENAS ●

Erzeugung 2001:

Chénas 15 516 hl

Chénas bringt von allen Beaujolais-Crus die kleinste Erzeugung zusammen und ist deshalb auch am wenigsten bekannt. Der Name leitet sich von *chênes* her, weil früher ein Eichenwald die Gegend bedeckte, der aber inzwischen ganz und gar der Rebe gewichen ist. Die Weinberge liegen auf Granit zwischen den Ortschaften Chénas und La Chapelle-de-Guinchay zu beiden Seiten des Tals der Mauvaise nordwestlich von Moulin-à-Vent. Die Weine besitzen ausgeprägten Charakter, und bei reifen Jahrgängen lohnt es sich durchaus, sie einige Jahre liegen zu lassen. Manche Geschmacksqualitäten haben sie mit dem Moulin-à-Vent gemeinsam, doch fehlt es ihnen an der Seidigkeit der besten Weine dieser Appellation. Vor allem ist der Chénas voll und fruchtig, nicht ganz so robust wie der Morgon – wie es heißt, soll er Pfingstrosen im Bukett haben, nur ist es mir noch nicht gelungen, sie aufzuspüren.

DIE WICHTIGSTEN CHENAS-ERZEUGER

Die Superstars

Domaine Louis Champagnon, Domaine Hubert et Denise Lapierre

Château Bonnet

71570 La Chapelle-de-Guinchay, Tel. 3 85 36 70 41. 16 ha.

Pierre Perrachon erzeugt Wein mit gutem, fruchtigem, klarem Bukett – vielleicht noch besser als das, was man auf der Zunge zu spüren bekommt.

Domaine Guy Braillon

Le Bourg, Chénas, 69840 Juliénas, Tel. 4 74 04 48 31. 6,3 ha.

Der fruchtige, körperreiche Wein hält sich in der Flasche jung.

Domaine Louis Champagnon

Les Brureaux, Chénas, 69480 Juliénas, Tel. 3 85 36 71 32. 15 ha.

Der Chénas von Les Brureaux ist ein superber, dunkler Wein voller Frucht, mit Rosen und zerdrückten Trauben im Bukett.

Fernand Charvet

Domaine Vieilles Caves, Chénas, 69840 Juliénas, Tel. 4 74 04 48 24.

Der ehmalige Bürgermeister von Chénas erzeugt schöne leichte Weine, die jedoch genug Struktur haben, um zu altern.

Domaine Michel Crozet

Fargets, Romanèche-Thorins, 71570 La Chapelle-de-Guinchay, Tel. 3 85 35 53 61.

Der Chénas von den Coteaux des Brureaux besitzt lebendige Frucht, Rundheit und kräftigen Körper.

Domaine Desvignes

Pontanevaux, 71570 La Chapelle-de-Guinchay, Tel. 3 85 36 72 32.

Das Château des Jean Loron gehört seit 1816 der Familie Desvignes. Sie hegen besonders die Aromen, sodass ihre Weine fruchtigen Charme haben und leicht durch die Kehle gehen.

Manoir des Journets

Chénas, 69840 Juliénas

Alte Rebstöcke liefern hier einen Wein, der wie ein »Blumenstrauß in einem Samtkörbchen« ist – eine fantasievolle Beschreibung, der ich nur zustimmen kann, wenn damit ein reiches, blumiges Aroma und ein samtiges Gefüge gemeint sein soll. Wird von Dubœuf abgefüllt.

Domaine Hubert et Denise Lapierre

Les Gandelins, 71570 La Chapelle-de-Guinchay, Tel. 3 85 36 74 89. 7,5 ha.

Weine mit fruchtigem Bukett und reifer Kraft, was nicht mit übertriebenem Alkohol gleichzusetzen ist. Lapierre erzeugt auch eine spezielle, neue eichenfassgereifte Cuvée Chénas, die Zeit braucht.

Domaine Santé Père et Fils

Les Blémonts, 71570 La Chapelle-de-Guinchay, Tel. 3 85 33 82 01. 9 ha.

Fruchtiger, munterer, offenherziger Chénas.

Domaine Georges Trichard

Domaine des Pierres, 71570 La Chapelle-de-Guinchay, Tel. 3 85 36 70 70. 14 ha.

Wirklich gut gemachter Chénas sowie St-Amour.

MOULIN-A-VENT ●

Erzeugung 2001:

Moulin-à-Vent 35 779 hl

Dies ist von den zehn Beaujolais-Crus der großartigste, der Wein, so heißt es, kommt einem Pinot Passe-tout-grains von der Côte d'Or am nächsten, wenn er in der Flasche ausgebaut wird. Das hat beim Jahrgang 1947 womöglich gestimmt. Ein großer Teil der Rebfläche steht auf einem Boden aus krümeligem, rötlichem Sand über Granit, doch ist der interessanteste Bestandteil Mangan. Ob dieses zur seidigen Fülle des Weins einen Beitrag leistet, ist ein Punkt, über den sich herrlich streiten lässt. Ein feiner Moulin-à-Vent hat auf jeden Fall echte Rasse im Verein mit kräftigem Gefüge und nachhaltigem Geschmack. Die Appellation hat ihren Namen von einer ehemaligen Windmühle auf dem Granithügel Poncier in dem Dörfchen Les Thorins erhalten. Man darf sich nicht wundern, wenn der Moulin-à-Vent im Alter von einem Jahr nur wenig Bukett hat – er braucht Zeit in der Flasche, um sich zu entfalten, vor allem wenn er in der traditionellen *châpeau*-Weise bereitet wurde.

DIE WICHTIGSTEN MOULIN-A-VENT-ERZEUGER

Die Superstars

Domaine du Granit – Gino Bertolla, Château des Jacques, Domaine Jacky Janodet

Domaine Louis Champagnon
Les Brureaux, Chénas, 69840 Juliénas, Tel. 3 85 36 71 32.
Gleich bleibend vorzüglicher Moulin-à-Vent von großer Haltbarkeit.

Domaine Diochon
Le Moulin-à-Vent, 71570 Romanèche-Thorins, Tel. 3 85 35 52 42. 7 ha.
Reicher, üppiger Moulin-à-Vent, der ein paar Jahre in der Flasche benötigt.

Domaine Gay-Coperet
Les Verillats, Chénas, 69840 Juliénas, Tel. 4 74 04 48 86.
Ein junger Winzer, der Erfolge einheimst.

Domaine du Granit – Gino Bertolla
La Rochelle, Chénas, 69840 Juliénas, Tel. 4 74 04 48 40.
Fabelhafte Burgunder. In einer Gegend voller Vieilles Vignes ist Monsieur Bertolla mit seinen 100 Jahre alten Rebstöcken unübertroffen.

Château des Jacques
71570 Romanèche-Thorins, Tel. 3 85 35 51 64. 27 ha Moulin-à-Vent; 9 ha Beaujolais-Villages Blanc.
Louis Jadot hat dieses berühmte Gut 1997 gekauft und schon jetzt sind seine Weine so beeindruckend, dass sie dem früheren Ruf dieser Domaine durchaus gerecht werden. Moderne Ausstattung, zum Teil Fassausbau. Den weißen Grand Clos de Loyse sollte man im Auge behalten.

Domaine Jacky Janodet
Domaine Les Fines Graves, 71570 Romanèche-Thorins, Tel. 3 85 35 57 15. 10,5 ha.
Sehr alte Reben bringen volle, fantastische Weine hervor.

Domaine Maurice Labruyère
Les Thorins, 71570 Romanèche-Thorins, Tel. 4 74 66 62 03. 9 ha.
Der Moulin-à-Vent Clos du Carquelin ist in der Appellation ein angesehener Name. Maurice Labruyère bereitet hier schon in der vierten Generation Weine und ist auch Vorsitzender der *Union des Viticulteurs du Moulin-à-Vent.*

Domaine Hubert et Denise Lapierre
In Chénas.

Château du Moulin-à-Vent
71570 Romanèche-Thorins, Tel. 3 85 35 50 68. 31 ha.
Eines der drei größten Güter der Appellation, es gehört der Familie Bloud. Durch Ausbau in Holzfässern entsteht ein Moulin-à-Vent wie aus dem Bilderbuch, der sich ideal für längere Lagerung eignet. An Tiefe und Fülle kann er dabei nur gewinnen.

Moulin-à-Vent des Hospices
Die Familie Bourisset verwaltet die Weinberge der Hospices de Romanèche; der Wein fällt meist recht deftig aus.

Domaine Sparre – La Tour du Bief
Chénas, 69840 Juliénas, Tel. 4 74 04 48 10.
Sandiger Boden, volle, kräftige Weine.

Clos Tagent (Clos du Moulin-à-Vent)
La Rivière, 71570 Romanèche-Thorins, Tel. 3 85 35 20 47.
Ein Moulin, der sich lange hält und im Geschmack dem Pinot noir nahe kommt.

FLEURIE ●

Erzeugung 2001:

Fleurie 46 836 hl

Fleurie ist von allen zehn Beaujolais-Crus mit dem bildhaftesten Namen gesegnet, der sich dazu noch so angenehm ausspricht – ebenso angenehm, wie sein Wein sich trinkt. Er ist charmant und voll lebendiger Frucht, und, was das Schönste ist – es gibt auch recht viel davon. Der Untergrund aus Granit verleiht dem Fleurie, der zwischen dem Chiroubles und dem Moulin-à-Vent liegt, eine gewisse *ampleur,* eine großzügige Fülle. Ein feiner Fleurie ist im Alter zwischen 18 Monaten und drei bis vier Jahren am besten. Sein Duft und seine füllige Frucht springen einem sozusagen aus dem Glas entgegen.

DIE WICHTIGSTEN FLEURIE-ERZEUGER

Die Superstars

Domaine Michel Chignard, Clos de la Roilette – Coudert Père et Fils, Domaine du Vissoux – Pierre-Marie Chermette

Domaine Paul Bernard

Grands Fers, 69820 Fleurie, Tel. 4 74 04 11 27.

Reicher, voller und süß-fruchtiger Fleurie.

Domaine Berrod

Le Vivier, 69820 Fleurie, Tel. 4 74 69 83 83. 22 ha.

Erstklassige Fleurie, Moulin-à-Vent (ausgebaut in kleinen Eichenholzfässern) und Beaujolais-Villages. Diese Weine können der reine Genuss sein, wie es sich für einen hervorragenden, typischen Beaujolais gehört.

Domaine Michel Chignard

Le Point du Jour, 69820 Fleurie, Tel. 4 74 04 11 87. 8 ha.

Hauptsächlich Weine von alten Rebstöcke, die sich lange halten. Les Moriers ist ein guter Wein voll frischer Frucht.

Domaine Depardon-Coperet

Le Point du Jour, 69820 Fleurie, Tel. 4 74 69 82 93. 7,5 ha.

Guy Depardon erzeugt sauberen, verlockenden, für die Appellation typischen Wein.

Georges Dubœuf

Romanèche-Thorins, 71570 La Chapelle-de-Guinchay, Tel. 3 85 35 34 20.

Zu den Fleurie, die von Dubœuf abgefüllt und vertrieben werden, gehören Château Couhard, Château des Déduits, Domaine de Fanfotin, Domaine du Haut-Poncié und Clos du Pavillon.

Cave des Producteurs de Fleurie

Le Bourg, 69820 Fleurie, Tel. 4 74 04 11 70. 440 ha.

Eine sehr gut geführte Genossenschaft mit echtem Fleurie. Ihre Spitzen-Cuvées sind die Cuvée Présidente Marguerite (nach der charmanten Mademoiselle Marguerite Charbert benannt, die dieser Cave vorstand), ein duftiger, femininer Fleurie, und die Cuvée du Cardinal Bienfaiteur, die kräftiger ist und einige Jahre in der Flasche verträgt.

Domaine Monrozier

Les Moriers, 69820 Fleurie, Tel. 4 74 04 12 17. 9 ha.

Die Domaine grenzt an den Cru von Moulin-à-Vent, nördlich der Gemeinde Fleurie. Dieses Gut erzeugt einen Fleurie, der nicht sofort getrunken werden sollte, sondern einige Jahre in der Flasche verdient. Ein großer Teil der Produktion wird von einem Schweizer Handelshaus übernommen.

Clos de la Roilette – Coudert Père et Fils

69820 Fleurie, Tel. 4 74 69 84 37. 9 ha.

Vielleicht Fleuries führendes Gut, dessen Weine lange Jahre allesamt exportiert wurden. Die adligen Besitzer lehnen die französischen Appellationsvorschriften ab, weshalb sie ihren Wein nicht mehr als Moulin-à-Vent etikettieren.

Domaine du Vissoux – Pierre-Marie Chermette

Saint-Verand, 69820 Fleurie, Tel. 4 74 71 79 42.

Chermette ist einer der neuen Sterne am Beaujolais-Erzeugerhimmel und praktiziert natürliche Vinifizierungsmethoden ohne Hefe- und Zuckerzusätze.

Weitere Lagen in Fleurie sind La Chapelle des Bois und La Roilette. Die Weine sind meistens sehr gut, aber manchmal werden sie durch ein Übermaß an Alkohol beeinträchtigt, wenn ihre Erzeuger des Guten zu viel tun. Das ist schade, weil dadurch der schöne fruchtige Charakter des Fleurie zerstört wird – und von allen Beaujolais ist das bei ihm die größte Sünde. Im Jahr 1983 hat sich dies hier wie auch anderswo am klarsten herausgestellt, weil in diesem Jahr der natürliche Alkoholgehalt so hoch war, dass keine Notwendigkeit bestand, mit Zuckerung allzu sehr nachzuhelfen. Gerade der Fleurie genießt einen so guten Ruf, dass er es wert ist, vor solchen Verfehlungen gegen den Geist des Weins geschützt zu werden.

CHIROUBLES ●

Erzeugung 2001:

Chiroubles 21 699 hl

Chiroubles ist unter allen Beaujolais-Crus der ätherischste – leicht und duftig und so luftig wie die Höhe seiner Weinberge. Dieser Cru will als Erster der zehn getrunken werden – ich habe nostalgische Erinnerungen an so manche Flasche dieses Weins, getrunken im Februar und März in den Bistros von Paris, begleitet von den Erzählungen soeben braun gebrannt heimgekehrter Skifans über waghalsige Abfahrten. Der Chiroubles ist viel früher genussreif als die anderen Crus. Er hat sein Bukett und seinen enormen Charme längst entfaltet, wenn die anderen noch im Stadium der Dumpfheit verharren. Es gibt einen wunderbaren Aussichtspunkt auf der Terrasse de Chiroubles, wo man aus einer Höhe von 750 m das ganze Beaujolais und die Saône bis hinüber zu den Höhen des Jura am Horizont überschaut, hinter denen die schneebedeckten Alpen aufragen und an klaren Tagen sogar der Montblanc zu sehen ist. Die Terrasse und die umliegenden Hügel sind im Januar und Februar manchmal noch mit Schnee überstäubt. Auch diese höchstgelegenen Weinberge des Beaujolais stehen auf einem festen Untergrund aus Granit. Alles in allem kann man in Chiroubles nur froh über etwas so Köstliches sein, das sich so jung schon so gut verkauft.

DIE WICHTIGSTEN CHIROUBLES-ERZEUGER

Die Superstars

Domaine Emile Cheysson – Jean-Pierre Large, Domaine Sylvain Loron

Domaine Emile Cheysson – Jean-Pierre Large

Le Bourg, 69115 Chiroubles, Tel. 4 74 04 22 02. 26 ha.

Ein archetypischer Chiroubles, vollmundig und süffig.

La Maison des Vignerons à Chiroubles
Le Bourg, 69115 Chiroubles, Tel. 4 74 69 14 94.
Köstlicher, leichter Bilderbuch-Chiroubles – wenn er sechs Monate bis ein Jahr alt ist, lädt er so recht zum Genießen ein. Auch die anderen Crus sind hervorragend.

Domaine Desmures Père et Fils
69115 Chiroubles
Ein weiteres Juwel im Dubœuf-Imperium, ein Triumph der Teamarbeit zwischen einer Winzer- und einer Kellermeisterfamilie und das Ergebnis professioneller Hightech-Abfülltechnik.

Château de Javernand
Javernand, 69115 Chiroubles, Tel. 4 74 69 16 04. 30 ha.
Das Gut gehört Monsieur Fourneau, dem Vorsitzenden des Cru-Verbands. Sein Chiroubles hat den typischen flüchtigen Ton im Geschmack, daneben aber auch wunderbare Frucht. Der Oberboden der steilen Hänge ist sandig. Wird von Dubœuf abgefüllt.

Domaine Sylvain Loron
En Frédières, 69115 Chiroubles, Tel. 4 74 04 23 97.
Fruchtig, konzentriert und frisch.

Domaine André Méziat et Fils
69115 Chiroubles
Höchst angenehmer Chiroubles, der seiner traditionellen Aufgabe, Freude zu spenden, wahrhaft gerecht wird.

Domaine Alain Passot
Grosse Pierre, 69115 Chiroubles, Tel. 4 74 69 12 17. 8,5 ha.
Ein göttlicher Duft und ein vollmundiger, fruchtiger Geschmack. La Grosse Pierre ist stets einer der besten Weine der Appellation.

Château de Raousset
Les Prés, 69115 Chiroubles, Tel. 4 74 69 17 28.
Die Rebflächen des Guts sind auf Chiroubles, Fleurie und Morgon verteilt. Feine Weine, die gut strukturiert sind. Der Untergrund aus Granit ist hier mit einer Krume bedeckt, die nicht so viel Lehm enthält wie in Morgon. Das Durchschnittsalter der Rebstöcke beträgt 25 bis 30 Jahre.

Domaine René Savoye
Les Bonnes, 69115 Chiroubles, Tel. 4 74 04 23 47.
Auch dieser Chiroubles spendet uneingeschränktes Vergnügen.

L'Eventail de Vignerons Producteurs
Le Vieux Bourg, Corcelles-en-Beaujolais, 69220 Belleville, Tel. 4 74 06 10 10.
Über diese Winzervereinigung sind weitere gelungene Weine der Appellation erhältlich wie jene von Philippe Gobet, La Fontenelle und La Seigneronce.

MORGON ●

Erzeugung 2001:
Morgon 63 754 hl

Morgon steht in der Produktionsmenge unter den zehn Crus hinter Brouilly an zweiter Stelle. Der Ort Bas-Morgon ist bei weitem nicht so bedeutend wie Villié-Morgon, und zwischen ihnen liegt der herrliche Mont du Py, von dem die aufregendsten Weine kommen. Der Untergrund besteht aus Granit, doch ist die Besonderheit von Morgon verwitterter Schiefer *(poche pourrie).*

Die Weine aus den besten Teilen der Appellation haben ein so eigentümliches Bukett, dass es zur Entstehung des Worts *morgonner* geführt hat. Doch ist dieser ausgeprägte Duft an die besten Lagen und an besonders gute Weinbereitung gebunden und braucht Zeit zur Entwicklung, denn sehr junger Morgon (z. B. im Frühjahr nach der Lese) ist eher stumpf im Bukett, verglichen mit anderen Beaujolais-Crus. Nach einiger Zeit in der Flasche aber kommt der robuste, volle, extraktreiche Charakter des Morgon schön zum Vorschein. Nach zwei bis vier Jahren entwickelt er feines, reichhaltiges Aroma, und gute Jahrgänge lassen in weit älteren Weinen geradezu exotische Nuancen in Erscheinung treten. Begriffe wie Wildkirsche und sogar Sherry werden in diesem Zusammenhang gern gebraucht, aber ich muss schon sagen, wenn ich in meinem schönen alten Morgon je einen Sherry-Geschmack finden sollte, dann wäre mir das durchaus nicht recht.

Offiziell gibt es sechs *climats* – Les Charmes, Corcelette, Côte du Py, Douby, Les Grands Cras und Les Micouds – aber oft werden die Weine aus diesen Spitzenlagen mit anderen gemischt.

DIE WICHTIGSTEN MORGON-ERZEUGER

Die Superstars

Domaine Jean-Marc Burgaud, Domaine des Chênes – Marcel Lapierre, Domaine Jean Foillard, Domaine des Pillets, Domaine Dominique Piron, Domaine des Souchons – Serge Condemine

Château de Bellevue

Maison Louis Jadot in Beaune. 35 ha.

Diese Gut wurde 2001 von Louis Jadot erworben und man darf wohl eine ähnliche Qualität erwarten wie im Château des Jacques in Moulin-à-Vent.

Domaine Jean-Marc Burgaud

69910 Villié-Morgon, Tel. 4 74 69 16 10. 17,5 ha.

Dieser junge Winzer erzeugt Beaujolais von alten Rebstöcken, als ob es Burgunder wäre, in Eiche ausgebaut und für lange Haltbarkeit angelegt.

Domaine François et Jean Calot

69910 Villié-Morgon, Tel. 4 74 69 12 95. 10 ha.

François Calot besitzt Rebstöcke, die bis zu 75 Jahre alt sind; die Verarbeitung erweist ihnen den gebührenden Respekt, frei nach dem Motto »Zurück in die Zukunft«: eine alte Vertikalpresse und Ausbau in Holzfässern verschiedener Größe.

Domaine des Chênes – Marcel Lapierre

69910 Villié-Morgon, Tel. 4 74 04 23 89.

Lapierre erzeugt unfiltrierte Weine aus organisch angebauten Reben: äußerst markant und komplex.

Domaine Paul Collonge – Domaine de Ruyère

Les Pillets, 69910 Villié-Morgon, Tel. 4 74 04 24 42. 9 ha.
Beaujolais-Villages; Morgon; Morgon Les Charmes; Régnié.

Die Rebhänge liegen günstig, gegen Süden und Südosten. Die Weine sind robust, vollmundig und langlebig – Bernard Collonge beschreibt das Bukett als »Kirschen und Himbeeren«, was für Morgon typisch sei. Der sehr fruchtige Wein braucht ein bisschen Zeit in der Flasche, um seine Qualität voll zu entfalten.

Domaine Louis-Claude Desvignes

La-Voûte-au-Bourg, 69910 Villié-Morgon, Tel. 4 74 04 23 35. 12 ha.

Die Rebstöcke sind über die ganze Gemeinde verstreut; 4,5 ha liegen in den besten Lagen von Morgon Côte du Py und Morgon Javernières. Eine Familiendomaine, die sieben Generationen lang (seit 1712!) vom Vater auf den Sohn übergegangen ist. Es wird traditionell ausgebaut, und die Weine sind für Morgon typisch. Abfüllung nach sechs bis zwölf Monaten. Ernst zu nehmende Weine.

Domaine Jean Foillard

Le Bourg, 69910 Villié-Morgon, Tel. 4 74 04 24 97.

Foillard ist wie sein Freund Marcel Lapierre ein Pionier der Weinbereitung ohne Schwefel und wird mit reinem Fruchtaroma und wunderschöner Farbe in seinen Weinen belohnt.

Domaine Maurice Gaget

69910 Villié-Morgon, Tel. 4 74 04 20 75. 3,5 ha.

Die Weine vom Mont du Py gären in Beton und altern in großen Eichenfässern.

Domaine Alain Michon

In Brouilly. Michaud besitzt 2,5 ha in günstiger Lage im *climat* Corcelette.

Domaine Jacky Passot

Fontriante, 69910 Villié-Morgon, Tel. 4 74 69 14 29. 10 ha.

Archetypischer, Vertrauen erweckender Morgon wird hier erzeugt.

Domaine des Pillets

69910 Villié-Morgon, Tel. 4 74 04 21 60.

Gérard Brisson produziert Morgon mit schönem, fruchtigem und tiefem Bukett und mit höchst empfehlenswertem, saftigem Geschmack. Reife Jahrgänge sind drei bis vier Jahre haltbar.

Domaine Dominique Piron

69910 Villié-Morgon, Tel. 4 74 69 10 20.

Piron erzeugt Weine in verschiedenen Crus, aber sein Flaggschiff ist der Domaine de la Chanaise aus Morgon, der meiner Erfahrung nach mehr Frucht als Körper besitzt.

Château de Pizay

St-Jean-d'Ardières, 69220 Belleville, Tel. 4 74 66 20 10. 50 ha.

Morgon; Régnié; Beaujolais (rot und weiß).

Ein wunderschöner Besitz mit Weinbergen in Morgon und auf dem Gebiet von Beaujolais-Villages. Der Côte du Py ist leichter als der von Pierre Savoye, hat aber große Finesse. Das kommt daher, dass die Pizay-Weinberge auf der anderen Seite der Côte ziemlich am Fuß des Hangs liegen – der Morgon von St-Joseph fällt ähnlich aus. Jedes Jahr werden auch 2500 Kisten eines reizvollen Beaujolais Blanc verpackt.

Domaine Savoye – Pierre Savoye

Les Micouds, 69910 Villié-Morgon, Tel. 4 74 04 21 92. 14 ha.

Beaujolais; Morgon; Morgon Côte du Py.

Eine wundervolle Domaine, hauptsächlich in der Côte du Py, wo das Schiefergestein *pierre bleue* genannt wird; beim Abbau wird es ocker und gibt dem Wein das undefinierbare Etwas – er wird zum *vin qui morgonne*. Pierre Savoye ist der Schwiegersohn von Jean Descombes (der seinerseits Ehrengroßvater von Morgon genannt werden könnte), und er bringt einen großartigen Côte du Py hervor von schöner Farbe und mit hinreißendem Geschmack – ein Erlebnis für alle, die einen echten Morgon probieren möchten. Die Weine halten sich lange und haben einen delikat mineralischen Bodengeschmack.

Domaine des Souchons – Serge Condemine
69910 Villié-Morgon, Tel. 4 74 69 14 45.
Saftiger Wein mit Kirschenaroma, der sich mittellange hält.
Domaine Jacques Trichard
Les Charmes, 69910 Villié-Morgon, Tel. 4 74 04 20 35. 9 ha.
Typischer Morgon mit feiner Frucht, in der Jugend manchmal etwas hart, jedoch vielversprechend.

REGNIE ●

Erzeugung 2001:
Régnié 26 800 hl

Régnié wurde im Dezember 1988 als zehnter Cru des Beaujolais offiziell anerkannt. Die Appellation erstreckt sich zwischen Brouilly und Morgon und besteht aus verhältnismäßig leichtem Boden, einem sandigen Granit ähnlich jenem von Chiroubles. Es heißt, dies sei der erste Flecken im Beaujolais gewesen, wo die Römer Reben anpflanzten, und der Name Régnié leitet sich tatsächlich von einem römischen Edelmann namens Reginus her. Die besten Régnié-Weine sind geschmeidig, zart und duftend und erinnern an Rote Johannisbeeren und Erdbeeren. Jene vom südlichen Zipfel des Gebiets, gegen Brouilly hin, sind leicht und frisch, jene aus dem Norden nahe Morgon haben dagegen mehr Körper.

DIE WICHTIGSTEN REGNIE-ERZEUGER

Château du Basty
Le Basty, 69430 Lantignié, Tel. 4 74 04 85 98. 12 ha (5 ha en métayage*).*
Régnié; Beaujolais-Villages.
Die Perrouds erzeugen leichten, aber stilvollen Beaujolais-Régnié.
Domaine Jean-Claude Braillon
Domaine des Forchets, 69430 Régnié-en-Beaujolais, Tel. 4 74 04 30 48.
Leichter und eleganter Domaine du Laboureux. Wird von L'Eventail vertrieben.
Domaine Jean-Marc Burgaud
In Morgon. Der junge Jean-Marc besitzt 4,5 ha Régnié-Lagen mit alten Rebstöcken.
Domaine Cinquin
Les Braves, 69430 Régnié-Durette, Tel. 4 74 69 05 32.
Einer der besten Weine aus diesem Cru, tief und lebhaft. Paul Cinquin ist ein Verfechter der Gärung bei hohen Temperaturen – und praktiziert sie auch.
Domaine Yves Durand
Domaine de Ponchon, 69430 Régnié-Durette, Tel. 4 74 04 34 78. 16 ha.
Leichte, aber gut gebaute Régnié- und Brouilly-Weine.
Domaine Jean-Paul Rampon
Les Rampeaux, 69430 Régnié-Durette, Tel. 4 74 04 36 32.
Stilvolle, preisgekrönte Weine.
Domaine Joël Rochette
Le Chalet, 69430 Régnié-Durette, Tel. 4 74 04 35 78. 5 ha (1,7 ha en métayage*).*
Blumiger, ansprechender Régnié und Beaujolais-Villages.

Château de La Tour Bourdon
69430 Régnié-Durette.
Alte Rebstöcke, daraus aber ein Wein, der im Sommer nach der Lese köstlich ist. Wird von Dubœuf abgefüllt.

COTE DE BROUILLY ●

Erzeugung 2001:
Côte de Brouilly 18 035 hl
An der Côte d'Or ist alles, was »Côte de« im Namen hat, nicht ganz so fein wie die Weine, die nur den einfachen Namen tragen, d. h. also Côte de Beaune steht eine Stufe tiefer als Beaune selbst. Hier im Beaujolais muss das anders sein, denn der Côte de Brouilly steht eine Stufe über dem normalen Brouilly, und zwar schon deshalb, weil die Weinberge auf den Hängen des Mont Brouilly liegen. Da es aber nun sehr viel weniger Côte de Brouilly als Brouilly gibt, tritt er auch nicht so häufig in Erscheinung. Interessant ist, dass der Côte de Brouilly einen höheren Mindestalkoholgehalt aufweisen muss als der Brouilly – 10,5 anstelle von 10 %; wird auch das *climat,* die Lage, angegeben, dann muss er sogar 11 % betragen. Der Mont Brouilly erhebt sich bis zu einer Höhe von 500 m und ist auf allen Seiten mit Reben bedeckt (daher sind auch die Lagen unterschiedlich gut), die auf einem vorwiegend aus Granit bestehenden Untergrund wachsen.

Die Appellation erstreckt sich auf die Gemeinden Odenas, Saint-Lager, Cercié und Quincié. Ich habe einmal eine Beschreibung gelesen, in der es hieß, der Mont Brouilly sei so etwas wie ein riesiger Maulwurfshaufen, der wie ein Leuchtturm an der Spitze des Beaujolais steht. Nun, wer diesen etwas zusammengewürfelten Vergleich geprägt hat, muss vorher wohl recht viel von diesem Wein getrunken haben.

Der Côte de Brouilly zeichnet sich durch gewaltige Fruchtentfaltung und durch Fülle, Saftigkeit und Traubigkeit aus.

DIE WICHTIGSTEN COTE-DE-BROUILLY-ERZEUGER

Die Superstars
Château des Ravatys, Château Thivin, Domaine de la Voûte des Crozes

Domaine Louis Bassy
La Roche, Odenas, 69460 Saint-Etienne-des-Oullières., Tel. 4 74 04 85 98.
Ein köstlich saftiger Côte de Brouilly.

Domaine de Chavanne
69460 Brouilly
Claude Geoffray erzeugt ausgezeichneten Wein mit massiver Frucht im Duft und frischer Traubigkeit im Geschmack. Wird von Dubœuf abgefüllt.

Domaine de Conroy
Brouilly, Odenas, 69460 Saint-Etienne-des-Oullières.
Ausgewogener, charmanter, höchst süffiger Wein wächst auf *pierre bleue,* dem Porphyr vom Mont Brouilly, der ja früher ein Vulkan war. Wird von Dubœuf abgefüllt.

Domaine des Fournelles
Saint-Lager, 69220 Belleville, Tel. 4 74 66 81 68. 9 ha.
Alain Bernillons Familienbetrieb erzeugt einen Wein mit einem Geschmack nach roten Früchten und den für guten Beaujolais-Cru typischen blumigen Noten.

Domaine André Large

Mont Brouilly, Odenas, 69460 Saint-Etienne-des-Oullières. 3,8 ha.

Reizvoller, süffiger Wein, der Sie genauso fröhlich macht, wie er selbst ist. Wird von L'Eventail vertrieben.

Domaine du Petit Pressoir

Brouilly, Odenas, 69460 Saint-Etienne-des-Oullières

Marcel und Daniel Mathon bringen saftige, verführerische Weine zuwege. Wird von L'Eventail vertrieben.

Château des Ravatys

Domaine de l'Institut Pasteur, Saint-Lager, 69220 Belleville, Tel. 4 74 66 80 35. 30 ha.

Einer der Großen der Côte de Brouilly. Seitdem das Gut in den 1920er-Jahren dem Institut Pasteur vermacht wurde, fließen die Gewinne aus dem Weinverkauf in die medizinische Forschung.

Domaine Sanvers et Cotton

Odenas, 69460 Saint-Etienne-des-Oullières, Tel. 4 74 03 43 12. 8,5 ha.

Wunderschön kräftige Weine mit Frucht und Mumm.

Château Thivin

Odenas, 69460 Saint-Etienne-des-Oullières, Tel. 4 74 03 47 53. 20 ha.

Claude-Vincent Geoffray erzeugt herrlichen Côte de Brouilly. Der Duft ist wundervoll frisch und fruchtig, und der Geschmack ist ohne jede Härte, obwohl er guten Körper hat.

Domaine Lucien et Robert Verger

L'Ecluse, Saint-Lager, 69220 Belleville, Tel. 4 74 66 82 09.

L'Ecluse heißt der wunderbare Wein mit seinem Veilchenduft, der sich bei dieser Lage besonders ausgeprägt entfaltet, hinzu kommt superbe Fruchtigkeit. Der Name (auf Deutsch Schleuse) ist seltsam, denn hier am Hang ist nie ein Bach geflossen.

Domaine de la Voûte des Crozes

Cercié, 69220 Belleville, Tel. 4 74 66 85 29.

Nicole Chanrions Weinberg liegt in bester Hanglage; die Weine sind charmant, mit weichen Tanninen unterlegt.

BROUILLY ●

Erzeugung 2001:

Brouilly 74 618 hl

Brouilly produziert sehr viel mehr Wein als die anderen Crus, und deshalb ist er natürlich in Cafés, Bistros und Brasserien recht häufig anzutreffen. Manche Leute behaupten, der Brouilly sei nichts weiter als ein aufpolierter Beaujolais-Villages, doch hat ein guter Brouilly mehr Substanz und Abgang, und seine solideren Vertreter halten sich auch länger als ein einfacher Villages.

Die Appellation gilt für die sechs Gemeinden Odenas, Saint-Lager, Cercié, Charentay, Quincié und Saint-Etienne-la-Varenne. Brouilly ist ein durchaus legitimer Cru, denn hier wachsen die Reben auf Granit und Schiefer *(gore* und *morgon)*. Er ist aufgeschlossen und unkompliziert, ein entgegenkommender Beaujolais.

DIE WICHTIGSTEN BROUILLY-ERZEUGER

Die Superstars

Château de La Chaize, Domaine Alain Michaud »Beauvoir«

Château de La Chaize

Saint-Etienne-la-Varenne, 69460 Saint-Etienne-des-Oullières, Tel. 4 74 03 51 01. 94 ha (60 ha en métayage*).*

Alle Weinberge liegen innerhalb der Gemeinde Brouilly, Château de La Chaize. Die Marquise de Roussy de Sales regiert über den größten zusammenhängenden privaten Besitz des Beaujolais und Burgunds – auch ausgedehnte Wälder gehören dazu –, der 14 Familien unterhält. Das Schloss wurde 1676 nach Plänen von Mansart und Le Nôtre in klassischem Ebenmaß gebaut. Wenn er gelungen ist (manchmal ist er etwas unbeständig), kann man das Gleiche auch vom Wein sagen. Der Preis dafür ist zwar horrend, aber er ist wirklich üppig, füllig und quillt geradezu von Frucht über. Dem Ausbau wird peinliche Aufmerksamkeit geschenkt, in guten Jahren hat der Wein so viel Körper und Frucht, dass er drei bis fünf Jahre halten kann. Gekeltert wird fünf bis sieben Tage, der Wein wird in hölzernen *foudres* und dann in Edelstahl gelagert, um möglichst viel Frische herauszuholen. Pierre Martray leitet den Betrieb perfekt.

Domaine Saint-Charles

Le Bluizard, Saint-Etienne-la-Varenne, 69460 Saint-Etienne-des-Oullières, Tel. 4 74 03 30 90. 39,2 ha.

Runde, gehaltvolle Weine von Jean de St-Charles, geschmeidig und verführerisch. Es wird auch Beaujolais-Villages erzeugt.

Georges Dutraive

Charentay, 69220 Belleville, Tel. 4 74 66 13 95.

Sehr empfehlenswerter Brouilly.

Les Vins Henry Fessy

Bel Air, Saint-Jean-d'Ardières, 69220 Belleville, Tel. 4 74 66 00 16.

Etwas unbeständig, aber einige gute Weine.

Domaine Jean Lathuilière

Pissevieille, Cercié, 69220 Belleville, Tel. 4 74 66 81 80. 5,8 ha (4,5 ha en métayage*).*

Ein verführerisch fruchtiger, preisgekrönter Brouilly-Pisse-Vieille, wesentlich hübscher als sein grässlicher Name.

Domaine Alain Michaud »Beauvoir«

Saint-Lager, 69220 Belleville, Tel. 4 74 66 84 29.

Dieser energiegeladene junge Winzer rühmt sich eines Brouilly von alten Rebstöcken, der mit zunehmendem Alter umso verführerischer wird. Ein Gut, das man im Auge behalten sollte. Sein Bruder Marc Michaud (Tel. 4 74 66 50 97) hat ein eigenes Gut.

Domaine de La Roche

Saint-Etienne-la-Varenne, 69460 Saint-Etienne-des-Oullières

Der Weinberg liegt an einem steilen Hang in 420 m Höhe – auf dem sandigen Kiesboden ist die Arbeit hart und der Ertrag gering. Der Wein ist relativ leicht und flüchtig und sollte jung getrunken werden. Die Domaine erzeugt auch Beaujolais-Villages. Wird von Dubœuf abgefüllt.

Domaine Ruet

Voujon, Cercié, 69220 Belleville, Tel. 4 74 66 85 00.

Jean-Paul Ruet erzeugt einen höchst achtbaren Wein.

Domaine Patrick et Martine Vermorel – Domaine de la Fully
Chambon, Blacé, 69460 Saint-Etienne-des-Oullières, Tel. 4 74 67 56 37. 14 ha.
Wirklich wundervolle Frucht – ganz wie ein gut behandelter, aufgeschlossener Wein sein soll. Der Beaujolais-Villages zeigt den gleichen hohen Qualitätsstand.

BEAUJOLAIS-VILLAGES ●

Erzeugung 2001:
Beaujolais-Villages 324 760 hl

Die folgenden »Villages« haben Anspruch auf die Appellation: Im Departement Saône-et-Loire – Leynes, St-Amour-Bellevue, La Chapelle-de-Guinchay, Romanèche-Thorins, Pruzilly, Chânes, St-Vérand und St-Symphorien d'Ancelles; im Departement Rhône – Juliénas, Jullié, Emeringes, Chénas, Fleurie, Chiroubles, Lancié, Villié-Morgon, Lantignié, Beaujeu, Régnié, Durette, Cercié, Quincié, Laint-Lager, Odenas, Charentay, St-Etienne-la-Varenne, Vaux, Le Perréon, Saint-Etienne-des-Oullières, Blacé, Arbuissonnas, Salles, St-Julien, Montmelas, Rivolet, Denicé, Les Ardillats, Marchampt und Vauxrenard.

Alle diese Orte liegen zwischen Villefranche-sur-Saône im Süden und der Grenze zum Mâconnais im Norden. Hier ist bei weitem das beste Beaujolais-Land. Die Villages-Weine haben zwar nicht so viel Individualität aufzuweisen wie die Crus, doch können sie mehr an Duft- und Geschmacksentfaltung und auch an Körper bieten als die einfachen Beaujolais.

Die Landschaft mit ihren sanften, rebenbedeckten Hügeln und den verschlafenen Dörfern hat besonders am Nachmittag einen unwiderstehlichen Reiz. Die Straßen winden sich hügelauf und hügelab – wer käme da schon auf die Idee, nur hindurchzurasen!

Der Boden besteht aus Granit, Schiefer und Kieselgeröll; in den südlicheren Villages treten häufiger auch Sand- und Kalkstein hervor. Der Beaujolais-Villages ist schon im Frühjahr nach der Lese köstlich und bleibt auch die beiden nächsten Jahre vorzüglich.

DIE WICHTIGSTEN BEAUJOLAIS-VILLAGES-ERZEUGER

Die Superstars
Domaine André Cologne et Fils, Domaine des Nugues

Domaine André Cologne et Fils
Les Terres Dessus, Lancié, 69430 Beaujeu, Tel. 4 74 04 11 73. 13 ha.
Mâcon-Villages; Beaujolais-Villages.
Bewährter Beaujolais-Villages und ein guter Fleurie. Seitdem Andrés Sohn Serge das Gut vor kurzem übernommen hat, weht dort ein neuer Wind.

Château de Corcelles
Le Château, Corcelles, 69220 Belleville, Tel. 4 74 66 00 24. 100 ha.
Leichter, ansprechender Wein in einer schön geformten Flasche.

Domaine Dalicieux
Vernette, 71570 Leynes (Saône), Tel. 3 85 35 60 79. 10 ha.
Mâcon-Villages; Beaujolais-Villages.
Vorzügliche Weine, weiß wie rot.

Georges Dubœuf
Romanèche-Thorins, 71570 La Chapelle-de-Guinchay, Tel. 3 85 35 34 20. 5 ha.
Pouilly-Fuissé (Gemeinde Chaintré) 4 ha, 25 000 Flaschen; Beaujolais Blanc (Gemeinde Chaintré) 1 ha, 8000 Flaschen.

So gut diese Domaine auch ist, wird sie doch vom riesigen Dubœuf-Imperium schier verschlungen, dessen Entwicklung eine der Erfolgs-Storys dieses Jahrhunderts im Bereich des Weinhandels ist. Georges Dubœuf hat durch zähe Arbeit, genaue Kenntnis seiner Region und ein sicheres Gefühl für das Echte mehr für die Anerkennung der Beaujolais und Mâconnais getan als irgendwer sonst. In seinen Lagerräumen liegen vier bis fünf Millionen Flaschen. Einige seiner Weine werden in den einzelnen Domaines abgefüllt, der Rest kommt in eine ultramoderne Anlage. Was ist sein Geheimnis? Er kauft alles, was er braucht, rechtzeitig ein und kann deshalb immer Spitzenqualität verlangen; er arbeitet ohne *acténisation* (rasche Pasteurisierung), mit Membranfiltern aus Kieselgur und füllt kaltsteril ab. Deshalb sind die Dubœuf-Weine immer frisch und fruchtig. Dubœuf-Abfüllungen gibt es auch von der Domaine des Buillats, Domaine du Colombier, Domaine du Potet (lagerfähig), Château de la Tour, Château des Vierres und der Domaine de la Treille (ebenfalls ein bis zwei Jahre haltbar).

Château de la Grande Grange

Le Perréon, 69830 Saint-Georges-des-Reneins, Tel. 4 74 03 22 72.

Henri Chamussy bringt runden, reifen Wein hervor.

Domaine Claude et Michelle Joubert

Clos Dessus, Lantignié, 69430 Beaujeu, Tel. 4 74 04 80 32. 13 ha.

Beaujolais-Villages Lantignié; Côte de Brouilly; Juliénas; Régnié.

Eine sehr zuverlässige Domaine, von Claude und Michelle Joubert mit Liebe aufgebaut. Das Durchschnittsalter der Rebstöcke trägt zweifellos zur vollen, tiefen Fruchtigkeit der Weine bei. Der Beaujolais-Villages wird mit *macération semi-carbonique* hergestellt, während der Juliénas traditionell acht bis zehn Tage in Gärbehälter kommt. Die Jouberts waren ursprünglich für ihren reichen, vollen Villages bekannt, aber der Juliénas holt schnell auf.

Château de Lacarelle

La Carelle, 69460 Saint-Etienne-des-Oullières, Tel. 4 74 03 40 80.

150 ha (davon zurzeit 100 ha in den Gemeinden Saint-Etienne-des-Oullières und Saint-Etienne-La-Varenne angepflanzt.)

Die Familie des Grafen Durieu de Lacarelle erzeugt seit über 200 Jahren Wein. Sie bringt aromatische, geschmeidige Weine hervor, die jung getrunken köstlich sind.

GAEC René et Christian Miolane

Le Cellier, Salles-Arbuissonnas, 69460 Saint-Etienne-des-Oullières, Tel. 4 74 67 58 08.

11 ha. Beaujolais-Villages: Classique, Cuvée de la Côtebras, Cuvée des Chasseurs, Rosé.

Die Miolanes haben seit 300 Jahren dieselben Weinberge, was ein angenehmes Gefühl von Beständigkeit verleiht. Heute führt René Miolane den Betrieb zusammen mit seinem Sohn, seiner Tochter und seinem Schwiegersohn. Die Weine sind solide Villages, keine Eintagsfliegen. Sie werden sowohl an Privatkunden als auch an Grossisten verkauft, 60 bis 70 % gehen ins Ausland.

Domaine Henri Monternot

Blacé, 69460 Saint-Etienne-des-Oullières, Tel. 4 74 67 56 48. 11 ha.

Vorzüglicher Villages mit Frucht, Stil und Körper.

Domaine de Montmeron

Lantignié, 69430 Beaujeu, Tel. 3 85 35 51 13.

Alte Reben liefern einen eigenständigen Wein. Wird von Dubœuf abgefüllt.

Domaine des Nugues

Lancié, 69430 Beaujeu, Tel. 4 74 04 14 00. 15 ha.

Gérard Gelin erzeugt Beaujolais-Villages von 40 Jahre alten Rebstöcken in der Nähe von Morgon und Fleurie. Besser als die meisten Cru-Weine.

Domaine Saint-Sorlin

Le Bourg, 69640 Montmelas-Saint-Sorlin, Tel. 4 74 67 37 60.

René Jacquet bringt einen Wein hervor, der im Abgang fruchtige Reichhaltigkeit zeigt.

Louis Tête

Les Dépôts, Saint-Didier-sur-Beaujeu, 69430 Beaujeu, Tel. 4 74 04 82 27. 3,5 ha.
Moulin-à-Vent; Régnié; Beaujolais-Villages.

Dies ist das kleine Besitztum der Familie von Louis Tête, dem hoch angesehenen Négociant von Beaujolais-Weinen, dessen Angebote immer Beispiele ihrer Art sind. Die Weine werden bei niedriger Temperatur gekeltert, damit sie so viel Frucht wie möglich behalten, aber in der Flasche auch gute Struktur bewahren.

Domaine des Trois Coteaux

Montmay, Quincié, 69430 Beaujeu, Tel. 4 74 04 34 32.

Jean-Philippe Perron erzeugt einen sehr sauberen, fruchtigen Beaujolais-Villages.

L'Eventail de Vignerons Producteurs

Corcelles, 69220 Belleville, Tel. 4 74 06 10 10.

Die Gruppe bietet hochwertigen Beaujolais-Villages mit Geschmacksfülle und Charakter, erzeugt von André Depardon, Paul Fortune, André Jaffre, Jacques Montange, Guy Patissier, Jean-Louis Chagny und Roger et Jean-Luc Tissier.

Weinerzeuger von A–Z

Die folgenden Seiten enthalten ein alphabetisches Verzeichnis von rund 600 Weinerzeugern (Weinbauern, Négociants oder Négociants-Eleveurs) und damit ein umfassendes Register aller in diesem Buch erwähnten Produzenten.

Die Erzeuger von **Chablis**, der **Côte Chalonnaise**, dem **Mâconnais** und dem **Beaujolais** wurden bereits auf den Seiten des jeweiligen Bereichs näher beschrieben und sind in diesem Register daher nur mit einem Verweis aufgeführt. Angaben über Besitz (wo erhältlich) und Weinbereitungsmethoden sowie eine Beschreibung der Weine für die Weinerzeuger der **Côte d'Or** findet man überwiegend im nachfolgenden Verzeichnis. Auch hier empfiehlt es sich, zusätzlich beim entsprechenden Weinort nachzuschlagen.

Die von den jeweiligen Produzenten erzeugten Weine sind, abgetrennt mit Strichpunkten, in der Reihenfolge: Grand cru; Premier cru; Villages-Wein; Regionalwein aufgeführt.

Die Hektarangaben *en métayage, en fermage* (in Klammern) verstehen sich zusätzlich zur Haupt(anbau)fläche.

Domaine Stéphane Aladame

Siehe Côte Chalonnaise, Montagny.

Maison François d'Allaines

La Corvée du Paquier, 71150 Demigny, Tel. 3 85 49 90 16.

Ein kleiner Négociant, der 1990 mit Weißweinen von der Côte Chalonnaise (Rully, Givry, Montagny) begann und sein Angebot ohne großes Aufhebens auf Rotweine und einige Appellationen der Côte de Beaune ausgedehnt hat. Ein engagierter Erzeuger, bei dem man etwas für sein Geld bekommt.

Domaine Bertrand Ambroise

Rue de l'Eglise, Prémeaux-Prissey, 21700 Nuits-St-Georges, Tel. 3 80 62 30 19. 7 ha (8 ha en métayage*). Grands crus: Clos de Vougeot, Corton; 1ers crus: Nuits-St-Georges Rue de Chaux, Vaucrains; Nuits-St-Georges, Pommard, Vosne-Romanée; Côte de Nuits-Villages, Bourgogne (rot, weiß, Aligoté).*

Die Weine, die ich gekostet habe, überzeugten mich nicht. Vielleicht habe ich zu wenig probiert. Aber die Versuchung hielt sich in Grenzen.

Domaine Bernard Amiot

Rue de Morey, Chambolle-Musigny, 21220 Gevrey-Chambertin, Tel. 3 80 34 34 28. 5,5 ha (1,5 ha en métayage*). 1ers crus: Chambolle-Musigny Les Charmes, Les Châtelots, Chambolle-Musigny; Chambolle-Musigny; Bourgogne (rot, Aligoté).*

Guter, ehrlicher Chambolle-Musigny. Leichter Stil.

Domaine Guy Amiot et Fils

13, rue du Grand-Puits, Chassagne-Montrachet, 21190 Meursault, Tel. 3 80 21 38 62. 9 ha (7,4 ha en métayage*). Grand cru: Montrachet; 1ers crus: Puligny-Montrachet Les Demoiselles, Chassagne-Montrachet Les Caillerets, Les Champgains, Clos St-Jean (rot und weiß), Les Macherelles, La Maltroie, Les Vergers (rot und weiß); Chassagne-Montrachet; Chassagne Rouge, Bourgogne (weiß, Aligoté).*

Traditionell bereitete Weine, die in 25 % neuen Eichenfässern altern. Die Roten und Le Montrachet werden nicht filtriert. Man trifft sie selten an (gelegentlich in Frankreich, wo 45 % abgesetzt werden), sie sind aber gut gemacht.

Domaine Pierre Amiot et Fils

27, Grande-Rue, Morey-St-Denis, 21220 Gevrey-Chambertin. 7 ha (3 ha en métayage*). Grands crus: Charmes-Chambertin, Morey-St-Denis Clos de la Roche, Clos de*

Lambrays, Clos St-Denis, Les Bonnes-Mares; 1ers crus: Gevrey-Chambertin Les Combottes, Morey-St-Denis Aux Charmes, Les Millandes, Les Ruchots; Gevrey-Chambertin, Morey-St-Denis; Bourgogne Aligoté, Bourgogne Grand Ordinaire.

Oft bemerkenswert gute Weine mit Waldboden und Trüffeln im Bukett. Der Clos de la Roche ist besonders fein, und der Combottes kann ein sehr guter Kauf sein. Gelegentlich sind Weine einfach gut, ohne einen auf Anhieb zu begeistern, was vielleicht auf die hohen Erträge zurückzuführen ist. Die Beeren werden entrappt, die Weine reifen generell in 15 % neuem Holz.

Domaine Robert Ampeau et Fils

6, rue du Cromin, 21190 Meursault, Tel. 3 80 21 20 35. 9,7 ha. 1ers crus: Savigny-lès-Beaune Fourneaux, Lavières, Beaune Clos du Roi, Volnay Santenots, Blagny La Piece-sous-le-Bois, Auxey-Duresses Ecusseaux, Meursault Charmes, La Pièce-sous-le-Bois; Perrières; Puligny-Montrachet Les Combettes; Pommard, Meursault.

Robert Ampeau und sein Sohn Michel arbeiten fleißig und bringen erstaunliche Weine hervor. Man geht im Weinberg äußerst sorgfältig vor, verwendet natürliche Hefen, die Aufzuckerung erfolgt spät, und der Bodensatz im Weißwein wird aufgerührt. Zuerst waren ihre Weißweine berühmt, doch jetzt haben sie auch ausgezeichnete Rotweine. Die Weißen sind sehr haltbar, haben explosive Geschmacksfülle, ein freigebiges Bukett und kräftiges Gefüge mit Vanille-Aroma. Sie strotzen oft noch von Kraft, wenn andere Weißweine der Appellation schon müde werden. Die Rotweine strömen über von urwüchsiger Frucht – ich mag den Blagny, den Auxey und auch die Savigny, solange sie noch jung sind, aber haltbarer ist der Pommard, Beaune Clos du Roi und Volnay Santenots. Eine Flasche Ampeau ist immer etwas Feines, aber man findet sie nicht so leicht – die Familie verkauft ihre Weine gar nicht so gern!

Pierre André – Château du Corton-André

Château de Corton-André, Aloxe-Corton, 21420 Savigny-lès-Beaune, Tel. 3 80 26 44 25. 50 ha. Grands crus: Clos de Vougeot, Corton-Charlemagne, Corton Château de Corton-André, Corton Clos du Roi, Corton Combes, Corton Hautes Mourottes, Corton Pougets; 1ers crus: Aloxe-Corton Les Chaillots, Savigny-lès-Beaune Clos des Guettes; Gevrey-Chambertin, Ladoix Blanc, Pernand-Vergelesses, Ladoix Clos des Chagnots; Savigny-lès-Beaune Clos des Godeaux, Clos des Guettottes; Côte de Nuits-Villages.

Pierre André ist Négociant und bedeutender Weinbergbesitzer zugleich. Auf seinem Etikett sind schöne, bunt gedeckte burgundische Ziegeldächer zu sehen. Monsieur André ist der Gründer und Besitzer des Handelshauses La Reine Pédauque in Beaune. Die meisten der Weine, die er als Négociant verkauft, erscheinen mir durchschnittlich und lassen charakteristische Appellationsmerkmale vermissen. Pierre André setzt in Frankreich recht viel ab, die Exportmenge ist geringer. Das gesamte Rotweinsortiment der Domaine ist oft marmeladig und hat einen »gebackenen« Geschmack, die Weißen sind jedoch besser. Die Rotweine werden zehn Tage lang nach der *chapeau immergé*-Methode bereitet, eine Seltenheit in Burgund; die Grands vins baut man in Eichenfässern aus, von denen jährlich ein Drittel erneuert wird. Der Corton-Charlemagne wird in neuen Eichenfässern vergoren. Die Abfüllung erfolgt frühzeitig, weil man der Ansicht ist, dass die Fruchtigkeit dadurch am besten erhalten bleibt, aber es fehlt den Weinen eine appellationstypische Individualität und ihr etwas »kommerzieller« Geschmack gibt mir zu denken.

Domaine Marquis d'Angerville

Clos des Ducs, Volnay, 21190 Meursault, Tel. 3 80 21 61 75. 14 ha. 1ers crus: Volnay Champans, Clos des Ducs, Cailleret, Frémiets, Taillepieds, Meursault Santenots; Pommard; Bourgogne (rot und weiß).

Dies war eines der ersten Besitztümer in Burgund, das in der eigenen Domaine abfüllte, und das hohe Niveau hat nie nachgelassen. Ihr Markenzeichen ist Finesse und Eleganz, und die Weine haben gewöhnlich einen langen, nachhaltigen Abgang. Die Erträge sind gering, und alte Reben werden so lange wie möglich behalten. Die Trauben werden vollständig entrappt, und man verwendet maximal ein Drittel neue Eiche für die besten Weine. 65 % gehen auf die traditionellen Exportmärkte. Die Familie d'Angerville hat wesentlich zur Erhaltung der Qualität und Echtheit der Burgunderweine beigetragen, und jeder Burgunderliebhaber muss ihr dafür dankbar sein. Der Marquis d'Angerville ist der alleinige Eigentümer des Clos des Ducs, dessen Weine hervorragend altern können.

Domaine Arlaud Père et Fils

43, route des Grands-Crus, Morey-St-Denis, 21220 Gevrey-Chambertin, Tel. 3 80 34 32 65. 11 ha.

Ein Haus, das es mehr auf Kommerz als auf die individuellen Bedürfnisse des Liebhabers abgesehen zu haben scheint. Die allerbesten Weine haben mehr Qualität, aber das kann man ja wohl erwarten.

Domaine de l'Arlot

Route Nationale, Prémeaux-Prissey, 21700 Nuits-St-Georges, Tel. 3 80 61 01 92. 14 ha. Grand cru: Romanée-St-Vivant; 1ers crus: Nuits-St-Georges Clos de l'Arlot (rot und weiß), Clos des Forêts St-Georges, Vosne-Romanée Les Suchots, Beaune Les Grèves; Côte de Nuits-Villages.

Eine relativ neue Domaine im Besitz von Axa Millésimes, denen unter anderen auch Château Pichon-Baron und Château Petit-Village im Bordeaux gehören. Hier wie dort achtet man auf Qualität. Unter dem erfahrenen Fachmann Jean-Pierre de Smet entstehen einige feine rote und weiße Nuits-St-Georges. Wenig biologische Düngemittel, kontrollierte Erträge, natürliche Hefe, lange Gärung und kein Filtrieren führen zu Weinen mit ausgesprochener Fruchtigkeit und Appellationscharakter – ein Star, der nur noch weiter aufsteigen kann.

Domaine Comte Armand – Domaine des Epeneaux

Place de l'Eglise, 21630 Pommard, Tel. 3 80 24 70 50. 10 ha.

Der einzige Weinberg dieser Domaine ist der Pommard Clos des Epeneaux, einschließlich Grands und Petits Epenots. Der junge Benjamin Leroux erzeugt extraktreiche Weine von biodynamisch angebauten, ertragsarmen Reben. Sein Vorgänger, der Frankokanadier Pascal Marchand, hat auf eine größere Bühne gewechselt: auf Boissets Vorzeigegut Domaine de la Vougeraie. Die Trauben werden vollständig entrappt, lange mazeriert und zu 35 % in neuem Holz ausgebaut. Das Ergebnis sind schöne, intensive Weine, die etwas Zeit brauchen, um sich zu entwickeln.

Domaine Arnoux Père et Fils

Rue des Brenôts, Chorey-lès-Beaune, 21200 Beaune, Tel. 3 80 22 57 98. 22 ha (davon 10 ha in Chorey).

Etwas rustikale Rotweine, aber die Weißweine machen sich besser.

Domaine Robert Arnoux

1, Route Nationale, Vosne-Romanée, 21700 Nuits-St-Georges, Tel. 3 80 61 09 85. 12 ha. Grands crus: Clos de Vougeot, Echézeaux, Romanée-St-Vivant; 1ers crus: Vosne-Romanée Les Chaumes, Les Suchots, Nuits-St-Georges Corvées Pagets, Les Procès; Vosne-Romanée Hautes Maizières; Vosne-Romanée, Nuits-St-Georges.

Lohnende Weine. Die Domaine wird jetzt von Robert Arnoux' Schwiegersohn Pascal Lachaux geführt, der den Qualitätsstandard des Guts mit höher konzentrierten Weinen deutlich angehoben hat.

Domaine Charles Audoin

Siehe Côte d'Or, Marsanny.

Domaine d'Avenay

Saint-Romain, 21190 Meursault, Kontakt: Maison Leroy SA, Rue du Pont Boillot, Auxey-Duresses, 21190 Meursault, Tel. 3 80 21 21 10. 3,6 ha. Grands crus: Mazis-Chambertin, Bonnes-Mares, Chevalier-Montrachet, Criots-Bâtard-Montrachet; 1ers crus: Puligny-Montrachet Les Folatières; Auxey-Duresses, Meursault.

Lalou-Bize Leroys Zuhause und ihre eigene Domaine. Siehe auch Domaine Leroy.

Auvigue-Burrier-Revel et Cie

Siehe Mâconnais, Pouilly-Fuissé.

Domaine Denis Bachelet

Rue Petite-Issue, 21220 Gevrey-Chambertin, Tel. 3 80 51 89 09. 3 ha.

Denis Bachelet bevorzugt alte Reben und geringe Erträge. Für die Charmes verwendet er 100 % neue Eichenfässer, für den Premier cru sind es 50 %. Die Weine sind exzellent und der Charmes ist ein Schatz, wenn Sie ihn auftreiben können.

Domaine Bernard Bachelet et Fils

Dezize-lès-Maranges, 71150 Chagny, Tel. 3 85 91 16 11. 37 ha.

Seit die Weinerzeugung auf dem Grund in Chassagne erfolgt, sind Verbesserungen erkennbar.

Domaine Jean-Claude Bachelet

Gamay, Saint-Aubin, 21190 Meursault, Tel. 3 80 21 31 01. 8 ha.

Ansprechender, gut produzierter St-Aubin (weiß und rot).

Domaine Bachelet-Ramonet Père et Fils

11, rue de Parterre, Chassagne-Montrachet, 21190 Meursault. 12,75 ha. Grands crus: Bâtard-Montrachet, Bienvenues-Bâtard-Montrachet; 1er cru: Chassagne-Montrachet (rot und weiß); Puligny-Montrachet (weiß), Chassagne-Montrachet (rot und weiß); Bourgogne Aligoté; Bourgogne Passe-tout-grains.

Eine Domaine mit aufsteigender Tendenz, die ihren sehr günstig gelegenen Weinbergen in der Vergangenheit nicht gerecht wurde.

Maison Ballot-Millot et Fils

9, rue de la Goutte d'Or, 21190 Meursault, Tel. 3 80 21 23 27. 14 ha.

Vortreffliche Meursault, die in 25 % neuem Holz altern. Gleichermaßen rote wie weiße Weine mit unzähligen Appellationen.

Domaine Daniel Barraud

Siehe Mâconnais, Pouilly-Fuissé.

Domaine Bart

23, rue Moreau, 21160 Marsannay-la-Côte, Tel. 3 80 51 49 76. 13,5 ha (3,85 ha en métayage). Grands crus: Bonnes-Mares, Chambertin-Clos de Bèze; 1er cru: Fixin-Hervelets; Chambolle-Musigny, Santenay (rot und weiß); Côte de Nuits-Villages.

In der Vergangenheit anspruchslose Weine, aber Martin Bart hat die Sache in die Hand genommen, und die Domaine ist wieder eine gute Adresse.

Domaine Barthod

Rue du Lavoir, Chambolle-Musigny, 21220 Gevrey-Chambertin. 6,6 ha. 1ers crus: Chambolle-Musigny Les Charmes, Chambolle-Musigny; Chambolle-Musigny; Bourgogne Rouge.

Ghislaine Barthod hat dieses Gut durch und durch neu belebt. Sie arbeitet mit kleinen Erträgen, Selektion der Trauben und einer perfekten Ausnutzung des jeweiligen Terroirs in jedem Cru. Reifer, geschmeidiger Bourgogne Rouge und wunderschön duftige Beispiele des Chambolle-Musigny, unfiltriert und mit Maß in Eiche gereift. 1990 gab es hier außergewöhnliche Weine, und der Fortschritt hält an.

Domaine Louis Bassy

Siehe Beaujolais, Côte de Brouilly.

Château du Basty

Siehe Beaujolais, Régnié.

Château de Beauregard

Siehe Mâconnais, Pouilly-Fuissé.

Domaine Adrien Belland

Place du Jet-d'Eau, 21590 Santenay, Tel. 3 80 20 61 90. 12 ha. Grands crus: Chambertin, Corton Clos de la Vigne au Saint, Corton-Greves, Corton-Perrières; 1ers crus: Chassagne-Montrachet Morgeot Clos Charreau, Santenay Clos des Gravières, Santenay Commes; Aloxe-Corton, Puligny-Montrachet, Santenay.

Eine typisch zersplitterte burgundische Domaine mit verstreutem Weinbergbesitz von Santenay im Süden bis Chambertin im Norden. Adrien Belland kann sich jetzt auf einen seiner Söhne, Jean-Claude, stützen. Ihre Technik umfasst Entrappen, lange Maischung, Vergären mit *chapeau flottant* und zweimal täglich *pigeage,* Ausbau in Eichenfässern und Abfüllung nach 20 bis 22 Monaten. Die bescheideneren Santenay sind besser als die höheren ACs.

Domaine Roger Belland

3, rue de la Chapelle, 21590 Santenay, Tel. 3 80 20 61 13. 23 ha.

Adriens Neffe Roger hat dieser Domaine einen Aufwärtstrend beschert.

Domaine Bénas Frères

Siehe Mâconnais, Mâcon.

Domaine Paul Bernard

Siehe Beaujolais, Fleurie.

Domaine Berrod

Siehe Beaujolais, Fleurie.

Domaine Bertagna

Rue du Vieux-Château, 21640 Vougeot, Tel. 3 80 62 86 04. 11 ha (17 ha en métayage*). Grands crus: Chambertin, Clos St-Denis, Clos-de-Vougeot, Corton, Corton-Charlemagne; 1ers crus: Chambolle-Musigny, Vougeot Clos de la Perrière, Les Cras, Petit Vougeot, Vougeot Blanc, Vosne-Romanée Les Beaux Monts, Nuits-St-Georges Murgers; Chambolle-Musigny, Vougeot Clos Bertagna; Hautes Côtes de Nuits Rouge; Bourgogne Rouge, Crémant de Bourgogne.*

Ein schönes Stück Vougeot-Weinberge, mit denen es auf und ab ging, bis in den 1980er-Jahren der Besitzer wechselte. 1982 erwarb die Familie Reh (vom Weingut Reichsgraf von Kesselstatt in Trier) die Domaine; ab 1988 bekrabbelten sich die Weine wieder und etablierten sich. Vougeot Clos de la Perrière und Vosne-Romanée Les Beaux Monts sind Weine von großer Finesse und Rasse – in ihrer Klasse zählen sie regelmäßig zu den Besten. Ihr weißer Vougeot Premier cru ist verlockend.

Domaine Vincent et Denis Berthaut

9, rue Noisot, Fixin, 21220 Gevrey-Chambertin, Tel. 3 80 52 45 48. 8 ha (5 ha en métayage*). 1er cru Fixin; Fixin, Gevrey-Chambertin; Bourgogne Rouge.*

Weine mit langer Gärung und, wie so oft in Fixin, eher robustem Charakter. Manche bescheinigen ihnen inzwischen mehr Feinheit.

Domaine Bertheau et Fils

Chambolle-Musigny, 21220 Gevrey-Chambertin, Tel. 3 80 62 85 73. 7 ha.

Ich habe hier nur wenig Erfahrung, aber dies ist eine ernst zu nehmende Domaine, die in allen Klassen gute Weine macht.

Domaine Besancenot-Mathouillet

78, faubourg St-Nicolas, 21200 Beaune, Tel. 3 80 22 18 76. 6 ha (5 ha en métayage*). Grand cru: Corton-Charlemagne; 1ers crus: Beaune Bressandes, Les Cent Vignes, Clos du Roi, Les Grèves, A l'Ecu, Theurons, Toussaints; Pernand-Vergelesses (rot und weiß), Aloxe-Corton, Beaune; Bourgogne Rouge; Bourgogne Aligoté.*

Ein wichtiges Haus mit klassischen Weinen aus Beaune und anderen Gewächsen, an denen sich die Verwandtschaft der *climats* studieren lässt. Gelegentlich eine Flasche mit nicht ganz reinem Inhalt, was nicht vorkommen sollte.

Domaine Raymond Bêtes

Siehe Côte Chalonnaise, Rully.

Maison Albert Bichot

6 bis, boulevard Jacques-Copeau, 21200 Beaune, Tel. 3 80 24 37 37. 41,36 ha. Domaine du Clos-Frantin, Vosne-Romanée, 15 ha. Grands crus: Chambertin, Clos de Vougeot, Echézeaux, Grands Echézeaux, Richebourg, Corton, Corton-Charlemagne; 1ers crus: Vosne-Romanée Les Malconsorts, Aloxe-Corton Les Fourniers; Vosne-Romanée, Gevrey-Chambertin, Nuits-St-Georges.

Ein großes, auf Export konzentriertes Haus mit vielen Untermarken wie Paul Bouchard, Jean Bouchard (nicht zu verwechseln mit anderen Bouchards in Beaune), Léon Rigault, Remy Gauthier, Lupé-Cholet. Meist recht langweilige Burgunder, obwohl einige Lupé-Cholet-Weine erheblich besser sind. Einige Grands crus überstehen ihre Abfüllung mit Würde. Am besten schmecken mir die Chablis-Weine von der Domaine Long-Depaquit (siehe dort), besonders der herrliche La Moutonne.

Domaine Billard-Gonnet

Rue du Pivot, 21630 Pommard, Tel. 3 80 22 17 33. 12 ha.

Beaune- und Pommard-Weine von solidem und beständigem Stil, aber von solchen Appellationen erwarte ich eigentlich noch etwas mehr, vor allem auf dem Niveau von Pommard Rugiens.

Domaine Pierre Bitouzet

13, rue de Cîteaux, 21420 Savigny-lès-Beaune, Tel. 3 80 21 52 53. 45 ha. Grand cru: Corton-Charlemagne; 1ers crus: Aloxe-Corton Valozières, Savigny-lès-Beaune, Lavières, Les Talmettes, Chablis Beauroy, Pommard Platière, Volnay Santenots; Chablis Savigny-lès-Beaune (rot und weiß), Mercurey, Ladoix-lès-Beaune (rot und weiß), Meursault, Pommard.

Ein großes, neu formiertes Gut. Außergewöhnlicher Corton-Charlemagne; auch guter weißer Savigny-lès-Beaune. Die Weine haben einen recht ausgeprägten Geschmack nach Eiche, obwohl Monsieur Bitouzet behauptet, er brauche nur ein Drittel neues Holz.

Domaine Vincent Bitouzet-Prieur

Rue de la Combe, Volnay, 21190 Meursault, Tel. 3 80 21 62 13. 9 ha.

Vincent Bitouzet produziert Meursault-Weine von Qualität und einen Volnay Taillepieds, den es im Keller zu lagern lohnt.

Domaine Simon Bize et Fils

12, rue Chanoine-Donin, 21420 Savigny-lès-Beaune, Tel. 3 80 21 50 57. 22 ha. 1ers crus: Savigny-lès-Beaune Fournaux, Aux Guettes, Les Marconnets, Talmettes, Vergelesses; Savigny Grands Liards, Savigny-lès-Beaune (rot und weiß); Bourgogne (rot und weiß).

Ein sehr seriöses Familiengut, seit über 150 Jahren vom Vater auf den Sohn übergegangen. Patrick Bize bereitet seinen Wein sehr sorgfältig, mit Rücksicht auf die Frucht und ohne übertriebene Alkoholstärke oder Camouflage. Sein Rezept für Wein dieser Art ist offenbar richtig – lange Aufbewahrung im Tank und etwa 18 Monate Lagerung in Eichenfässern vor der Abfüllung. Er verwendet mehr neue Eichenfässer, aber die Frucht hat darunter nicht gelitten. Greifen Sie zum Savigny-Vergelesses, wenn sich eine Gelegenheit bietet. Reizvolle Weißweine sind Bourgogne Champlains von Chardonnay und Pinot Beurot. Eine Domaine mit einer unglaublich freundlichen Ausstrahlung.

Domaine Blain-Gagnard

Route de Santenay, Chassagne-Montrachet, 21190 Meursault, Tel. 3 80 21 34 07. 7,7 ha. Grands crus: Bâtard-Montrachet, Criots-Bâtard-Montrachet; 1ers crus: Chassagne-Montrachet La Boudriotte, Cailleret, Clos St-Jean, Morgeot; Pommard, Volnay, Chassagne-Montrachet (rot und weiß).

Kleine Mengen von Weinen zahlreicher Appellationen. In Verbindung mit Delagrange-Bachelet erzeugt Jean-Marc Blain feine, duftige und konzentrierte Weißweine unter maximaler Ausnutzung des Bodensatzes, wie auch einen roten, ohne neues Eichenholz bereiteten Clos St-Jean von Klasse.

Domaine Jean Boillot et Fils

Rue des Angles, Volnay, 21190 Meursault, Tel. 3 80 21 61 90. 13,5 ha.

Henri Boillot macht sich einen Namen, der so gut und eindrucksvoll werden soll, wie seine Weinberge es heute schon sind.

Domaine Jean-Marc Boillot

Rue d' Autun, La Pommardière, 21630 Pommard, Tel. 3 80 24 97 57. 10 ha. 1ers crus: Beaune Montrévenots, Pommard Jarolières, Rugiens, Saucilles, Volnay Caralle sous la Chapelle, Pitures, Ronceret, Puligny-Montrachet Champs Canet, Combettes, Referts, Truffières; Pommard, Volnay, Meursault, Puligny-Montrachet, Chassagne-Montrachet; Bourgogne Rouge; Bourgogne Aligoté.

Gut gemachte Weine. Der Pommard Jarolières und Rugiens haben mich beeindruckt. Typische, duftige Volnays der leichteren Art, die beweisen, dass *macération à froid,* Gärtemperaturen bis 32 °C und drei *pigeages* am Tag nicht unbedingt schwere Weine hervorbringen müssen. Daneben geschmeidige Weißweine von der Côte de Beaune, die etwas weniger Eichengeschmack haben dürften, aber trotzdem den Charakter der Appellation wahren. Ein Teil der Domaine Sauzet ist seit 1991 hinzugekommen.

Domaine Lucien Boillot et Fils

1, rue Magnon-Pujo, 21220 Gevrey-Chambertin, Tel. 3 80 51 85 61. 6,5 ha (7 ha en fermage *und* en métayage*). 1ers crus: Gevrey-Chambertin Champonnets, Cherbaudes, Les Corbeaux, Les Evocelles, Nuits-St-Georges Prûliers, Beaune Les Epenottes, Pommard Croix Noires, Fremiers, Volnay Les Angles, Caillerets, Brouillards; Fixin, Gevrey-Chambertin, Pommard, Volnay; Côte de Nuits-Villages; Bourgogne (rot und weiß).*

Pierre und Louis Boillot machen hier große Fortschritte. Reine, fruchtige Beaune Les Epenottes und Volnay Les Angles; untadelige Gevrey-Chambertin, darunter ein charakteristischer, konzentrierter Premier cru Les Corbeaux.

Domaine du Bois Guillaume – Jean-Yves Devevey

Rue de Breuil, 71150 Demigny, Tel. 3 85 49 91 11.

Der Kellermeister des ausgezeichneten neuen Négociant François d'Allaines hat ein kleines Gut am südlichen Ende der Côte d'Or, wo er allgemeinen Burgunder und Haute Côtes de Beaune erzeugt. Eine Kostprobe lohnt sich.

Jean-Claude Boisset

2, rue des Frères-Montgolfier, 21700 Nuits-St-Georges, Tel. 3 80 62 61 61.

Ein erst seit 35 Jahren bestehendes Handelshaus mit einem Jahresumsatz von über 13 Millionen Flaschen. Unter dem Banner von Jean-Claude Boisset segeln jetzt Namen wie Thomas Bassot, Bouchard Aîné et Fils, Lionel J. Bruck, Delaunay, Jaffelin, Morin, Pierre Ponnelle, Marcilly, Chauvenet, Ropiteau, Roland Thévenin, Charles Viénot und seit neuestem auch Mommessin-Thorin, Cellier des Samsons und J. Moreau et Fils in Chablis. (Die Weine der

Domaine Claudine Deschamps werden ebenfalls gänzlich von Boisset verkauft, meist an Großhändler in Frankreich.) Die unteren Etagen des Boisset-Imperiums sind allerdings wenig aufregend. Inzwischen zeigt das Unternehmen jedoch verborgene Talente: mit Mommessins Clos de Tart (ein Monopole), der wirklich einen großen Schritt nach vorn gemacht hat, und mit der Investition in die neue Domaine de la Vougeraie, die nun 37 ha Spitzenlagen des Konzerns betreut.

Domaine Boisson-Vadot

33, rue de Mazeray, 21190 Meursault, Tel. 3 80 21 27 54. 7 ha.

Meursault von alten Rebstöcken mit intensivem Hefekontakt und Ausbau in bis zu einem Drittel neuem Holz. Während die Weine manchmal zu mager sind, kann der Genevrières besonders fein sein mit geschmacklicher Harmonie auf dem Gaumen.

Domaine de la Bon Gran – Domaine Emilian Gillet – Jean Thévenet

Siehe Mâconnais, Mâcon.

Domaine André Bonhomme

Siehe Mâconnais, Mâcon.

Domaine Bonneau du Martray

Pernand-Vergelesses, 21420 Savigny-lès-Beaune, Tel. 3 80 21 50 64. 11 ha.
Grands crus: Corton-Charlemagne, Corton.

Eine sehr gut geführte Domaine mit Weinbergen im mittleren Teil der Montagne de Corton. Das Gut gehört der Familie Le Bault de la Morinière und wird jetzt von Sohn Jean-Charles geführt. Für den großartigen Corton-Charlemagne werden im ersten stürmischen Stadium der Gärung Edelstahltanks verwendet, und die Temperatur wird unter 20 °C gehalten; dann gärt der Wein in neuen Eichenfässern aus. Er wird relativ früh abgefüllt, um die Frische und Fruchtigkeit zu erhalten. Der Corton-Charlemagne ist mit seiner Fülle und seinem Nussaroma ein Erlebnis. Alle guten Jahrgänge sind superb, aber auch die bescheideneren können sich über zehn Jahre intensiv und wundervoll halten. Der Corton gärt in offenen Eichenholzbottichen, und der Ausbau findet in neuen, zwei- und dreijährigen Eichenfässern in einem bestimmten Mischungsverhältnis statt. Der Wein hat Eleganz, braucht aber stärkere Konzentration und Klarheit, die eventuell durch reduzierte Erträge und längere Aufbewahrung im Tank erreicht werden könnten. 92 % der Erzeugung werden in 19 Länder exportiert, in Frankreich selbst aber wird nur an Restaurants mit Michelin-Sternen verkauft.

Château Bonnet

Siehe Beaujolais, Chénas.

Bouchard Aîné et Fils

Gehört heute Jean-Claude Boisset (siehe dort).

Bouchard Père et Fils – Domaines du Château de Beaune

Château de Beaune, 21200 Beaune, Tel. 3 80 24 97 56. 130 ha. Grands crus: Chambertin, La Romanée, Corton, Corton-Charlemagne, Chevalier-Montrachet, Le Montrachet, Clos de Vougeot, Bonnes-Mares; 1ers crus: Nuits-St-Georges Clos Saint-Marc, Clos des Argillières, Aloxe-Corton, Savigny-lès-Beaune Les Lavières, Beaune Les Cent Vignes, Clos de la Mousse, Clos Landry, Du Château (rot und weiß), Grèves Vigne de l'Enfant Jesus, Les Marconnets, Les Theurons, Pommard Les Rugiens, Les Combes; Volnay Caillerets Ancienne Cuvée Carnot, Fremiets, Clos de la Rougeotte, Taillepieds, Meursault-Genevrières; Savigny-lès-Beaune, Pommard; Bourgogne Aligoté Bouzeron.

Im Frühjahr 1995 kaufte der Champagnerkönig Joseph Henriot die Domaine auf und setzte dem Familienbesitz ein Ende, wobei Christophe Bouchard technischer Leiter blieb. Es handelt sich in der Tat um eine erstaunliche Domaine und ein sehr wichtiges Handelshaus. Joseph Henriot machte es sich zur Aufgabe, beide wieder in die altgewohnte Hochform zu bringen, und fing damit an, dass er große Weinmengen deklassifizierte. Man befürchtete, dass die Kellerei sich besser für die Bereitung großer Mengen zugekaufter Trauben eignete als dafür, die größtmögliche Qualität und Individualität aus Bouchards wunderbaren und interessanten Rebflächen herauszuholen. (Das Unternehmen ist der größte Weinbergbesitzer an der Côte d'Or.) Joseph Henriots Fähigkeiten als Qualitätsgarant, die er in der Leitung von Veuve Cliquot so überzeugend unter Beweis gestellt hatte, führten auch bei Bouchard zu interessanten Entwicklungen und zur Expansion: Die 30 ha große Domaine Ropiteau-Mignon wurde übernommen und 1998 das Chablis-Gut von William Fèvre.

Domaine Jean-Marc Bouley

Chemin de la Cave, Volnay, 21190 Meursault, Tel. 3 80 21 62 33. 12 ha.

1ers crus: Beaune Reversées, Pommard Fremières, Pezerolles, Rugines, Volnay Caillerets, Carelles, Clos des Chênes, Ronceret, Volnay; Pommard, Volnay, Bourgogne Hautes Côtes de Beaune; Bourgogne (weiß, Aligoté, Pinot); Bourgogne Passe-tout-grains.

Die Weine dieses Guts wurden *en gros* verkauft, bis Jean-Marc Bouley 1985 selbst abzufüllen begann. Heute bietet er 17 Appellationen an, zur Hauptsache jedoch Volnay und Pommard. Die Kelterung strebt nach möglichst viel Extrakt und Farbe, um langlebige Weine zu erhalten, und die Villages wie die Premiers crus altern in 30 bis 50 % neuer Eiche. Duftige Volnay; die Pommard, wie es sich gehört, mit mehr Kraft.

Maison Pierre Bourée et Fils – Vallet Frères

11 et 15, route de Beaune, 21220 Gevrey-Chambertin, Tel. 3 80 34 30 25. 4,5 ha.

Grand cru: Charmes-Chambertin; 1ers crus: Beaune Les Epenottes, Gevrey-Chambertin Les Champaux; Gevrey-Chambertin Clos de la Justice Monopole.

Ein kleiner Négociant, der heute von Pierre Bourées Neffen Bernard Vallet geführt wird. Von beiden Côtes kommt eine große Zahl von Appellationen, die Mehrzahl der Négociant-Weine wird aus gekauften Trauben hergestellt. Alle paar Jahre scheinen diese Weine wieder entdeckt zu werden, aber für meinen Geschmack sind sie einfach zu alkoholstark und ungleichgewichtig, doch manche mögen es so. Das Haus ist Alleinbesitzer des Gevrey-Chambertin Clos de la Justice, der gewöhnlich von besserer Qualität ist, als es die Bezeichnung Villages vermuten ließe.

Domaine Denis Boussey

Rue du Pied-de-la-Vallée, Monthelie, 21190 Meursault, Tel. 3 80 21 21 23. 10,9 ha.

Gut gemachte rote und weiße Weine.

Domaine Gilles Bouton

St-Aubin, 21190 Meursault, Tel. 3 80 21 32 63. 12 ha.

Eine gute Bezugsquelle für Rot- und Weißweine.

Domaine Michel Bouzereau et Fils

3, rue La Planche-Meunière, 21190 Meursault, Tel. 3 80 21 20 74. 11 ha en métayage.

1ers crus: Beaune Les Epenottes, Les Vignes Franches, Meursault-Genevrières, Puligny-Montrachet Les Champs-Gains; Pommard Les Cras, Volnay Les Auxy, Meursault Les Grands Charrons, Meursault Les Tessons; Bourgogne (rot, weiß, Aligoté).

Gute Weine in den 1990er-Jahren. Feine Genevrières und würziger Puligny-Montrachet Les Champs-Gains, aber der Meursault Tessons mit Limonenbukett sowie viel Glanz und Finesse ist erste Wahl.

Domaine Philippe Bouzereau et Fils

15, place de l'Europe, 21190 Meursault, Tel. 3 80 21 20 32. 12 ha.

Ich war von den Weinen dieser Domaine mehr als enttäuscht, weil ein Meursault kaum erlesener schmeckte als ein Bourgogne Blanc.

Domaine Hubert Bouzereau-Gruère

22, rue Velle, 21190 Meursault, Tel. 3 80 21 20 05. 12 ha.

Mittelmäßige weiße Burgunder, während der rote Santenay inzwischen Fortschritte gemacht hat wie auch der Corton Les Bressandes.

Domaine Yves Boyer-Martenot

17, rue de Mazeray, 21190 Meursault, Tel. 3 80 21 26 25. 8,5 ha. 1ers crus: Meursault Charmes, Genevrières, Perrières; Pommard, Auxey-Duresses, Meursault Les Narvaux, l'Ormeau, Le Pré de Manche; Bourgogne (rot, weiß, Aligoté).

Das Schicksal der Domaine, die bisher eher unzuverlässig war, hat nun eine Wende zum Guten genommen. Ich nehme an, dass die Kellerbehandlung sich sehr verbessert und der Unbeständigkeit ein Ende gesetzt hat.

Domaine Guy Braillon

Siehe Beaujolais, Chénas.

Domaine Jean-Claude Braillon

Siehe Beaujolais, Régnié.

Domaine Jean-Claude Brelière

Siehe Côte Chalonnaise, Rully.

Domaine Bressand

Siehe Mâconnais, Pouilly-Fuissé.

Domaine Michel Briday

Siehe Côte Chalonnaise, Rully.

Domaine Paul Broyer

Siehe Mâconnais, Mâcon.

Lionel J. Bruck

Siehe Jean-Claude Boisset.

Domaine Jean Brugne – Le Vivier

Siehe Beaujolais, Moulin-à-Vent.

Domaine Alain Burguet

18, rue de l'Eglise, 21220 Gevrey-Chambertin, Tel. 3 80 34 36 35. 6 ha. 1er cru: Gevrey-Chambertin Les Champeaux; Gevrey-Chambertin, Gevrey-Chambertin Vieilles Vignes; Bourgogne Rouge.

Sehr gute, aber keine großen Weine. Sorgfalt im Weinberg, alte Reben. Alain Burguet keltert mit *pigeages* und Gärungszeiten von zwei bis drei Wochen, um, wie er sagt, die Weine je nach Jahrgang »10, 20 oder 40 Jahre alt trinken zu können«.

Maison Joseph de Bucy

34, rue Eugène Spuller, 21200 Beaune, Tel. 3 80 24 91 60.

Einer der neuen kleineren, aber spezialisierten Négociants. Joseph de Bucy, früher bei Jean Germain und Maison Albert Bichot, ist eine gute Bezugsquelle, vor allem in den weniger teuren Appellationen der Côte de Beaune.

Domaine Jean-Marc Burgaud

Siehe Beaujolais, Morgon.

Domaine Jacques et Patrice Cacheux-Sirugue

58, Route Nationale, Vosne-Romanée, 21700 Nuits-St-Georges, Tel. 3 80 61 24 79. 4,5 ha. Grand cru: Echézeaux. 1er cru: Vosne-Romanée Les Suchots; Vosne-Romanée, Nuits-St-Georges.

Ehemals Jacques Cacheux, aber seit kurzem hat Sohn Patrice die Leitung inne, der die Weinbereitungsmethoden auf einen trinkfertigeren, weniger tanninhaltigen Wein ausgerichtet hat.

Domaine Roger Caillot-Morey

14, rue Cronin, 21190 Meursault, Tel. 3 80 21 20 12. 8 ha.

Erzeugt werden ein erdiger, eher alltäglicher Meursault Les Tessons 1989 und ein Puligny-Montrachet Les Folatières von Villages-Qualität. Andere zeigten sich begeisterter als ich.

Domaine Camus Père et Fils

21, rue Maréchal de Lattre de Tassigny, 21220 Gevrey-Chambertin, Tel. 3 80 34 30 64. 17,5 ha. Grands crus: Chambertin, Charmes-Chambertin, Latricières-Chambertin, Mazis-Chambertin, Mazoyères-Chambertin; Gevrey-Chambertin; Bourgogne (rot, rosé, Aligoté), Bourgogne Grand Ordinaire.

Gelegentlich passable Weine. Ich bin keinem Wein dieser Domaine begegnet, der die Qualität ihrer Weinberge widerspiegelte. Schade! Die lange *élevage* kann ein Grund dafür sein, aber diese Domaine braucht eine gründliche Überholung, um die Großartigkeit ihrer Lagen auch in die Flaschen zu bringen.

Domaine Lucien Camus-Bruchon

16, rue de Chorey, 21420 Savigny-lès-Beaune, Tel. 3 80 21 51 08. 7 ha. 1ers crus: Savigny-lès-Beaune Gravains, Lavières, Narbantons, Beaune Clos du Roi, Pommard Les Arvelets; Savigny-lès-Beaune (rot und weiß); Bourgogne (rot, weiß, Aligoté).

Bourgogne Blanc mit guter, tiefer Frucht und ein fester, lebhafter Savigny-lès-Beaune Vieilles Vignes mit viel Charakter.

Domaine Capitain-Gagnerot

38, route de Dijon, 21550 Ladoix-Serrigny, Tel. 3 80 26 41 36. 16 ha.

Bei den bescheideneren Appellationen seinen Preis wert.

Domaine Capron-Manieux – Jean-Marie Charcousset

3, rue Couturie, 21420 Savigny-lès-Beaune. 4 ha (3 ha en fermage*). 1ers crus: Savigny-lès-Beaune Les Lavières, Les Peuillets; Pernand-Vergelesses (weiß), Savigny-lès-Beaune (weiß und rot); Bourgogne Aligoté.*

Weißer und roter Savigny, die an Eleganz und Sicherheit gewonnen haben. Die Spitzenweine altern gut, aber der einfache Savigny sollte jung getrunken werden. Die Eigentümer scheinen das Wesen des Savigny erkannt zu haben.

Domaine Louis Carillon et Fils

Rue Drouhin, Puligny-Montrachet, 21190 Meursault, Tel. 3 80 21 30 34. 12 ha. Grand cru: Bienvenues-Bâtard-Montrachet; 1ers crus: Puligny-Montrachet Les Champs Canet, Les Champs Gains, Les Combettes, Les Perrières, Les Referts; Puligny-Montrachet, Chassagne-Montrachet (rot und weiß), Mercurey; Côte de Beaune-Villages, Bourgogne (rot, Aligoté).

Die Carillons sind seit mindestens 1632 Winzer und verstehen ihr Handwerk. Sie verkaufen an Privatkunden, liefern ins Ausland und an Négociants. Die Weißweine werden ein Jahr lang im Eichenfass ausgebaut und dann drei bis sechs Monate in Edelstahl- oder Emailbehältern gelagert, bevor sie auf Flaschen gezogen werden. Die roten Trauben werden je nach dem Jahrgangscharakter ganz oder teilweise von den Stielen befreit. Die Maischung dauert mindestens zwei Wochen, der Ausbau entspricht dem bei Weißwein. Puligny-Gewächse zeichnen sich durch Eleganz und Stil aus, der Bienvenues kann herrlich geraten.

Domaine Denis Carré

Rue du Puits Bourret, Meloisey, 21190 Meursault, Tel. 3 80 26 02 21. 11 ha. 1ers crus: Pommard, Auxey-Duresses; Meursault Les Tillets, St-Romain (rot); Bourgogne Hautes Côtes de Beaune (rot und weiß).

Eher bescheidene, derbe Rotweine; Carrés bester Tropfen ist ein markiger Meursault Les Tillets mit erdigem Geschmack.

Domaine Guy Castagnier

20, rue des Jardins, Morey-St-Denis, 21220 Gevrey-Chambertin, Tel. 3 80 34 31 62. 5 ha.

Vorwiegend gute Weine in ansprechendem, fruchtigem Stil – sollten relativ jung getrunken werden.

Domaine Sylvain Cathiard

20, rue de la Goillotte, Vosne-Romanée, 21700 Nuits-St-Georges, Tel. 3 80 62 36 01.

Qualitätsbewusste, bewährte Domaine, die ihren Grand- und Premier-cru-Lagen in Vosne und Nuits-St-Georges voll gerecht wird.

Cave Coopérative de Clessé

Siehe Mâconnais, Mâcon.

Cave Coopérative Les Vignerons d'Igé

Siehe Mâconnais, Mâcon.

Cave Coopérative de Lugny

Siehe Mâconnais, Mâcon.

Cave Coopérative de Viré

Siehe Mâconnais, Mâcon.

Cave des Producteurs de Fleurie

Siehe Beaujolais, Fleurie.

Cave des Producteurs de Juliénas

Siehe Beaujolais, Juliénas.

Cave des Vignerons de Buxy

Siehe Côte Chalonnaise, Montagny.

Les Caves des Hautes Côtes

Route de Pommard, 21200 Beaune, Tel. 3 80 25 01 00. 470 ha in 40 Appellationen. Besitzungen hauptsächlich in Hautes Côtes de Nuits und Hautes Côtes de Beaune.

Eine Gruppe von 200 Erzeugern, die sowohl an Négociants als auch an Privatkunden und auf den Exportmärkten verkauft. Die Kellertechnik hat sich in den letzten Jahren stark verbessert, und zur *élevage* stehen jetzt 2000 Eichenholzfässer zur Verfügung. Die Weine sind frisch, fruchtig, charmant und sehr empfehlenswert. Eine gute Bezugsquelle für Burgunder in schöner, typischer Art, aber Sie können größere AC-Weine andernorts besser kaufen.

La Chablisienne

Siehe Chablis.

Château de la Chaize

Siehe Beaujolais, Brouilly.

Domaine Yves Chaley

Domaine Deval-de-Vergy, Curtil-Vergy, 21220 Gevrey-Chambertin, Tel. 3 80 61 43 81. 13 ha. Bourgogne Aligoté, Bourgogne Hautes Côtes de Nuits (rot, weiß, Pinot Beurot).

Eine Domaine in guter Lage – in den Hautes Côtes ist das wichtig. Traditionelle Methoden: Der Rotwein wird 18 Monate in Eichen-*foudres* und bis zu einem Drittel in neuen Fässern gelagert. Die Weißweine werden in Edelstahltanks langsam bei 18 °C vergoren, damit möglichst viel Blume und Frische gewonnen wird. Monsieur Chaley exportiert und verkauft an Privatkunden. Die Weine sind ihren Preis wert.

Domaine du Château de Chamirey

Siehe Côte Chalonnaise, Mercurey.

Domaine Louis Champagnon

Siehe Beaujolais, Chénas und Moulin-à-Vent.

Maison Champy Père et Fils

5, rue du Grenier-à-Sel, 21200 Beaune, Tel. 3 80 25 09 99. 2,5 ha.

Champy, 1720 gegründet und, so behauptet die Firma, der älteste Négociant in Beaune, blickt auf ein erfolgreiches Jahrzehnt zurück. 1990 kauften Henri und Pierre Meurgey, Mitglieder einer bedeutenden Weinhändlerfamilie am Ort, Louis Jadot die Firma ohne ihre Rebflächen ab. Die Brüder Meurgey verfolgen das erklärte Ziel, die besonderen Qualitäten jedes einzelnen Weinbergs herauszuarbeiten, und setzen nicht auf einen einheitlichen Stil des Hauses. 1999 engagierten sie Dimitry Bazas, der vorher önologischer Berater gewesen war; die folgenden Jahrgänge waren eindrucksvoll.

Maison Emile Chandesais

Siehe Côte Chalonnaise, Rully.

Domaine Chandon de Brialles

1, rue Sœur-Goby, 21420 Savigny-lès-Beaune, Tel. 3 80 21 52 31. 13 ha. Grands crus: Corton Blanc, Corton-Charlemagne, Corton-Clos du Roi, Corton-Bressandes, Corton Les Maréchaudes; 1ers crus: Pernand-Vergelesses, Pernand Ile-des-Vergelesses, Les Vergelesses, Les Fourneaux, Aloxe-Corton Les Valozières, Savigny-lès-Beaune Les Lavières; Savigny-lès-Beaune.

Im Besitz der Familie Nicolay, Verwandte der berühmten Champagner-Familie Chandon. Das Gut hat wunderschöne Weinberge und einen prachtvollen französischen Garten. Nadine und Claude Nicolay haben die Weine verändert und auch für die Domaine eine neue Ära eingeläutet. Ich würde die Ergebnisse als Finesse mit Charakter beschreiben und bin gespannt, wie sich diese Weine in der Flasche entwickeln.

Chanson Père et Fils

10, rue Paul-Chanson, 21200 Beaune. 44 ha. 1ers crus: Pernand-Vergelesses Les Caradeux, Les Basses Vergelesses, Savigny-Dominode, Savigny-Marconnets (rot und weiß), Beaune Champimonts (rot und weiß), Clos des Fèves, Clos des Marconnets, Clos des Mouches (rot und weiß), Clos du Roi, Grèves, Theurons.

Chanson ist einer der Großen, der Schlagzeilen gemacht hat – doch leider nicht wegen der Qualität seiner Weine. Nachdem die Eigentümer des Champagner-Herstellers Bollinger die Firma 1999 erworben hatten, informierten sie die Behörden über Verletzungen der Appellationsvorschriften, unter anderem die falsche Etikettierung von Lagerbeständen. Die vorherigen Besitzer, François und Philippe Marion, wurden wegen Betrugs angeklagt, und zur Zeit der Drucklegung ist der Fall immer noch nicht abgeschlossen. Inzwischen wird berichtet, dass Bollinger Chanson wieder verkaufen will.

Chanut Frères

Siehe Beaujolais.

Chanzy Frères – Domaine de L'Hermitage

Siehe Côte Chalonnaise, Bouzeron.

Domaine Maurice Chapuis

Aloxe-Corton, 21420 Savigny-lès-Beaune, Tel. 3 80 26 40 99. 11 ha. Grands crus: Corton, Corton-Charlemagne, Corton-Languettes, Corton-Perrières; 1er cru: Aloxe-Corton; Aloxe-Corton, Savigny-lès-Beaune, Chorey-lès-Beaune; Bourgogne Blanc.

Maurice und Claude Chapuis betreuen diese Domaine, die sowohl an Négociants wie auch an Privatkunden und für den Export verkauft. Es ist viel modernisiert worden, und es wurden neue Keller gebaut. Der Pinot noir wird ganz entrappt und durchschnittlich zehn Tage vergoren, der Ausbau erfolgt über 18 bis 24 Monate in zu 15 % jährlich erneuerten Eichenfässern. Offensichtlich besteht große Nachfrage nach dem ausgezeichneten Corton-Charlemagne, der früher als seine Gefährten von Louis Latour oder Bonneau de Martray getrunken werden sollte. Die übrigen Rotweine sind nicht ganz so gelungen.

Domaine François Charles et Fils

Nantoux, 21190 Meursault, Tel. 3 80 26 01 20. 11 ha (1 ha en métayage*). 1ers crus: Beaune Les Epenottes, Volnay Les Frémiets, Pommard, Meursault; Bourgogne Hautes Côtes de Beaune (rot, weiß, rosé), Bourgogne Aligoté, Bourgogne Passe-tout-grains.*

Bemerkenswert gute Hautes Côtes de Beaune.

Domaine Saint-Charles

Siehe Beaujolais, Brouilly.

Domaine Philippe Charlopin-Parizot

18, route de Dijon, 21220 Gevrey-Chambertin, Tel. 3 80 51 81 18. 5 ha (5,5 ha en fermage*). Grands crus: Charmes-Chambertin, Clos St-Denis; Marsannay (rot und weiß), Gevrey-Chambertin, Morey-St-Denis, Chambolle-Musigny, Vosne-Romanée; Bourgogne Rouge.*

Eine etwas verwirrende Domaine mit Höhen und Tiefen in puncto Qualität. Entrappen und frühes Abfüllen scheinen jedoch zur Verbeserung beigetragen zu haben, und der Erzeuger verdient nun durchaus Beachtung.

Château de la Charrières

21590 Santenay.

Siehe Domaine Vincent Girardin. Konzentrierter, langlebiger Santenay sehr guter Qualität.

Domaine Jean Chartron – Chartron et Trébuchet

13, Grande-Rue, Puligny-Montrachet, 21190 Meursault, Tel. 3 80 21 32 85. 8,2 ha. Grand cru: Chevalier-Montrachet; 1ers crus: Puligny-Montrachet Clos de la Pucelle, Clos du Cailleret (rot und weiß), Les Folatières; Bourgogne (rot, weiß, Aligoté).

Seit 1984 auf Weißwein spezialisierter Négociant-Eleveur, vertreibt die Weine aus der Domaine Chartron. Die Négociant-Weine sind gut, wenn auch nicht sehr langlebig; sie werden leicht, aber elegant ausgebaut und früh abgefüllt. Bei kleineren Jahrgängen kann das ein Fehler sein, gelegentlich schmecken sie etwas »ölig«. Unter den Domaine-Weinen gefallen mir am besten der Premier cru Clos de la Pucelle und der Chevalier-Montrachet. Das besondere Produkt des Handelshauses ist ein Montrachet mit Nougat im Nachgeschmack.

F. Chauvenet

Jetzt Teil von Jean-Claude Boisset.

Domaine Jean Chauvenet

Rue de Gilly, 21700 Nuits-St-Georges, Tel. 3 80 61 00 72. 9,5 ha.

Füllige, solide Nuits-St-Georges; im Großen und Ganzen sehr gut (Les Bousselots und Les Vaucrains).

Domaine Chauvenet-Chopin

97, rue Félix Tisserand, 21700 Nuits-St-Georges, Tel. 3 80 61 28 11. 16 ha.

2001 übernahm Hubert Chauvenet das Gut seines Schwiegervaters, die ehemalige Domaine Daniel Chopin-Groffier im nahen Comblanchien, und verfügt nun über einen ordentlichen Landbesitz. Ein neues Zugpferd in Nuits-St-Georges? Die Zwischenergebnisse beider Güter sind gut.

Domaine de Chavanne

Siehe Beaujolais, Côte de Brouilly.

Domaine Gérard Chavy et Fils

12, rue du Château, Puligny-Montrachet, 21190 Meursault, Tel. 3 80 21 31 47. 11,5 ha.

Gute, auf der Domaine abgefüllte Weißweine; eine zuverlässige Adresse.

Domaine Chavy-Chouet

Route de Mazeray, 21190 Meursault, Tel. 3 80 21 61 74. 5 ha.

Ehrliche, meist ansprechende Meursaults, manchmal etwas eckig.

Domaine des Chazelles – Josette et Jean-Noël Chaland

Siehe Mâconnais, Mâcon.

Domaine des Chênes – Marcel Lapierre

Siehe Beaujolais, Morgon.

Domaine de Chervin – Albert Goyard et Fils

Siehe Mâconnais, Mâcon.

Domaine Chevalier Père et Fils

Buisson, 21550 Ladoix-Serrigny, Tel. 3 80 26 46 30. 11 ha.

Einige gute Weine.

Domaine Georges et Michel Chevillon

41, rue Henri de Bahèze, 21700 Nuits-St-Georges, Tel. 3 80 61 23 95. 6,5 ha (2 ha en métayage*). 1ers crus: Nuits-St-Georges Aux Champs Perdrix, Porets, Saint-Julien, Nuits-St-Georges, Les St-Georges; Vosne-Romanée, Nuits-St-Georges; Bourgogne Rouge, Bourgogne Passe-tout-grains.*

Vettern von Robert Chevillon, die ebenfalls Nuits-St-Georges erzeugen. Weine von gutem Ruf, wenn auch nicht ganz auf der Höhe jener von Robert. Einige Kostproben scheinen darauf hinzuweisen, dass teilweise neues Holz eingesetzt werden sollte.

Domaine Robert Chevillon

68, rue Félix-Tisserand, 21700 Nuits-St-Georges, Tel. 3 80 62 34 88. 13 ha. 1ers crus: Nuits-St-Georges Les Cailles, Les Perrières, Les Roncières, Les St-Georges, Les Vaucrains.

Ein für Burgunderbegriffe noch verhältnismäßig junges Unternehmen, das sich in den 80er-Jahren einen ausgezeichneten Ruf erworben hat. Traditionelle Weinbereitung mit einer dem Jahrgang angepassten Gärzeit, anschließend einige Tage Maischung der Schalen in offenen *cuves;* täglich *pigeage* und *remontage*. 80 % der Erzeugung werden in der Domaine abgefüllt, der Rest wird an Négociants am Ort verkauft. Auch Export in verschiedene Länder. Die Weine von Robert Chevillon sind zuoberst auf der Nuits-St-Georges-Leiter, durchweg elegante Verkörperungen des jeweiligen Jahrgangs und Bodens. Beeindruckende weiße Nuits von Pinot blanc.

Domaine Fernand et Catherine Chevrot

Routes des Couches, 71150 Cheilly-lès-Maranges, Tel. 3 85 91 10 55.

Maranges-Weine von guter Qualität.

Domaine Emile Cheysson – Jean-Pierre Large

Siehe Beaujolais, Chiroubles.

Domaine Georges Chicotot

9, rue Paul Cabet, 21700 Nuits-St-Georges, Tel. 3 80 61 18 33. 5 ha. 1ers crus: Nuits-St-Georges Les Rues de Chaux, Les Pruliers, Les Vaucrains, Les St-Georges; Nuits-St-Georges; Bourgogne.

Kräftige, dunkle Weine, erzeugt nach der Methode von Guy Accad, die eine lange kalte Maischzeit vor der Gärung vorsieht sowie einen verlängerten Kontakt des Weins auf den Schalen im Gärbottich hinterher. Jung schmecken sie verführerisch, aber sie müssen noch beweisen, dass sie mit Würde altern können.

Domaine Michel Chignard

Siehe Beaujolais, Fleurie.

Domaine Chofflet-Valdenaire

Siehe Côte Chalonnaise, Givry.

Domaine Chopin et Fils

RN 74, Comblanchien, 21700 Nuits-St-Georges, Tel. 3 80 62 92 60. 11,5 ha.

Recht feste Weine, aber ich konnte sie nicht oft genug probieren, um ein bestimmtes Muster herauszuschmecken.

Domaine Cinquin

Siehe Beaujolais, Régnié.

Domaine Bruno Clair

5, rue du Vieux-Collège, 21160 Marsannay-la-Côte, Tel. 3 80 52 28 95. 21 ha.
Grand cru: Chambertin-Clos de Bèze; 1ers crus: Gevrey-Chambertin Clos de Fontenay Monopole, Clos St-Jacques, Les Cazetiers, Gevrey-Chambertin, Savigny-lès-Beaune La Dominode; Marsannay (rot, weiß, rosé), Fixin, Morey-St-Denis en la Rue de Vergy (rot und weiß), Chambolle-Musigny Veroilles, Vosne-Romanée Champs Perdrix; Bourgogne (rot, weiß, Aligoté), Crémant de Bourgogne.

Das Team hier ist ein Musterbeispiel für die Hoffnungen, die man heute auf Burgund zu setzen berechtigt ist – unternehmungslustig, fleißig und gewissenhaft. Die Weine sind von sehr sauberem Pinot-Charakter mit mehr Gewicht auf Feinheit und eindringlichem Aroma als auf bloße Kraft, und der Einsatz von Eiche ist entsprechend mäßig, maximal 35 % für die Grands crus. Bruno Clair ist der Meinung, in der nördlichen Côte de Nuits gebe es noch ein Potenzial für mehr Weißweine, und sein weißer Marsannay von Chardonnay und Pinot Beurot wird vielerorts gelobt. In Burgund eines der besten Beispiele dafür, dass die Weinberge von den Menschen, die auf ihnen arbeiten und denen sie gehören, wirklich geschätzt werden.

Domaine Michel Clair

2, rue de Lavau, 21590 Santenay, Tel. 3 80 20 62 55. 5,53 ha (5,17 ha en fermage*).*
1ers crus: Santenay Clos de Beaurepaire, Clos de la Combe, Clos de Tavanne, Gravieres, Passe-Temps; Santenay (rot, weiß), Santenay Clos Genets; Bourgogne Aligoté, Crémant de Bourgogne.

Ein recht ansprechender Stil mit Weinen, die nicht so viel Bodengeschmack haben wie andere Santenay.

Domaine Henri Clerc et Fils

Place des Marronniers, Puligny-Montrachet, 21190 Meursault, Tel. 3 80 21 32 74. 25 ha.
Grands crus: Bâtard-Montrachet, Bienvenues-Bâtard-Montrachet, Chevalier-Montrachet; 1ers crus: Puligny-Montrachet Combettes, Folatières; Blagny La Pièce-sous-le-Dos-d'Ane, Puligny-Montrachet (rot und weiß); Bourgogne (rot, weiß, Aligoté).

Bernard Clercs Villages und die Premiers-crus-Puligny sind in ihrer sanften, vollen Art mit Pfirsichfrucht erfreulich. In guten Jahrgängen haben die Grands crus oft viel Gewicht und Fülle, aber es fehlt ihnen einfach an Rasse, um in die Spitzenränge aufsteigen zu können. Eher donquichotisch als klassisch.

Domaine Christian Clerget

Ancienne RN 74, 21640 Vougeot, Tel. 3 80 62 86 13. 5 ha.
Grand cru: Echézeaux; 1ers crus: Vougeot, Chambolle-Musigny Les Charmes; Morey-St-Denis, Chambolle-Musigny, Vosne-Romanée Les Violettes; Bourgogne Rouge.

Kleines Weingut. Seine besten Weine können eine reizvolle Kombination sein von süffigem Pinot und der Würze der Côte de Nuits. Wählen Sie sorgfältig!

Domaine Yvon Clerget

Rue de la Combe, Volnay, 21190 Meursault, Tel. 3 80 21 61 56. 6 ha.
1ers crus: Pommard Rugines, Volnay, Volnay Caillerets, Clos du Verseuil, Carelle Sous-la-Chapelle, Santenots; Meursault; Bourgogne Rouge.

Wahrscheinlich die älteste Winzerfamilie in Burgund – der Besitz in Volnay ist seit 1268 vom Vater auf den Sohn übergegangen; Clergets gibt es viele, doch dieser Familienzweig geht direkt auf den Ursprung zurück. Die Rotweine haben genug Ausgewogenheit und Stil, um sich gut zu halten, besonders in den höheren *climats;* trotzdem kann der Meursault Chevalières plump anmuten. Durchwegs wird 25 % neues Holz verwendet.

Domaine du Clos du Fief – Michel Tête

Siehe Beaujolais, Juliénas.

Domaine Alain Coche-Bizouard
5, rue de Mazeray, 21190 Meursault, Tel. 3 80 21 28 41. 8 ha.

Die Weine dieses Erzeugers waren in der Vergangenheit etwas rustikal, sind jedoch in den letzten Jahren sehr viel feiner geworden. Ich fand die Premiers crus verlässlicher als die Villages-Weine. Alain Coche erzeugt haltbare Tropfen und kräftige Rote.

Domaine Jean-François Coche-Dury
9, rue Charles-Giraud, 21190 Meursault, Tel. 3 80 21 24 12. 6 ha (8,5 ha en métayage*). Grand cru: Corton-Charlemagne; 1ers crus: Monthelie, Volnay, Auxey-Duresses, Meursault-Perrières; Meursault (rot und weiß); Bourgogne (rot, weiß, Aligoté); Bourgogne Grand Ordinaire.*

Diese Domaine verkauft seit 1973 Wein unter eigenem Etikett und muss heute als Spitzenbetrieb in Meursault angesehen werden. Jean-François Coche-Dury bevorzugt alte Rebstöcke, niedrige Erträge und natürliche Hefe, die erlaubt, die lange Fermentierung von selbst beginnen zu lassen, und wendet *bâtonnage*-Technik an. Er zieht es vor, den Alkoholgehalt nicht über 13 % steigen zu lassen und setzt neues Eichenholz in genauer Abstimmung mit dem Jahrgang und dem jeweiligen Wein ein. Seine Weißweine sind übewältigend und sein roter Premier cru Auxey-Duresses ist in Anbetracht der jungen Rebstöcke fast ein Wunder. Dieser Mann hat wirklich ein geschicktes Händchen; seine Weine sind von außergewöhnlicher Klasse und Dimension.

Domaine Pierre Cogny

Siehe Côte Chalonnaise, Rully.

Domaine Michel Colin-Deléger
3, impasse des Crêtes, Chassagne-Montrachet, 21190 Meursault, Tel. 3 80 21 32 72. 18,8 ha. Grand cru: Chevalier-Montrachet; 1ers crus: Puligny-Montrachet Les Desmoiselles, Chassagne-Montrachet Les Chaumées, Les Chevenottes, La Maltroie (weiß und rot), Morgeot (weiß und rot), En Remilly, Les Vergers; Chassagne-Montrachet (rot und weiß); Bourgogne (rot, Aligoté).

Die Weine werden auch unter dem einfacheren Namen Michel Colin angeboten. Erstklassige Weinerzeugung, stilvolle, wunderbar ausgewogene weiße Burgunder mit echter Rasse, Finesse und auch der Fähigkeit zu altern; der Chassagne-Montrachet Les Chaumées ist hervorragend. Alle Reben werden *en métayage* gepflegt, und ausgebaut wird in 20 % neuen Eichenfässern: acht bis zehn Monate die Weißen, 12 bis 15 Monate die Roten, die gut sind, aber nicht dasselbe Niveau erreichen wie die Weißweine.

Domaine Jean Collet et Fils

Siehe Chablis.

Domaine Paul Collonge – Domaine de la Ruyère

Siehe Beaujolais, Morgon.

Domaine André Cologne et Fils

Siehe Beaujolais, Beaujolais Villages.

Domaine de la Conciergerie – Christian Adine

Siehe Chablis.

Domaine de Condemine

Siehe Mâconnais, Mâcon.

Domaine Jean-Jacques Confuron
RN 74, Prémeaux-Prissey, 21700 Nuits-St-Georges. 7 ha. Grands crus: Romanée-St-Vivant, Clos de Vougeot; 1ers crus: Vosne-Romanée Les Beaux Monts, Nuits-St-Georges Aux Boudots, Chabœufs, Chambolle-Musigny; Nuits-St-Georges, Chambolle-Musigny; Côte de Nuits-Villages; Bourgogne (rot, Aligoté).

Robuste Weine, deren Extrakt und Dicke in der Vergangenheit gern den Charakter der Appellation trübten. Jetzt z.T. 100 % neues Holz für die Grands crus, 40 % für die Premiers crus und Villages-Weine. Mit den neuen Kellereien ist eine bemerkenswerte Verbesserung eingetreten, und unter Alain Meunier ist die Domaine in die erste Liga aufgestiegen. Es wird auch ein kleiner Weinhandel betrieben, Féry-Meunier.

Domaine Jacques Confuron-Cotétidot

10, rue de la Fontaine, Vosne-Romanée, 21700 Nuits-St-Georges, Tel. 3 80 61 03 39. 11 ha. Grands crus: Clos de Vougeot, Charmes-Chambertin, Mazis-Chambertin, Echézeaux; 1ers crus: Vosne-Romanée Les Suchots, Nuits-St-Georges Les Murgers, Les Vignes Rondes; Gevrey-Chambertin, Chambolle-Musigny, Vosne-Romanée, Nuits-St-Georges.

Jack Confuron und sein Sohn, der Önologe Jean-Pierre, sind beide engagierte Weinbauern und Anhänger des streitbaren Weinkundigen Guy Accad (der sich aus der Weinszene in Burgund offenbar zurückgezogen hat). Sie erzeugen ihre Weine aus alten Reben und sehr reifen, ganzen Trauben, die acht bis zehn Tage kalt vergären bis zur verhältnismäßig kühlen Fermentierung (25 bis 28 °C) und in maximal 20 % neuem Holz reifen. Die Allüre ihrer Weine (insbesondere das liebliche Bukett) lässt daran zweifeln, ob sie sich im Alter zu den typischen Burgundern entwickeln werden; sie haben jedoch Rückgrat. Besonders gut ist der Echézeaux, samtig, abgelagert und mit einer reichen Palette von Düften.

Domaine de Conroy

Siehe Beaujolais, Côte de Brouilly.

Château de Corcelles

Siehe Beaujolais, Beaujolais-Villages.

Domaine Cordier Père et Fils

Siehe Mâconnais, Pouilly-Fuissé.

Domaine Claude Cornu

Rue de Meix Grenot, Magny-lès-Villers, 21700 Nuits-St-Georges, Tel. 3 80 62 92 05. 14 ha.

Claude Cornu erzeugt hier durch und durch respektable Weine, auch wenn es manchmal Enttäuschungen gegeben hat.

Domaine Edmond Cornu et Fils

Le Meix-Gobillon, 21550 Ladoix-Serrigny, Tel. 3 80 26 40 79. 8 ha (4,15 ha en métayage*). Grand cru: Corton-Bressandes; 1ers crus: Ladoix Corvées, Aloxe-Corton Moutottes; Ladoix, Aloxe-Corton, Savigny-lès-Beaune, Chorey-lès-Beaune (rot und weiß); Bourgogne (rot, Aligoté).*

Etwas unbeständige Qualität, aber einige gute Angebote.

Maison Coron Père et Fils

3, rue des Seuillets, 21700 Nuits-St-Georges. 6 ha.

Domaine und Négociant. Schlechte Erfahrungen in der Vergangenheit haben mich nicht dazu verleitet, es erneut zu probieren.

Domaine Corsin Père et Fils

Siehe Mâconnais, Pouilly-Fuissé.

Domaine Coste-Caumartin

Rue du Parc, 21630 Pommard, Tel. 3 80 22 45 04. 12 ha. 1ers crus: Pommard Clos des Boucherottes, Les Fremiers; Pommard, St-Romain (weiß); Bourgogne (weiß und rot).

Jérôme Sordet scheint mit großer Regelmäßigkeit Medaillen abzuräumen.

Domaine de Courcel

Rue Notre Dame, 21630 Pommard, Tel. 3 80 22 10 64. 8,4 ha. 1ers crus: Pommard Epenots, Croix Noires, Grand Clos des Epenots, Fremiers, Rugiens; Pommard; Bourgogne Rouge.

Eine Familien-Domaine von solcher Altehrwürdigkeit, dass man nur vor Respekt erstarren kann: Sie blickt auf eine über 400-jährige Geschichte zurück. Außergewöhnlicher, tiefdunkler und sehr konzentrierter Wein – das Ergebnis langer Maischung und mehrmaliger *pigeage* am Tag, sodass ungeheuer viel Farbe in den Wein gelangt. Zum Teil wird entrappt, und der Wein liegt bis zu zwei Jahre in neuen Fässern. Diese Weine haben selbst in schwächeren Jahren ein volles Aroma; in großen verdienen – und lohnen – sie eine lange Lagerung. Ich wollte, ich hätte mehr vom 78er Rugiens in meinem Keller.

Domaine Alain Creusefond

Route Départementale 973, Auxey-Duresses, 21190 Meursault, Tel. 3 80 21 26 61. 12 ha.

Eine gute Bezugsquelle für Weiß- und Rotweine.

Domaine Michel Crozet

Siehe Beaujolais, Chénas.

Domaine Suzanne et Louis Curveux

Siehe Mâconnais, Pouilly-Fuissé.

Domaine Dalicieux

Siehe Beaujolais, Beaujolais-Villages.

Domaine Pierre Damoy

20, rue du Mal-de-Lattre-de Tassigny, 21220 Gevrey-Chambertin, Tel. 3 80 34 30 47. 12 ha. Grands crus: Chambertin, Chambertin-Clos de Bèze, Chapelle-Chambertin; Gevrey-Chambertin Clos du Tamisot (Monopole).

Eine Domaine, die unermessliche Schätze ihr Eigen nennt – den größten Einzelanteil am Clos de Bèze plus Chapelle sowie den Alleinbesitz von Gevrey-Chambertin Clos du Tamisot. Und was noch besser ist: In etwas mehr als fünf Jahren hat der jugendliche Pierre Damoy das untertourig laufende Gut zu einem Spitzenerzeuger ausgebaut. Die Erträge sind geringer, die Konzentration ist höher und die Weine sind überraschend gut.

Domaine Daniel Dampt

Siehe Chablis.

Domaine Vincent Dancer

23, route de Santenay, Chassagne-Montrachet, 21190 Meursault, Tel. 3 80 21 94 48. 5 ha. 1ers crus: Meursault Les Perrières; Chassagne-Montrachet La Grande Borne, Tête du Clos, La Romanée; Chassagne-Montrachet, Meursault, Pommard.

Die Stars werden immer jünger: Vincent Dancer wurde berühmt, als er noch in den Zwanzigern war; er landete 1996 (sein erster Jahrgang auf dem Markt) und 2000 Riesentreffer. Inzwischen erzeugt er zwölf verschiedene Weine, darunter ein ausgezeichneter Pommard.

Domaine Darnat

20, rue des Forges, 21190 Meursault, Tel. 3 80 21 23 30. 3 ha (1 ha en métayage). 1ers crus: Meursault Clos Richemont Monopole, Gouttes d'Or, St-Aubin En Remilly; Meursault Les Pelles, Les Charrons, Le Meix Tavaux; Bourgogne (weiß, Aligoté).

Die Domaine Darnat ist seit über 100 Jahren im Besitz der Familie. Henri Darnat scheint einige Praktiken aus der Vergangenheit zu ändern, und alles macht einen saubereren Eindruck. Clos Richemont könnte sich lohnen.

Domaine Jean et Sébastien Dauvissat

Siehe Chablis.

Domaine René et Vincent Dauvissat

Siehe Chablis.

Domaine du Château de Davenay

Siehe Côte Chalonnaise, Montagny.

Domaine Etienne et Daniel Defaix

Siehe Chablis.

Domaine Marius Delarche

Rue Jacques Copeau, Pernand-Vergelesses, 21420 Savigny-lès-Beaune, Tel. 3 80 21 57 70. 6,5 ha (1,5 ha en métayage*). Grands crus: Corton-Charlemagne, Corton-Renardes; 1ers crus: Pernand-Vergelesses des Vergelesses, Ile-des-Vergelesses; Pernand-Vergelesses (rot und weiß); Bourgogne (rot, Aligoté).*

In guten Jahren sehr verlässliche Corton-Charlemagne und Corton-Renardes.

Edouard Delaunay et ses Fils

Das Haus gehört jetzt zum Imperium Boisset.

Maison André Delorme

Siehe Côte Chalonnaise, Rully.

Domaine Lucien Denizot

Siehe Côte Chalonnaise, Montagny.

Domaine Depardon-Coperet – Le Point du Jour

Siehe Beaujolais, Fleurie.

Domaine Louis et Veronique Desfontaine – Château de Chamilly

Siehe Côte Chalonnaise, Mercurey.

Domaine Desmures Père et Fils

Siehe Beaujolais, Chiroubles.

Domaine Desvignes

Siehe Beaujolais, Chénas.

Domaine Desvignes

Siehe Côte Chalonnaise, Givry.

Louis-Claude Desvignes

Siehe Beaujolais, Morgon.

Domaine des Deux Roches

Siehe Mâconnais, Saint-Véran.

Domaine Jean-Pierre Diconne

Rue de la Velle, Auxey-Duresses, 21190 Meursault, Tel. 3 80 21 25 60. 7 ha. 1er cru: Auxey-Duresses Les Duresses; Auxey-Duresses, Meursault; Bourgogne (rot, weiß, Passe-tout-grains).

In vielen Bereichen der Weinerzeugung ist man hier sehr altmodisch, aber wenn es sich dabei um alte Reben handelt, dann ist das nicht so falsch. Charaktervolle, reiche Weißweine und stämmige Rotweine – ich hatte Glück.

Domaine Diochon

Siehe Beaujolais, Moulin-à-Vent.

Maison Doudet-Naudin

3, rue Henri-Cyrot, 21420 Savigny-lès-Beaune, Tel. 3 80 21 51 74. 4,83 ha. Grands crus: Corton-Charlemagne, Corton Les Maréchaudes; 1ers crus: Pernand-Vergelesses Fichots, Aloxe-Corton, Savigny-lès-Beaune Les Guettes, Redrescul, Beaune Clos du Roi; Aloxe-Corton Les Boutières, Savigny Liards; Bourgogne Blanc.

Das Haus ist vor allem durch seine Négociant-Weine bekannt, über die es geteilte Meinungen gibt. Der Stil ist kräftig, voll, etwas dicklich, mit dunkler Farbe und Alkohol als Rückgrat – es sind infolgedessen langlebige Weine; doch ich finde, es ist leichter, einen Doudet-Naudin-Wein zu erkennen, als herauszuschmecken, aus welcher Gegend er stammt. Die eigenen Domaine-Weine werden durch lange Maischung in Eichenholz-*cuves* bereitet, wobei die Stiele je nach dem Charakter des Jahres zum Teil entfernt werden.

Domaine Jean-Paul Droin

Siehe Chablis.

Maison Joseph Drouhin

7, rue d'Enfer, 21200 Beaune, Tel. 3 80 24 68 88. 63 ha. Côte d'Or 24,7 ha, Chablis 35,3 ha.Grands crus: Chablis Les Clos Vaudésirs, Chambertin-Clos de Bèze, Griotte-Chambertin, Musigny, Bonnes-Mares, Clos de Vougeot, Echézeaux, Grands Echézeaux, Corton-Bressandes, Corton-Charlemagne, Le Montrachet (Dom. Marquis de Laguiche); 1ers crus: Chablis, Chambolle-Musigny, Chambolle-Musigny Amoureuses, Beaune, Beaune Clos des Mouches (rot und weiß), Volnay Clos des Chênes; Nuits-St-Georges; Chablis, Chorey-lès-Beaune, Meursault.

Die Firma unter der Leitung von Robert Drouhin und seinen außergewöhnlich begabten und technisch versierten Kindern ist ein hoch angesehenes Handelshaus in Beaune mit Weinen, die sich durch Eleganz und Finesse auszeichnen, während der modische Trend eher in Richtung Extraktreichtum und Farbtiefe geht. Drouhin hat zugleich aber auch bedeutenden Weingutsbesitz – nur zu oft wird vergessen, wie viel allein in Chablis. Tradition vereint sich mit der Bereitschaft, Neues daraufhin zu untersuchen, ob es zur Qualitätsverbesserung beiträgt. Die Rotweine werden in offenen *cuves* mit schwimmendem »Hut« und natürlichen Hefen bei langer Maischzeit und geregelter Temperatur vergoren. Die weißen Trauben werden langsam gepresst; die letzte Pressung kommt nicht in den Wein, und die Gärung findet in 228-l-Behältern statt. An der Spitze der Palette stehen weißer und roter Beaune Clos des Mouches, empfehlenswert sind aber alle Weine. Der köstliche Chablis zeigt Eichenholzeinfluss. Die zugekauften Trauben werden mit derselben Sorgfalt behandelt wie die aus dem eigenen Weinbergbesitz. Das Haus verkauft nur AC-Bourgogne-Weine, einen eigenen Markenwein hat es nie geschaffen. (Siehe auch Chablis.)

Domaine Drouhin-Laroze

20, rue de Goizot, 21220 Gevrey-Chambertin, Tel. 3 80 34 31 49. 12 ha. Grands crus: Chambertin, Chambertin-Clos de Bèze, Latricières-Chambertin, Chapelle-Chambertin, Clos de Vougeot, Bonnes-Mares; 1ers crus: Gevrey-Chambertin, Chambolle-Musigny, Morey-St-Denis.

Dieser Betrieb hat gut gelegene Parzellen in Latricières-Chambertin, Chapelle-Chambertin und Chambertin-Clos de Bèze wie auch Besitz in einigen der besten Lagen von Clos de Vougeot. Vor kurzem waren die Clos de Vougeot allerdings schwach (Überertrag?), und die Chambertin-Gewächse sind ebenfalls leicht. Manche Weine altern gut, wenigstens acht bis zehn Jahre, die meisten sind jedoch jung am hübschesten. Grands crus sollten allerdings nicht nur hübsch sein.

Georges Dubœuf

Siehe Beaujolais, Beaujolais-Villages (Négociant siehe Beaujolais, Saint-Amour, Fleurie, Beaujolais-Villages).

Domaine Roger Dubœuf

Siehe Mâconnais, Pouilly-Fuissé.

Domaine Régis Dubois et Fils

Route de Nuits-St-Georges, Prémeaux-Prissey, 21700 Nuits-St-Georges, Tel. 3 80 62 30 61. 9 ha (9 ha en fermage *und* en métayage*). 1ers crus: Chambolle-Musigny Les Combottes, Nuits-St-Georges Clos des Argillières, Les Porêts St-Georges, Beaune Blanche-Fleur; Vosne-Romanée Les Chalandins, Nuits-St-Georges, Savigny-lès-Beaune Les Golardes; Côte de Nuits-Villages, Bourgogne (rot, weiß, rosé, Aligoté), Bourgogne Passe-tout-grains.*

Eine Familienfirma, heute unter der Leitung von Régis Dubois; das Programm der Appellationen soll noch erweitert werden. Der Most wird hier vor dem Vergären vier Stunden lang bis auf 40 °C erwärmt, um Farb- und Aromastoffe zu extrahieren; dann wird er auf 28 °C abgekühlt und in traditioneller Weise vergoren. Diese Weine sind zwar langlebig, wollen mir aber trotzdem nicht so recht gefallen, weil ich sie stets etwas ungleichgewichtig finde – ob das nun vom Erwärmen oder von nicht ganz einwandfreien Fässern kommt, kann ich nicht sagen. 60 % des Absatzes entfallen auf den Export, aber auch die Privatkundschaft in Frankreich ist umfangreich.

Domaine P. Dubreuil-Fontaine Père et Fils

Rue Rameau-Lamarosse, Pernand-Vergelesses, 21420 Savigny-lès-Beaune, Tel. 3 80 21 50 91. 21 ha. Grands crus: Corton-Charlemagne, Corton-Bressandes, Corton Clos du Roi, Corton-Perrières; 1ers crus: Pernand Ile-des-Vergelesses, Savigny Vergelesses; Pernand-Vergelesses (rot und weiß); Pernand-Vergelesses Clos Berthet (rot und weiß), Aloxe-Corton; Bourgogne (rot, Aligoté).

Bernard Dubreuil ist Leiter dieser ausgezeichneten Domaine, die ihren Wein zur Hälfte im Export und zur Hälfte in Frankreich verkauft. Traditionelle Weinbereitung in Holz-*cuves* mit schwimmendem »Hut«, der zweimal täglich untergetaucht wird *(pigeage)*. Angestrebt werden langlebige Weine in Jahren, wo das auch möglich ist. Die Familie besitzt genaueste Kenntnis über die Verhältnisse in Pernand und ist besonders stolz auf den Clos Berthet (Alleinbesitz) und den Corton-Bressandes. Tochter Christine ist jetzt ebenfalls hier tätig, und der rote Clos Berthet wurde neu bepflanzt.

Domaine des Duc

Siehe Beaujolais, Saint-Amour.

Domaine Fabrice Ducroux

Siehe Beaujolais, Brouilly.

Maison Dufouleur Frères

Au Château, 1, route de Dijon, 21700 Nuits-St-Georges, Tel. 3 80 61 00 26. 8 ha. Grands crus: Clos de Vougeot Les Grands Maupertuis, Musigny; 1ers crus: Nuits-St-Georges Les St-Georges, Gevrey-Chambertin, Chambolle-Musigny, Vosne-Romanée; Mercurey, Mercurey Champs Martin, Mercurey Clos l'Evêque; Côte de Nuits-Villages Les Vaucrains.

Dufouleur ist ein Name, der dem Metier entstammt, denn ein *fouleur* ist ein Mann, der die Trauben stampft. Das große Handelshaus exportiert in alle Länder Europas; die Tätigkeit als Domaine fällt daneben weit weniger ins Gewicht. Die Weinbereitung ist traditionell: lange Maischzeit in Eichenholzbottichen mit schwimmendem »Hut«. Die Stiele werden nur unter bestimmten Umständen entfernt. Manche Weine werden in kleineren Fässern ausgebaut – die Eichenholzfässer kauft das Haus zwei Jahre im Voraus, sodass das Holz gut ablagern kann. Der besondere Stolz des Hauses ist der Clos de Vougeot.

Maison Dufouleur Père et Fils

19, place Monge, 21700 Nuits-St-Georges, Tel. 3 80 61 21 21. 48 ha.

Dieser Négociant vertreibt eine große Reihe von Weinen und Spirituosen aus Burgund, von der Rhône und aus Bordeaux. Die Handelsweine sind recht fad, aber man verkauft auch die Weine der Domaine Guy Dufouleur.

Domaine Guy Dufouleur

19, place Monge, 21700 Nuits-St-Georges, Tel. 3 80 61 21 21. 20 ha. 1ers crus: Nuits-St-Georges En la Chaîne Carteaux, Clos des Perrières, Les Crots, Les Poulettes; Nuits-St-Georges, Santenay Clos Genêts; Bourgogne Hautes Côtes de Nuits, Bourgogne Grand Ordinaire.

Der Santenay Clos Genêts und der Bourgogne Hautes Côtes de Nuits sind empfehlenswert.

Domaine Dufour

Siehe Beaujolais, Saint-Amour.

Domaine Bernard Dugat-Py

Rue de Planticogne, 21220 Gevrey-Chambertin, Tel. 3 80 51 82 46. 6,8 ha. Grand cru: Charmes-Chambertin; 1er cru: Gevrey-Chambertin Champeaux, Petite Chapelle; Gevrey-Chambertin.

Bernard Dugat ist mittlerweile ein Erzeuger, auf den man zählen kann. Sein Geheimnis sind wohl die herausragenden Rebstöcke, mit denen er arbeitet – keine Klone, sondern im Weinberg selektierte Pflanzen –, und seine schonenden Weinbereitungsmethoden, bei denen äußere Eingriffe auf ein Mindestmaß beschränkt bleiben. Die Weine gären in offenen Zementbottichen mit *pigeage* von Hand; die besten altern zu 50 % bis 100 % in neuen Eichenfässern. Reichhaltige, gleichzeitig aber auch elegante und ausgewogene Weine.

Domaine Claude Dugat

Place de la Cure, 21220 Gevrey-Chambertin, Tel. 3 80 34 36 18. 4 ha.

Bernards Cousin Claude erzeugt ernst zu nehmende, starke Weine mit gutem Alterungspotenzial. Der Stil ist ein anderer als bei Dugat-Py, aber nicht minder anspruchsvoll.

Domaine Dujac

7, rue de la Bussière, Morey-St-Denis, 21220 Gevrey-Chambertin, Tel. 3 80 34 32 58. 11,5 ha. Grands crus: Charmes-Chambertin, Clos de la Roche, Clos St-Denis, Bonnes-Mares, Echézeaux, 1ers crus: Gevrey-Chambertin Aux Combottes, Morey-St-Denis, Chambolle-Musigny; Morey-St-Denis; Chambolle-Musigny; Bourgogne Rouge.

Jacques Seysses hat die Domaine 1968 erworben und seither mit Fleiß und intelligenter Weinbereitung zu einem der beachtenswertesten Weingüter an der Côte de Nuits gemacht. Er hat an der Universität Dijon Önologie studiert und ist stets zu Modernisierungen bereit (er befürwortet z.B. Klone), behält aber viele traditionelle Techniken bei. Es wird mit großer Sorgfalt geerntet und nicht entrappt, was heutzutage selten ist. Die Grands und Premiers crus werden in neuen Fässern ausgebaut, die Villages-Weine dagegen in einmal gebrauchten Fässern. Nach 15 Monaten werden die Weine mit Eiweiß geschönt und ohne Filtrieren abgefüllt. In allen Appellationen bleibt dadurch der Charakter großartig bewahrt. 90 % der Produktion geht in den Export.

Domaine Duperron

Siehe Mâconnais, Saint-Véran.

Domaine Gérard Duplessis

Siehe Chablis.

Domaine Yves Durand

Siehe Beaujolais, Régnié.

Domaine Dureuil-Janthial

Siehe Côte Chalonnaise, Rully.

Domaine Jean Durup Père et Fils

Siehe Chablis.

Domaine Duvernay Père et Fils

Siehe Côte Chalonnaise, Rully.

Domaine Maurice Ecard Père et Fils

11, rue Chanson Maldant, 21420 Savigny-lès-Beaune, Tel. 3 80 21 50 61. 12,5 ha. 1ers crus: Savigny-lès-Beaune Les Cloux, Les Jarrons, Les Narbantons, Les Peuillets, Les Serpentières, Les Hauts Jarrons (weiß); Savigny-lès-Beaune.

In letzter Zeit sehr eindrückliche Savigny-lès-Beaune, bis zu 25 % in neuen Fässern gereift. Der Les Serpentières hält sich gut, und alle Weine vereinen vollmundige Frucht mit fester Struktur. Der Savigny Blanc wird aus Pinot blanc hergestellt.

Domaine René Engel

3, place de la Marne, Vosne-Romanée, 21700 Nuits-St-Georges, Tel. 3 80 61 10 54. 7 ha. Grands crus: Clos de Vougeot, Grands Echézeaux; 1er cru: Vosne-Romanée Les Brulées; Vosne-Romanée.

Zu dieser Domaine gehört ein kostbares Stück Land in einem bevorzugten Teil des Clos de Vougeot. Es gibt noch großartige alte Flaschen Engel-Wein, und Philippe Engel hat den einstigen guten Ruf des Hauses wieder hergestellt. Die Grands crus reifen in 50 % neuen Fässern; das Fermentieren geschieht in offenen und geschlossenen, mit Email ausgekleideten Behältern, die elegante, strenge Weine hervorbringen, während die hölzernen *cuves* für Fülle sorgen. Häufig enthalten die Weine reichlich Gerbstoffe, aber ihre Fülle verträgt das.

Domaine Arnaud Ente

19, rue de Mazeray, 21190 Meursault, Tel. 3 80 21 66 12. 1ers crus: Meursault Les Gouttes d'Or, Puligny-Montrachet Les Referts, Volnay Santenots; Meursault; Bourgogne (weiß, Aligoté); Bourgogne Grand Ordinaire (rot).

Benoîts älterer Bruder hatte etwas länger Zeit, um Ruhm einzuheimsen für seine exzellenten Weißweine und auch für seinen ungewöhnlichen roten Gamay von sehr alten Rebstöcken in Meursault.

Domaine Benoît Ente

4, rue de la Mairie, Puligny-Montrachet, 21190 Meursault, Tel. 3 80 21 93 73. 2,37 ha. 1ers crus: Referts, Champ-Gain, Folatière; Puligny-Montrachet, Chassagne-Montrachet (rot), Bourgogne (rot, weiß).

Benoît, inzwischen Anfang dreißig, füllte 1999 den ersten Wein unter seinem eigenen Namen ab. 2000 war ein herausragender Jahrgang für Weißwein, und er erzielte einige beeindruckende Ergebnisse.

Domaine Frédéric et André Esmonin

24, rue de la Mairie, 21220 Gevrey-Chambertin, Tel. 3 80 34 37 25. 3 ha (5 ha en métayage*). Grands crus: Griotte-Chambertin, Mazy-Chambertin, Ruchottes-Chambertin; 1ers crus: Gevrey-Chambertin Les Corbeaux, Estournelles St-Jacques, Lavaux St-Jacques; Gevrey-Chambertin Clos Prieur.*

In der Regel vielversprechende Weine mit schönem Extrakt. Ausdrucksvolle, konzentrierte Estournelles.

Domaine Michel Esmonin et Fille

Clos St-Jacques, 1, rue Neuve, 21220 Gevrey-Chambertin, Tel. 3 80 34 36 44. 7 ha.

Ausgezeichneter Gevrey-Chambertin Clos St-Jacques aus vollständig entrappten Trauben und eine Villages-Cuvée von alten Rebstöcken mit sehr viel Charme – beides Zeugnisse guter Ausbildung und Kenntnis der Weinbereitung.

L'Eventail de Vignerons Producteurs

Siehe Beaujolais, Beaujolais-Villages, Chiroubles, Brouilly.

Maison Joseph Faiveley

8, rue Tribourg, 21700 Nuits-St-Georges, Tel. 3 80 61 04 55. 97 ha (13 ha en fermage*). Grands crus: Chambertin-Clos de Bèze, Latricières-Chambertin, Mazis-Chambertin, Clos de Vougeot, Echézeaux, Corton-Charlemagne, Corton Clos des Cortons, Faiveley, Le Musigny; 1ers crus: Gevrey-Chambertin La Combe aux Moines, Champonnet, Craipillot, Les Cazetiers, Chambolle-Musigny Les Fruées, La Combe d'Orveau; Nuits-St-Georges Clos de la Maréchale, Les Porêts St-Georges, Les St-Georges, Les Vignerondes, Les Damodes, Aux Chaignots; Gevrey-Chambertin, Nuits-St-Georges, Rully Les Villeranges, Mercurey Clos Rochette; Mercurey Clos des Myglands; Mercurey La Framboisière; Hautes Côtes de Nuits (rot, weiß).*

François Faiveley beförderte die Domaine-Weine dieses bedeutenden Négociant direkt an die Spitze. Am Anfang stehen eine sorgfältige Bodenanalyse und Rebstockwahl. Während der langen kühlen Maisch- und Gärzeiten (drei Wochen, in manchen Jahren ein Monat) unter Verwendung natürlicher Hefen werden hohe Temperaturen vermieden, um das Aroma zu schonen. Die Gärung findet in emaillierten Metall-*cuves* statt, die durch außen herunterströmendes Wasser gekühlt werden (so etwas sieht man in Bordeaux häufiger als in Burgund). Die Weine werden 18 Monate in Eichenholzfässern gelagert, die Grands und Premiers crus zu unterschiedlichen Teilen in neuen. Geschönt wird mit Eiweiß. Grands und Premiers crus werden direkt vom Fass zumeist unfiltriert von Hand abgefüllt. Auf diese Weise werden aromatische, sehr haltbare Weine angestrebt. Sehr großer Weinbergbesitz in Mercurey, einschließlich Clos des Myglands. Die Firma kauft auch Trauben auf und verarbeitet sie – v.a. in Morey-St-Denis, Vosne Romanée und Lagen der Côtes de Beaune (nur 25 bis 30 % des Gesamtertrages stammen nicht aus der Domaine). Faiveley-Weine haben viel Bukett, und die Mercurey sind ihr Geld wert. Etwas über die Hälfte des Weins aus dem seit 1825 bestehenden Familienbetrieb wird in Frankreich abgesetzt. Die andere Hälfte hätte ich gerne ganz für mich.

Domaine J. A. Ferret

Siehe Mâconnais, Pouilly-Fuissé.

Pierre Ferraud et Fils

Siehe Beaujolais.

Domaine de la Ferte

Siehe Côte Chalonnaise, Givry.

Les Vins Henry Fessy

Siehe Beaujolais, Brouilly.

Domaine William Fèvre

Siehe Chablis.

Domaine Jean-Philippe Fichet

2, rue Sudot, 21190 Meursault, Tel. 3 80 21 23 70. 7 ha. 1ers crus: Volnay Champans, Puligny-Montrachet Les Referts; Meursault (zu den Teillagen zählen Les Chevalières, Les Criots, Meix Sous Le Château, Les Tessons); Volnay; Monthelie (rot, vier Teillagen); Auxey-Duresses (rot, weiß); Bourgogne (rot, weiß, Aligoté).

Fichet ist ein relativ neuer Stern am Erzeugerhimmel in Meursault und produziert – bisher – meist in bescheideneren Appellationen. Ausgeprägt »steiniger« Meursault Les Perrières, leicht herber Monthelie, guter Bourgogne Rouge und noch besserer Bourgogne Blanc.

Domaine René Fleurot et Fils

7, route de Chassagne, 21590 Santenay, Tel. 3 80 20 61 15. 6,8 ha.
1ers crus: Chassagne-Montrachet Abbaye de Morgeot (rot und weiß), Santenay.

Eine kleiner werdende Domaine, die mit Maufoux zusammenhängt. Sie können einen guten roten Santenay Clos du Passetemps machen, dessen Qualität aber nicht immer beständig ist.

Domaine Jean Foillard

Siehe Beaujolais, Morgon.

Domaine de La Folie

Siehe Côte Chalonnaise, Rully.

Domaine Richard Fontaine-Gagnard

19, route de Santenay, Chassagne-Montrachet, 21190 Meursault, Tel. 3 80 21 35 50. 6,1 ha (1,9 ha en métayage*). Grands crus: Bâtard-Montrachet, Criots-Bâtard-Montrachet; 1ers crus: Chassagne-Montrachet Caillerets, Clos St-Jean (rot), La Maltroie, Mor-*

geot (rot und weiß), Vergers, Chassagne-Montrachet, Pommard Rugiens, Volnay Clos des Chênes; Bourgogne, Bourgogne Passe-tout-grains.

Sehr gute Qualität, besonders bei den Weißweinen. Diese verbringen etwa ein Jahr im Holzfass, die Rotweine 18 Monate (maximal 20 % neue Eiche).

Domaine Michel Forest

Siehe Mâconnais, Pouilly-Fuissé.

Domaine Forey Père et Fils

2, rue Derrière le Four, Vosne-Romanée, 21700 Nuits-St-Georges, Tel. 3 80 61 09 68. 4,5 ha (3 ha en métayage*). Grand cru: Echézeaux; 1ers crus: Vosne-Romanée Les Gaudichots, Les Petits Monts; Nuits-St-Georges Les Perrières, Les St-Georges; Vosne-Romanée, Nuits-St-Georges; Bourgogne (rot, weiß und Passe-tout-grains).*

Die Rotweine verbringen 12 bis 18 Monate in 30 bis 40 % neuer Eiche. Gute, reichhaltige Weine, vor allem Vosne-Romanée.

Domaine Fougeray de Beauclair

44, rue de Mazy, 21160 Marsannay, Tel. 3 80 51 25 75. 20 ha.

Dieses große, aber auf viele einzelne Rebflächen verstreute Gut hat sich bei den letzten Jahrgängen als einer der besten Erzeuger in Marsannay erwiesen. Trotzdem haben mich die Weine bisher enttäuscht.

Domaine Jean-Claude Fourrier

7, route de Dijon, 21110 Gevrey-Chambertin. 8,5 ha. Grand cru: Griotte-Chambertin; 1ers crus: Gevrey-Chambertin Clos-St-Jacques, Combe aux Moines, Aux Echézeaux, Morey-St-Denis, Clos Sorbé, Vougeot Les Petits Vougeots; Gevrey-Chambertin, Morey-St-Denis, Chambolle-Musigny.

Der junge Jean-Marie Fourrier stellt mit einigen ausgezeichneten Leistungen seit 1998 den einstigen Ruf dieses großartigen Guts wieder her. Man kann nur hoffen, dass die aktuelle Ernte genauso wunderbar altert wie zu Zeiten Fernand Pernods, des Großonkels des heutigen Besitzers (dessen 69er Griotte und Clos St-Jacques zu den fabelhaftesten Burgundern meines Lebens zählen). Jean-Marie hat sich seine Sporen bei Henri Jayer und der Domaine Drouhin verdient. Er hat die Chemie eingeschränkt und experimentiert mit schwefelfreier Abfüllung.

Domaine Jean-Noël Gagnard

9, place des Noyers, Chassagne-Montrachet, 21190 Meursault, Tel. 3 80 21 31 86. 8,5 ha. Grand cru: Bâtard-Montrachet; 1ers crus: Chassagne-Montrachet Les Caillerets, Les Chevenottes, Clos de la Maltroye, Clos St-Jean (rot), Morgeot (rot und weiß), Chassagne-Montrachet, Santenay Clos de Tavannes (rot); Chassagne-Montrachet Les Mesures; Bourgogne (rot, Aligoté).

Jean-Noëls Tochter Caroline bereitet jetzt die Weine dieses erstklassigen Guts, das in der Appellation einen Vorbildstatus genießt. Die großartigen Weißen waren immer außergewöhnlich, sie werden relativ spät abgefüllt und halten sich hervorragend. Aber auch die Roten verdienen Aufmerksamkeit.

Domaine Jacques Gagnard-Delagrange

26, rue Charles Paquelin, Chassagne-Montrachet, 21190 Meursault, Tel. 3 80 21 31 40. 2,35 ha (2,5 ha en métayage*). Grands crus: Le Montrachet, Bâtard-Montrachet; 1ers crus: Volnay-Champans, Chassagne-Montrachet La Boudriotte, Clos St-Jean, Morgeot; Chassagne-Montrachet (rot und weiß).*

Jacques Gagnard-Delagrange betreut nicht mehr alle seine Weinberge, er hat einige Parzellen Familienmitgliedern *en métayage* übergeben (Domaine Blain-Gagnard und Domaine Fontaine-Gagnard). Ein renommiertes Unternehmen mit unverändert hohem Niveau, das mit natürlicher Hefe, häufigem Hefesatzaufrühren und möglichst wenig neuem Holz arbeitet.

Domaine des Gandines – Robert et Corinne Danachet

Siehe Mâconnais, Mâcon.

Domaine Jean Garaudet

Rue de la Métairie, 21630 Pommard, Tel. 3 80 22 59 77. 5,5 ha.

Sehr gute Pommard-Weine und Beaune Clos des Mouches; auch rote und weiße Villages Monthélie.

Domaine Paul Garaudet

Impasse de'l Eglise, Monthelie, 21190 Meursault, Tel. 3 80 21 28 78. 9 ha.

Drei Monthelie-Premiers-crus, drei Meursault-Lagen- und Villages-Weine aus den gleichen Gemeinden sowie aus Pommard und Volnay – alle wirklich verlässlich.

Domaine François Gaunoux – Château Gaunoux

23, rue du 11 Novembre, 21190 Meursault, Tel. 3 80 21 22 40. 10 ha. Grand cru: Corton-Renardes; 1ers crus: Beaune Le Clos des Mouches, Pommard les Grands Epenots, Les Epenots, Les Rugiens, Volnay Les Clos des Chênes, Meursault La Goutte d'Or; Pommard, Meursault Le Clos de Tavaux Monopole, Puligny-Montrachet; Bourgogne (rot, weiß).

François, der Bruder von Michel Gaunoux in Pommard, bewirtschaftet das Gut mit seiner Tochter Claudine.

Domaine Jean-Michel Gaunoux

1, rue Leignon, 21190 Meursault, Tel. 3 80 21 22 02. 6 ha. Grand cru: Corton-Renardes; 1ers crus: Meursault La Goutte d'Or, Les Perrières, Volnay Clos des Chènes; Meursault; Pommard; Volnay.

Jean-Michel machte sich 1990 selbstständig und hat seine Domaine zum Erfolg geführt.

Domaine Michel Gaunoux

Rue Notre-Dame, Pommard, 21630 Meursault, Tel. 3 80 22 18 52. 10 ha. Grand cru: Corton-Renardes; 1ers crus: Beaune Les Boucherottes, Les Epenottes, Pommard Les Arvelets, Les Charmots, Les Combes, Grands Epenots, Rugiens; Beaune; Bourgogne Les Sorbins.

Wer den Wein von dieser Domaine probieren möchte, muss schon nach Frankreich reisen, denn ins Ausland gelangt nur wenig davon – Spitzenrestaurants und die Privatkundschaft in Frankreich kommen zuerst dran. Die Methoden sind hier noch mehr als traditionell: In jeder hölzernen *cuve* stampft ein *pigeur* den Most. Viele Winzer sagen, sie möchten gern Vins de garde hervorbringen, diese Domaine aber tut es, vor allem mit seinem sehr guten Pommard Grands Epenots.

Domaine François Gay

9, rue des Fiêtres, Chorey-lès-Beaune, 21200 Beaune, Tel. 3 80 22 69 58. 6,4 ha. Grand cru: Corton-Renardes; 1ers crus: Savigny Les Serpentières, Beaune Clos des Perrières; Aloxe-Corton, Chorey-lès-Beaune, Savigny-lès-Beaune.

Hier bekommt man etwas für sein Geld.

Domaine Gay-Coperet

Siehe Beaujolais, Moulin-à-Vent.

Domaine Geantet-Pansiot

3, route de Beaune, 21220 Gevrey-Chambertin, Tel. 3 80 34 32 37. 13 ha (10,5 ha en fermage*). Grand cru: Charmes-Chambertin; 1ers crus: Gevrey-Chambertin Le Poissenot, Chambolle-Musigny; Marsannay Champs Perdrix; Gevrey-Chambertin Vieilles Vignes; Bourgogne; Bourgogne Passe-tout-grains.*

Voller und erstklassiger Le Poissenot. Alle Weine sind seit den ausgezeichneten 1990er-Jahren eine Stufe höher gestiegen. Elegant und duftig.

Domaine Pierre Gelin

2, rue du Chapitre, Fixin, 21220 Gevrey-Chambertin, Tel. 3 80 52 45 24. 11 ha. Grands crus: Chambertin-Clos de Bèze, Mazis-Chambertin; 1ers crus: Fixin Clos Napoléon Monopole, Les Hervelets; Fixin; Gevrey-Chambertin; Bourgogne Aligoté; Bourgogne Passe-tout-grains.

Gute Weine, aber ich bin nicht enthusiastisch. Das kann daran liegen, dass ich einen anderen Stil bevorzuge.

Château Génot-Boulanger

25, rue de Cîteaux, 21190 Meursault, Tel. 3 80 21 49 20. 23 ha. Grands crus: Corton-Charlemagne, Le Charlemagne; 1ers crus: Aloxe-Corton Clos du Chapitre, Beaune Les Grèves, Montrevenaux, Meursault Clos du Cromin, Pommard Clos Blanc, Volnay Les Aussy, Chassagne-Montrachet Les Vergers, Mercurey (rot); Pommard, Volnay, Meursault, Mercurey (weiß).

Die Weißweine brauchen einige Jahre, um sich zu entwickeln – Les Vergers ist blumig und rauchig, wird aber an der Luft plumper. Die Weine können etwas ungleichmäßig sein, und die Roten haben mich nicht beeindruckt.

Domaine Alain Geoffrey

Siehe Chablis.

Domaine François Gerbet

2, route Nationale, Vosne-Romanée, 21700 Nuits-St-Georges, Tel. 3 80 61 07 85. 16 ha. Grands crus: Clos de Vougeot, Echézeaux; 1ers crus: Vosne-Romanée Aux Réas, Les Petits Monts, Chambolle-Musigny Les Plantes; Vosne-Romanée; Bourgogne Hautes Côtes de Nuits.

Marie-Andrée und Chantal Gerbet bringen sehr gute Weine hervor, die meist an private Kundschaft gehen. Alte Rebstöcke, kleine Erträge und ein ausgewogenes Maß an neuer Eiche sorgen für Qualität und Langlebigkeit.

Domaine Henri Germain et Fils

Rue des Forges, 21190 Meursault, Tel. 3 80 21 22 04. 5 ha.

Ich habe hier noch kein Herzklopfen von feinen Weinen bekommen, aber andere hatten schon mehr Glück.

Domaine Jacques Germain

Château de Chorey-lès-Beaune, 2, rue Jacques Germain, 21200 Beaune, Tel. 3 80 22 06 05. 16,5 ha. 1ers crus: Beaune Les Boucherottes, Les Cent Vignes, Les Cras, Les Theurons, Les Vignes-Franches; Pernand-Vergelesses (weiß), Château de Chorey-lès-Beaune; Bourgogne Château Germain (weiß und rot).

François Germain bereitet mit seinem Sohn Benoît die Weine der Domaine, die sein Urgroßvater vor über 100 Jahren gründete. Sie sind beständig ausgezeichnet, ob es sich nun um einfachen Chorey-lès-Beaune oder um erstklassigen Beaune Les Theurons handelt. Der Nachdruck liegt auf Finesse und Duftigkeit; jeder Jahrgang ist ein Hochgenuss. Die Erträge sind niedrig und die Weinbereitung geschieht in Holz-*cuves* mit langen Maischzeiten von 10 bis 15 Tagen. Der Ausbau findet zum Teil in neuen Holzfässern statt, wobei der Anteil sich nach dem Wein richtet; Beaune Premier cru reift in zu 50 % neuen Fässern, Chorey-lès-Beaune zu 25 % und Pernand-Vergelesses Blanc zu 20 %. Auf den Export entfallen 75 % des Umsatzes – die Schweiz und England sind die besten Kunden.

Domaine Emmanuel Giboulot

4, rue de Seurre, 21200 Beaune, Tel. 3 80 22 90 07. 9,65 ha. 1er cru: Rully La Pucelle (weiß); Beaune, Côtes de Beaune, Hautes-Côtes-de-Nuits, St-Romain; Bourgogne (rot, weiß).

Emmanuel Giboulot baut seine eigenen Trauben biodynamisch an und verwendet bei der Gärung natürliche Hefen und möglichst wenig oder gar keinen Schwefel. Die Auszeichnung als organischer Wein ist nicht unbedingt eine Garantie für Qualität, doch dieser Betrieb ist eine gute Bezugsquelle. Giboulot arbeitet mit Gleichgesinnten wie Jean-Claude Rateau und Thierry Guyot in St-Romain zusammen; sie vertreiben ihre Weine gemeinsam.

Domaine Emilian Gillet

Siehe Mâconnais, Mâcon.

Domaine Agnes et Jean-Jacques Girard

16, rue de Cîteaux, 21420 Savigny-lès-Beaune, Tel. 3 80 21 56 15. 17 ha. 1ers crus: Savigny-lès-Beaune Les Peuillets, Les Rouvrettes, Les Lavières, Les Serpentières, Pernand-Vergelesses; Aloxe-Corton, Savigny-lès-Beaune, Pernand-Vergelesses; Bourgogne (rot, weiß).

Der einfache Savigny und der Les Peuillets übertragen beide gute Frucht auf die Nase und haben zufrieden stellenden Geschmack. Eine sehr alte Familien-Domaine, die Respekt verdient.

Domaine Vincent Girardin

21190 Meursault, Tel. 3 80 20 81 00. Grands crus: Echézeaux, Clos Vougeot, Chevalier-Montrachet, Bâtard-Montrachet, Bienvenues-Bâtard-Montrachet; 1ers crus: Beaune Clos des Vignes Franches, Chassagne-Montrachet Les Morgeots, Puligny-Montrachet Champ Gains, Les Combettes, Les Folatières; Savigny-lès-Beaune, Santenay, Maranges, Pommard.

Vincent Girardin besiegelte seinen kometenhaften Aufstieg mit der Entscheidung, 12 ha begehrenswerte Grand- und Premier-cru-Lagen von Henri Clerc in Puligny-Montrachet zu pachten, und mit seinem ebenfalls 2002 erfolgten Umzug in eine funkelnagelneue 3-Millionen-Euro-Kellerei in Meursault. Auch mit seinen neuen Anbauflächen knüpft er an den Erfolg an, der ihm als einem Vertreter der neuen Generation von Burgunder-Négociants beschieden war – eine Karriere, die 1994 begann. Seine Stärke sind saubere, moderne, stilvolle Weine.

Domaine Yves Girardin

1, route des Maranges, 21590 Santenay, Tel. 3 80 20 64 36. 11 ha.

Gute Weine vom selben »Clan«.

Maison Camille Giroud

3, rue Pierre-Joigneaux, 21200 Beaune, Tel. 3 80 22 12 65.

Dieses traditionelle Haus – das auch eine kleine Premier-cru-Anbaufläche in Beaune besitzt – ist eine Pflichtstation für alle Liebhaber kräftiger, langlebiger Weine. Verkauft werden vorwiegend Weine aus Villages-Appellationen.

Domaine Bernard et Louis Glantenay

Rue de Vaut, Volnay, 21190 Meursault, Tel. 3 80 21 62 20. 8,5 ha. 1ers crus: Pommard Rugiens, Saussiles, Volnay Brouillards, Caillerets, Clos des Chênes, Santenots, Puligny-Montrachet Les Folatières; Pommard, Volnay; Bourgogne (rot, Aligoté, Passe-tout-grains).

Von einer Reihe von Weinbergen erzeugt Bernard Glantenay gute Weine. Sie sind fest in der Art, zeigen ihre guten Seiten jedoch erst nach einigen Jahren.

Domaine Michel Goubard

Siehe Côte Chalonnaise, Montagny.

Domaine Henri Gouges

7, rue Moulin, 21700 Nuits-St-Georges, Tel. 3 80 61 04 40. 14,5 ha. 1ers crus: Nuits-St-Georges Les Chaignots, Clos des Porrets Monopole, La Perrière, Les Pruliers, Les St-Georges, Les Vaucrains; Nuits-St-Georges; Bourgogne (rot, weiß).

Einer der Großen in Burgund und in den 1930er-Jahren ein Pionier der Domaine-Abfüllung. Das Gut wird inzwischen von Henri Gouges' Enkeln Pierre (der sich um die Weinberge kümmert) und Christian (der für die Weinbereitung zuständig ist) geführt. In den 1980ern wurde der Betrieb eine Zeit lang seinem Ruf nicht gerecht, doch das hat sich geändert. Nun kann man auf intensive Weine zählen, welche die Qualität wirklich großer Premiers crus der Côte de Nuits erkennen lassen. Es wird kein neues Holz verwendet; die einzelnen Terroirs und sorgfältige Behandlung geben den Ton an.

Château de la Grande Grange

Siehe Beaujolais, Beaujolais-Villages.

Domaine des Granges – Jean-François Cognard

Siehe Mâconnais, Mâcon.

Domaine du Granit – Gino Bertolla

Siehe Beaujolais, Moulin-à-Vent.

Domaine Alain Gras – René Gras-Buisson

Saint-Romain-le-Haut, Saint-Romain, 21190 Meursault, Tel. 3 80 21 27 83. 14 ha. Meursault, Auxey-Duresses (rot und weiß), St-Romain (rot und weiß).

Alain Gras ist ein sehr tüchtiger Winzer, nach dessen Rot- und Weißweinen Sie sich die Finger lecken werden.

Château de la Greffière

Siehe Mâconnais, Mâcon.

Domaine Albert Grivault

7, place du Murger, 21190 Meursault, Tel. 3 80 21 23 12. 4,8 ha. 1ers crus: Meursault Clos des Perrières Monopole, Perrières, Meursault, Pommard Clos Blanc.

Michel Bardet, Sohn der Besitzerin Madame Bardet-Grivault, führt das Geschäft. Die Weißweine gären bei 16 °C und altern in einem Drittel neuen Eichenfässern. Erstklassige Meursault mit Puligny-ähnlicher Finesse.

Domaine Jean Grivot

6, rue de la Croix-Rameau, Vosne-Romanée, 21700 Nuits-St-Georges, Tel. 3 80 61 05 95. 14,5 ha. Grands crus: Clos de Vougeot, Echézeaux, Richebourg; 1ers crus: Chambolle-Musigny La Combe d'Ormeaux, Vosne-Romanée Beaux Monts, Brûlées, Chaumes, Les Reignots, Les Rouges, Suchots, Nuits-St-Georges Aux Boudots, Lavières, Pruliers, Roncières; Vosne-Romanée, Nuits-St-Georges; Bourgogne Rouge; Bourgogne Grand Ordinaire, Bourgogne Passe-tout-grains.

Etienne Grivot, der 1987 seinen Vater ablöste, hat das bedeutende Gut in zwei Richtungen weiterentwickelt: mehr Umweltbewusstsein im Weinberg und kalte Mazeration im Keller. Grivot war einer der Kunden von Guy Accad, der umstrittene Fachberater, der vor allem dadurch bekannt wurde, dass er sich für eine lange Mazeration vor der Gärung zur Farbextraktion aussprach. Accad mag aus der Mode gekommen sein, aber die besten Seiten seines Erbes kann man hier immer noch bewundern. Sehr gute Weine, wenn es auch den Grands crus bisweilen an ultimativem Glanz und an Opulenz fehlt. Zur Alterung wird im ersten Jahr 20 % neues Holz verwendet. Etienne Grivot ist bestrebt, Weine herzustellen, die dank ihrer Struktur gut altern, zugleich jedoch harmonisch genug sind, um auch jung getrunken werden zu können. Kaum überraschend, dass es schwierig ist, beides zu vereinen! Praktisch alle Weine dieser Domaine sind solche Meisterwerke. Es dürfte schwierig sein, eine Domaine zu finden, die integrer arbeitet als diese.

Domaine Robert Groffier Père et Fils

4, route des Grands-Crus, Morey-St-Denis, 21220 Gevrey-Chambertin, Tel. 3 80 34 31 53. 7 ha. Grands crus: Chambertin-Clos de Bèze, Bonnes-Mares; 1ers crus: Chambolle-Musigny Les Amoureuses, Les Hauts-Doix, Les Sentiers; Gevrey-Chambertin; Bourgogne.

Diese Domaine ist seit Ende der späten 80er-Jahre beständig in Hochform. Bei der Weinbereitung spielen Analysen und flexible Vorgehensweisen eine große Rolle. Man arbeitet mit kontrollierten hohen Temperaturen, um intensive Farbe und Extrakt zu erhalten. Für die Grands crus und Les Amoureuses verwendet man 80 % neues Holz. Das Rezept funktioniert gut, und die Weine sind reich und elegant mit langem Abgang.

Domaine A.-F. Gros

La Garelle, route d'Ivry, 21630 Pommard, Tel. 3 80 22 61 85. 11,37 ha. Grands crus: Echézeaux, Richebourg; 1ers crus: Vosne-Romanée Maizières, Aux Réas; Savigny-lès-Beaune Le Clos des Guettes; Chambolle-Musigny; Bourgogne Hautes Côtes de Nuits.

Anne-Françoise Gros ist die einzige Tochter von Jean Gros. Sie ist mit François Parent verheiratet, der früher die Domaine Parent führte, stellt ihre Weine aber aus den Reben her, die sie unter ihrem Mädchennamen geerbt hat – ein verständlicher Grund für Verwechslungen mit den Erzeugnissen ihrer Cousine Anne und ihres Onkels François!

Domaine Anne et François Gros

11, rue des Communes, Vosne-Romanée, 21700 Nuits-St-Georges, Tel. 3 80 61 07 95. 4,5 ha. Grands crus: Clos de Vougeot, Echézeaux, Richebourg; 1ers crus: Vosne-Romanée Les Barraux, Chambolle-Musigny La Combe d'Orveau; Vosne-Romanée, Chambolle-Musigny; Bourgogne Rouge.

François ist der zweite Bruder von Jean Gros; seine Tochter Anne produziert die Weine und leitet zusammen mit ihrem Vater den Betrieb. Das Auftauchen von Weinen unter dem Namen von Anne-Françoise Gros führte zu einiger Verwirrung. Die jüngsten Weine sind am ansprechendsten.

Domaine Gros Frère et Sœur

6, rue des Grands-Crus, Vosne-Romanée, 21700 Nuits-St-Georges, Tel. 3 80 61 12 43. 15 ha. Grands crus: Clos de Vougeot, Grands Echézeaux, Richebourg; Vosne-Romanée; Bourgogne Hautes Côtes de Nuits.

Die *frère et sœur* hier sind Bruder (der verstorbene Gustave) und Schwester (Colette) von Jean Gros, aber die Domaine wird heute von Bernard geführt, dem zweiten Sohn von Jean Gros. Ausgezeichnete Weine, wenn auch nicht ganz auf der Höhe der großartigen Domaine Jean Gros.

Domaine Michel Gros

3, rue des Communes, Vosne-Romanée, 21700 Nuits-St-Georges, Tel. 3 80 61 04 69. 8 ha. Grands crus: Clos de Vougeot, Richebourg; 1er cru: Vosne-Romanée Clos des Réas Monopole; Vosne-Romanée, Chambolle-Musigny, Nuits-St-Georges; Bourgogne Hautes Côtes de Nuits, Bourgogne Rouge.

Eine Spitzendomaine, die hält, was man sich von großen Namen verspricht. In echter burgundischer Manier wurde das Areal so aufgesplittet, dass sogar Burgunder durcheinander kommen. Die 7 ha Hautes Côtes de Nuits wurden vor etwa 20 Jahren angepflanzt. Man hält sich (abgesehen von Hefekulturen) an traditionelle Methoden mit 100 % neuen Eichenfässern für die Grands crus und Premiers crus, 30 bis 50 % für die Villages. Versuchen Sie, einige von diesen herrlichen Weinen zu ergattern, sie sind etwas Besonderes aus Burgund.

Domaine Corinne et Jean-Pierre Grossot

Siehe Chablis.

Domaine Thierry Guérin

Siehe Mâconnais, Saint-Véran.

Domaine Guffens-Heynen

Siehe Mâconnais, Pouilly-Fuissé.

Domaine Pierre Guillemot

Rue Boulanger-et-Vallée, 21420 Savigny-lès-Beaune, Tel. 3 80 21 50 40. 7,6 ha. 1ers crus: Savigny-lès-Beaune Les Jarrons, Les Narbatons, Les Serpentières; Savigny-lès-Beaune (rot und weiß); Bourgogne Rouge.

Gute Weine mit einem Savigny-typischen Erdbeeraroma. Pierre und Jean-Michel Guillemot wissen, was sie der Appellation schuldig sind.

Domaine Guillemot-Michel

Siehe Mâconnais, Mâcon.

Domaine Alain Guillot

Siehe Mâconnais, Mâcon.

Domaine Guillot-Broux

Siehe Mâconnais, Mâcon.

Domaine Antonin Guyon

Rue de Chorey, 21420 Savigny-lès-Beaune, Tel. 3 80 67 13 24. 47 ha. Grands crus: Charmes-Chambertin, Corton-Bressandes, Corton-Charlemagne, Corton Clos du Roi, Corton-Renardes; 1ers crus: Pernand-Vergelesses, Aloxe-Corton, Volnay Clos des Chênes, Meursault-Charmes; Gevrey-Chambertin, Chambolle-Musigny, Pernand-Vergelesses, Savigny-lès-Beaune, Chorey-lès-Beaune, Beaune; Hautes Côtes de Nuits, Bourgogne Aligoté.

In der Vergangenheit traf ich oft auf Weine mit Finesse und Appellationsstil von dieser Domaine. Nach ein, zwei Enttäuschungen scheint es zu seiner alten Form zurückgefunden zu haben. Insbesondere die Rotweine sind teilweise sehr schön.

Domaine Haegelen-Jayer

47, rue de la Croix-Rameau, Vosne-Romanée, 21700 Nuits-St-Georges, Tel. 3 80 61 01 49. 5 ha. Grands crus: Clos de Vougeot, Echézeaux; 1er cru: Nuits-St-Georges Les Damodes; Chambolle-Musigny, Vosne-Romanée.

Alfred Haegelen trachtet danach, durch vier Tage *macération à froid* und drei Wochen *cuvaison* Weine mit viel Extrakt zu erhalten. Die Weine verbringen 18 Monate in 50 % neuem Holz, werden mit etwas Weißwein aufgefrischt und nicht filtriert. Sie sind gut gemacht. Die Villages und Premiers crus sind fruchtig und solide, aber nicht rau, die Echézeaux und Clos de Vougeot sind reich und geschmeidig, für die Spitzenklasse reicht es aber nicht.

Domaine Thierry Hamelin

Siehe Chablis.

Domaine Heresztyn

27, rue Richebourg, 21220 Gevrey-Chambertin, Tel. 3 80 34 30 86. 11 ha. Grand cru: Clos St-Denis; 1ers crus: Gevrey-Chambertin Les Champonnets, Les Corbeaux, Les Goulots, La Perrière, Morey-St-Denis Les Millandes; Gevrey-Chambertin; Bourgogne (rot und weiß).

Die inzwischen sehr verlässliche Domaine erzeugt stilvolle Weine von Anbauflächen mit vielen alten Rebstöcken.

Hospices de Beaune

Siehe Côte d'Or, Hospices de Beaune.

Domaine des Hospices de Nuits-St-Georges

Rue Henri-Challand, 21700 Nuits-St-Georges, Tel. 3 80 61 12 17. 11,3 ha, davon 8,5 ha Nuits-St-Georges. Weinberge auch in Vosne-Romanée und Prémeaux-Prissey. 1er cru: Nuits-St-Georges Les Didiers; Nuits-St-Georges.

Hospices de Nuits-St-Georges ist eine wohltätige Stifung, die auf das Jahr 1270 zurückgeht und, wie auch die Hospices de Beaune, zum Zweck hat, alten

Leuten eine Heimstatt zu bieten. Die Finanzen hierfür kommen zum großen Teil von der jährlichen Weinversteigerung am Sonntag vor Palmsonntag. Wie beim (erheblich größeren) Gegenstück in Beaune, hängt viel von der *élevage* ab. Trinkt man die Weine frisch vom Fass, kommen sie einem zu stark chaptalisiert vor, und man fragt sich, ob der Einsatz von 100 % neuen Eichenfässern, ungeachtet des Jahrgangs, der Weisheit letzter Schluss ist.

Domaine Patrick Hudelot

Siehe Côte d'Or, Hautes Côtes de Nuits.

Domaine Alain Hudelot-Noëllat

21640 Vougeot, Tel. 3 80 62 85 17. 10 ha. Grands crus: Clos de Vougeot, Richebourg, Romanée-St-Vivant; 1ers crus: Vosne-Romanée Les Malconsorts, Les Suchots, Chambolle-Musigny Les Charmes, Nuits-St-Georges Les Murgers, Vougeot; Vosne-Romanée, Chambolle-Musigny.

Ganz betörende Weine; alte Rebstöcke, Maischung vor der Gärung und 100 % neues Holz für die Grands crus – das scheint, zusammen mit intuitiver Begabung, das Rezept zu sein für diese bemerkenswert tiefen, fruchtigen Weine.

Domaine Bernard Hudelot-Verdel – Domaine de Montmain

Les Jiromées, Villars-Fontaine, 21700 Nuits-St-Georges, Tel. 3 80 62 31 94. 10 ha.

Siehe Côte d'Or, Hautes Côtes de Nuits.

Domaine Lucien Jacob

Echevronne, 21420 Savigny-lès-Beaune, Tel. 3 80 21 52 15. 14 ha en fermage. *1ers crus: Savigny-Vergelesses (rot und weiß), Beaune Les Toussaints, Les Cent Vignes; Savigny-lès-Beaune; Bourgogne Hautes Côtes de Beaune, Bourgogne Aligoté, Bourgogne Rosé.*

Ordentlich gemachte, fruchtige Weine; gute Qualität, jedoch nicht außergewöhnlich. Der Hautes Côtes de Beaune ist allerdings ausgezeichnet.

Château des Jacques

Siehe Beaujolais, Moulin-à-Vent.

Domaine Paul et Henri Jacqueson

Siehe Côte Chalonnaise, Rully.

Maison Louis Jadot

21, rue Eugène Spuller, 21200 Beaune, Tel. 3 80 22 10 57. 62 ha. Grands crus: Chambertin-Clos de Bèze, Chapelle-Chambertin, Le Musigny, Bonnes-Mares, Clos de Vougeot, Echézeaux, Clos-St-Denis; 1ers crus: Gevrey-Chambertin Clos St-Jacques, Les Cazetières, La Combe aux Moines, Lavaux St-Jacques, Estournelles St-Jacques, Les Poissenots, Chambolle-Musigny Les Amoureuses, Les Fuées, Les Feusselottes, Les Baudes, Savigny-lès-Beaune La Dominode, Les Narbantons, Les Vergelesses, Les Lavières, Beaune Les Avaux, Les Theurons, Les Boudots, Les Cent Vignes, Les Grèves, Puligny-Montrachet Les Referts, Clos de la Garenne, Champ Gain, Chassagne-Montrachet Morgeot, Pommard Clos des Poutures Monopole, Volnay Clos de la Barre Monopole; Marsannay, Chambolle-Mussigny; Côte de Nuits-Villages.

Sehr bedeutendes Handelshaus, 1985 an die Besitzer des amerikanischen Importeurs Kobrand verkauft. Monsieur André Gagey behielt jedoch die Leitung, und das war gut so; nach 45 Jahren im Betrieb – er produzierte dort 1947 seinen ersten Wein und wurde 1954 Präsident – hat er das Geschäft seinem gleichfalls fähigen Sohn Pierre-Henry übergeben, dem die Tradition intelligenter und integrer Weinbereitung in die Wiege gelegt wurde. Der Familie Jadot gehören auch Teile von sehr prestigeträchtigen Weinbergen an der Côte de Beaune, und diese wurden in den 80er-Jahren wesentlich erweitert durch den Ankauf eines großen Teils der Weinberge von Clair-Daü (1985) in der Côte de Nuits sowie jener der Maison Champy (1989). Jadot erzeugt und vertreibt auch die Weine der Domaine du Duc de Magenta. Bis zum heutigen

Tag hat das Unternehmen kontinuierlich weiter expandiert. Nachdem 1996 die Tonnellerie Cadux in Ladoix-Serrigny, fünf Kilometer von Beaune entfernt, gegründet wurde, verfügt Jadot nun über eine interne Bezugsquelle für Eichenfässer. 1997 zog das Unternehmen in eine neue Kellerei um; bald danach begann man mit Investitionen im Beaujolais. 1996 kaufte Jadot das Château des Jacques in Moulin-à-Vent von der Familie Thorin (die früheren Besitzer des Handelshauses Mommessin). 2001 folgte der Erwerb des Château Bellevue in Morgon. Die Weißweine werden in Eichenfässern vergoren und in ebensolchen 12 bis 18 Monate lang ausgebaut. Die Spitzenrotweine (d.h. Grands und Premiers crus) werden auf traditionelle Weise in offenen Holzbottichen mit schwimmendem »Hut« und *pigeage* bereitet; die Gärzeit ist lang und man verwendet natürliche Hefen. Danach altern sie 18 bis 24 Monate in Eichenholzfässern. Jacques Lardière, Jadots technischer Leiter, ist für möglichst wenig Eingriffe bei der Erzeugung von Wein, und das erklärt, warum sie fast immer langlebig sind. Originellerweise bevorzugt er bei der Rotweinbereitung hohe Temperaturen und generell wenig neue Eiche. Die komplett neue Kellerei auf zwei Ebenen ermöglicht es dem Haus Louis Jadot, einen noch größeren Teil ihrer Handelsweine selbst zu produzieren. Die fast immer ausgezeichneten Resultate werden in alle Welt exportiert, aber zum Teil auch in Frankreich verkauft. Die ganz großen Namen sind – zu Recht – sehr gefragt, doch habe ich eine Schwäche für den Beaune Boucherottes und den Chouacheux. Die Weißweine sind immer gleichmäßig fein, die besten sogar großartig. Alles in allem ist dies eines der eindrucksvollsten Häuser in Burgund.

Maison Jaffelin

Caves du Chapitre, 2, rue Paradis, 21200 Beaune.

Die Firma gehört heute dem Haus Boisset. Es bleibt abzuwarten, ob sie sich eine bedeutende eigenständige Identität bewahren kann.

Domaine Jacky Janodet

Siehe Beaujolais, Moulin-à-Vent.

Château de Javernand

Siehe Beaujolais, Chiroubles.

Domaine Patrick Javillier

7, impasse des Acacias, 21190 Meursault, Tel. 3 80 21 37 87. 8,2 ha. Savigny-lès-Beaune, Pommard, Meursault, Puligny-Montrachet; Bourgogne (rot, weiß).

Ausgezeichnete Meursault-Villages-Weine aus verschiedenen *climats*. Eine kritische Haltung gegenüber den Anbau- und Produktionsmethoden führt zu Weinen, die die Erwartungen oft übertreffen und deren Aufbewahrung sich bezahlt macht. Das Haus ist auch in geringem Umfang als Négociant tätig.

Domaine Henri Jayer – Domaine Georges Jayer – Domaine Lucien Jayer

Vosne-Romanée, 21700 Nuits-St-Georges, Tel. 3 80 62 83 38. 7 ha.Grands crus: Echézeaux, Richebourg; 1ers crus: Vosne-Romanée Les Brûlées, Cros Parantoux, Nuits-St-Georges Les Murgers; Vosne-Romanée; Nuits-St-Georges.

Obwohl seit 1989 offiziell im Ruhestand, berät Henry Jayer immer noch eine Anzahl von Domaines, und seine wunderbar reichen, üppigen Weine wird es noch eine Zeit lang geben. Henri Jayer ist ein echter Hexenmeister – er brachte einige der aufregendsten Weine der ganzen Côte d'Or hervor. Sein Rezept erscheint einfach: Sortieren der Trauben am Stock; vollständige Entrappung; kalte Mazeration während fünf Tagen vor der Gärung (nur natürliche Hefen); Schönen mit frischem Eiweiß; Ausbau sämtlicher Weine – mit Ausnahme des einfachen Villages – in neuer Eiche; sorgfältige Flaschenabfüllung; während der *élevage* fünf *analyses*. Vielleicht der wichtigste Faktor sind die niedrigen

Hektarerträge – das Geheimnis der Konzentration im Burgunder. Henri Jayer besorgte auch den Ausbau der Weine seines Bruders Georges, doch hat inzwischen der Neffe Emmanuel Rouget die Weinberge übernommen und führt die Domaine Jayer ebenso wie seine eigene. Weiterhin berät Henri Jayer die Domaine Méo-Camuzet. Der Bruder Lucien erzeugte ebenfalls seine eigenen Weine unter Rougets Kontrolle. Alle vier Markennamen werden verwendet.

Robert Jayer-Gilles

Rue de Corgoloin, Magny-lès-Villers, 21700 Nuits-St-Georges, Tel. 3 80 62 91 79. 11 ha. Grand cru: Echézeaux; 1ers crus: Nuits-St-Georges Les Damodes, Hauts Poirets; Côte de Nuits-Villages, Hautes Côtes de Nuits, Hautes Côtes de Beaune, Bourgogne Aligoté, Bourgogne Passe-tout-grains.

Robert Jayer macht vorbildliche Weine, sogar in der bescheidenen AC-Version. Die Preise sind alles andere als bescheiden, doch die Qualität der gelieferten Ware ist auch immer dementsprechend. Viel junge Eiche im Geschmack, wird aber zumeist, wenn nicht gar stets durch Frucht und Extrakt ausgeglichen.

Domaine Thierry Jeannin-Naltet

Siehe Côte Chalonnaise, Mercurey.

Domaine Charles et Rémi Jobard

12, rue Sudot, 21190 Meursault, Tel. 3 80 21 20 03. 7 ha. 1ers crus: Meursault Les Charmes, Les Genevrières, Les Poruzots; Meursault Teillagen: Chevalières, En Luraule, Sous la Velle.

In den 1990er-Jahren trat Charles aus dem Schatten seines Bruders Rémi heraus und macht sich seinen eigenen Namen in Meursault mit Weinen (jetzt unfiltriert), die von Jahr zu Jahr reichhaltiger und ausdrucksvoller wurden.

Domaine François Jobard

2, rue de Leignon, 21190 Meursault, Tel. 3 80 21 21 26. 4,91 ha. 1ers crus: Blagny La Pièce-sous-le-Bois, Meursault Les Charmes, Les Genevrières, La Pièce-sous-le-Bois, Les Poruzots; Meursault; Bourgogne (weiß, rot, Aligoté).

Ein ernst zu nehmender Weinerzeuger, dessen Meursault-Weine ebenso aromatisch wie elegant sind. Man verwendet keine Hefekulturen, und mit der Fermentierung lässt man sich Zeit. Die Länge der Lagerung in Eichenfässern geht beim jungen Wein manchmal auf Kosten der Ausgewogenheit; deshalb sollte er nicht zu früh geöffnet werden.

Domaine Joblot

Siehe Côte Chalonnaise, Givry.

Domaine Joliot

Route de Pommard, Nantoux, 21190 Meursault, Tel. 3 80 26 01 44. 10,5 ha. 1er cru: Beaune-Boucherottes; Pommard, Meursault; Hautes Côtes de Beaune, Bourgogne Aligoté, Bourgogne Passe-tout-grains, Crémant de Bourgogne.

Eine der hoch angesehenen Domaines der Hautes Côtes de Beaune. Die Familie Joliot hat seit Menschengedenken Wein gebaut: »*Le souvenir se perd dans la nuit de temps*«, wie sie zu sagen pflegt. Neben den Hautes-Côtes-Weinbergen besitzt sie auch noch kleine Stücke großartigerer Appellationen, doch schon die bescheidenen Weine sind höchst empfehlenswert und haben den echten Burgundergeschmack: Die Methoden sind traditionell, werden aber jedes Jahr den Erfordernissen angepasst. Das Ziel ist Wein voll Duftigkeit und Finesse mit angemessenem Körper und schönem Gleichgewicht zwischen Alkohol, Gerbstoff und Säuregehalt, sodass die Weine die ihrem Platz in der Hierarchie entsprechende Haltbarkeit bekommen, d. h., einen Pommard kann man länger aufbewahren als einen Hautes Côtes de Beaune.

Domaine Claude et Michelle Joubert

Siehe Beaujolais, Beaujolais-Villages.

Manoir des Journets

Siehe Beaujolais, Chénas.

Domaine Michel Juillot

Siehe Côte Chalonnaise, Mercurey und Côte d'Or, Pernand-Vergelesses.

Château de Juliénas – François Condemine

Siehe Beaujolais, Juliénas.

Labouré-Roi – Cottin Frères

Rue Lavoisier, 21700 Nuits-St-Georges, Tel. 3 80 62 64 00.

Ein erfolgreicher Négociant und bedeutender Distributeur von Domaines; wird von den Gebrüdern Cottin dynamisch geführt. Die Weine sind zuverlässig, wenn auch nicht aufregend, einige Domaine-Weine sind jedoch sehr gut. Auch jene aus dem Weingut René Manuel, die er vertreibt, haben mir großen Eindruck gemacht. Der Meursault ist eichenholzduftig und gehaltvoll, und der ungewöhnliche rote Meursault hat urwüchsig-fruchtigen Charakter. Auch ein guter weißer Auxey-Duresses, eine Appellation, nach der man ruhig Ausschau halten sollte, wenn Meursault und Puligny zu teuer werden, gehört zum Programm.

Domaine Maurice Labruyère

Siehe Beaujolais, Moulin-à-Vent.

Château de Lacarelle

Siehe Beaujolais, Beaujolais-Villages.

Henri Lafarge – Domaine de la Combe

Siehe Mâconnais, Mâcon.

Domaine Michel Lafarge

Rue de la Combe, 21190 Meursault, Tel. 3 80 21 61 61. 10 ha. 1ers crus: Beaune Les Grèves, Volnay Clos du Château des Ducs, Clos des Chênes, Volnay, Pommard Pézerolles; Volnay, Meursault; Bourgogne (rot, Aligoté, Passe-tout-grains).

Eine untadelige Familien-Domaine, in der mit Sorgfalt und Intelligenz Wein gebaut wird. Man legt viel Wert auf ökologisches Gleichgewicht. Die Stiele werden entfernt und die Trauben streng ausgelesen, sobald sich die geringsten Anzeichen von Fäule im Weinberg bemerkbar machen. Die Gärdauer beträgt etwa zehn Tage, anschließend wird der Wein 18 Monate lang in Eichenfässern ausgebaut, wobei jeweils ein Drittel des neuen Jahrgangs in frischen Fässern gelagert wird. Burgunderkenner in aller Welt wissen sehr wohl, dass ein Volnay von Michel und Frédéric Lafarge immer etwas Feines ist – aber schließlich betreibt die Familie auch schon seit über 50 Jahren Domaine-Abfüllung. In Jahren wie 1988 und 1995 ist der Unterschied zwischen dem Clos du Château des Ducs und dem Clos des Chênes deutlich erkennbar. Eine der großartigsten Domaines in Burgund.

Domaine des Comtes Lafon

Clos de la Barre, rue Pierre-Joigneaux, 21190 Meursault, Tel. 3 80 21 22 17. 13,5 ha. Grand cru: Montrachet; 1ers crus: Monthelie Les Duresses, Volnay Champans, Clos des Chênes, Santenots du Milieu, Meursault Charmes, Genevrières, Goutte d'Or, Perrières, Puligny-Montrachet Les Champs Gains; Meursault Clos de la Barre; Meursault Désirée; Meursault.

Aus dieser großartigen Domaine kommt genau die Art Burgunder, die ich so mag. Es werden organische und nun auch biodynamische Weinbaumethoden praktiziert. Es wird spät geerntet und man hält die Erträge niedrig. Die Rotweine altern zwei Jahre in 30 %, die Weißen 21 Monate lang in bis zu 40 %

neuen Eichenfässern – in einem der kühlsten Untergrundkeller des Burgunds. Es wird nicht filtriert, und sowohl die roten als auch die weißen Weine brauchen gewöhnlich Jahre, bis sie ihr Bestes hergeben.

Domaine Jean et Gilles Lafouge Père et Fils

Rue Basse, Auxey-Duresses, 21190 Meursault, Tel. 3 80 21 20 92. 7 ha. 1ers crus: Auxey-Duresses La Chapelle, Le Val, Les Duresses, Les Grands Champs, Les Ecusseaux, Meursault Les Chanlins; Auxey-Duresses (rot und weiß), Meursault; Bourgogne Aligoté; Bourgogne Passe-tout-grains.

Einige köstliche Weine.

Domaine Marquis de Laguiche

Puligny-Montrachet, 21190 Meursault, Tel. 3 80 24 68 88. (Maison Joseph Drouhin in Beaune). 4,75 ha.

Die Domaine besitzt den größten Teil von Le Montrachet. Der Weinberg wird von dieser Domaine und Joseph Drouhin gemeinsam bewirtschaftet, aber das Team aus Beaune erntet und bereitet den Wein. Einige der großartigsten und exotischsten weißen Burgunderweine stammen von hier. Siehe auch Côte d'Or, Chassagne-Montrachet.

Domaine Laleure-Piot

Rue de Palot, Pernand-Vergelesses, 21420 Savigny-lès-Beaune, Tel. 3 80 21 52 37. 9 ha. Grands crus: Corton-Bressandes, Corton-Charlemagne, Corton-Rognet; 1ers crus: Pernand-Vergelesses (rot und weiß), Les Vergelesses, Ile-des-Vergelesses, Savigny-lès-Beaune Vergelesses; Pernand-Vergelesses (rot und weiß), Chorey-lès-Beaune; Côte de Nuits-Villages Les Bellevues, Bourgogne Aligoté, Bourgogne Passe-tout-grains.

Besonders reizvolle Weißweine, aber auch sonst gut. Den Spitzenweinen fehlt es noch ein wenig an Inspiration.

Domaine François Lamarche

9, rue des Communes, Vosne-Romanée, 21700 Nuits-St-Georges, Tel. 3 80 61 07 94. 8,5 ha (8 ha angebaut). Grands crus: Clos de Vougeot, Echézeaux, Grands Echézeaux, La Grande Rue; 1ers crus: Vosne-Romanée Les Chaumes, Les Malconsorts, Les Suchots, Le Croix Rameau; Vosne-Romanée; Bourgogne (rot, Aligoté, Passe-tout-grains).

Ein bemerkenswertes Gut mit einigem »goldenem« Landbesitz: La Grande Rue, die Lage zwischen La Tâche und den Romanée-Weinen, gehört ihm allein, hinzu kommen Anteile an Grands Echézeaux, Echézeaux und dem Premier cru Les Malconsorts. François übernahm das Steuer 1988, als sein Vater starb, verringerte bald darauf die Erträge und führte die vollständige Entrappung ein. Die jüngeren Weine sind elegant, jedoch mit der unterschwelligen Konzentration geringer Erträge und einem Spitzenterroir.

Lamblin et Fils

Siehe Chablis.

Domaine des Lambrays

31, rue Basse, Morey-St-Denis, 21220 Gevrey-Chambertin, Tel. 3 80 51 84 33. 13 ha. Grand cru: Clos des Lambrays; 1er cru: Morey-St-Denis; Morey-St-Denis

Die fast monopolartige Lage Clos des Lambrays (8 ha) kaufte 1996 die Koblenzer Familie Freund anderen deutschen Eigentümern ab. Diesen beiden Eigentümern und Thierry Brouhin, dem örtlichen Geschäftsführer, ist es zu verdanken, dass das Gut aus seiner Stagnation erlöst wurde. Alte Rebstöcke sind ja eigentlich nichts Schlechtes, aber bis 1980 wurden 70 Jahre lang keine Neupflanzungen vorgenommen – ein ungesunder Zustand. Der Weinberg liegt sehr gut und erhielt 1981 Grand-cru-Status, aber diese Aufwertung scheint übereilt, wenn man die Ergebnisse aus den Achtzigerjahren betrachtet. Doch der 1991er Jahrgang leitete die Wende ein: Seitdem sind die Weine sehr gut.

Domaine Hubert Lamy

Saint-Aubin, 21190 Meursault, Tel. 3 80 21 32 55. 9,5 ha (4 ha en métayage). Grand cru: Criots-Bâtard-Montrachet; 1ers crus: St-Aubin Les Castets, Les Frionnes, En Remilly, Les Cortons, Clos de la Chatenière, Les Murgers des Dents de Chien, Chassagne Montrachet Les Marechelles; St-Aubin (rot und weiß), Puligny-Montrachet, Chassagne-Montrachet (rot und weiß), Santenay; Côte de Beaune-Villages, Hautes Côtes de Beaune, Bourgogne (rot, Aligoté und Passe-tout-grains).

Die Mitglieder der Familie Lamy sind seit 1640 Weinbauern, doch es könnte sein, dass sie im 21. Jahrhundert unter der fachkundigen Leitung von Huberts Sohn Olivier alle Qualitätsrekorde schlagen. Sie wissen, dass St-Aubin von vielen verkannt wird, und halten deshalb daran fest, die Quantität zu senken, um die Qualität zu erhöhen. Damit sind sie bewundernswert erfolgreich, seien es Villages- oder Appellationsweine. Die weißen sind elegant, akazienhaft, während die roten jung tanninhaltig sind und sich mit dem Alter zu einem herrlichen Labsal entwickeln. Die roten Trauben werden teilweise entrappt, und das Einfüllen in Fässer dauert 10 bis 15 Tage, sodass man ruhig ein paar Flaschen beiseite legen kann.

Domaine René Lamy-Pillot

31, route de Santenay; Chassagne-Montrachet, 21190 Meursault, Tel. 3 80 21 30 52. 6 ha (12 ha en fermage *oder* en métayage*). Grand cru: Puligny-Montrachet Le Montrachet; 1ers crus: Blagny La Pièce-sous-le-Bois, St-Aubin Les Castets, Les Combes, Chassagne-Montrachet Boudriotte, Clos St-Jean, Morgeot; St-Aubin Argillières, St-Aubin Les Pucelles, Chassagne-Montrachet, Chassagne-Montrachet Champs de Morgeot, Santenay Les Charrons, Beaune; Bourgogne Rouge; Bourgogne Aligoté La Capitaine, Bourgogne Bas de Madrid, Crémant de Bourgogne.*

René Lamy hat die Domaine auf einer Reihe von einzelnen Grundstücken in ganz verschiedenen Appellationen aufgebaut. Manche Weine sind in der Jugend recht hart und brauchen eine gewisse Entwicklungszeit. Andere Weine aber waren ein großer Erfolg und in der Lage Boudriotte stehen übrigens noch alte Rebstöcke.

Domaine Hubert Lapierre

Siehe Beaujolais, Chénas.

Domaine André Large

Siehe Beaujolais, Côte de Brouilly.

Domaine Laroche

Siehe Chablis.

Domaine Jean Lathuilière

Siehe Beaujolais, Brouilly.

Domaine Louis Latour

18, rue des Tonneliers, 21200 Beaune, Tel. 3 80 24 81 00. 47 ha. Grands crus: Chambertin, Romanée St-Vivant Les Quatre Journeaux, Corton-Bressandes, Chaumes, Clos de la Vigne au Saint, Clos du Roi, Corton Grancey, Grèves, Perrières, Pougets, Corton-Charlemagne, Chevalier-Montrachet Les Demoiselles; 1ers crus: Pernand-Vergelesses Ile-des-Vergelesses, Pernand-Vergelesses, Aloxe-Corton Les Chaillots, Les Fournières, Les Guérets, Pommard Epenots, Beaune Clos du Roi, Cras, Grèves, Perrières, Vignes Franches, Volnay-Mittants; Aloxe-Corton, Volnay, Pernand-Vergelesses.

Ein Négociant und Domaine-Besitzer, dessen Methoden sich im Laufe der Zeit nicht geändert haben: Die Trauben werden noch immer in den traditionellen Weidenkörben vom Weinberg herabgetragen. Die roten Trauben kommen zum Gären in offene Holzbottiche, wobei der schwimmende »Hut« durch Stampfen in den Most getaucht wird; anschließend reift der Wein

18 Monate lang in Eichenholzfässern mit 20% neuem Holz. Die Weißweine werden in Eichenfässern mit 80% neuem Holz vergoren und nach zwölf Monaten abgefüllt. Die Weißweine von Latour lassen sich zum Teil nur mit Superlativen beschreiben. Die Rotweine schmecken nach der Abfüllung manchmal enttäuschend – vielleicht hat man es da mit dem Filtrieren übertrieben. Seit Anfang des letzten Jahrhunderts pasteurisiert die Firma Latour ihre Rotweine. Ich bin nicht überzeugt davon, dass das wirklich notwendig ist, und fände es durchaus interessant, einmal eine Studie an gleichen Weinen mit und ohne Pasteurisierung durchzuführen und ihre Entwicklung über einige Jahre hinweg zu beobachten. Siehe auch Côte Chalonnaise, Montagny.

Domaine Latour-Giraud

RN 74, 21190 Meursault, Tel. 3 80 21 21 43. 10 ha. 1ers crus: Meursault Bouchères, Caillerets (rot), Charmes, Genevrières, Perrières, Poruzot, Puligny-Montrachet Champ Canet, Pommard Refère, Volnay Clos des Chênes, Maranges La Fussière; Meursault; Bourgogne Blanc.

Auch auf diesem Gut hat die neue Generation für mehr Beständigkeit gesorgt. Hier gab es immer einige gute Weine, doch bevor Jean-Pierre Latour ans Ruder kam, waren immer wieder Probleme bei der Abfüllung und bei den Keltermethoden zu verzeichnen. Jetzt kommt die Sache richtig in Schwung.

Dominique Laurent

2, rue Jacques Duret, 21701 Nuits-St-Georges, Tel. 3 80 61 49 94.

Laurents Weine stoßen auf Interesse und das Gleiche gilt für den zum New-Wave-Négociant mutierten ehemaligen Konditor, der in den 1990er-Jahren plötzlich mit Lorbeeren überschüttet wurde. Seine Spezialität ist die *élevage* von rotem Burgunder – die Kunst des Fassausbaus – und er erstaunte die gesamte Welt des Weins mit dem Slogan »200% neue Eiche« (die Weine werden in ein zweites neues Fass abgefüllt, wenn die malolaktische Gärung abgeschlossen ist) und seinen »Zauberfässern« mit besonders dicken Dauben, die nun in der hauseigenen *tonnelerie* gefertigt werden. Das Ergebnis sind supergeschmeidige und entsprechend teure Weine.

Domaine Philippe Leclerc

13, rue des Halles, 21220 Gevrey-Chambertin, Tel. 3 80 34 30 72. 7,34 ha. 1ers crus: Gevrey-Chambertin Les Cazetiers, La Combe aux Moines, Les Champeaux, Les Platières; Gevrey-Chambertin, Chambolle-Musigny Les Babillaires; Bourgogne Rouge.

Eine Spanne sehr guter, wuchtiger (zu wuchtiger?) Gevrey-Weine; die Premiers crus sind alle ganz in neuen Eichenfässern gereift, manchmal über zwei Jahre lang. Vergleichen Sie sie mit der Domaine von Bruder René, wo nur sehr wenig neues Holz verwendet wird. Später Erntebeginn gehört hier ebenso zur Philosophie wie der Verzicht auf das Filtrieren.

Domaine René Leclerc

28, route de Dijon, 21220 Gevrey-Chambertin, Tel. 3 80 58 51 65. 9 ha.

Eine Reihe von Gevrey-Chambertins, die mich wesentlich weniger beeindruckt haben als jene von Renés Bruder Philippe – einige Weine schmeckten recht »schmutzig«. Andere hatten bei ihren Weinproben mehr Glück, also werde ich weitere Versuche unternehmen.

Domaine Leflaive

Place des Marronniers, Puligny-Montrachet, 21190 Meursault, Tel. 3 80 21 30 13. 22 ha. Grands crus: Le Montrachet, Bâtard-Montrachet, Bienvenues-Bâtard-Montrachet, Chevalier-Montrachet; 1ers crus: Puligny-Montrachet Blagny sous le dos d'Ane, Les Combettes, Clavoillon, Folatières, Meursault sous le dos d'Ane, Les Pucelles; Puligny-Montrachet; Bourgogne (rot und weiß).

Dies ist eine, wenn nicht *die* große Familiendomaine für weißen Burgunder. Sie beweist, wie ein Weißwein mit dem richtigen Boden, den richtigen Rebstöcken und der richtigen Kombination aus Tradition und Experimentierfreude sein kann. Darüber hinaus war sie Wegbereiterin des in der gesamten Region vollzogenen Wechsels vom chemischen zum organischen Weinbau. Das Unternehmen wird von Anne-Claude Leflaive geführt, einer würdigen Nachfolgerin des 1993 verstorbenen Vincent Leflaive (dessen Fachkenntnis, Integrität und ansteckender *joie de vivre* die Autorin an dieser Stelle Respekt zollt). Ihr zur Seite steht Pierre Morey als Kellermeister. Die Weine werden nach etwa 18 Monaten Alterung in großen Eichenfässern und kleinen Stahltanks abgefüllt. Lassen Sie sich selbst von ihrem Honigsamt verführen – wenn Sie nicht schon längst ihrem bezaubernden Bukett verfallen sind! Ich persönlich bin noch nie von einem Wein aus dieser Domaine enttäuscht worden, sondern war begeistert von der aristokratischen, vielfältigen Herrlichkeit so vieler Gewächse.

Olivier Leflaive Frères

Place du Monument, Puligny-Montrachet, 21190 Meursault, Tel. 3 80 21 37 65. 10 ha. Grands crus: Montrachet, Chevalier-Montrachet, Criots-Bâtard-Montrachet, Bâtard-Montrachet, Bienvenues-Bâtard-Montrachet; Corton-Charlemagne; 1ers crus: Puligny-Montrachet Les Pucelles, Les Folatières, Les Champs Gains, Le Champ Canet, Les Referts, Hameaux de Blagny, Les Garennes, Sous le Puits, Meursault Les Perrières, Les Genevrières, Charmes, Poruzots, Chassagne-Montrachet La Romanée, Les Ruchottes, Les Caillerets, Les Chaumées, Les Vergers, Morgeot, St-Aubin En Remilly, Le Charmois, Chatenière, Pommard Rugiens, Epenots, Charmots, Volnay Caillerets, Clos des Angles, Fremiets, Monthelie, Rully, Montagny; Auxey Duresses, St-Romain, Santenay, Pernand-Vergelesses, Puligny-Montrachet, Meursault, Chassagne-Montrachet, Pommard, Volnay, Santenay, Rully, Mercurey.

Anne-Claudes Cousin Olivier Leflaive ist einer jener neumodischen Négociants, die in Burgund wie Pilze aus dem Boden schießen: Er ist gut und schafft es stets, noch besser zu werden. Wenn Sie lange genug und spät genug in Puligny weilen, können Sie Olivier eventuell in Ausübung seines ehemaligen Berufs erleben: als Rockmusiker. Und während die Website der Domaine mit Vivaldi aufwartet, können Sie auf der von Olivier hören, wie seine Kumpels und er »Smells like Teen Spirit« von Nirvana schrubben (was sich wahrscheinlich nicht auf seine Weine bezieht).

Domaine François Legros

7, rue François-Mignotte, 21700 Nuits-St-Georges, Tel. 3 80 62 36 60. 5 ha (2 ha en métayage, *2 ha* en fermage*). 1ers crus: Nuits-St-Georges Les Bousselots, La Rue de Chaux, La Roncière, Les Perrières, Chambolle-Musigny Les Noirots, Morey-St-Denis Clos Sorbé, Les Millandes, La Riotte, Vougeot Les Gras; Nuits-St-Georges, Chambolle-Mussigny; Bourgogne (rot und weiß).*

Dieser Erzeuger ist engagiert, aber ich habe nicht viel Erfahrung mit Legros' Weinen, und die Beständigkeit ließ bisher zu wünschen übrig.

Domaine Lejeune

La Confrérie, 21630 Pommard, Tel. 3 80 22 10 28. 7 ha. 1ers crus: Pommard Rugiens, En Largillière, Poutures; Pommard; Bourgogne (rot, weiß, Aligoté und Passe-tout-grains).

Ungewöhnliche Weinbereitungsmethoden mit zum Teil *macération carbonique* bringen eine ausgesprochene Fruchtigkeit zustande, während lange *cuvaison* und ein hoher Anteil an neuer Eiche für den rechten Gerbstoffgehalt sorgen. Weine, die sich gut halten und viel Freude machen werden, aber klassische Burgunder sind sie nicht.

Domaine Louis Lequin

Rue du Pont, 21590 Santenay, Tel. 3 80 20 63 82. 7 ha. Grands crus: Corton Les Languettes, Corton-Charlemagne, Bâtard-Montrachet; 1ers crus: Chassagne-Montrachet Morgeot (rot und weiß), Santenay La Comme, Clos Rousseau, Le Passe-Temps; Nuits-St-Georges, Pommard, Santenay; Bourgogne Rouge, Côte de Beaune-Villages.

Ein klassisches Beispiel für einen zersplitterten burgundischen Weinbergbesitz – die Lequins müssen zur Zeit der Weinlese an der Côte nur so hin und her sausen, was vielleicht ungleichmäßige Qualität hie und da erklärt. Dennoch bringen sie feine Weine hervor, und das ist schon eine Leistung. Die Gärzeiten sind ziemlich lang, *foulage* und *remontage* werden durchgeführt. Die *élevage* findet in Eichenfässern statt, die zu einem Fünftel erneuert werden. Die Weine haben gute Kraft und halten sich lange. Ihr AC-Charakter wird nicht durch zu viel Eichenholz überdeckt. Seit 1993 ist die einstige Domaine Lequin-Roussot zwischen René und Louis Lequin aufgeteilt. Man darf gespannt sein, ob sich unterschiedliche Stile herauskristallisieren.

Domaine René Lequin-Colin

10, rue de Lavau, 21590 Santenay, Tel. 3 80 20 60 46. 8 ha. Grands crus: Corton Les Languettes, Corton-Charlemagne, Batârd-Montrachet; 1ers crus: Chassagne-Montrachet Morgeot, Les Vergers, Caillerets, Nuits-St-Georges Les Brûlées, Pommard Les Noizons, Santenay Le Passe-Temps, La Comme; Chassagne-Montrachet, Santenay; Bourgogne Rouge.

Diese neue eigenständige Domaine wurde von Louis Lequins älterem Bruder nach dem Tod des Vaters gegründet. Hier werden gute Weine aus ertragsarmen Weinbergen bereitet.

Domaine Leroy

15, rue de la Fontaine, Vosne-Romanée, 21700 Nuits-St-Georges, Tel. 3 80 21 21 10. 22 ha. Grands crus: Corton-Charlemagne, Corton-Renardes, Romanée-St-Vivant, Richebourg, Clos de Vougeot, Le Musigny, Clos de la Roche, Latricières-Chambertin, Chambertin; 1ers crus: Volnay Santenots, Savigny-lès-Beaune Les Narbantons, Nuits-St-Georges Les Vignerondes, Aux Boudots, Vosne-Romanée Aux Brûlées, Les Beaux Monts, Chambolle-Musigny Les Charmes, Gevrey-Chambertin Les Combottes; Auxey-Duresses, Pommard, Nuits-St-Georges, Vosne-Romanée, Chambolle-Musigny, Gevrey-Chambertin; Bourgogne (rot, weiß, Aligoté).

Diese großartige Domaine entstand aus dem, was vorher die Domaine Charles Noëllat in Vosne und die Domaine Remy in Gevrey waren. Lalou-Bize Leroy drückte diesen bemerkenswerten Rebflächen sofort ihren Stempel auf. Die ausdrucksvollen und teuren Weine sind ein Spiegel ihres Engagements und ihrer Persönlichkeit. Ertragsminderung ist eine Religion und mit biodynamischen Anbaumethoden kommt man direkt in den Himmel. Die intensiven, beinahe essenzartigen Weine werden weder durch Entrappen noch durch lange Gärzeiten beeinflusst. Die 1990er der Domaine Leroy waren, was die Alterung angeht, bereits zu Lebzeiten eine Legende, und man darf gespannt sein, wie sich jüngere Jahrgänge in der Flasche entwickeln.

Maison Leroy

Rue du Point Boillet, Auxey-Duresses, 21190 Meursault, Tel. 3 80 21 21 10.

Ein hochklassiger Négociant, der auch die Weine der Domaine Leroy vertreibt. Lalou-Bize Leroys Spezialität ist das »Großziehen« der feinsten Weine Burgunds. Der Lagerbestand ist umfangreich, und die Preise sind hoch; die Weine sind ziemlich massiv und halten sich lange Zeit.

Domaine Aleth Leroyer-Girardin

Route d'Autun, 21630 Pommard, Tel. 3 80 22 10 28. 7 ha. 1ers crus: Pommard Rugiens, En Largillière, Poutures; Pommard; Bourgogne (rot, weiß, Aligoté und Passe-tout-grains).

Ein weiteres Gut (ehemals Les Heritiers Armand Girardin), das in den 1990er-Jahren der Weinbereitung mit Entrappen und neuem Holz eine modernere Prägung gab, was durchaus gutzuheißen ist. Abgesehen von einigen neueren Pflanzungen in Pommard Refène und Meursault Poruzot sind die Rebstöcke hier meist sehr alt und ergeben kraftvolle Weine mit tiefem Geschmack.

Domaine Lieven

Siehe Beaujolais, Morgon.

Domaine du Vicomte Liger-Belair

Châteu de Vosne-Romanée, Vosne-Romanée, 21700 Nuits-St-Georges, Tel. 3 80 62 13 70. 3,14 ha. Grand cru: Vosne-Romanée La Romanée; 1ers crus: Vosne-Romanée Les Chaumes, Aux Reignots; Vosne-Romanée.

Ein Überbleibsel der alten Domaine Liger-Belair, die 1815 von einem ehemaligen General Napoleons gegründet wurde. In der Blütezeit umfasste der Besitz 40 ha, darunter die Lage La Tâche (die jetzt zur Domaine de La Romanée-Conti gehört). Die heutigen Anbauflächen fielen nach dem Ende der Pacht durch die Maison Bouchard zurück an den jungen Louis-Michel. Der neue Besitzer hat sich geringe Erträge und minimale Eingriffe zum Ziel gesetzt; sein erster Jahrgang (2000) wurde gut aufgenommen.

Domaine Georges Lignier et Fils

41, Grande-Rue, Morey-St-Denis, 21220 Gevrey-Chambertin, Tel. 3 80 34 32 55. 14 ha (15 ha en métayage*). Grands crus: Bonnes-Mares, Clos de la Roche, Clos St-Denis; 1ers crus: Gevrey-Chambertin Les Combottes, Morey-St-Denis Clos des Ormes; Gevrey-Chambertin, Morey-St-Denis, Chambolle-Musigny; Bourgogne (rot, Aligoté, Passe-tout-grains).*

Traditionelle Methoden (aber völliges Entrappen) und *élevage* der Grands crus in 50 %, der Premiers crus in 20 % neuen Eichenfässern. Der Premier cru Clos des Ormes ist immer von besonderer Qualität. In der Regel (aber nicht immer) verführerische Weine, die von Jugend an köstlich sind.

Domaine Hubert et Romain Lignier

45, Grande-Rue, Morey-St-Denis, 21220 Gevrey-Chambertin, Tel. 3 80 34 31 79. 6,2 ha (1,4 ha en métayage*). Grands crus: Charmes-Chambertin, Clos de la Roche; 1ers crus: Gevrey-Chambertin, Morey-St-Denis, Chambolle-Musigny; Gevrey-Chambertin, Morey-St-Denis, Chambolle-Musigny; Bourgogne (rot, Aligoté, Passe-tout-grains).*

Ein Morey-St-Denis von bester Qualität, wobei insbesondere der Clos de la Roche hervorsticht. Hubert Lignier scheint für seine Premiers crus und Villages mehr neues Holz als Georges Lignier zu verwenden, manchmal hat man sogar das Gefühl, als überdecke der Eichenton den Pinot. Aber es handelt sich um eine ernst zu nehmende Domaine.

Domaine Lignier-Michel

9, rue Haute, Morey-St-Denis, 21220 Gevrey-Chambertin, Tel. 3 80 34 31 13. 13,8 ha. Grand cru: Morey-St-Denis Clos de la Roche; 1ers crus: Morey-St-Denis Les Façonnières, Aux Charmes; Chambolle-Musigny, Gevrey-Chambertin, Morey-St-Denis.

Virgile Lignier löste 1996 seinen Vater Maurice ab und baut das Gut zu einem der großen Erzeuger in Morey-St-Denis aus. Reichhaltige, aber ausgewogene Weine.

Domaine Long-Depaquit

Siehe Chablis.

Domaine Sylvain Loron

Siehe Beaujolais, Chiroubles.

Domaine Vincent Lumpp

Siehe Côte Chalonnaise, Givry.

Maison Lupé-Cholet

17, avenue du Général-de-Gaulle, 21700 Nuits-St-Georges, Tel. 3 80 61 25 02. 28,57 ha. 1ers crus: Chablis Vaillons, Nuits-St-Georges Château Gris Monopole; Clos de Lupé (Bourgogne Rouge Monopole).

Das Handelshaus hat sich inzwischen mit der Firma Bichot in Beaune, dem größten Exporteur von Burgunder, zusammengeschlossen. In seinem Besitz befinden sich aber auch zwei Monopole an der Côte de Nuits, jedoch fällt das eine lediglich unter die Appellation Bourgogne Rouge. Die Methoden sind traditionell: Gärung und Maischung in hölzernen *cuves* und Ausbau in neuen Eichenfässern. Die Abfüllung liegt jedoch bei Bichot in Beaune. Château Gris ist eine Enklave im Premier cru Aux Crots und nicht ein Grand cru, wie es auf alten Etiketten heißt. In den neueren Jahrgängen ist das frische Eichenholz deutlich herauszuspüren, doch das dürfte sich mit der Zeit bessern. Die Négociant-Weine scheinen durchaus anständig zu sein, die Savigny-Selektionen sind ein besonders großer Erfolg.

Domaine Roger Luquet

Siehe Mâconnais, Pouilly-Fuissé.

Lycée Agricole et Viticole

16, avenue Charles-Jaffelin, 21207 Beaune, Tel. 3 80 26 35 82. 19,3 ha (8,6 ha en fermage, *1 ha* en métayage*). 1ers crus: Beaune Les Bressandes, Les Champs Pimont, La Montée Rouge, Les Perrières, Beaune; Beaune (rot und weiß), Côte de Beaune, Puligny-Montrachet; Bourgogne Hautes Côtes de Beaune (Savigny; rot und weiß), Bourgogne Aligoté; Bourgogne Passe-tout-grains (rot und rosé).*

Diese Weine werden von den künftigen Hütern des guten Rufs von Burgund bereitet: Viele Winzersöhne und -töchter besuchen diese Fachschule. Die Studenten des Weinbaus und der Önologie stammen aus ganz Frankreich; es gibt aber auch Austauschprogramme mit anderen Ländern. Der Qualitätsstand ist hoch, und es wird mit größter Sorgfalt gearbeitet. Der Verkauf erfolgt durch Versand in Frankreich, ein wenig wird nach Belgien und in die Schweiz exportiert, ein Teil geht aber auch *en vrac* (im Großen) an Négociants. Die Beaune Premiers crus wie Champs Pimont, Perrières und Montée Rouge sind ausgezeichnet. Die Landwirtschafts- und Weinbaufachschule wurde 1884 gegründet.

Bertrand Machard de Gramont

13, rue de Vergy, 21700 Nuits-St-Georges, Tel. 3 80 61 16 96. 4 ha.

Kleine Mengen von sehr gutem Nuits-St-Georges.

Domaine Machard de Gramont

6, rue Gassendi, Prémeaux-Prissey, 21700 Nuits-St-Georges, Tel. 3 80 61 15 25. 20 ha (2,7 ha en métayage*). 1ers crus: Nuits-St-Georges Damodes, Hauts Pruliers, Vallerots, Pommard Le Clos Blanc, Savigny-lès-Beaune Vergelesses, Guettes, Beaune Les Chouacheux; Chambolle-Musigny, Nuits-St-Georges, Aloxe-Corton, Savigny-lès-Beaune, Beaune, Pommard, Puligny-Montrachet; Bourgogne (rot und weiß).*

Die Entstehung dieser Domaine ist von den Irrungen und Wirrungen burgundischer Familienzwiste geprägt. Doch was vom Besitz übrig blieb, ist keineswegs unerheblich und die Weine sind oft beispielhaft für das, was ein Burgunder sein soll: Der Schwerpunkt liegt eher auf Frucht als auf Kraft und dadurch haben die Weine immer ein betörendes Pinot-noir-Bukett, das nicht vom Alkohol verdeckt wird. Langer Ausbau in zu 30 bis 50 % neuen Eichenfässern. Guter Appellationscharakter.

Domaine du Duc de Magenta

Abbaye de Morgeot, Chassagne-Montrachet, 21190 Meursault, Tel. 3 80 21 30 77. 12 ha. 1er cru: Puligny-Montrachet Clos de la Garenne; Auxey-Duresses, Chassagne-Montrachet Clos de la Chapelle, Meursault Meix Chavaux.

Alleinbesitzer des früheren Klosterweinbergs Clos de la Chapelle neben der alten Abtei Morgeot. Der rote Morgeot hält sich im Allgemeinen gut, doch leider gibt es aus dieser Domaine unterschiedliche Qualitäten. Heute überwacht das Haus Louis Jadot die Erzeugung und den Vertrieb von 80 % dieser Weine, sodass Qualität und Zuverlässigkeit deutlich besser geworden sind.

Domaine Maillard Père et Fils

2, rue Joseph.Bard, Chorey-lès-Beaune, 21200 Beaune, Tel. 3 80 22 10 67. 18 ha. Grands crus: Corton-Renardes, Corton; 1ers crus: Aloxe-Corton Les Grandes Lolières, Beaune Grèves; Aloxe-Corton, Beaune, Savigny-lès-Beaune, Chorey-lès-Beaune, Ladoix Les Chaillots, Meursault; Côte de Beaune-Villages, Aligoté.

Ein Chorey-lès-Beaune von köstlicher roter Frucht. Mit Sicherheit ein guter Kauf.

Domaine de la Maladière – Domaine William Fèvre

Siehe Chablis.

Domaine des Malandes

Siehe Chablis.

Domaine Michel Mallard et Fils

RN 74, 21550 Ladoix-Serrigny, Tel. 3 80 26 40 64. 13 ha. Grands crus: Corton Les Maréchaudes, Renardes; 1ers crus: Ladoix, Savigny-lès-Beaune Serpentières.

Einige ausgezeichnete Weine, besonders jene von Ladoix, aber die höherwertigen scheinen abzufallen.

Domaine du Château de La Maltroye

16, rue de la Murée, Chassagne-Montrachet, 21190 Meursault, Tel. 3 80 21 32 45. 16 ha. Grand cru: Bâtard-Montrachet; 1ers crus: Chassagne-Montrachet (rot und weiß), Santenay (rot und weiß); Chassagne-Montrachet (rot und weiß); Bourgogne (rot, Aligoté).

In den 70er- und 80er-Jahren gab es Enttäuschungen, doch in den Händen einer neuen Generation ist diese Domaine wieder zu einer erstklassigen Adresse geworden, vor allem für Weißweine, aber auch die Roten können sich lohnen.

Domaine Jean Manciat

Siehe Mâconnais, Mâcon.

Domaine Manciat-Poncet

Siehe Mâconnais, Mâcon.

Domaine Marc Manière-Noirot

4, rue de la Grande Velle, Vosne-Romanée, 21700 Nuits-St-Georges. 10 ha (3 ha en fermage*).*

Kalte Mazeration und neue Eiche – eine empfehlenswerte Adresse.

Domaine Daniel et Lilian Matray

Siehe Beaujolais, Saint-Amour und Juliénas.

Domaine Maurice Maratray

Place du Souvenir, 21550 Ladoix-Serrigny, Tel. 3 80 26 41 09. 12 ha.

Kann eine Quelle für gute Weine sein, aber sorgfältig wählen.

Domaine Marchand-Grillot

13, rue du Gaizot, 21220 Gevrey-Chambertin, Tel. 3 80 34 33 98. 8 ha. Grand cru: Ruchottes-Chambertin; 1ers crus: Gevrey-Chambertin Petite Chapelle, Perrières; Gevrey-Chambertin, Chambolle-Musigny, Morey-St-Denis.

Die Qualität schwankte im Laufe der Jahre, doch bestenfalls trifft man hier auf gut gemachte, geschmeidige, geradlinige und fruchtige Burgunder, die schon nach kurzer Zeit in der Flasche trinkreif sind.

Domaine Jean Maréchal

Siehe Côte Chalonnaise, Mercurey.

Domaine Roland Maroslavac-Léger

43, Grande Rue, Puligny-Montrachet, 21190 Meursault, Tel. 3 80 21 31 23. 8 ha. 1ers crus: St-Aubin Les Murgers des Dents de Chien, Puligny-Montrachet Les Champs-Gains, Les Folatières, Les Combettes, Auxey-Duresses Les Bretterins; Auxey-Duresses, Meursault, Puligny-Montrachet, Chassagne-Montrachet (rot und weiß); Bourgogne (rot, weiß, Aligoté).

Mit diesem Gut machte ich gemischte Erfahrungen, aber manche Weine sind gut, z. B. der schöne, honigartige Premier cru Les Folatières. Also: Vorsicht!

Domaine Stéphane Maroslavac-Trémeau

5, Grande Rue, Puligny-Montrachet, 21190 Meursault, Tel. 3 80 21 30 19. 15,5 ha.

Vielleicht hatte ich einfach nur Pech, aber hier habe ich einige ziemlich scheußliche Weine gekostet.

Domaine des Marronniers

Siehe Chablis.

Domaine Martelet de Cherisey

Siehe Côte d'Or, Blagny.

Domaine Tim Marshall

47, rue Henri-Challand, 21700 Nuits-St-Georges, Tel. 3 80 61 11 62. 1,9 ha. 1ers crus: Chambolle-Musigny Les Cras, Les Feusselottes, Nuits-St-Georges Argillas, Perrières; Chambolle-Musigny Les Athets; Bourgogne (rot, weiß, Aligoté), Bourgogne Grand Ordinaire.

Winzige Domaine, aber ausgezeichnete, charakteristische Appellationsweine, schön ausgebaut, elegant und ausgeprägt, mit den für Nuits-St-Georges typischen Geschmacksnoten.

Domaine Maurice Martin

Siehe Mâconnais, Saint-Véran.

Les Vins Mathelin

Siehe Beaujolais.

Domaine Jean Mathias

Siehe Mâconnais, Pouilly-Vinzelles.

Domaine Joseph Matrot

12, rue de Martray, 21190 Meursault, Tel. 3 80 21 20 13. 18 ha. 1ers crus: Volnay-Santenots, Meursault Blagny, Charmes, Perrières, Blagny La Pièce-sous-le-Bois, Puligny-Montrachet Les Chalumeaux, Les Combettes; Auxey-Duresses, Meursault; Bourgogne (weiß, Aligoté).

Eine typisch aufgesplitterte burgundische Domaine; die größte Einzelparzelle trägt einfachen Meursault, doch die Lage Blagny La Pièce-sous-le-Bois bringt Rotwein in größerer Menge hervor, und nach ihm lohnt es sich zu suchen. Die Rotweintrauben werden je nach den Verhältnissen zu 60 bis 100 % von den Stielen befreit, der Gär- und Maischvorgang dauert sechs bis zehn Tage in emaillierten *cuves,* der Ausbau geschieht in Eichenfässern (stets nur in gebrauchten). Die Rotweine werden mit Eiweiß, die Weißweine mit Bentonit geschönt und vor dem Abfüllen filtriert. Flaschenweine werden an Privatkunden und Restaurants in Frankreich, den USA, England, Belgien, Deutschland, Holland und der Schweiz verkauft. Die Weine zeigen zwar keine große

Rasse, wohl aber vollen Geschmack und schönen Charakter sowie klare, individuelle Merkmale ihrer Appellationen.

Prosper Maufoux

Domaine St-Michel, 21590 Santenay, Tel. 3 80 20 60 27. 1er cru: Santenay; Puligny-Montrachet, Santenay, Mâcon Château de Viré Monopole; Côte de Beaune-Villages, Bourgogne Rouge, Bourgogne Aligoté.

Die Handels- und Erzeugerfirma hat ihren Sitz in Santenay; Eigentümer ist der amerikanische Importeur Robert F. Fairchild. Ihr Leiter, Pierre Maufoux, betreibt gemeinsam mit Michel Gutrin die Domaine St-Michel und befasst sich mit der Auswahl und dem Ausbau feiner Weine von der ganzen Côte d'Or. Er schwört auf den Ausbau in Eichenfässern und lässt Weißweine 12 bis 15 Monate und Rotweine mindestens 18 Monate im Fass reifen. Der Umsatz verteilt sich gleichmäßig auf Rot- und Weißwein – beide sind langlebig, unter den weißen finden sich herrlich volle Tropfen. Maufoux-Weine gibt es in der ganzen Welt, zum Teil auch unter dem Namen Marcel Amance.

Domaine Bernard Maume

56, route de Beaune, 21220 Gevrey-Chambertin, Tel. 3 80 34 33 14. 4 ha. Grands crus: Mazis-Chambertin, Charmes-Chambertin; 1ers crus: Gevrey-Chambertin Les Champeaux, Lavaux St-Jacques; Gevrey-Chambertin.

Schwere, manchmal ziemlich tintenhaft dunkle, gerbstoffreiche Weine, die sich lange und gut halten, insbesondere die Spitzengewächse von Gevrey-Chambertin: Lavaux St-Jacques und Mazis-Chambertin. Sie dürfen konzentrierte, reife Weine erwarten.

Domaine Mazilly Père et Fils

Route de Pommard, Meloisey, 21190 Meursault, Tel. 3 80 26 02 19. 12 ha. 1ers crus: Beaune Les Cent Vignes, Les Montrévenots, Les Vignes-Franches, Pommard Les Poutures; Pommard, Monthelie Le Clou des Chênes, Volnay, Meursault; Bourgogne Hautes-Côtes de Beaune (rot und weiß), Le Clos, Clos du Bois Prévot, Bourgogne Passe-tout-grains.

Im Prinzip eine Hautes-Côtes-de-Beaune-Domaine mit einigen Parzellen in großartigeren Appellationen. Die Gär- und Maischzeiten sind lang, und die Weine haben in der Jugend viel Gerbstoff. Die *élevage* in Fässern verschiedener Größe dauert 12 bis 18 Monate. Manche der Hautes-Côtes-Weine wurden *tastevinés* und sind nach zwei bis drei Jahren sehr angenehm, die Qualität kann jedoch recht unterschiedlich sein.

Domaine du Meix-Foulot – Paul de Launay

Siehe Côte Chalonnaise, Mercurey.

Domaine Méo-Camuzet

11, rue des Grands-Crus, Vosne-Romanée, 21700 Nuits-St-Georges. Tel. 3 80 61 11 05. 15 ha (einzelne Weinberge zum Teil en métayage*). Grands crus: Clos de Vougeot, Corton, Richebourg; 1ers crus: Vosne-Romanée Cros Parentoux, Boudots, Les Brulées, Chaumes, Nuits-St-Georges Murgers; Vosne-Romanée, Nuits-St-Georges; Bourgogne Rouge, Bourgogne Hautes-Côtes de Nuits Blanc, Bourgogne Passe-tout-grains.*

Eines der erstklassigen Güter in Burgund, die sich nicht mehr nur auf den Anbau beschränken, sondern auch aus zugekauften Trauben erzeugte Weine vertreiben. 1999 brachte der Eigentümer Jean-Nicholas Méo seine ersten Négociant-Weine heraus, einen Bourgogne Rouge und einen Marsannay, die durch den Namen »Méo-Camuzet« (ohne »Domaine«) auf dem Etikett als solche gekennzeichnet waren. Der Besitz selbst umfasst hervorragende Lagen und hat einen ausgezeichneten Ruf. Henri Jayer ist hier seit langem als Berater tätig, nachdem er die meiste Zeit seiner Karriere Rebstöcke von diesem

Gut gepachtet hatte. Méo legt besonderen Wert auf geringe Erträge, weshalb seine Weine sehr konzentriert sind. Er verwendet, wie Jayer auch, 100 % neue Eichenfässer, außer für Bourgogne Rouge (50 %) und Passe-tout-grains (zweites Jahr Eiche). Es wird nicht filtriert und die Abfüllung erfolgt direkt von jedem einzelnen Fass. Für mich gehört diese Domaine zu den Spitzenerzeugern in Burgund.

Domaine Prince Florent de Mérode

Château de Serrigny, 21550 Ladoix-Serrigny, Tel. 3 80 26 40 80. 11,38 ha. Grands crus: Corton Bressandes, Corton Clos du Roi, Corton Maréchaudes, Corton Renardes; 1ers crus: Ladoix Hautes-Mourottes, Aloxe-Corton; Ladoix Les Chaillots; Pommard Clos de la Platière.

Die Domaine verfügt wahrhaft über ein paar ganz herrliche Lagen. Zur Zeit der Ducs de Bourgogne war sie eine *maison forte*. 1700 wurde das Château de Serrigny von Pierre Brunet, dem Präsidenten der Chambre des Comptes, wieder aufgebaut. Seither wurde der Besitz stets weitervererbt und niemals verkauft. Die Trauben werden beim Eintreffen vom Weinberg ausgelesen, sodass nichts in den Wein gelangt, was nicht höchsten Ansprüchen genügt; dann werden die Stiele entfernt. In der Domaine herrscht die Meinung, dass die Weine erst nach vier bis fünf Jahren getrunken werden sollten und man vermeidet es, sie zu filtrieren. Die Qualität hat sich sehr verbessert, und die Weine entsprechen nun den Erwartungen, die dieser herrschaftliche Besitz weckt.

Domaine Mestre Père et Fils

12, place du Jet-d'Eau, 21590 Santenay, Tel. 3 80 20 60 11. 20 ha. Grand cru: Corton; 1ers crus: Ladoix Clou d'Orge, Chassagne-Montrachet Morgeot, Tonton Marcel Monopole, Santenay Beaurepaire, Clos Faubard, Comme, Gravières, Gravières Clos Tavannes, Passe-Temps (rot und weiß); Ladoix Côte de Beaune, Aloxe-Corton, Chassagne-Montrachet, Maranges, Santenay; Bourgogne Rouge.

Die bedeutende Domaine in Santenay wurde von der fünften Generation einer alten Winzerfamilie aufgebaut. Ihre besondere Stärke sind die Premiers crus. Die Gärung geht über acht bis zehn Tage bei ziemlich hohen Temperaturen vor sich, dabei wird zweimal täglich *remontage* durchgeführt. Der Ausbau dauert 12 bis 24 Monate und geschieht in zum Teil neuen Eichenfässern. Besonderer Wert wird auf Abfüllung mit peinlichster Sauberkeit gelegt, was natürlich bei allen Weinen eine unabdingbare Forderung ist, doch sind Burgunder besonders anfällig für schlampige Behandlung.

Domaine Jean-François Mestre-Michelot

12 bis, rue de Mazeray, 21190 Meursault, Tel. 3 80 21 26 88. 20 ha (2 ha en métayage*). 1ers crus: Meursault Charmes, Genevrières, Perrières, Santenay Les Gravières, Poruzot, Puligny-Montrachet Les Garennes, Les Folatières; Puligny-Montrachet, Meursault; Bourgogne (rot, weiß, Aligoté).*

Die große Domaine wird jetzt von Bernard Michelots Schwiegersohn Jean-François Mestre geleitet. Im Fass vergorene Weißweine altern zwölf Monate in bis zu einem Drittel neuen Eichenfässern. Einige der besten Meursault-Weine kostete ich hier, doch manch anderes Mal ließ die Qualität auch zu wünschen übrig.

Domaine du Château de Meursault

Rue du Moulin-Foulot, 21190 Meursault, Tel. 3 80 26 22 75. 60 ha. 1ers crus: Savigny-lès-Beaune Peuillets, Beaune Les Grèves, Les Cent Vignes, Toussaint, Pommard, Pommard Clos des Epenots, Volnay Clos des Chênes, Meursault Charmes, Perrières, Château de Meursault, Puligny-Montrachet Champ Canet; Aloxe-Corton, Savigny-lès-

Beaune (rot und weiß), Beaune, Pommard, Meursault; Bourgogne Clos du Château; Bourgogne (rot, Aligoté).

Die großartige Domaine gehört dem bedeutenden Handelshaus Patriarche in Beaune. Modernes (Edelstahl und neueste Keltermodelle) wird mit Traditionellem (Ausbau in neuen Eichenfässern) vereint. Die weißen Trauben werden gepresst und anschließend in neuen Fässern vergoren; die roten Trauben werden gemahlen, zum Teil entrappt, acht bis zwölf Tage vergoren und schließlich in neuen Eichenfässern ausgebaut. Die Domaine verkauft direkt, auch an Besucher ihrer schönen Keller, sowie an Restaurants und auf dem Exportmarkt. Schade, dass der ganze Meursault zu Château de Meursault verschnitten wird. Die Qualität ist akzeptabel, aber mit einem anderen Konzept könnten Weine mit echter Tiefe und Individualität entstehen.

Domaine André Méziat Père et Fils

Siehe Beaujolais, Chiroubles.

Domaine Alain Michard

Siehe Beaujolais, Brouilly.

Domaine Louis Michel et Fils

Siehe Chablis.

Domaine René Michel

Siehe Mâconnais, Mâcon.

Domaine Alain Michelot

6, rue Camille-Rodier, 21700 Nuits-St-Georges, Tel. 3 80 61 14 46. 4,2 ha (3,5 ha en métayage). 1ers crus: Nuits-St-Georges Les Cailles, Aux Chaignots, Aux Champs Perdrix, Les Porets St-Georges, La Richemone, Les St-Georges, Les Vaucrains, Morey-St-Denis Les Charrières; Morey-St-Denis, Nuits-St-Georges; Bourgogne Rouge.

Alain Michelot wacht über die Qualität und den Charakter in Nuits. Seine Weine entstehen in langen, langsamen Gärprozessen, bei Bedarf wird behutsam aufgezuckert, und danach folgen 20 Monate im Fass. Der Anteil neuen Holzes variiert von Jahr zu Jahr, und die Weisheit bei der Erzeugung spiegelt sich in der Ausgewogenheit dieser Weine wider. In dieser Domaine kommen die individuellen Noten der besten *climats* in Nuits gut zur Geltung.

Domaine François Mikulski

5, rue de Leignon, 21190 Meursault, Tel. 3 80 21 66 62. 6 ha. 1ers crus: Volnay Santenots, Meursault Caillerets, Charmes, Genevrières, Poruzots; Meursault (rot und weiß), Bourgogne (rot, weiß, Aligoté), Crémant de Bourgogne.

François Mikulski ist Pierre Boillots Neffe. Er gründete 1992 mit einer kleinen Erbschaft von Weinstöcken seine eigene Domaine. Die üppigen Weine haben eine große Anhängerschaft, besonders in den USA.

Domaine Pierre Millot-Battault

7, rue Charles-Giraud, 21190 Meursault, Tel. 3 80 21 21 38. 8 ha.

Gute Weine, besonders die Meursault Charmes. Das Aroma der Rotweine zeugt von neuem Eichenholz.

GAEC René et Christian Miolane

Siehe Beaujolais, Beaujolais-Villages.

Maison Misserey

3, rue des Seuillets, 21700 Nuits-St-Georges Cedex, Tel. 3 80 61 07 74. 6 ha. Grand cru: Clos de Vougeot; 1ers crus: Gevrey-Chambertin Lavaux-St-Jacques, Nuits-St-Georges Les Vaucrains, Les Cailles, Les St-Georges, Aux Vignesrondes, Aux Murgers.

Volle, jedoch nicht überwältigende Weine. Haltbar, aber erwarten Sie nicht zu viel!

Domaine Thomas Moillard

2, rue François-Mignotte, 21700 Nuits-St-Georges, Tel. 3 80 62 42 22. 30 ha. Grands crus: Chambertin, Chambertin-Clos de Bèze, Bonnes-Mares, Clos de Vougeot, Romanée St-Vivant, Corton-Charlemagne, Corton Clos du Roi; 1ers crus: Vosne-Romanée Les Beaux Monts, Les Malconsorts, Nuits-St-Georges Clos des Grandes Vignes, Clos de Thorey, Les Murgers, Les Porets St-Georges, Les Richemones, Beaune Les Grèves; Nuits-St-Georges, Savigny-lès-Beaune (rot und weiß); Bourgogne Hautes Côtes de Nuits, Hautes Côtes de Beaune Blanc.

Das große Handelshaus trägt den Namen Moillard-Grivot; bei den Domaine-Weinen (Thomas Moillard) hat es deutliche Verbesserungen gegeben; manche vereinen Struktur und Öligkeit in geradezu majestätischer Weise.

Maison Mommessin – Clos de Tart

La Grange-St-Pierre, 71850 Charnay-lès-Mâcon, Tel. 3 85 32 81 00. 7,5 ha. Grand cru: Morey St-Denis Clos de Tart; 1er cru: Morey St-Denis La Forge.

Die Firma ist in erster Linie ein bedeutendes Handelshaus, das Weine aus dem Mâconnais und dem Beaujolais sowie Vins de marque vertreibt. 1994 wurden die beiden Häuser Mommessin und Thorin zusammengelegt und sind jetzt im Besitz von Boisset. Das sprichwörtliche Kronjuwel jedoch ist der Morey-St-Denis Grand cru Clos de Tart, der sich seit 1932 im Besitz der Familie Mommessin befindet (also nicht von Boisset erworben wurde). Er wurde im 12. Jahrhundert von den Benediktinermönchen in Tart le Haut angelegt und ist als einziger Clos in Burgund seit Anbeginn ungeteilt geblieben. Die Trauben werden normalerweise nicht entrappt und in Betontanks vergoren. Der Ausbau erfolgt in 100 % neuer Eiche. Der Clos de Tart reift im Alter herrlich aus und verströmt bei kräftigem Geschmack viel Aroma, hat aber auch Finesse und Eleganz. Erfreulicherweise scheint bei den letzten Jahrgängen die Weinbereitung dem Terroir gerecht geworden zu sein.

Domaine Mongeard-Mugneret

14, rue de la Fontaine, Vosne-Romanée, 21700 Nuits-St-Georges, Tel. 3 80 61 11 95. 21 ha (z. T. en fermage*). Grands crus: Clos de Vougeot, Echézeaux, Grands Echézeaux, Richebourg; 1ers crus: Vougeot Les Cras, Vosne-Romanée Les Orveaux, Les Petits Monts, Les Suchots, Nuits-St-Georges Aux Boudots, Savigny-lès-Beaune Les Narbentons; Fixin, Vosne-Romanée, Nuits-St-Georges, Puligny-Montrachet, Savigny-lès-Beaune; Bourgogne Hautes Côtes de Nuits; Bourgogne (rot, rosé und weiß); Bourgogne Passe-tout-grains.*

Diese Domaine bringt immer bessere Weine hervor. Sie besitzt noch einige alte Rebstöcke und zur Düngung wird keine Chemie eingesetzt. Die Weine sind unerhört süffig, wenn vielleicht auch nicht Spitzenklasse. Die Grands crus sind außerordentlich würzig und konzentriert, während die Suchots oft nach Kirschen duften.

Domaine Jean-Marc Monnet

Siehe Beaujolais, Juliénas.

Domaine Jean Monnier et Fils

20, rue du 11 Novembre, 21190 Meursault, Tel. 3 80 21 22 56. 17 ha. 1ers crus: Beaune, Pommard, Pommard Epenots Clos de Cîteaux, Meursault Charmes, Genevriéres; Meursault (rot und weiß), Puligny-Montrachet; Bourgogne (rot, weiß, Aligoté).

Diese Domaine hat sich durch Zukauf kleiner Parzellen allmählich vergrößert. 1950 kaufte Jean Monnier den Clos de Cîteaux in Pommard Epenots – die 3 ha gehörten einst den Mönchen von Cîteaux. Die Weinbereitung ist traditionell, und alle Weine, auch die *petites appellations,* werden in Eichenfässern ausgebaut, wobei nur wenige neue verwendet werden. Die Weine sind ordentlich, wenn auch nicht unbedingt die Crème de la crème der Appellation.

Domaine René Monnier

6, rue du Docteur-Rolland, 21190 Meursault, Tel. 3 80 21 29 32. 16 ha. 1ers crus: Beaune Les Cent Vignes, Toussaints, Volnay Clos des Chênes, Meursault Charmes, Puligny-Montrachet Les Folatières, Maranges Clos de la Fussière Monopole; Pommard Les Vignots, Meursault Les Chevalières, Meursault Le Limozin, Puligny-Montrachet, Santenay Les Charmes; Bourgogne (rot, weiß, Aligoté).

Die Domaine ist von den Monniers Generation um Generation mit Umsicht aufgebaut worden. Die Weißweine werden in Fässern aus drei Gegenden – Allier, Vogesen und Nevers – vergoren und ausgebaut, wobei jede Cuvée zu einem Drittel in neue Fässer kommt. Etwa im Juni wird dann in Flaschen abgefüllt. Die Rotweine gären 12 bis 14 Tage, nachdem, abhängig vom Jahr, rund zwei Drittel der Stiele entfernt wurden. Gute Qualität.

Domaine Monrozier

Siehe Beaujolais, Fleurie.

Domaine de Montbellet – Château de Mirande

Siehe Mâconnais, Mâcon.

Domaine Monternot

Siehe Beaujolais, Beaujolais-Villages.

Domaine Montgenas

Siehe Beaujolais, Fleurie.

Domaine Monthelie-Douhairet

Monthelie, 21190 Meursault, Tel. 3 80 21 21 01. 6 ha. 1ers crus: Pommard Fremiets, Volnay Champans, Meursault Santenots (weiß), Monthelie Les Duresses; Monthelie; Bourgogne Aligoté.

Ein neuer Kellermeister und die Beratung von André Porcheret sorgen dafür, dass diese Weine reiner und auch weniger rau sind als früher. Der Meursault Santenots ist ein leichter, honigartiger Wein, und Volnay Champans ist aromatisch und von mildem Eichenton. Der Aligoté kann ebenfalls vortrefflich sein.

Domaine Hubert de Montille

Rue Pied de la Vallée, Volnay, 21190 Meursault, Tel. 3 80 21 62 67. 7 ha. 1ers crus: Pommard Grands Epenots, Pezérolles, Rugiens, Volnay Champans, Mitans, Taillepieds, Puligny-Montrachet Les Caillerets; Bourgogne Rouge.

Feste, konzentrierte, gerbstoffhaltige Weine, die Jahre brauchen, um weich zu werden, aber das Warten lohnen. Hubert de Montille erzeugt seine Weine durch lange *cuvaison,* Temperaturen von über 30 °C und 18 bis 24 Monate Ausbau in 25 % neuen Eichenfässern. Vins de garde sind das Ergebnis, mit niedrigem Alkoholgehalt für Burgund – diese Domaine verwehrt sich gegen Aufzuckerung – und einem sich großartig entwickelnden Geschmack. Die neuen Anbauflächen in Puligny liefern nun auch herrlichen Weißwein. So muss Burgunderwein sein!

Domaine de Montmeron

Siehe Beaujolais, Beaujolais-Villages.

Domaine Jean Moreau et Fils

Siehe Chablis.

Domaine Bernard Morey

3, rue de Chagny, Chassagne-Montrachet, 21190 Meursault, Tel. 3 80 21 33 70. 11 ha. 1ers crus: Beaune Les Grèves, St-Aubin Charmois, Chassagne-Montrachet Les Caillerets, Les Embrazées, Morgeot, Les Baudines, Santenay Grand Clos Rousseau; Chassagne-Montrachet (rot und weiß); Bourgogne (rot und weiß).

Bernard Morey schwört auf späte Lese, um maximal ausgereifte Trauben zu erhalten, und praktiziert bei den Weißweinen intensiv das Hefesatzaufrühren. Ausgezeichnete Weine, vor allem die weißen; aber die roten sind ebenfalls sehr gut. Beide altern in 25 % neuem Holz, die Rotweine 18 Monate, die Weißweine 12 Monate.

Domaine Jean-Marc Morey

3, rue Principale, Chassagne-Montrachet, 21190 Meursault, Tel. 3 80 21 32 62.
6 ha (2 ha en métayage*). 1ers crus: Beaune Les Grèves, Chassagne-Montrachet Les Caillerets, Clos St-Jean (rot), Champs Grains (rot und weiß), Les Chaumées, Chenevottes, St-Aubin Charmois, Santenay Grand Clos Rousseau, Les Cornières; Chassagne-Montrachet (rot), Bourgogne (rot, weiß, Aligoté).*

Bernard Moreys Bruder Jean-Marc erzeugt weiche, vollmundige, intensiv duftende weiße Burgunder, die ein Jahr in 20 % neuen Fässern verbringen. Auch die Rotweine sind meist zu empfehlen. Beide Brüder lehnen Klone ab und bevorzugen natürliche Hefe bei der Weinerzeugung.

Domaine Marc Morey et Fils

3, rue Charles Pacquelin, Chassagne-Montrachet, 21190 Meursault, Tel. 3 80 21 30 11.
9 ha. Grand cru: Bâtard-Montrachet; 1ers crus: Puligny-Montrachet Les Pucelles, Chassagne-Montrachet Les Caillerets, Chenevottes, Morgeot (rot und weiß), Vergers, Verindot, St-Aubin Charmois; Beaune, Chassagne-Montrachet (rot und weiß); Bourgogne (rot, weiß, Aligoté und Passe-tout-grains).

Marc Morey ist ein Vetter von Jean-Marc, und die Domaine wird von seinem Schwiegersohn Bernard Mollard geleitet. Vorzüglicher Bâtard-Montrachet und gute Weißweine, die ein Jahr (die Roten 15 bis 18 Monate) in 25 bis 30 % neuer Eiche ausgebaut werden. Jetzt eine sehr gute Adresse.

Domaine Pierre Morey

9, rue Comte Jules Lafon, 21190 Meursault, Tel. 3 80 21 21 03. 3 ha (5 ha en métayage*). Grand cru: Bâtard-Montrachet; 1ers crus: Meursault Perrières, Pommard Grands Epenots; Monthelie, Meursault (rot und weiß); Bourgogne (rot, weiß, Aligoté und Passe-tout-grains).*

Nach dem Ende verschiedener Pachtverträge verringerte sich Pierre Moreys Besitz beträchtlich – betroffen ist unter anderen auch die Domaine des Comtes-Lafon. Dies war einer der wesentlichsten Gründe dafür, dass Pierre Morey 1989 für die Domaine Leflaive zu arbeiten begann. Wie Leflaive praktiziert er nun biodynamischen Anbau. Seine Weine vereinen Eiche, Frucht und Rasse auf höchst mundige Art, das Resultat einer optimal abgepassten Erntezeit, des genau abgestimmten Verbleibs des Bodensatzes im Wein und der Abfüllung nach 18 Monaten. Pierre Morey hat auch ein kleines Handelshaus, Morey-Blanc.

Domaine Michel Morey-Coffinet

6, place du Grand Four, Chassagne-Montrachet, 21190 Meursault, Tel. 3 80 21 31 71.
7,8 ha. 1ers crus: Chassagne-Montrachet La Romanée, Les Caillerets, Les Morgeots (rot); Chassagne-Montrachet (rot und weiß).

Obwohl Michel Coffinet Wert auf Frische legt und sparsam mit Eiche umgeht, haben die Weine noch genug Alterungspotenzial. Er bringt das Beste in Rot- und Weißweinen, Villages-Gewächsen und Premiers crus zum Vorschein.

Maison Albert Morot

Château de la Creuzotte, 2, avenue Charles Jaffelin, 21200 Beaune, Tel. 3 80 22 35 39. 7 ha. 1ers crus: Beaune Bressandes, Les Cent Vignes, Les Grèves, Marconnets, Theurons, Toussaints; Savigny-Vergelesses La Bataillère Monopole.

Alte Rebstöcke sind die Besonderheit dieser Domaine (mit Ausnahme des Beaune Les Grèves). Vom traditionellen Rezept der Gärung in Eichenbottichen und des Ausbaus in Eichenfässern wird nicht abgewichen, und die Weine daraus sind in der Tat hervorragend. Die zweistöckigen Keller liegen neben dem Weinberg. Die Domaine liefert sowohl ins Ausland als auch an einen großen Privatkundenstamm im Inland, der von der schätzenswerten Eigentümerin Françoise Choppin sorgfältig gepflegt wird.

Domaine Denis Mortet

22, rue de l'Eglise, 21220 Gevrey-Chambertin, Tel. 3 80 34 10 55. 10 ha (z. T. en métayage*). Grands crus: Chambertin, Clos de Vougeot; 1ers crus: Gevrey-Chambertin Les Champeaux, Lavaux St-Jacques, Chambolle-Musigny Les Beaux Bruns; Gevrey-Chambertin Clos Prieur, Marsannay, Gevrey-Chambertin; Bourgogne (rot, weiß, Aligoté, Passe-tout-grains).*

1991 wurde die Domaine Charles Mortet unter den Söhnen Denis und Thierry aufgeteilt. Vier Jahre später wurde Denis mit seinem außerordentlichen 1995er Jahrgang über Nacht zum Star und jetzt ist er einer der Spitzenerzeuger der Region, was im Fall von Burgunder gleichzeitig internationalen Ruhm bedeutet. Wie bei anderen Erzeugern seines Rangs, zum Beispiel Henri Jayer, beginnt alles im Weinberg – geringe Erträge und sorgfältige Auslese – und geht weiter mit höchster Gewissenhaftigkeit bei der Weinbereitung.

Domaine Thierry Mortet

16, place des Marrioniers, 21220 Gevrey-Chambertin, Tel. 3 80 51 85 07. 4,5 ha.

Der Hang der Familie zu Sorgfalt und Qualität ist auch hier zu beobachten. Thierry erzeugt hauptsächlich Gevrey-Chambertin-Villages-Weine und einen Premier cru (Chambolle-Musigny Beaux Bruns).

Château du Moulin-à-Vent

Siehe Beaujolais, Moulin-à-Vent.

Moulin-à-Vent des Hospices

Siehe Beaujolais, Moulin-à-Vent.

Domaine Gérard Mouton

Siehe Côte Chalonnaise, Givry.

Domaine Denis et Dominique Mugneret

9, rue de la Fontaine, Vosne-Romanée, 21700 Nuits-St-Georges, Tel. 3 80 61 00 97. 8 ha. Grands crus: Richebourg, Clos de Vougeot; 1ers crus: Nuits-St-Georges Les St-Georges, Aux Boudots.

Denis und Dominique Mugneret haben bei Villages- und Grand-cru-Weinen in letzter Zeit einige Treffer gelandet.

Domaine Gérard Mugneret

7, rue de la Grande Velle, Vosne-Romanée, 21700 Nuits-St-Georges, Tel. 3 80 61 09 95. 8,5 ha. Grand cru: Vosne-Romanée Echézeaux; 1ers crus: Chambolle-Musigny Les Charmes, Nuits-St-Georges Les Chaignots, Aux Boudots, Savigny-lès-Beaune Les Gravins, Vosne-Romanée Les Brûlées, Les Souchots; Gevrey-Chambertin, Vosne-Romanée.

Ein beachtliches Gut. Wie zu erwarten, setzt Mugneret primär beim Weinberg an: Er hat nichts dagegen, auch mal mit den Rebstöcken zu sprechen, er verzichtet auf Behangausdünnung (und verringert die Erträge lieber durch Rebschnitt) und hat kürzlich chemischen Dünger komplett aus seinem Betrieb verbannt.

Domaine Georges Mugneret-Gibourg

9, rue de la Fontaine, Vosne-Romanée, 21700 Nuits-St-Georges, Tel. 3 80 61 01 57. 8,5 ha (viel davon en métayage*). Grands crus: Clos de Vougeot, Echézeaux, Ruchottes-Chambertin; 1ers crus: Chambolle-Musigny Les Fousselottes, Nuits-St-Georges Les Chaignots, Les Vignes Rondes; Vosne-Romanée.*

In Vosne-Romanée gibt es sechs Familien mit dem Namen Mugneret, und alle produzieren Wein, was zu Verwirrungen führt. Die Namen Mugneret-Gibourg und Georges Mugneret gehören zu einer einzigen Domaine. Seit dem Tod von Dr. Georges Mugneret 1988 betreuen seine zwei Töchter Marie-Christine und Marie-Andrée die Weine (beide qualifizierte Önologinnen). Von modernen Methoden halten sie nichts (abgesehen vom Entfernen der Stiele und Reinzuchthefe) – offene Bottiche, mindestens 15 Tage Gär- und Maischzeit, erster Abstich nach der malolaktischen Gärung, dann zwei weitere Abstiche vor dem Abfüllen nach 18 bis 24 Monaten. Die *élevage* geschieht in Eichenfässern, wobei ein hoher Anteil neuen Holzes für die Grands crus verwendet wird; danach reduziert man diesen Anteil schrittweise, um ein gleichmäßiges Niveau zu erreichen. Geschönt wird mit Eiweiß (Eiweiß von sechs Eiern auf ein Fass mit 228 l). Die Weine sind hervorragend ausgebaut, mit Stil, Duft und auch Langlebigkeit. Ich trinke sie sehr, sehr gerne.

Domaine Jacques-Frédéric Mugnier– Château de Chambolle-Musigny

Chambolle-Musigny, 21220 Gevrey-Chambertin, Tel. 3 80 62 85 39. 4 ha. Grands crus: Morey-St-Denis Bonnes-Mares, Chambolle-Musigny Musigny; 1ers crus: Chambolle-Musigny Les Amoureuses, Les Fuées; Chambolle-Musigny.

Frédéric Mugnier hat nun seinen Nebenberuf als Pilot aufgegeben, um sich ganz den Rebstöcken widmen zu können. Bereits vorher waren die Weine erste Klasse, mit einer Methode erzeugt, die alles, was den Chambolle auszeichnet, zur Geltung bringt: Duft, Zartheit, eine feste Struktur und große Dauerhaftigkeit.

Domaine André Mussy

Rue Dauphin, 21630 Pommard, Tel. 3 80 22 05 56. 6 ha. 1ers crus: Beaune Les Epenottes, Montremenots, Pommard Epenots, Pézerolles, Saucilles; Pommard; Volnay; Bourgogne Rouge.

Der Ruf scheint besser zu sein als meine Erfahrung. Hin und wieder schmeckt man – enttäuschenderweise – altes Holz. Die Erträge sind niedrig, was ein großes Plus ist. Neue Eiche hat in den Kellern Einzug gehalten. Nach dem Tod von André Mussy hat seine Tochter Odile das Steuer übernommen.

Domaine Lucien Muzard et Fils

11 bis, rue de la Cour Verreuil, 21590 Santenay, Tel. 3 80 20 61 85. 20 ha.

Traditionelle, geradlinige Weine, vor allem Santenay Premiers crus mit beachtlichem Charakter.

Philippe Naddef

30, rue Jean-Jaurès, Couchey, 21160 Marsannay-la-Côte, Tel. 3 80 51 45 99. 4,5 ha. Grand cru: Mazis-Chambertin; 1ers crus: Gevrey-Chambertin Cazetiers, Champeaux; Gevrey-Chambertin, Marsannay (rot und weiß).

Gute, recht gehaltvolle Weine mit Eichenaroma.

Domaine Henri Naudin-Ferrand

Rue du Meix Grent, Magny-lès-Villers, 21700 Nuits-St-Georges, Tel. 3 80 62 91 50. 15 ha.

Siehe Côte d'Or, Hautes Côtes de Nuits.

Domaine Christopher Newman

Morey-St-Denis, 21220 Gevrey-Chambertin, Tel. 3 80 34 31 62. 1,25 ha.

Kleine Domaine in amerikanischem Besitz. Ich bekomme die Weine unter diesem Etikett fast nie zu Gesicht – vielleicht mein Pech. Verbindungen zu Guy Castagnier.

Domaine Michel Niellon

1, rue du Nord, Chassagne-Montrachet, 21190 Meursault, Tel. 3 80 21 30 95. 6 ha (3 ha en métayage*). Grands crus: Bâtard-Montrachet, Chevalier-Montrachet;*

1ers crus: Chassagne-Montrachet Clos St-Jean, Clos de la Maltroie, Les Vergers, Les Champs-Gains; Chassagne-Montrachet.

Markige, elegante, konzentrierte Weine, in 25 % neuen Eichenfässern gealtert. Die Spitzenweine sind sehr gut, aber leider gibt es zu wenig davon.

Domaine Pierre-Marie Ninot

Siehe Côte Chalonnaise, Rully.

Domaine des Nugues

Siehe Beaujolais, Beaujolais-Villages.

Domaine Jean-Paul Paquet

Siehe Mâconnais, Pouilly-Fuissé.

Domaine du Paradis

Siehe Beaujolais, Saint-Amour.

Domaine Parent

Place de l'Eglise, 21630 Pommard, Tel. 3 80 22 15 08. 11 ha (4 ha en métayage*). Grand cru: Corton-Renardes; 1ers crus: Ladoix La Corvée, Beaune Les Boucherottes, Les Epenottes, Pommard Les Arvelets, Les Chanlins, Les Chaponnières, Les Epenots, Les Pézerolles; Ladoix-Côte de Beaune, Pommard la Croix Blanche; Bourgogne Rouge.*

Wie es sich für den einstigen Lieferanten von Thomas Jefferson gehört, sind die Weine dieses Guts meist Musterbeispiele für die jeweilige Appellation und sozusagen Variationen über den Charme des Pinot noir. Verantwortlich für die Erzeugung der runden Weine sind nun Jacques Parents Töchter Anne und Catherine.

Domaine Annick Parent – Domaine Jean Parent

Rue du Château Gaillard, Monthelie, 21190 Meursault, Tel. 3 80 21 21 98. 1ers crus: Pommard Les Rugiens, Volnay Les Fremiets, Monthelie rouge Les Champs Fulliots, Les Duresses, Sur la Vielle Domaine.

Als sich ihr Vater Jean zur Ruhe setzte, übernahm Annick, früher Psychiaterin, das Gut. Sie erzeugt Weine von großer Reinheit und macht damit aus Monthelie eine Pflichtstation für jeden Burgunderliebhaber.

Domaine François Parent

La Garelle, route d'Ivry, 21630 Pommard, Tel. 3 80 22 61 85.

Einige Weine – zwei Premiers crus aus Pommard und einer aus Beaune sowie verschiedene Négociant-Weine – werden unter diesem Namen vertrieben. Sonst ist es A. F. Gros.

Domaine Parigot Père et Fils

Route de Pommard, Meloisey, 21190 Meursault, Tel. 3 80 26 01 70. 17 ha. 1ers crus: Beaune Les Grèves, Les Aigrots, Pommard Les Charmots, Les Epenots, Savigny Les Peuillets, Chassagne-Montrachet Clos-St-Jean; Savigny-lès-Beaune, Beaune, Pommard, Volnay, Meursault; Bourgogne Hautes Côtes de Beaune (rot und weiß), Bourgogne Aligoté.

Bei dieser Domaine kann man einige gute Käufe tätigen.

Domaine Jean Pascal et Fils

20, Grande-Rue, Puligny-Montrachet, 21190 Meursault. 6 ha (9 ha en métayage*).*

Ich habe hier einige nichtssagende Weine bekommen, aber es gab auch Anzeichen für eine Verbesserung.

Domaine Alain Passot

Siehe Beaujolais, Chiroubles.

Domaine Jacky Passot

Siehe Beaujolais, Morgon.

Domaine Guy Patissier

Siehe Beaujolais, Saint-Amour.

Maison Patriarche Père et Fils

5, rue du Collège, 21200 Beaune, Tel. 3 80 24 53 18. 40,46 ha. 1ers crus: Beaune, Château de Meursault; Château de Marsannay (rot, weiß, rosé).

Das sehr große Handelshaus lebt vor allem vom Verkauf eines appellationsfreien Schaumweins. Ihm gehört auch der großartige Besitz Château de Meursault mit seiner recht guten Qualität. Château de Marsannay ist dagegen kein Glanzlicht, und die Négociant-Weine sind eher langweilig.

Baron Patrick

Siehe Chablis.

Domaine Jean-Marc Pavelot

1, chemin des Guettottes, 21420 Savigny-lès-Beaune, Tel. 3 80 21 55 21. 4,43 ha (10,7 ha angebaut), zur Hälfte in den Premier-cru-Lagen. 1ers crus: Pernand-Vergelesses Les Vergelesses, Savigny-lès-Beaune La Dominode, Narbatons, Aux Gravains, Aux Guettes, Peuillets; Savigny-lès-Beaune (rot und weiß).

Seit 1640 Erzeuger in Savigny. Die Rotweine sind ausgezeichnet, mit einem verführerischen Kirschenduft. Die Domaine wirkt vertrauenerweckend.

Domaine des Perdrix

Rue de l'Eglise, Prémeaux-Prissey, 21700 Nuits-St-Georges, Tel. 3 80 62 37 03. 11 ha. Grand cru: Vosne-Romanée Echézeaux; 1ers crus: Nuits-St-Georges Aux Perdrix (Monopole), Les Terres Blanches (rot und weiß); Nuits-St-Georges, Vosne-Romanée.

1995 erwarb Bertrand Devillard, Geschäftsführer bei Antonin Rodet, dieses Gut von der Familie Bernard Mugneret. Seitdem werden die Weine über Rodet vertrieben und mit Unterstützung der dortigen Weintechniker, darunter die anerkannte Fachfrau Nadine Gublin, erzeugt. Wer modernen erstklassigen roten Burgunder mit großer Farbtiefe mag, wird hier nicht enttäuscht.

Domaine Pernin-Rossin

7, route de Flagey-Echézeaux, Vosne-Romanée, 21700 Nuits-St-Georges, Tel. 3 80 61 07 41. 7 ha. Grand cru: Morey-St-Denis Clos de la Roche; 1ers crus: Chambolle-Musigny, Morey-St-Denis Les Monts Luisants, Nuits-St-Georges Les Richemones, Vosne-Romanée Les Beaumonts, Champs-Perdrix; Vosne-Romanée; Bourgogne Grand Ordinaire.

Guy Accad war hier bis 1988 önologischer Berater. Es sind Klagen laut geworden, dass unter seiner Ägide erzeugte Weine sich im Alter seltsam entwickeln – um es gelinde auszudrücken. Dennoch ist dies eine gewissenhaft arbeitende Domaine, die üppige, fruchtige Weine hervorbringt.

Domaine Paul Pernot et Fils

7, place du Monument, Puligny-Montrachet, 21190 Meursault, Tel. 3 80 21 32 35. 19 ha. Grands crus: Bâtard-Montrachet, Bienvenues-Bâtard-Montrachet; 1ers crus: Puligny-Montrachet Les Folatières, Les Pucelles; Puligny-Montrachet, Beaune, Santenay; Bourgogne (rot und weiß).

Große Auswahl an Weiß- und Rotweinen von der Côte de Beaune, insbesondere Puligny-Montrachet. Reichhaltige, elegante Weine mit geschmeidiger Struktur, wunderschön ausgebaut. Eine Adresse, die man sich merken sollte. Ich wünschte, es würde mehr Wein auf dem Gut abgefüllt – dann hätten wir alle mehr davon.

Domaine Henri Perrod-Minot et Fils

54, route des Grands-Crus, Morey-St-Denis, 21220 Gevrey-Chambertin, Tel. 3 80 34 32 51. 10 ha. Grands crus: Gevrey-Chambertin Charmes-Chambertin, Mazoyères-Chambertin; 1ers crus: Chambolle-Musigny La Combe d'Orveau, Morey-St-Denis La Riotte; Chambolle-Musigny, Gevrey-Chambertin, Morey-St-Denis.

Dieses Gut wird einfach immer besser. Kraftvolle Weine mit großer Farbtiefe, erzeugt mit den üblichen Errungenschaften moderner Technik: kalte Mazeration, Sortiertische und 100 % neue Eiche für die Spitzenweine. Außerdem wird, was heutzutage weniger üblich ist, ein Teil der Stiele in der Maische belassen.

Domaine Maurice et Gilles Perroud

Siehe Beaujolais, Régnié, Château du Basty.

Domaine du Petit Pressoir

Siehe Beaujolais, Côte de Brouilly.

Domaine des Pillets

Siehe Beaujolais, Morgon.

Domaine Fernand et Laurent Pillot

13, rue des Champsgains, Chassagne-Montrachet, 21190 Meursault, Tel. 3 80 21 33 64. 13,5 ha. 1ers crus: St-Aubin, Beaune Bucherottes, Chassagne-Montrachet Les Champs-Gains (rot), Grandes Ruchottes, Morgeot (rot und weiß), Les Vergers, Vide-Bourse, Pommard Refène, Clos des Vergers, Charmots, Rugiens; Pommard, Puligny-Montrachet, Chassagne-Montrachet (rot und weiß), Santenay, Volnay; Bourgogne Grand Ordinaire, Bourgogne Aligoté.

Rechtschaffener, ehrlicher weißer Chassagne-Montrachet; superbe Grandes Ruchottes. In dieser Domaine sind die Weißen besser als die Roten, obwohl man sich auch diesen nun verstärkt zuwendet.

Domaine Jean Pillot et Fils

1, rue Combard, Chassagne-Montrachet, 21190 Meursault, Tel. 3 80 21 92 96. 10 ha. Grand cru: Chevalier-Montrachet; 1ers crus: Chassagne-Montrachet Les Caillerets, Le Champ-Gain, Les Chevenottes, Les Macharelles (rot und weiß), Les Morgeots; Chassagne-Montrachet (rot und weiß), Puligny-Montrachet, Santenay (rot), Saint Romain (weiß); Bourgogne Rouge.

Ein weiteres Beispiel für eine Domaine, die nach dem Generationenwechsel einen steilen Aufstieg hingelegt hat. In diesem Fall ist es das Verdienst von Jean-Marc, der nach dem Abschluss seines Önologiestudiums das Steuer übernahm. Die Weine sind jetzt sehr gefragt.

Domaine Paul Pillot

3, rue du Clos Saint-Jean, Chassagne-Montrachet, 21190 Meursault, Tel. 3 80 21 31 91. 12 ha. 1ers crus: Chassagne-Montrachet Les Caillerets, La Romanée, Champs-Gains, Les Grandes-Ruchottes, Les Morgeots, Clos-St-Jean, St-Aubin Les Charmois; Chassagne-Montrachet (rot und weiß).

Liebenswürdige, üppige Weißweine.

Domaine Pinson

Siehe Chablis.

Domaine Dominique Piron

Siehe Beaujolais, Fleurie.

Château de Pizay

Siehe Beaujolais, Morgon.

Château de Pommard – Jean-Louis Laplanche

Rue d'Autun, 21630 Pommard, Tel. 3 80 22 07 99. 25 ha.

Die größte aus nur einer Parzelle bestehende Domaine an der Côte d'Or, die 60 000 Flaschen jährlich erzeugt; die Fässer mit dem besten Wein werden nach einer Geschmacksprüfung zurückbehalten und unter dem Exklusiv-Etikett Château de Pommard verkauft. Ein eindrucksvoller Besitz. Das Château liegt in der Mitte des Weinbergs, der ganz von Mauern umgeben ist. Alte Reben, geringe Erträge und traditionelle Weinbereitung, die zwei Jahre Ausbau in 50 % neuen Eichenfässern vor der Abfüllung umfasst. Die Weine sind gewichtig, gerbstoffherb und extraktreich und beim Publikum sehr beliebt (meist bei Franzosen, Schweizern, Deutschen und Belgiern, die dort direkt einkaufen). Monsieur Laplanche meint, ein guter Kellermeister müsse in jedem Jahr feinen Wein bereiten können. Flasche und Etikett sind auffällig, aber der Wein ist meines Erachtens keine herausragende Gaumenfreude.

Maison Pierre Ponnelle

Siehe Jean-Claude Boisset.

Domaine Ponsot

21, rue de la Montagne, Morey-St-Denis, 21220 Gevrey-Chambertin, Tel. 3 80 34 32 46. 9 ha (1,2 ha en métayage*). Grands crus: Gevrey-Chambertin Chambertin, Chapelle-Chambertin, Griotte-Chambertin, Morey-St-Denis Clos de la Roche, Clos St-Denis; 1er cru: Morey-St-Denis Monts-Luisants; Gevrey-Chambertin, Morey-St-Denis.*

Auf den Rebflächen gedeihen einige der besten derzeit verwendeten Pinot-noir-Klone. Würzige Weine mit viel Körper und Fülle in guten Jahrgängen. Die Beeren werden vollreif gelesen, lange *cuvaison,* hohe Gärtemperaturen, mehrmalige *pigeage,* hauptsächlich altes Holz für die Reifung und kein Filtrieren – das sind die Methoden, die solch großartige Weine hervorbringen. Es wird auch ein weißer Morey-St-Denis Monts-Luisants aus Chardonnay und Aligoté erzeugt: ein seltsam flacher Wein – ich bin nie einer bemerkenswerten Flasche begegnet und frage mich, warum dieser Tropfen überhaupt hergestellt wird.

Maison Nicolas Potel

44, rue des Blés, 21700 Nuits-St-Georges, Tel. 3 80 62 15 45. Die mehr als 100 Négociant-Weine sind zum Großteil rot, darunter Grands crus: Vosne-Romanée Bonnes Mares, Romanée-St-Vivant, Vougeot Clos de Vougeot; 1ers crus: Beaune Boucherottes, Pommard Les Epenots, Santenay Aux Tavannes, Savigny-lès-Beaune Aux Serpentières, Volnay Santenots; Côtes de Nuits-Villages, Hautes Côtes de Beaune, Nuits-St-Georges, Savigny-lès-Beaune, Volnay; Bourgogne Rouge.

Nicolas Potel war noch keine dreißig, als er 1997 nicht nur seinen Vater Gérard, sondern auch die Verbindung zu der berühmten Domaine de la Pousse d'Or in Volnay verlor. Als Reaktion darauf verfolgte er umso entschlossener seinen Plan, ein eigenes Handelsunternehmen zu gründen. Er setzt auf alte Rebstöcke (und bietet viele Vieilles-Vignes-Cuvée im Villages-Bereich); er arbeitet eng mit den Winzern zusammen und ermutigt sie zur Umstellung auf organischen Anbau. Sein Credo ist außerdem die Weinbereitung mit minimalen Eingriffen, und er füllt zum Beispiel den Wein im Einklang mit dem biodynamischen Mondkalender um und ab. Die neue Filiale im Beaujolais (Potel-Aviron) bietet Weine aus den Beaujolais-Crus. Potels Weine sind eleganter und ausgewogener als die Erzeugnisse vieler seiner Kollegen.

Domaine Pothier-Rieusset

Rue d'Ivry, 21630 Pommard, Tel. 3 80 22 00 27. 7,5 ha. 1ers crus: Beaune Les Boucherottes, Pommard Charmots, Epenots, Rugiens, Clos de Verger, Pommard; Pommard; Volnay; Meursault; Bourgogne (rot und weiß).

Gewöhnlich ausgezeichnete Pommard; Vins de garde, die Jahre brauchen, um sich von ihrer besten Seite zu zeigen.

Domaine de La Poulette

Grande-Rue à Corgoloin, 21700 Nuits-St-Georges. 15 ha (2 ha en métayage*). 1ers crus: Vosne-Romanée Les Suchots, Nuits-St-Georges Les Brûlées, Chabœufs, Les St-Georges, Les Poulettes, Les Vallerots, Les Vaucrains; Côte de Nuits-Villages (rot und weiß), Bourgogne (rot, rosé, Aligoté); Bourgogne Passe-tout-grains.*

Eine Domaine, in der alle alten Traditionen lebendig sind, auch das Stampfen des Mosts (nachdem sich die Stampfer geduscht haben, sagt Monsieur Lucien Audidier), doch sieht man auch Neuerungen, zum Beispiel moderne Pressen und Temperaturregelung, wie es sich im Keller eines *ingénieur agronome* gehört.

Château des Poupets

Siehe Beaujolais, Juliénas.

Domaine de La Pousse d'Or

Volnay, 21190 Meursault, Tel. 3 80 21 61 33. 15 ha. 1ers crus: Pommard Les Jarollières, Volnay Caillerets Dessus Clos des 60 Ouvrées Monopole, Clos de la Bousse d'Or Monopole, Clos d'Audignac Monopole, Les Caillerets, Santenay Les Gravières, Clos de Tavannes.

Hier hat sich alles geändert, seitdem 1998 Patrick Landanger, der vorher bereits mit Arznei- und medizinischen Hilfsmitteln sein Glück gemacht hatte, die Domaine mit dem klangvollen Namen von dem Vorbesitzer, einem australischen Konsortium, erwarb. Man verabschiedete sich von der Familie Potel (siehe Nicolas Potel) – und von dem Durafroid-Konzentrator, der seit 1992 bereit gestanden hatte, um gegebenenfalls den gepressten Most durch Wasserentzug anzureichern. Konzentration wird noch immer groß geschrieben – nur dass Landanger sie durch Behangausdünnung in den Weinbergen erreicht, die inzwischen organisch bewirtschaftet werden. Die renovierten Keller sind mit allen erdenklichen technischen Accessoires ausgestattet – Pousse d'Or ist stolzer Besitzer des ersten vibrierenden Sortiertisches in Burgund, mit dem die Aussonderung minderwertiger Trauben teilweise automatisiert wird. Landanger verkauft seinen Wein prinzipiell nicht, bevor er trinkfertig ist, doch Handel und Presse durften seine ersten Jahrgänge testen: Die Reaktionen waren positiv.

Domaine Jacques Prieur

Les Herbeux, 6, rue des Santenots, 21190 Meursault, Tel. 3 80 21 23 85. 20 ha. Grands crus: Chambertin, Chambertin-Clos de Bèze, Le Musigny, Clos de Vougeot, Chevalier-Montrachet, Montrachet; Echézeaux, Corton-Charlemagne, Bressandes; 1ers crus: Beaune Clos de la Feguine, Grèves, Volnay Champans, Clos des Santenots, Santenots, Meursault-Perrières, Puligny-Montrachet Les Combettes, Chambolle-Musigny Combe d'Orveaux; Meursault Clos de Mazeray (rot und weiß); Bourgogne (rot, rosé und weiß).

Genauso wie in Burgund heute aus Winzern Weinhändler werden, betätigen sich Négociants wie der in Mercurey ansässige Antonin Rodet zunehmend auch als Winzer und Gutsbesitzer. Diese berühmte Domaine ist das im Süden der Côte d'Or gelegene Pendant zur Domaine des Perdrix in Nuits-St-Georges, und hier wie dort werden die Weine von Nadine Gublin erzeugt, die 1997 von der einflussreichen Fachzeitschrift *Revue du Vin* zur Önologin des Jahres gekürt wurde. Anfang der 1960er-Jahre gab Jacques Prieur seinem Gut die Form einer Personengesellschaft, um eine Aufsplitterung nach seinem Tod zu verhindern; heute hält die Familie Prieur 50 % der Anteile. 1988 erwarben Rodet und andere Investoren 50 % der Aktien sowie das Recht, 50 % der Erzeugung zu vertreiben.

Domaine Prieur-Brunet

9, rue de Narosse, 21590 Santenay, Tel. 3 80 20 60 56. 20 ha. Grand cru: Bâtard-Montrachet; 1ers crus: Santenay Comme, La Maladière, Pommard Les Platières, Volnay-Santenots, Meursault Charmes, Chassagne-Montrachet Les Embrazées, Morgeot (rot);

Santenay Clos Rousseau, Santenay (rot und weiß), Beaune Clos du Roi, Meursault (rot und weiß); Bourgogne (rot, weiß und Aligoté).

Markante, vertrauenswürdige Weine mit dem spezifischen Charakter der Appellation. Rot- und Weißweine altern in 10 % neuen Eichenfässern.

Domaine du Prieuré

Siehe Mâconnais, Mâcon.

Groupement des Producteurs de Prissé

Siehe Mâconnais, Saint-Véran.

Domaine Maurice Protheau et Fils – Jean-François Protheau et Fils

Siehe Côte Chalonnaise, Mercurey.

Domaine Henri Prudhon et Fils – Gérard Prudhon

Place de l'Eglise, Saint-Aubin, 21190 Meursault, Tel. 3 80 21 31 33. 12 ha. 1ers crus: St-Aubin Les Chatenières, Les Combes, Les Frionnes (rot), Les Murgers des Dents de Chien, Meursault Blangy, Puligny-Montrachet La Garenne; St-Aubin, Puligny-Montrachet.

Diese Weine werden auch unter dem Namen von Henris Sohn Gérard Prudhon verkauft. Gut gemachte, elegante St-Aubin: von intensivem Erdbeeraroma die roten, köstlich die weißen mit Vanille- und Eichengeschmack sowie einem honigartigen Abgang.

Domaine Michel Prunier

Route de Beaune, Auxey-Duresses, 21190 Meursault, Tel. 3 80 21 21 05. 6 ha (5 ha en métayage*). 1ers crus: Beaune Les Sizies, Volnay Caillerets, Auxey-Duresses Clos du Val, Les Duresses; Meursault, Auxey-Duresses (rot und weiß); Bourgogne Hautes Côtes de Beaune Rouge, Bourgogne Blanc.*

Dies ist wohl die maßgebliche Domaine in Auxey-Duresses. Hier sind Sie in guten Händen.

Domaine Pascal Prunier

Rue Traversière, Auxey-Duresses, 21190 Meursault, Tel. 3 80 21 23 91. 5 ha. 1ers crus: Auxey-Duresses Les Duresses, Monthelie Les Vignes Rondes, Beaune Les Reversées, Les Siziés; Auxey-Duresses, Monthelie, Beaune, Pommard.

Eine weitere gute *étape* in Auxey. Die Weine von Jean-Pierre Prunier sind unter demselben Dach.

Domaine du Château de Puligny-Montrachet

Puligny-Montrachet, 21190 Meursault, Tel. 3 80 21 39 14. 20 ha. Grands crus: Bâtard-Montrachet, Chevalier-Montrachet, Le Montrachet; 1ers crus: Puligny-Montrachet Les Folatières, Meursault-Perrières St-Aubin En Remilly (rot und weiß), Monthelie Les Duresses, Pommard Les Pézerolles; Puligny-Montrachet, Puligny-Montrachet Clos du Château, Les Chalumeaux, Monthelie, St-Romain, Meursault Les Chalumeaux, Chassagne Montrachet, Pommard; Bourgogne (rot und weiß).

Die bedeutende Domaine ist im Besitz von Crédit Foncier de France. Geschmeidige, gut strukturierte, fruchtige und harmonische Rotweine sowie stilvolle Weiße. Die Regel für Premiers crus ist 18 Monate Reifung in 30 % neuem Holz, für Villages- und Regionalweine ein Jahr in 20 % neuem Holz. Mit etwas Feinabstimmung könnte sich hier einiges erreichen lassen.

Domaine Jean-Paul Ragot

Siehe Côte Chalonnaise, Givry.

Domaine Ramonet

Rue de Puits, Chassagne-Montrachet, 21190 Meursault, Tel. 3 80 21 30 88. 17 ha, davon 8,8 ha weiß: Grands crus: Bâtard-Montrachet, Bienvenues-Bâtard-Montrachet; 1ers crus: Chassagne-Montrachet Les Caillerets, Les Ruchottes; Chassagne-Montrachet. 8,8 ha rot: 1ers crus: Chassagne-Montrachet Clos de la Boudriotte, Clos St-Jean; Chassagne-Montrachet.

Noël und Jean-Claude Ramonet haben eine treue Gemeinde – sehr zu Recht. Ich habe die Weine alle probiert, sie waren bemerkenswert. Versuchen Sie es einmal mit Les Caillerets. Ramonet-Weine sind zudem langlebig. Ein ganz anderer Stil als bei Leflaive. Allerdings waren bei Flaschen des prämierten, ausschließlich in neuer Eiche ausgebauten Le Montrachet gelegentlich Unregelmäßigkeiten festzustellen. Der Bâtard dagegen ist immer makellos. Es gibt wenig Regeln, man brilliert durch Intuition.

Château de Raousset

Siehe Beaujolais, Chiroubles.

Domaine Rapet Père et Fils

Rue Pauland, Pernand-Vergelesses, 21420 Savigny-lès-Beaune, Tel. 3 80 21 59 94. 19 ha en fermage. *Grands crus: Corton, Corton-Charlemagne; 1ers crus: Pernand-Vergelesses Vergelesses, Ile-des-Vergelesses, Beaune; Pernand-Vergelesses, Pernand Côte de Beaune, Aloxe-Corton, Savigny-lès-Beaune, Beaune; Bourgogne (rot, Aligoté), Côte de Beaune-Villages.*

Gute bis sehr gute Weine, die den Zeittest hinter sich haben. Die Grands crus sind allerdings nicht gerade beeindruckende Beispiele, die Premiers crus und Villages bieten da mehr.

Domaine Jean et François Raquillet

Siehe Côte Chalonnaise, Mercurey.

Domaine Jean-Claude Rateau

Chemin des Mariages, 21200 Beaune, Tel. 3 80 22 52 54. 10 ha. 1ers crus: Beaune Les Bressandes, Les Choucheux (weiß), Les Reversées; Beaune (Teillage Le Clos des Mariages), Côtes de Beaune (weiß), Gevrey-Chambertin; Bourgogne (rot, Aligoté), Hautes Côtes de Beaune (rot und weiß), Crémant de Bourgogne.

Seit der Gründung dieser Domaine im Jahr 1979 war Rateau bestrebt, der Chemie Einhalt zu gebieten: Er praktizierte erst organischen, dann voll biodynamischen Anbau. Er war Berater und Vorbild für Anne-Claude Leflaive von der Domaine Leflaive und für seine Kollegen Emmanuel Giboulot und Thierry Guyot in Saint-Romain. Die Weine sind erfolgreich und haben eine ausgeprägtere Eichennote als früher.

Château les Ravatys

Siehe Beaujolais, Côte de Brouilly.

Domaine Gaston et Pierre Ravaut

21550 Ladoix-Serrigny, Tel. 3 80 26 41 94. 14 ha.

Rotweine, deren Tannin oft die Frucht zu überlagern scheinen.

Domaine François et Jean-Marie Raveneau

Siehe Chablis.

Domaine Henri Rebourseau

10, place du Monument, 21220 Gevrey-Chambertin, Tel. 3 80 51 88 94. 13,6 ha. Grands crus: Chambertin, Chambertin-Clos de Bèze, Charmes-Chambertin, Mazis-Chambertin, Clos de Vougeot; 1er cru: Gevrey-Chambertin Fonteny; Gevrey-Chambertin.

Diese Domaine hat wunderbare Lagen, aber einen wechselhaften Ruf. Jean de Surrel investierte in den 1990er-Jahren in die Modernisierung des Kellers, blieb aber bei der maschinellen Ernte. Die Weine aus der Mitte der Neunziger fanden einige Anhänger.

Maison Régnard

Siehe Chablis.

Maison Remoissenet Père et Fils

20, rue Eugène Spuller, 21200 Beaune. 2,4 ha. 1er cru: Beaune (einschließlich Grèves und Toussaints).

Besitzer einer kleinen Domaine und zugleich wichtiger Négociant. Die Weißweine, besonders die Spitzenappellationen, können ausgezeichnet sein, der Corton-Charlemagne zum Beispiel. Die Roten sind dagegen viel weniger beständig – der Stil wirkt etwas zusammengemixt und nicht individuell oder lebendig, und ich kann nicht viel Appellationscharakter finden.

Domaine Henri et Gilles Remoriquet

25, rue de Charmois, 21700 Nuits-St-Georges, Tel. 3 80 61 24 84. 5,5 ha (2,5 ha en métayage). 1ers crus: Nuits-St-Georges Les Bousselots, Les Damodes, Rue de Chaux, Les St-Georges; Nuits-St-Georges, Nuits-St-Georges Les Allots; Hautes Côtes de Nuits, Bourgogne Aligoté, Bourgogne Passe-tout-grains.

Eine kleine, erst im Laufe des letzten Jahrhunderts aufgebaute Domaine. Sie erzeugt ihren Wein mit Sorgfalt und großer Achtung vor echtem Geschmack und Duft. Die Trauben werden zur Hälfte entrappt und ziemlich lange eingemaischt. Die *élevage* geschieht in Eichenholzfässern, die »möglichst oft« erneuert werden. Nach 22 Monaten wird mit Eiweiß geschönt und dann abgefüllt. Die Weine sind ordentlich, aber nicht außergewöhnlich.

Domaine de la Renarde

Siehe Côte Chalonnaise, Givry und Rully.

Domaine Armelle et Bernard Rion

8, RN 74, Vosne-Romanée, 21700 Nuits-St-Georges, Tel. 3 80 61 05 31. 7 ha (1 ha en métayage). Grand cru: Clos de Vougeot; 1ers crus: Chambolle-Musigny Les Gruenchers, Vosne-Romanée Les Chaumes, Nuits-St-Georges Les Murgers, Les Damodes; Chambolle-Musigny, Vosne-Romanée, Nuits-St-Georges; Bourgogne Rouge.

Diese Domaine hat große Fortschritte gemacht. Mit langer *cuvaison, pigeage* von Hand und anschließend 100 % neuen Eichenfässern für den Clos de Vougeot, 50 % für die Premiers crus und 30 % für die Villages werden dunkle, kernige, konzentrierte Weine erzeugt. Von Oktober bis Januar haben Armelle und Bernard Rion auch frische Trüffeln anzubieten – richten Sie Ihren Besuch entsprechend ein!

Domaine Daniel Rion et Fils

RN 74, Prémeaux-Prissey, 21700 Nuits-St-Georges, Tel. 3 80 62 31 28. 18 ha. Grands crus: Vosne-Romanée Echézeaux, Vougeot Clos Vougeot; 1ers crus: Nuits-St-Georges Les Hauts Pruliers, Les Terres Blanches (weiß), Les Vignes Rondes, Vosne-Romanée Les Beaux Monts, Les Chaumes; Chambolle-Musigny, Nuits-St-Georges, Vosne-Romanée, Côte de Nuits-Villages, Hautes Côtes de Nuits (weiß); Bourgogne (rot, Aligoté), Bourgogne Passe-tout-grains, Crémant de Bourgogne.

Die ehemalige Domaine Daniel Rion wurde 2000 aufgeteilt: Daniels Söhne Olivier und Christophe übernahmen den größten Teil der Anbauflächen; Patrice, der vorher für die Weinbereitung zuständig gewesen war, machte seinen eigenen Betrieb auf. Es ist noch zu früh, um zu sagen, ob Olivier und Christophe ein ebenso gutes Händchen im Keller haben, doch die Weinberge haben in der Vergangenheit großartige Weine hervorgebracht.

Domaine Michelle et Patrice Rion – SARL Patrice Rion

1, rue de la Maladière, Prémeaux-Prissey, 21700 Nuits-St-Georges, Tel. 3 80 62 32 63. 3 ha. Domaine-Weine: 1ers crus: Chambolle-Musigny Les Charmes, Nuits-St-Georges Clos des Argillières; Chambolle-Musigny; Bourgogne (rot, Aligoté). Négociant-Weine: 1ers crus: Chambolle-Musigny Le Plan des Dames, Morey-St-Denis Clos des Ormes; Nuits-St-Georges Les Cailles, Vosne-Romanée Les Suchots; Chambolle-Musigny, Gevrey-Chambertin, Marsannay, Savigny-lès-Beaune; Bourgogne (weiß).

Patrice Rion ist einer der pragmatisch denkenden Winzer, die moderner Weinbereitung ein positives Image verleihen. Die Weine sind ansprechend, ohne ihre Herkunft aus einzelnen Weinbergen zu verleugnen. Auch in seiner neuen Domaine bietet Patrice nach wie vor den Bourgogne Rouge aus der Einzellage Les Bon Batons an, mit dem man eigentlich nichts falsch machen kann.

Domaine de Roally – Henri Goyard

Siehe Mâconnais, Mâcon.

Domaine Guy Robin

Siehe Chablis.

Domaine de La Roche

Siehe Beaujolais, Brouilly.

Domaine Joël Rochette

Siehe Beaujolais, Régnié.

Antonin Rodet

Siehe Côte Chalonnaise, Mercurey.

Clos de la Roilette – Coudert Père et Fils

Siehe Beaujolais, Fleurie.

Domain Rollin Père et Fils

Pernand-Vergelesses, 21420 Savigny-lès-Beaune. 11,65 ha (1,44 ha en métayage*). Grand cru: Pernand-Vergelesses Corton-Charlemagne; 1er cru: Pernand-Vergelesses Ile-de-Vergelesses; Aloxe-Corton, Savigny-lès-Beaune, Pernand-Vergelesses (rot und weiß), Chorey-lès-Beaune; Bourgogne Hautes Côtes de Beaune; Bourgogne Aligoté, Bourgogne Passe-tout-grains.*

Dieser Winzer war in den 1990er-Jahren auf dem Höhepunkt seines Erfolgs und erzeugte eine Reihe von ausgezeichneten Jahrgängen, die in der wundervollen Ernte von 1999 gipfelten. Die Rotweine besitzen Duft, Fülle und Langlebigkeit, warten jedoch nicht mit der Farbtiefe und dem starken Eichenholzton auf, die gemeinhin von Kultweinen erwartet werden. Die Weißweine sind komplex, mineralisch und köstlich; es lohnt sich, sie eine Weile zu lagern.

Domaine de La Romanée-Conti

*1, rue Derrière le Four, Vosne-Romanée, 21700 Nuits-St-Georges, Tel. 3 80 61 04 57. 25,54 ha. Grands crus: Echézeaux, Grands Echézeaux, Richebourg, Romanée-Conti, Romanée-St-Vivant (*en fermage *gepachtet von der Domaine Marey-Monge), La Tâche, Le Montrachet.*

Die Anbauflächen sind fantastisch, es handelt sich um einige der besten Lagen in Burgund, die mittlerweile voll organisch bewirtschaftet werden; auf Drängen von Anne-Claude Leflaive wird in einem Teilbereich der biodynamische Anbau erprobt. Die Reben haben ein stattliches Durchschnittsalter, die Erträge sind entsprechend gering. Man erntet spät, um möglichst reife Trauben zu erhalten. Die Domaine praktiziert in Jahren, in denen viel Fäule auftritt, nach eigenen Angaben eine sehr strikte Auslese. Es wird selten entrappt, und lange Gärzeiten gehören ebenfalls zu den Rezepten dieser Domaine. Man hat selbstverständlich die finanziellen Mittel, um jedes Jahr neue Eichenholzfässer einzusetzen, und das Abstechen und Filtrieren des Weins wird auf ein Minimum reduziert. Das Ziel der Domaine sind langlebige Weine. Eigentümer sind die Familien Villaine und Leroy. Die 1980er-Jahre zeitigten enorme Fortschritte, vermutlich dank des steigenden Einflusses des bescheidenen, aber begabten Aubert de Villaine. Sogar die 84er entwickeln jetzt einen aufregenden Wildgeschmack; die großen Jahrgänge 1985, 1988, 1989 und 1990 waren schlicht traumhaft und wurden, wenn überhaupt, nur von den Weinen aus den 1990er-Jahren übertroffen: von den imposanten 93ern bis zu den außergewöhnlichen 99ern. Die 87er sind, aus kleiner Lese, fest und konzentriert. Einige 83er haben ihre »Auf-Teufel-komm-raus«-Trockenheit abgestreift (erstaunlich genug), und die 82er trinken sich jetzt wunderbar. Die füllige Tiefe, die Langlebigkeit und das Bukett dieser Weine ist umwerfend, besonders auf der Stufe des Romanée-Conti und des La Tâche, der jenem manchmal gleichkommt. Die schier überwältigende Qualität und der berauschende Duft der Romanée-Conti-Weine suchen ihresgleichen.

Ropiteau Frères

13, rue du 11 Novembre, 21190 Meursault, Tel. 3 80 21 69 20. Grands crus: Clos de Vougeot, Echézeaux; 1ers crus: Beaune Les Grèves, Les Genevrières, Les Perrières, Puligny-Montrachet; Chambolle-Musigny, Pommard, Monthelie, Meursault, Volnay.

Ein Handelshaus mit einigen eigenen Weinen. Die weißen sind besser als die roten und die Meursault, für die sie schon immer bekannt waren, sind die besten weißen. Seit 1994 ist das Haus im Besitz von Jean-Claude Boisset.

Domaine Philippe Rossignol

61, avenue de la Gare, 21220 Gevrey-Chambertin, Tel. 3 80 51 81 17. 5 ha.

Tanninherbe Weine, die Zeit brauchen. Nicht immer ganz beständig, aber ich hatte bei meinen wenigen Weinproben Glück.

Domaine Régis Rossignol-Changarnier

Rue d'Amour, Volnay, 21190 Meursault, Tel. 3 80 21 61 59. 7 ha.

Ich habe von dieser Domaine, die stets darum bemüht ist, das Beste aus der südlichen Côte d'Or, insbesondere aus Volnay, herauszuholen, exzellente Weine gekostet. Mit welchem Beispiel geht dieser charmante alte Herr den *jeunes loups* der jungen Generation voran!

Domaine Rossignol-Trapet

3, rue de la Petite-Issue, 21220 Gevrey-Chambertin, Tel. 3 80 51 87 26. 13 ha. Grands crus: Chambertin, Latricières-Chambertin, Chapelle-Chambertin; 1ers crus: Gevrey-Chambertin Clos Prieur, Petite Chapelle, Beaune Theurons; Gevrey-Chambertin, Morey-St-Denis, Savigny-lès-Beaune, Beaune; Bourgogne (rot und weiß); Bourgogne Passe-tout-grains.

Diese Domaine entstand bei der Aufteilung der ehemaligen Domaine Louis Trapet in zwei fast gleich große Teile (die andere Hälfte wird von Jean und Jean-Louis Trapet geleitet). Die Anbauflächen sind hervorragend, und die Weine wurden ihnen in jeder Hinsicht gerecht, vor allem die herrlichen 99er.

Domaine Joseph Roty

24, rue du Maréchal-de-Lattre-de-Tassigny, 21220 Gevrey-Chambertin, Tel. 3 80 34 38 97. 8,5 ha. Grands crus: Charmes-Chambertin, Griottes-Chambertin, Mazis-Chambertin; 1er cru: Gevrey-Chambertin Les Fontenys; Gevrey-Chambertin La Brunelle, Champ Chenys, Clos-Prieur, Marsanny; Bourgogne Rouge.

Kleiner, aber guter Winzer – die Preise haben eindeutig »Boutique«-Niveau. Weine mit einer Überfülle von reifer Frucht und in guten Jahren von einer fast portweinähnlichen Dichte; in bescheideneren Jahrgängen sind Enttäuschungen nicht ausgeschlossen. Alte Rebstöcke und kleine Erträge, natürliche Hefen und niedrigere Gärtemperaturen, vorsichtige Behandlung und minimale Eingriffe bei der Weinbereitung sowie Unmengen von neuem Holz. Die Weine sind sehr gefragt.

Domaine Marc Rougeot

6, rue André-Ropiteau, 21190 Meursault, Tel. 3 80 21 20 59. 11,85 ha. 1ers crus: Meursault Les Charmes, Volnay Santenots (rot); Ladoix, Meursault Monatine, Monthelie, Pommard, St-Aubin; Bourgogne (rot, Aligoté und Passe-tout-grains).

Die Weißweine von Marc Rougeot sind besser als seine Rotweine. Der Meursault Charmes hat in guten Jahren viel Fülle, das beste und zuverlässigste

Pferd im Stall ist jedoch der Meursault Monatine. Wenn er auch ab und zu sehr konzentriert ist, hat er doch stets Eleganz und Stil.

Domaine Emmanuel Rouget

18, route de Gilly, Flagey-Echézeaux, 21700 Nuits-St-Georges, Tel. 3 80 62 83 38. 7 ha (einschließlich der Jayer-Weingärten). Grand cru: Flagey-Echézeaux Echézeaux; 1ers crus: Vosne-Romanée Les Beaux Monts, Cros Parantoux; Vosne-Romanée, Nuits-St-Georges; Bourgogne (rot, Passe-tout-grains).

Emmanuel Rouget ist Henri Jayers Neffe und der Einfluss seines Onkels – der ihn weiterhin berät – ist unverkennbar: Die Weine sind wunderbar üppig und aromatisch. Kein einziger Fauxpas in den letzten zehn Jahren, und der legendäre Cros Parantoux ist nach wie vor eine Wucht.

Domaine Jean-Marc Roulot

1, rue Charles-Giraud, 21190 Meursault, Tel. 3 80 21 21 65. 12 ha. 1ers crus: Meursault Les Charmes, Perrières; Monthelie, Auxey-Duresses, Meursault Les Luchets, Les Meix Chavaux, Les Tessons; Bourgogne (rot, weiß, Aligoté).

Eine bewundernswerte Domaine. Jean-Marcs verstorbener Vater Guy Roulot kelterte als einer der Ersten in Meursault Weine aus Teillagen separat. Für mich sind sie voll Finesse und Rasse. Das Pressen geschieht schnell und bereitet werden die Weine in Eichenfässern, wobei der Anteil an neuen Fässern für Meursaults zwischen einem Drittel und einem Viertel liegt. Die Abfüllung findet im Allgemeinen nach zehn bis elf Monaten statt. Das Umpumpen des Weins oder Mosts wird nach Möglichkeit vermieden. Die Ergebnisse können sich sehen lassen: Weine mit seidigem Gefüge und Nachhaltigkeit im Geschmack, die echte Freude bereiten.

Domaine Georges Roumier et Fils

Rue de Vergy, Chambolle-Musigny, 21220 Gevrey-Chambertin, Tel. 3 80 62 86 37. 13,7 ha en fermage, *0,81 ha* en métayage. *Grands crus: Gevrey-Chambertin Charmes-Chambertin, Ruchottes-Chambertin, Bonnes-Mares, Musigny, Clos de Vougeot, Corton-Charlemagne; 1ers crus: Morey-St-Denis Clos de la Bussière Monopole, Chambolle-Musigny Les Amoureuses; Chambolle-Musigny; Bourgogne Rouge.*

Nach dem Tod seines Vaters Georges stellt nun Christophe Roumier die Weine her. Er tendiert zu naturnahen, organischen Anbaumethoden, um die Vielfalt natürlicher Hefen zu vermehren. Niedrige Erträge sind hier eine Selbstverständlichkeit. Sie werden durch strikten Rebschnitt erzielt, nicht durch spätere Behangausdünnung. Die Gärtemperatur darf 30 °C nicht übersteigen, es gibt zwei bis drei *pigeages* pro Tag, und die Weine altern in höchstens einem Drittel neuen Eichenfässern. In Zukunft werden die Ruchottes- und Charmes-Chambertin unter Christophe Roumiers eigenem Etikett erscheinen. Weine von großer Reinheit und Klasse mit nachhaltigem Aroma und einer glänzenden Zukunft, hergestellt von einem jungen Hüter des Burgundergrals.

Domaine Armand Rousseau

1, rue de l'Aumônerie, 21220 Gevrey-Chambertin, Tel. 3 80 34 30 55. 13,3 ha. Grands crus: Gevrey-Chambertin Chambertin, Charmes-Chambertin, Chambertin-Clos de Bèze, Chambertin-Clos des Ruchottes, Mazis-Chambertin, Clos de la Roche; 1ers crus: Gevrey-Chambertin Les Cazetières, Clos St-Jacques, Lavaux-St-Jacques; Gevrey-Chambertin.

Abgesehen davon, eine der liebenswürdigsten, hochherzigsten Persönlichkeiten ganz Burgunds zu sein, ist Armand Rousseau auch ein begnadeter Winzer. Sohn Eric ist nun seine rechte Hand. Die Vergangenheit seines Besitzes flößt Ehrfurcht ein, aber auch der heutige Stand kann es mit allen vergleichbaren aufnehmen, und bei vielen Degustationen schwingen die Rousseau-Weine meiner Meinung nach obenaus. Die Grundlage der Weine bilden alte Reben, niedrige Erträge und die strikte Auslese gesunder Trauben bei der Ernte. Die meisten altern in 60 % neuen Eichenfässern – mit Ausnahme des reinen Gevrey, der nur in altes Holz kommt, und des Chambertin wie des Chambertin-Clos de Bèze, die beide zu 100 % in neuen Fässern reifen. Die meisten Kenner werden zustimmen, dass der Clos St-Jacques in allem außer seiner Klassierung ein Grand cru ist, und genau so behandelt wird. In diesen Weinen steckt der reine Geist Burgunds, in ihnen verkörpern jede Appellation und jedes *climat* ihren spezifischen Charakter.

Maison et Domaine Roux Père et Fils

Saint-Aubin, 21190 Meursault, Tel. 3 80 21 31 98. 18 ha (8 ha en métayage*). 1ers crus: St-Aubin La Chatenière, Les Frionnes, La Pucelle, Les Macherelles, Meursault Clos des Poruzots, Chassagne-Montrachet Clos St-Jean, Santenay; St-Aubin, Puligny-Montrachet Les Enseignères, Chassagne-Montrachet (rot und weiß); Bourgogne (rot, Aligoté), Bourgogne Passe-tout-grains, Bourgogne Les Grands Charmeaux.*

Eine gute Domaine – und inzwischen hat die Familie Roux auch ein Négociant-Geschäft begonnen. Die Weißweine gären lange und sind fruchtige, stilvolle Appellationsweine; die Rotweine sind weniger rustikal als früher und harmonischer. Der St-Aubin ist hier eine gute Wahl.

Domaine Dominique et Vincent Roy

Auxey-Duresses, 21190 Meursault, Tel. 3 80 21 22 37. 11 ha.

Der Premier cru Le Val ist ein gutes Aushängeschild für diese Domaine.

Domaine Ruet

Siehe Beaujolais, Brouilly.

Château de Rully

Siehe Côte Chalonnaise, Rully.

Domaine François Saillant

Siehe Beaujolais, Saint-Amour.

Château de Saint-Amour

Siehe Beaujolais, St-Amour, Pierre Siraudin.

Château Saint-Michel

Siehe Côte Chalonnaise, Rully.

Domaine Saint-Sorlin

Siehe Beaujolais, Beaujolais-Villages.

Domaine Sainte-Claire – Jean-Marc Brocard

Siehe Chablis.

Domaine Salomon

Siehe Côte Chalonnaise, Givry.

Domaine Santé Père et Fils

Siehe Beaujolais, Chénas.

Domaine Sanvers et Cotton

Siehe Beaujolais, Côte de Brouilly.

Domaine de la Sarazinière – Philippe Trébignaud

Siehe Mâconnais, Mâcon.

Domaine PBI Sarrau

Siehe Beaujolais, Juliénas.

Château de la Saule – Domaine Roy-Thévenin

Siehe Côte Chalonnaise, Montagny.

Domaine Saumaize-Michélin

Siehe Mâconnais, Pouilly-Fuissé.

Etienne Sauzet

11, rue de Poiseul, Puligny-Montrachet, 21190 Meursault, Tel. 3 80 21 32 10. 8 ha. Grands crus: Bâtard-Montrachet, Bienvenues-Bâtard-Montrachet; 1ers crus: Puligny-Montrachet Champ-Canet, Les Combettes, Les Perrières, Les Réferts; Puligny-Montrachet; Chassagne-Montrachet; Bourgogne Blanc.

Unter der Leitung von Gérard Boudot, dem Schwiegersohn von Etienne Sauzets Tochter, entstehen einwandfrei ausgebaute Weine. Die Grands crus reifen in bis zu 50 % neuem Holz, die Premiers crus in einem Drittel, und beide werden nach etwa 14 Monaten abgefüllt. Der Eichenton macht sich bei ihnen deutlicher bemerkbar als bei den Weinen der Domaine Leflaive, obwohl er mit der Zeit abgebaut wird; einzelne Flaschen hatten gelegentlich sogar ein schwaches Bukett. Einige enttäuschten mich, doch in den 1990er-Jahren fand das Gut zu seiner alten Form zurück und brachte ein paar grandiose Flaschen hervor. 1991, als Jean-Marc Boillot seinen Anteil an den Weinbergen übernahm, schrumpfte die Domaine um fast ein Drittel. Alle Sauzet-Weine sind, wenngleich in kleineren Mengen, auch weiterhin erhältlich, bis auf La Truffière (0,25 ha), weil diese Lage ganz an Monsieur Boillot übergegangen ist. Als Gegenmaßnahme zur Verkleinerung der Domaine gründete die Familie ein eigenes Handelshaus, um Trauben zukaufen und zusammen mit den selbst angebauten verarbeiten zu können. Der gesamte Betrieb präsentiert sich weiterhin in Bestform.

Domaine Savoye – Pierre Savoye

Siehe Beaujolais, Morgon.

Domaine René Savoye

Siehe Beaujolais, Chiroubles.

Domaine Seguin

15, rue Paul-Maldant, 21420 Savigny-lès-Beaune, Tel. 3 80 21 50 42. 3,5 ha. 1er cru: Savigny-Lavières; Savigny-Godeaux; Savigny-lès-Beaune.

Pierre Seguin (dessen Großvater den *wagon-cîterne,* den Tanklastwagen, erfand) ist Domaine-Besitzer und Négociant zugleich. Die Domaine-Weine werden in Eichen-*cuves* in einem Zisterzienser-Klosterkeller aus dem 14. Jahrhundert vergoren. Das Bestreben ist auf langlebige Weine gerichtet, was aber nicht bedeutet, dass sie schwer wären – sie zeichnen sich durch Bukett und geschmeidige Frucht aus. Haus, Keller, *cuvier* und Weinberge sind seit dem 18. Jahrhundert im Besitz der Familie Seguin.

Domaine de la Seigneurie de Juliénas

Siehe Beaujolais, Juliénas.

Domaine du Comte Senard

Aloxe-Corton, 21420 Savigny-lès-Beaune, Tel. 3 80 24 21 65. 8 ha (15 ha en métayage*). Grands crus: Corton, Corton Bressandes, Corton Clos des Meix, Corton Clos du Roi, Corton Charlemagne (rot); 1ers crus: Aloxe-Corton Valozières, Beaune Les Coucherias; Aloxe-Corton (rot und weiß). Domaine des Terregelesses (Weinerzeugung durch Philippe Senard) Grand cru: Corton-Charlemagne; 1er cru: Savigny-lès-Beaune Les Vergelesses (rot und weiß); Savigny-lès-Beaune (rot); Chorey-lès-Beaune (rot und weiß), Beaune (rot).*

Philippe Senard gehört der Winzerfamilie in der vierten Generation an. Die Keller aus dem 14. Jahrhundert wurden von den Mönchen der Abtei Ste-Marguerite erbaut und waren jahrhundertelang in Vergessenheit geraten. Die Methoden sind traditionell, doch legt man Wert auf späte Ernte und niedrige Gärtemperaturen, die automatisch geregelt werden. Es werden Holz-*cuves* und emaillierte Stahltanks benutzt; die *élevage* findet in jeweils zu 25 % erneuerten Eichenfässern statt. Die Weine waren meist äußerst langlebig und bei der Abfüllung nach zwei Jahren noch sehr tanninherb und rustikal. Seit dem Jahrgang 1988 hatte Guy Accad die önologische Beratung inne, und es bleibt abzuwarten, was das für einen Einfluss auf Stil, Gepräge und Langlebigkeit der Weine aus dieser Phase haben wird. (Einige Proben junger Weine haben mich 1997 eher enttäuscht.) Der weiße Aloxe-Corton stammt von Pinot-gris-Reben.

Domaine Sérafin Père et Fils

7, place du Château, 21220 Gevrey-Chambertin, Tel. 3 80 34 35 40. 4,5 ha. Grand cru: Charmes-Chambertin; 1ers crus: Gevrey-Chambertin Les Cazetières, Les Fonteny; Gevrey-Chambertin Vieilles Vignes, Gevrey-Chambertin.

Ich hatte wenig Gelegenheit, diese Weine zu probieren, aber ich glaube, Christian Sérafin hat große Fortschritte gemacht, seitdem er auf organischen Anbau umgestellt hat und aufs Filtrieren verzichtet.

Domaine Bernard Serveau et Fils

37, Grande-Rue, Morey-St-Denis, 21120 Gevrey-Chambertin, Tel. 3 80 34 33 59. 7 ha. 1ers crus: Chambolle-Musigny Les Chabiots, Morey-St-Denis Les Sorbés.

Weinbau, der den Rohstoffen und Appellationen großen Respekt zollt.

Domaine Michel Serveau

Route de Beaune, La Rochepot, 21340 Nolay, Tel. 3 80 21 70 24. 8,8 ha. Chassagne-Montrachet (rot und weiß), St-Aubin; Bourgogne Hautes Côtes de Beaune (rot und weiß), Bourgogne Aligoté, Bourgogne Passe-tout-grains.

Michel Serveau erzeugt besonders gute Hautes Côtes de Beaune.

Domaine Servin

Siehe Chablis.

Domaine Simonnet

Siehe Chablis.

Pierre Siraudin – Château de Saint-Amour

Siehe Beaujolais, Saint-Amour.

Domaine Robert Sirugue

3, avenue du Monument, Vosne-Romanée, 21700 Nuits-St-Georges, Tel. 3 80 61 00 64. 9,5 ha. Grand cru: Flagey-Echézeaux Grands Echézeaux; Chambolle-Musigny, Vosne-Romanée Les Petits Monts, Vosne-Romanée; Bourgogne Rouge.

Gute Bourgogne Rouge, bemerkenswerte Grands Echézeaux – vielleicht hatte ich Glück.

Domaine des Souchons – Serge Condemine

Siehe Beaujolais, Saint-Amour.

Domaine la Soufrandière

Siehe Mâconnais, Pouilly-Vinzelles.

Domaine Sparre – La Tour du Bief

Siehe Beaujolais, Moulin-à-Vent.

Paul Spay – Domaine de la Cave Lamartine

Siehe Beaujolais, Saint-Amour.

Domaine Eric de Suremain – Château de Monthelie

Monthelie, 21190 Meursault, Tel. 3 80 21 23 32. 9 ha. 1ers crus: Chateau de Monthelie-Monthelie Sur la Velle, Rully Meix Caillet; Rully Agneux.

Hier altern die Rotweine 18 Monate lang in 10 bis 15 % neuen Eichenfässern, die Weißen sehen viel weniger Holz während nur eines Jahres. Der rote Château de Monthelie braucht – und lohnt – Lagerung.

Domaine Hugues et Yves de Suremain – Domaine de Bourgneuf

Siehe Côte Chalonnaise, Mercurey.

Clos Tagent (Clos du Moulin-à-Vent)
Siehe Beaujolais, Moulin-à-Vent.

Domaine Paul Talmard
Siehe Mâconnais, Mâcon.

Domaine Jean Tardy
46, Route Nationale, Vosne-Romanée, 21700 Nuits-St-Georges, Tel. 3 80 34 35 24. 4,79 ha. Grand cru: Clos de Vougeot; 1ers crus: Vosne-Romanée Les Chaumes, Nuits-St-Georges Aux Boudots; Chambolle-Musigny, Nuits-St-Georges; Bourgogne Rouge.
Lange und langsame Gärung, 100 % neues Holz für die besten Weine und der Verzicht auf Schönung ergeben langlebige Weine, die vielleicht schwer zu finden sind, aber die Suche lohnen. Ich bin immer stärker beeindruckt.

Domaine Jean Taupenot-Merme
33, route des Grands crus, Morey-St-Denis, 21220 Gevrey-Chambertin, Tel. 3 80 34 35 24. 9 ha. Grands crus: Charmes-Chambertin, Clos des Lambays; 1ers crus: Gevrey-Chambertin Bel Air, Morey-St-Denis La Riotte, Chambolle-Musigny Combe d'Orvaux; Gevrey-Chambertin, Morey-St-Denis, Chambolle-Musigny; Bourgogne, Bourgogne Passe-tout-grains.
Gute Weine, manchmal etwas rustikal und wenig konzentriert.

Louis Tête
Siehe Beaujolais, Beaujolais-Villages.

Domaine Thenard
Siehe Côte Chalonnaise, Givry und Côte d'Or, Puligny-Montrachet.

Domaine Thévenot-Le-Brun et Fils
Marey-lès-Fussey, 21700 Nuits-St-Georges, Tel. 3 80 62 91 64. 26 ha. Bourgogne Hautes Côtes de Beaune (rot), Bourgogne Hautes Côtes de Nuits (rot und weiß), Clos du Vignon (rot und weiß), Les Renardes, Bourgogne Aligoté, Bourgogne Grand Ordinaire, Bourgogne Passe-tout-grains.
Der Vater bewirtschaftet dieses Gut mit seinen zwei Söhnen, und sie sind besonders stolz auf ihren Clos du Vignon, den die Familie aus völliger Vernachlässigung wieder zum Leben erweckte. Der Rotwein hat mir besser geschmeckt als der Weißwein. Etwas Besonderes ist der Bourgogne Aligoté Perles d'Or, der *sur lie* abgefüllt wird und noch leicht perlt.

Domaine Jacques Thévenot-Machal
13, rue des Forges, 21190 Meursault. 6 ha.
Die Rotweine scheinen hier besser zu sein als die Weißen. Der Meursault Poruzot hat mir nicht gefallen.

Château Thivin
Siehe Beaujolais, Côte de Brouilly.

Domaine Gérard Thomas
Saint-Aubin, 21190 Meursault, Tel. 3 80 21 31 98. 9,5 ha. 1ers crus: Meursault-Blagny, Puligny-Montrachet La Garenne, St-Aubin Murgers des Dents de Chien (weiß), St-Aubin La Chatenière (weiß), Les Frionnes (rot), Puligny-Montrachet, St-Aubin (rot und weiß); St-Aubin, St-Aubin Côte de Beaune; Bourgogne (rot und weiß).
Die Weißen sind besser als die Roten; die Premiers crus Puligny-Montrachet, Meursault-Blagny und St-Aubin sind einen Versuch wert, und es gibt in diesem Keller einige günstige Weine.

Thomas-Bassot
5, quai Dumorey, 21700 Nuits-St-Georges, Tel. 3 80 62 61 44.
Siehe Jean-Claude Boisset.

Domaine Martine et Jean-Luc Tissier
Siehe Mâconnais, Saint-Véran.

Domaine Tollot-Beaut et Fils

Rue Alexandre Tollot, Chorey-lès-Beaune, 21200 Beaune, Tel. 3 80 22 16 54. 18,3 ha (21,88 ha en fermage). Grands crus: Corton, Corton-Bressandes, Corton-Charlemagne; 1ers crus: Savigny-Lavières, Champ-Chevrey; Beaune Clos du Roi, Grèves, Aloxe-Corton Les Vercots, Les Fournières; Aloxe-Corton, Savigny-lès-Beaune, Chorey-lès-Beaune, Beaune Blanche Fleurs; Bourgogne (rot, weiß, Aligoté).

Eine renommierte Familien-Domaine – sie begann 1880 mit dem Weinbau und heute begibt sich die fünfte Generation an die Arbeit. In der sauberen Kellerei befinden sich zementierte Tanks für die relativ kurz gehaltene Gärzeit und für die *élevage* ein Drittel neues Holz. Die Weine sind aromatisch und äußerst ansprechend. Die Spitzen-Crus sind lange lagerfähig und angenehm alkoholstark. Der Chorey-lès-Beaune ist ein Wein mit einem hervorragenden Preis-Leistungs-Verhältnis. Zwei Drittel der Erzeugung gehen in den Export.

Domaine Tortochot

12, rue de l'Eglise, 21220 Gevrey-Chambertin, Tel. 3 80 34 30 68. 10 ha. Grands crus: Chambertin, Charmes-Chambertin, Mazis-Chambertin, Clos de Vougeot; 1ers crus: Gevrey-Chambertin Champeaux, Lavaux St-Jacques; Gevrey-Chambertin Champerrière, Les Corvées, Les Jeunes Rois, Gevrey-Chambertin, Morey-St-Denis.

Eine hoch geachtete Domaine unter der Leitung von Gabriel Tortochot. Die Hälfte der Erzeugung geht im Fass an Händler, die andere Hälfte wird als Flaschenwein direkt verkauft – die Schweiz und Belgien sind wichtige Abnehmer – und wer als Privatkunde kommt, wird freundlich empfangen. Für die Weinbereitung wird entrappt (d.h. die Stiele entfernt), die Gär- und Maischzeit dauert bis zu 14 Tagen. Die Fässer werden jedes Jahr nur zu einem Zehntel erneuert. Die Weine sind schwer, manchmal rustikal, können im Alter aber mitunter ganz großartig sein.

Domaine du Château de la Tour – Domaine Labet Delechelette

Clos de Vougeot, 21640 Vougeot, Tel. 3 80 62 82 72. Grand cru: Clos de Vougeot; 1ers crus: Beaune Coucherias, Savigny-Vergelesses (weiß); Beaune Clos de Monsnières (rot und weiß); Bourgogne Rouge.

Guy Accad war hier von 1987 bis 1992 als Berater tätig und hatte einen bleibenden Einfluss auf den Wein. Allen Befürchtungen hinsichtlich der Alterungsfähigkeit von Accads Weinen zum Trotz fand ich den 87er auch nach fünf Jahren noch sehr süffig, frage mich jedoch weiterhin, ob die Clos de Vougeot aus diesen Jahren wirklichen Cru-Charakter besitzen. Seit 1993 geht François Labet eigene Wege und hat die Erträge reduziert. Insbesondere die 95er und 96er gehörten zum Besten, was diese Appellation hervorbringt.

Château de la Tour Bourdon

Siehe Beaujolais, Régnié.

Domaine Jean et Jean-Louis Trapet

53, route de Beaune, 21220 Gevrey-Chambertin, Tel. 3 80 34 30 40.

Diese Domaine wurde 1990 aufgeteilt (siehe Rossignol-Trapet), doch Jean Trapet und sein Sohn Jean-Louis blieben und verfügen über wunderbare Weinberge. Der beste Latricières, den ich in meinem Leben je getrunken habe, stammte von dieser Domaine; seine Köstlichkeit und Finesse waren beeindruckend. Übermäßige Erträge führten zu einigen schwächeren Weinen, doch in den 90er-Jahren schlug Jean-Louis eine neue Richtung ein – indem er unter anderem mit biodynamischem Anbau experimentierte – und momentan sieht es so aus, als habe dieser renommierte Erzeuger dorthin zurückgefunden, wo er hingehört: an die Spitze.

Maison Gérard Tremblay – Domaine des Iles

Siehe Chablis.

Trénel et Fils

Siehe Mâconnais, Mâcon.

Domaine Georges Trichard

Siehe Beaujolais, Chénas.

Domaine Jacques Trichard

Siehe Beaujolais, Morgon.

Domaine des Trois Coteaux

Siehe Beaujolais, Beaujolais-Villages.

Domaine Jacky Truchot-Martin

43, Grande-Rue, Morey-St-Denis, 21220 Gevrey-Chambertin, Tel. 3 80 34 32 63. 7 ha. Grands crus: Charmes-Chambertin, Clos de la Roche; 1ers crus: Chambolle-Musigny Les Sentiers, Morey-St-Denis Clos Sorbés, Les Blanchards, Gevrey-Chambertin Aux Combottes; Gevrey-Chambertin, Chambolle-Musigny, Morey-St-Denis; Bourgogne Rouge.

Mäßig konzentrierte Weine, von denen die Premiers crus zu 25 % in neuen Eichenfässern altern, die Grands crus ein bisschen länger. Sehr saubere, ehrliche Weine mit reinem, fruchtigem Bukett und geschmeidiger Struktur. Sie sind gut, aber nicht überwältigend, und den Grands crus fehlt der letzte Schliff für die absolute Spitze.

Domaine Gérard Vallette

Siehe Mâconnais, Macon.

Domaine des Varoilles

Rue de la Croix des Champs, 21220 Gevrey-Chambertin, Tel. 3 80 34 30 90. 11,9 ha (2 ha en métayage*). Grands crus: Charmes-Chambertin, Mazoyères-Chambertin, Bonnes-Mares, Clos de Vougeot; 1ers crus: Gevrey-Chambertin Champonnets, La Romanée, Clos des Varoilles, Clos du Couvent, Clos Prieur, Clos du Meix des Ouches, Gevrey-Chambertin.*

Jeweils die Hälfte der Domaine und des Handelsbetriebes Naigeon-Chauveau sind jetzt im Besitz des schweizerischen Konzerns Hammel SA. Von der Domaine selbst großartige 90er. Die Spitzen-Crus brauchen Zeit, um zugänglich zu werden.

Domaine Bernard Vaudoisey-Mutin

Rue de Mont, Volnay, 21190 Meursault, Tel. 3 80 21 62 44. 10 ha. 1ers crus: Volnay Les Caillerets, Pommard Les Chanlins Bas; Pommard, Volnay, Meursault; Bourgogne (rot, weiß und Passe-tout-grains).

Kernige rote Villages-Weine, die sich halten werden. Die Hälfte verkauft Monsieur Vaudoisey immer noch an Négociants.

Domaine de Vauroux – Olivier Tricon

Siehe Chablis.

Domaine Alain Verdet

Rue de Berthières, Arcenant, 21700 Nuits-St-Georges, Tel. 3 80 61 08 10. 8,5 ha. Bourgogne Hautes Côtes de Nuits (rot und weiß).

Die Rotweine gären hier lange und altern zwei Jahre in 30 % neuen Eichenfässern; die Weißweine lagern 12 bis 15 Monate in Holz. Monsieur Verdets Etiketten verkünden stolz seine »organischen Methoden«: *Domaine en Agrobiologie depuis 1971 – Culture sans produits chimiques ni de synthèse*. Die roten wie die weißen Weine haben einen feinen Duft, obwohl das Bukett manchmal etwas seltsam anmutet – »organische Düfte«?!

Domaine Lucien et Robert Verger

Siehe Beaujolais, Côte de Brouilly.

Maison Verget

Siehe Mâconnais, Mâcon.

Domaine Patrick et Martine Vermorel – Domaine de la Fully

Siehe Beaujolais, Brouilly.

Domaine du Vieux Saint-Sorlin – Olivier Merlin

Siehe Mâconnais, Mâcon.

La Maison des Vignerons à Chiroubles

Siehe Beaujolais, Chiroubles.

Domaine Thierry Vigot-Battault

Grande Rue, Messanges, 21220 Gevrey-Chambertin, Tel. 3 80 61 44 38. 2 ha (1,5 ha en métayage*). Grand cru: Echézeaux; 1er cru: Vosne-Romanée Les Gaudichots; Nuits-St-Georges; Hautes Côtes de Nuits; Bourgogne Aligoté, Bourgogne Passe-tout-grains.*

Eine vielversprechende Domaine, die einen maßvollen Anteil von neuem Eichenholz einsetzt. Geschmeidige, gefällige Hautes Côtes de Nuits und gute, wenn auch nicht große Vosne-Romanée und Echézeaux. Liebenswürdige Weine mit Pinot-Aroma und dem Duft reifer Kirschen, manchmal macht sich allerdings das alte Holz bemerkbar.

A. et P. de Villaine

Siehe Côte Chalonnaise, Bouzeron.

Maison Henri de Villamont

Rue du Docteur-Guyot, 21420 Savigny-lès-Beaune, Tel. 3 80 24 70 07. 10 ha. Grand cru: Grands Echézeaux; 1ers crus: Chambolle-Musigny, Savigny-lès-Beaune Clos des Guettes; Chambolle-Musigny, Savigny-lès-Beaune Le Village; Bourgogne Rouge.

Bedeutendes Handelshaus in Schweizer Besitz. Die Savigny-Weine sind manchmal ansprechend, und ich habe guten Puligny Pucelles bekommen. 1969 wurde das Haus Barolet aufgekauft, doch haben die neueren Weine der Firma nichts mit der Sammlung des verstorbenen Dr. Barolet zu tun.

Domaine Jean-Jacques Vincent – Château de Fuissé

Siehe Mâconnais, Pouilly-Fuissé.

Domaine Virely-Rougeot

Place de l'Europe-Rue Notre-Dame, 21630 Pommard, Tel. 3 80 22 33 34. 8 ha. 1ers crus: Pommard Les Arvelets, Les Chanlins, Pommard, Meursault Charmes; Beaune, Meursault, Pommard; Bourgogne Rouge.

Zuverlässige Adresse, aber der letzte Kick fehlt.

Domaine du Vissoux – Pierre-Marie Chermette

Siehe Beaujolais, Fleurie.

Société Coopérative des Viticulteurs de Saône-et-Loire

Siehe Mâconnais, Mâcon.

Domaine Emile Voarick

Siehe Côte Chalonnaise, Mercurey.

Domaine Michel Voarick

Rue Planchet, Aloxe-Corton, 21420 Savigny-lès-Beaune, Tel. 3 80 26 40 44. 5 ha (4 ha en fermage*). Grands crus: Corton-Charlemagne, Corton Clos du Roi, Corton-Languettes, Corton Renardes; Pernand-Vergelesses, Aloxe-Corton; Bourgogne Aligoté.*

In den Weinbergen dieser Domaine befindet sich auch die berühmte 2,5 ha große Lage der Hospices de Beaune, Cuvée Corton Docteur Peste. Die alten Burgunder Regeln werden hier bis aufs i-Tüpfelchen befolgt (auch die Stiele werden nicht entfernt). Die dabei entstehenden Weine können sich gut halten und sind robust, obwohl sie gar nicht nach meinem Geschmack sind. Vielleicht würde etwas neues Holz nicht schaden.

Domaine Vocoret et Fils

Siehe Chablis.

Domaine Comte Georges de Vogüé

Chambolle-Musigny, 21220 Gevrey-Chambertin, Tel. 3 80 62 86 25. 12,5 ha. Grands crus: Bonnes-Mares, Le Musigny, Musigny Blanc; 1er cru: Chambolle-Musigny Les Amoureuses; Chambolle-Musigny.

Eine Domaine mit überragenden Weinlagen und früher einigen außergewöhnlichen Weinen. In den Siebziger- und Achtzigerjahren ließen sie jedoch meist den Zauber vermissen, den man bisher mit den Spitzenweinen dieses Guts verbunden hatte, aber die Neunziger sind wieder um Klassen besser. Man legt großen Wert aufs Detail, und François Millets Weinbereitung erregt Aufsehen. Grundlage sind niedrige Erträge und Anpassungsfähigkeit an Jahrgangsbedingungen. Am Ende entstehen die exzellenten, stilvollen Weine, die wir nun vor uns haben.

Domaine Joseph Voillot

Volnay, 21190 Meursault, Tel. 3 80 21 62 27. 8 ha (2 ha en métayage*). 1ers crus: Pommard Clos Micault, Epenots, Pézerolles, Rugiens, Volnay Caillerets, Champans, Frémiets, Meursault Cras; Pommard, Volnay, Meursault Chevalier; Bourgogne (rot, Aligoté).*

Die Familie Voillot betreibt seit dem 16. Jahrhundert in Volnay Weinbau, das darf man Treue zu den Ursprüngen nennen! Sie befürwortet die warme Gärung. Die Weine, die als Domaine-Abfüllung zum Verkauf gelangen sollen, werden in zu einem Drittel neuen Eichenfässern ausgebaut. Zwei Drittel der Erzeugung gehen *en gros* an Händler in Beaune und in der Schweiz, wo man diese äußerst schätzenswerten Weine wirklich liebt.

Domaine de la Vougeraie

Rue de l'Eglise, Prémeaux-Prissey, 21700 Nuits-St-Georges, Tel. 3 80 62 48 25, www.domainedelavougeraie.com. 37 ha. Grands crus: Aloxe-Corton Corton-Charlemagne, Clos-du-Roi, Chambolle-Musigny Les Bonnes Mares, Gevrey-Chambertin Charmes-Chambertin, Vougeot Clos de Vougeot; 1ers crus: Chambolle-Musigny Les Baudes, Nuits-St-Georges Les Damodes, Pommard Les Charmots, Savigny-lès-Beaune Marconnets, Vougeot Les Cras, Le Clos-Blanc (weiß, Monopole); Gevrey-Chambertin Teillage En Bollery, Bourgogne Rouge.

Diese große Domaine wurde 1999 von Jean-Claude Boisset begründet. Die Firma legte den Besitz der Domaine Claudine Deschamps in Prémeaux mit der Domaine Pierre Ponelle, ebenfalls in Prémeaux, sowie der Domaine Louis Violland und der Domaine des Heritiers Guyot zusammen. Die Keller von Claudine Deschamps wurden neu ausgestattet, und der Frankokanadier Pascal Marchand von Comte Armand in Pommard stieß dazu. Es werden 75 % Rot- und 25 % Weißweine erzeugt. Alle Weinberge sind mit dem Siegel für organischen Anbau (Ecovert) ausgezeichnet und werden mit verschiedenen biodynamischen Verfahren bewirtschaftet. Bisher war Boisset finanziell gesehen ein Protagonist im Weingeschäft; nun sieht es so aus, als könnte er sich auch den Ruf eines Spitzenerzeugers erwerben.

Domaine de la Voûte des Crozes

Siehe Beaujolais, Côte de Brouilly.

Domaine de Vuril

Siehe Beaujolais, Brouilly.

Register

Weingüter, Handelshäuser und Winzergenossenschaften sind im alphabetischen Verzeichnis der Weinerzeuger von Burgund (Seite 166 bis 237) aufgeführt.